社会学·政治学·文化学·教育学·民族学·历史学

陈序经全集

第四卷 疍民的研究 乡村建设运动 大学教育论文集 顺德缫丝工业的调查报告

叶显恩 主编
王春煜 刘集林 副主编

中山大学出版社
·广州·

版权所有　翻印必究

图书在版编目（CIP）数据

陈序经全集 / 陈序经著；叶显恩主编；王春煜，刘集林副主编.
广州：中山大学出版社，2025.3. --ISBN 978-7-306-08274-9

Ⅰ.Z427

中国国家版本馆 CIP 数据核字第 2024GE9169 号

CHEN XUJING QUANJI: DI-SI JUAN

| 出 版 人：王天琪
| 总 策 划：王天琪
| 项目统筹：嵇春霞　王延红
| 责任编辑：陈　芳
| 封面设计：雅昌文化（集团）有限公司　曾　斌　周美玲
| 责任校对：孔颖琪
| 责任技编：靳晓虹
| 出版发行：中山大学出版社
| 电　　话：编辑部 020-84111901，84110283，84111997，84110779
　　　　　　发行部 020-84111998，84111981，84111160
| 地　　址：广州市新港西路 135 号
| 邮　　编：510275　传　　真：020-84036565
| 网　　址：http://www.zsup.com.cn　E-mail：zdcbs@mail.sysu.edu.cn
| 印　　厂：恒美印务（广州）有限公司
| 规　　格：787mm×1092mm　1/16
| 总 印 张：433
| 总 字 数：8718 千字
| 版次印次：2025 年 3 月第 1 版　2025 年 3 月第 1 次印刷
| 定　　价：1980.00 元（全十四卷）

如发现本书因印装质量影响阅读，请与出版社发行部联系调换

凡　　例

一、**编排方式**。《全集》总体上兼顾著述发表时间先后与研究领域的区别。第一卷以时间为序收录了陈序经的论文、时论、书评等，其中论文已收入其他卷者，原则上只存目；同题异文者，则均予以收录。第二卷至第十三卷收录了陈序经在不同研究领域的论文或专著。第十四卷收录了陈序经的遗稿《珠崖篇》，整理了其年谱、往来书信、照片等相关资料。底稿为直排繁体者，一律改横排简体，内容列举、引用位置指向用词，如"如左"径改为"如下"等。

二、**底本来源**。《全集》所收文献中有大量未曾整理的手稿、抄稿，其版本源流、底本选择等情况，皆写入"本卷说明"中。

三、**引文说明**。《全集》所引古籍或他人著述，有漏字、错字等现象者，一般参照现今中华书局、上海古籍出版社等相应版本径改，不另说明；引用古籍或他人著述时只取其大意，与原文不尽一致，凡此，照录，不予修改；手稿或抄稿中引用本人已发表文章，但内容与已发表的原文不尽一致，凡此，亦依手稿或抄稿。

四、**校订符号**。原稿中有漏字者，在〈　〉内补之。原稿中的错讹字，在其后〔　〕内补正。原稿中的衍字，用〔　〕标示。原稿中漫漶不清、难以识别或残缺的字，用□表示；字数难以确定者，用▨表示。原稿中的小字夹注，置于（　）内，字体、字号同正文。外文书名、刊名用斜体。

五、**历史用语**。《全集》保留作者文字风格及语言习惯，不按现行用法改动原文。历史时期若干字词表达与今有异，但不影响理解，为存当时之真，不改。如智识（知识）分子、澎涨（膨胀）、计画（计划）、瞭解（了解）、那（哪）、澈底（彻底）、那末（那么）、原故（缘故）等。凡行文中对少数民族的蔑称，根据国家相关民族政策一律改为规范称呼，如"猺"改为"瑶"、"獠"改为"僚"、"猓猡"改为"倮倮"等。

六、外文名词。译名不统一或与现今不一致,如拿破伦/拿破仑、哥仑布/哥伦布、菲洲/非洲等,均不改。外文人名、地名书写有误者,一般径改。外文专有名词在原稿中大小写掺杂,按现今规范格式统一。

七、内文标点。原稿正文无标点或仅有简单断句者,一律按照中华人民共和国国家标准《标点符号用法》(GB/T 15834—2011)予以修改。专名号从略。

八、文字规范。《全集》中的简体字以 2013 年 6 月国务院公布之《通用规范汉字表》为准。通假字,不改。繁体字、异体字,改为规范字;但专有名词中的繁体字、异体字等,依从其使用惯例,不改。作者笔误、排印舛误等明显错误,径改。

其余未规定事项,一般遵从作者原稿。

本卷说明

本卷收录了陈序经先生的四种论著：《疍民的研究》《乡村建设运动》《大学教育论文集》《顺德缫丝工业的调查报告》。《疍民的研究》《乡村建设运动》《大学教育论文集》由陈平殿校订。《顺德缫丝工业的调查报告》由刘集林、秦鹏飞点校整理。其中，《疍民的研究》据商务印书馆1946年10月初版整理，1950年7月商务印书馆再版，1989年上海书店据1946年10月版影印出版（《民国丛书》第三编18）；《乡村建设运动》据1946年5月上海大东书局初版整理，2019年中国社会科学出版社整理出版，与《农村改进理论与实际》合刊；《大学教育论文集》据岭南大学西南社会经济研究所1949年10月初版整理；《顺德缫丝工业的调查报告》系吕学海、陈序经共同编著，本次出版据南开大学图书馆藏抄稿点校整理。

本卷目录

蜑民的研究 ······ 1

乡村建设运动 ······ 121

大学教育论文集 ······ 173

顺德缫丝工业的调查报告 ······ 245

疍民的研究

目　　录

第一章　疍民的起源 …………………………………………… 5
第二章　疍民在地理上的分布 ………………………………… 30
第三章　疍民的人口 …………………………………………… 37
第四章　疍民与政府 …………………………………………… 55
第五章　疍民的职业 …………………………………………… 65
第六章　疍民的教育 …………………………………………… 77
第七章　疍民的家庭与婚姻 …………………………………… 84
第八章　疍民的宗教与迷信 …………………………………… 92
第九章　疍民的生活 …………………………………………… 98
第十章　疍民的歌谣 …………………………………………… 108

第一章　疍民的起源

一

关于疍民起源的传说或学说，据我们现在所知道的，约有三十余种。为着研究上的便利起见，我们可以把这三十余种传说或学说，概括为下列六类：

一、是从疍民的体格或疍民所有艇舶的形状说明其来源的；
二、是从疍民的疍字解释其来源的；
三、是以为疍民乃由某种动物而来的；
四、是以为疍民乃来自某一地方的；
五、是以为疍民乃始于某一时代的；
六、是以为疍民乃始于某种民族的别名或其支流的。

我们愿意承认这个分类，并非一个精密的分类，因为有些关于疍民起源的传说或学说，是同时属于上面所举出的二类或三类者。比方，有一个传说或学说以为疍民乃起源自某一时代的某一地方的某种民族，而且所谓时代、地方与民族都有了密切的关系。我们若以这个学说或传说的三种要素——时代、地方与民族——分开为三种类别，以说明其来源，自然会失去了这种传说或学说的整个意义。因此之故，我们以疍民起源的传说或学说概括为六类，不外是将某种传说或学说之注重于某一方面者，而列入某种类别。比方某种传说或学说，对于疍民的起源虽不限于时代方面，然其主要点是偏于时代方面的，故列入时代类。总之，分类固是为着研究学问与解释现象上的方便，然我们也不能为着分类而失却某种传说或学说的整个意义。

二

专从疍民的体格方面说明疍民来源的人们，以为疍民而特别是疍妇臀部圆大像疍，故曰疍民。这种说法，本来是过于简单而且含着一种蔑视与讥笑的态度，很难置信。

原来疍民世居艇舶，艇舶里的地方狭小，起立行走的机会很少，他们一切的日常工作，甚至有时摇艇，皆坐而为之。而脚的运动甚少，移动多用臀部，也许经时既久，臀部较为发育。然若因此而谓为像疍，故曰疍民，则陆居之人之有同此体态者，也可以叫做疍民了，这岂不是滑稽之至。何况疍民之中，也非人人具有这种体态，所以持此理由以说明疍民的起源，除了像上面所说是含着蔑视与讥笑的态度外，实没有什么研究的价值。事实上，要是这样传说是对的，那末我们也用不着把它来研究了。

从疍民的艇舶的形状而说明其来源的人们，以为疍艇像疍之半剖形，上盖以篷，又像其他之一半，故曰疍艇。因为艇形如疍，故艇家也叫疍家。屈大均《广东新语》卷十八《舟语》"疍家艇"条云：

> 诸疍以艇为家，是曰疍家。

虽不明言其艇如疍，是曰疍家，然语气颇近此说。清乾隆年间，沈复著《浮生六记》（卷四）里说：

> ……出靖海门，下小艇如剖分之半疍而加篷焉。

他也许相信艇形如疍，所以叫做疍艇。英人邓宁氏（C. T. Downing）在其所著《番鬼在中国》（*The Fan-Gui in China*，1838）一书里也有这种意见（参看 Vol. Ⅰ. P. 27）。此外，如英国秉钦（J. E. Bingham）所著《远征中国记》（*Narrative of the Expedition to China*，1842）也持此说（参看 Vol. Ⅱ. P. 270）。

以艇人的艇舶的形状像疍，而叫艇人为疍民的传说，照我们的意见，只是说明疍民之所以叫做疍民的由来，并没有说明疍民本身的起源。照这个传说看来，（一）疍民于未用如疍的艇之前并非叫做疍民。（二）艇民之艇不像疍者也非疍民。可是事实上，据可靠的史书记载，唐以前的疍民，不但没有像疍的艇，而且并非水居。同时，照我现在所知的疍艇种类繁多，并非通通像疍。于是可见以疍艇像疍而说明疍民起源的传说，不能置信。

三

从疍字的解释以说明疍民的来源的有好几种。现在略述于后：

第一种说法是以疍家乃艇家之转音。许予一先生在《贡献》旬刊第四卷第六期发表一篇短篇文章，名曰《疍家考》（五十页）力主此说，今把他的几段话抄录于下：

> 考疍家亦称艇家。艇者，亦为《说文》新附字之一，小舟也，从舟，挺声。徐铉音徒鼎切，读如 Ting；今粤读为 Tang，盖古音之遗也。是犹庭之音为 Tang，青之音为 Chang 也。至如广东香山县土音，沙廷、地廷之廷，皆读为 Tang，是亦古之遗音也。《诗·卫风·硕人》云："巧笑倩兮，美目盼兮。"以倩韵盼（Pan），是知倩之古音必为 Chan 也。今人谓好为蜑（Chan），盖即此字之讹。然而倩从青声，是从青声（Chang）之倩，转为蜑

(Chan）也，此因 Chang 失其文意（Final）g 耳。犹是从廷声（Tang）之艇，转为蜑矣。故蜑实为艇之转音，而蜑家则为艇家之讹。蜑之入声则为带，带者舟之古音也。故《诗·大雅·公刘》"何以舟之"，《传》云："舟，带也。"是舟乃蜑之转音，然蜑乃艇之转音，是舟即艇也。无怪《说文》无艇字矣。总之，艇家蜑家，皆为舟家之讹，而舟乃蜑之转，蜑乃艇之转也。

罗香林先生最近在《国立中山大学文史学研究所月刊》第二卷第三、四期合刊发表《唐代蜑〔蜑〕族考》（上篇）一文，对于许先生以蜑乃艇之转音，曾作下面的批评：

> 许君似于古音训释仍有未达，姑无论上例音释是否合理，然即就蜑族史实言之，亦已足证蜑为艇讹一说，不足依据。按蜑族原亦陆居，移栖水面，意乃五代后事，唐人著作无蜑人浮生江海之记录也。艇家一词，乃彼族一部分人移栖水面后所被称者，未得以水居后起名词，逆绳囊昔陆居原名也。即谓艇蜑有音转关系，然此亦只能谓艇家一词，原自蜑家一词所演出，必不能谓蜑家反为艇家之讹。

我们认为罗先生以唐以前无蜑人浮生江海而乃陆居的史实以批评许先生的蜑家为艇家之讹的意见，很为合理。可是罗先生以为艇家一词，乃彼族（蜑族）一部分人移水面后所被称者，故艇家一词，原自蜑家所演出，也有商榷之处。照罗先生的理论，艇家乃蜑家的一部分，而且蜑家又先于艇家。考《说文》虽只有蜑字而无艇字，然这里只能证明蜑字是先于艇字，并非一定证明水居的蜑字是先于艇。且照事实来说，艇之存在，应当先于蜑之水居，盖蜑之水居，必赖于艇，始较近理。至谓艇家乃蜑家的一部分，恐怕也非事实。考广州所谓艇如艇仔，并无一定是指着蜑艇，盖蜑艇以外，还有别种艇也。又照琼音厦门、潮州音艇仔（小艇也）的仔，是从 K 音，艇家的家也从 K 音，故艇仔与艇家有同音关系。然在琼州一般人所谓艇仔或艇家之于蜑家，没有关系。可知水居蜑家固是艇家，而艇家却未必是蜑家。

第二种解释，以为蜑字本作但，《吴下方言考》引《淮南子》卷十七《说林训》："使但吹竽，使氏〔工〕厌窍，虽中节而不可听，无其君形者也。"谓蜑户与蛋户同本作但，后世改作蛋，柳柳州乃作蜑。《辞源》"蛋户"条亦云："蛋户亦作蜑户，本作但，南蛮之一种。《淮南子》'使但吹竽，使氏〔工〕厌窍'是也。"吴高梓先生在《社会学界》第四卷有一篇《福州蜑民调查》的文章，也说此处（《淮南子》）的但和蜑无异（页一四二）。《辞源》与吴先生不过是述《吴下方言考》的意见。此外，罗香林先生《唐代蜑〔蜑〕族考》上篇（页二十六）曾有同样的意见。他的理论，可于下面一段话里见之：

> 吾考《吕氏春秋》十四《孝行览·遇合》篇载，越王不善五声故事。

谓："凡能听音者，必达于五声，人之能知五声者寡，所善恶得不苟。客有以吹籁见越王者，羽角宫徵不谬，越王不善为野音，而反善之，说之，道亦有如此者也。"按，籁为箫类，乐器古制比竹为箫，大者二十三管，小者十六管。越王不善闻籁以不习吹也。此与不知吹之但微有关涉，盖余最近考证，疍〔蜑〕族原即越族遗裔。越王不习闻籁，似当时越族风气使然，但不善竽，意亦不习吹也。但越不习吹，如此暗似谓但为疍〔蜑〕之别属，殊可能也。

罗先生不相信王念孙在其《读书杂志》谓但为伹误之说，而同意于《吴下方言考》。但是罗先生上面所解释疍与但的关系，太过勉强。高诱以但乃古时不知吹之人，并不一定证明但乃越族。考但，《说文》训为拙，《广雅·释诂》训为钝，钝拙之人，不知吹，较为近理。故王念孙之说，固未可尽非。又据《晋书·乐志》有所谓《但歌四曲》，出自汉世，无弦管作使最先唱，一人唱三人和，魏武尤好之。自晋以来，乃不复传。然而但歌之别于疍歌，极为显明。此外尚有但姓者，宋之但忠，明之但懋，然但为特别的种族，而和疍有关系，均未见于史书。《说文》但、疍二字均有，可知但、疍未必相同，就使疍本作但而言之成理，我们对于疍族的起源还是没有明确的认识；反之却使我们对于研究这个问题别生枝节，因为但为种族之说，尚未成立，故也。

第三种解释以为疍与但同音，故谓疍就是但。刘锡蕃先生著《岭表纪蛮》，颇主此说。他说：

> 今吾桂三江及黔南一带尚有所谓但族者，但与疍同音，是必在陆为但，在水为疍；最先原为一族，其后逃窜分离，因而发生字异耳。（页二五）

关系但族之见于著作者很少，嘉庆《广西通志·列传二十四·诸蛮二》（卷二百七十九）有一段很短的记载：

> 但人居山谷，种山禾，日暮始春，无隔宿之炊，单衣不利于寒，长袴不利于走，较诸蛮最为愚弱，怀远县有此种。

但人居山谷，与其说和疍人有关系，不如说是和傜僮诸族有关系。且但之历史，据我们所知者，似不若疍之久远。常璩《华阳国志》已有关于疍的记录，又疍在唐以前多居陆。刘先生所谓在陆为但，在水为疍之说，更难成立。若谓但与疍同音，故有密切之关系，则与其说疍乃但之转音，不如说但乃疍之转音，较为近理。然这种说法，只能说明但之来源，并非疍之来源。

第四种解释以为疍或即蜑之俗字。钮树玉《说文新附考〔证〕》卷六，"疍"字条云：

> 疍疑蜑之俗字，《玉篇》但有蜒，以然切，训蚰蜒（本方言及释名郭

注），盖延之俗字。（《汉书·司马相如传》宛蜒，《扬雄传》作宛延）《广韵》上声二十三旱，疍南方夷，徒旱切。按，《隋书·地理志》长沙郡杂有夷蜒名莫徭，据《吴志》，黄龙二年，遣将军卫温、诸葛直将甲士万人，浮海求夷洲及亶洲云云。窃疑疍名或本此，故《隋志》称夷疍也。

这种解释，太过勉强，钮氏自己也不过疑疍乃亶之俗字而未敢确言。其实疍字与亶字的关系尚未确定，何况从疍字与亶字而再推到疍族与亶洲的关系。至于万人浮海求夷洲及亶洲之说，似乎近于荒诞，不可轻信。罗香林先生在《唐代蜑〔蛋〕族考》上篇，以为亶洲即今台湾琉球地，其人即所谓东鳀人，而与疍人不无相当关系。他说：

夫亶鳀台岱，与太疍皆舌头音，字虽不同，而皆一声之转。钮氏疑疍为亶，诚所谓读书得间者也。台湾与闽仅隔一衣带水，与会稽亦相近，闽越盛时，其人乘风浮海，往来移殖，自以为意想中事。故连氏《开辟记》亦云或曰楚灭越，越之子孙迁于闽，流落海上，或居澎湖。越族遗裔已多称疍，则台湾越裔之称鳀人，假称居地曰亶洲，曰台湾，亦意中事也。

这种解释，比之钮氏的解释，未必较好，而且罗先生所谓自为意中事等词句，正像钮氏所谓疍疑为亶之俗字的疑字没有什么分别。故我们对于这种主张，用不着多事批评。

第五种解释是福建疍户俗称科题（或曰曲蹄）。科题的意义，罗香林先生在上面所举那篇文里，曾有下面一段话：

按，科题或曲蹄，方音同读题。蹄《广韵》见卷一十二齐杜奚切，舌头音也。古音脂微齐与灰皆同部，今日齐部属字，古音每收音ai，于是题蹄二字则读如Tai，此与安南缅甸掸人之自称为Tai，及古台湾土著之称鳀人正相符合，以知曲蹄之蹄，与科题之题，其实皆疍字音转也。

福建疍户俗称科题，或称曲蹄，又称裸蹄。吴高梓先生在《福建疍民调查》一文里说：

科题二字，本身毫无意义，不过普通福州人都称疍民为科题，所以只要是福州人，一听到科题二字，没有不知道这是指福州的疍民而言。据我个人的观察看来，科题二字或是裸蹄二字的转音，裸蹄与科题字音颇相近，或者科题就是裸蹄的转音，也说不定。福州疍民无论男女，全是裸蹄露脚的，裸蹄的名称，亦许就由这缘故产生出来。

关于曲蹄的解释，吴先生说：

曲蹄二字，按闽音与科题郭倪（按，福建疍户亦曰郭倪）都很相近，科题二字也可以说是曲蹄的转音，这是因为正与以前已经说过的科题二字没有意义的。福州的疍民,所以也称做曲蹄的缘故,大概因为疍民所居住的地方,不过是小舟,他们的工作和睡卧的地方,都是在舟上,他们的空间是非常狭小的,所以他们的行动,饮食卧起等多须屈膝。他们在舟上的行动,多半是不自由的,虽然他们自己——因为习惯和环境使然——并不觉得不自由。换一句话来说,他们在舟上动作时,他们的身体无形中要受空间的裁制,曲蹄驼背,乃是疍民所常有的现象,这个或者就是曲蹄名称的缘起。

我们以为吴先生的解释,也许未必尽然;然比之罗先生的解释,较为清楚,较为切实。原来疍民之裸蹄曲蹄乃疍民的一种普通现象,不仅福州为然,典籍中之载疍民跣足者,也并不少。然而这种解释,只是说明疍民之所以叫做科题的原因,并没有给我们以疍民的起源的暗示。

罗先生还举出浙江的惰民,《列子》卷下《汤问》第五里所说的楚南炎人,以及《山海经》第六《海外南经》所说的载国之于疍民有了关系。这种关系,似不外是像罗先生所说的,乃意中事一样。我们可以不必多事讨论,就使他们之于疍民有了像罗先生所说的关系,我们对于疍民起源的问题,还未得到相当的认识。

第六种解释是以为疍字是鲲字的转音,周觉校本章氏《新方言》的《补篇》里说:

> 粤语呼卵曰旦,此不识其本字,乃有臆造疍字以当之者。不知卵字古读如关如管,其古文关作卝,《五经文字》及《九经字样》所引《说文》可证。《礼记·内则》卵酱,郑读为鲲,鲲,鱼子也,鲲卝声同。……今人遂无有知卵之字本卝,其音读如关如管如鲲者矣。段氏《说文解字》辩之甚精,观此之今语之旦,即卝之转音矣,又可悟今人呼水居之民曰疍民者,盖即卝民,亦即鲲民,因其水居,故以此贱名名之。

这当然是含有蔑视的态度,我们知道疍民二字是陆上人所称者,疍民自己不但少用这个名称,而且很不愿意听闻人家叫他们做疍民,正像蛮夷番鬼一般名词,是我们给予别人的。事实上他们自己不但不会叫做蛮夷番鬼,而且当我们做蛮夷番鬼。疍人从来被人鄙视,故以鲲的贱名名之,也并非绝对没有可能。但是我们已经说过,疍蛮之见于史书的,为时甚久,唐前的疍民的记录,既并不言及疍乃水居,则周氏所谓因疍民之水居,故以小鱼的鲲的名称来加诸疍民,是不合历史事实的了。

第七种解释,是以为蛇龙疍诸字乃同一音,所以疍字也许就是蛇龙之转音。刘大白先生为钟敬文先生做《疍歌序》的《附记》中有云(看《白屋说诗》页二九〇):

> 蛇本作它,古音作佗,是D发音,龙从童声,古音也是D发音。蛇龙

和疍都是一音之转,所以疍人也许本来叫做蛇人或龙人,后来音转为疍才相沿称为疍人。

刘先生在这段话里不过说明疍音是由蛇龙转变而来,究竟疍音是由蛇龙转变而来,还是蛇龙音是由疍转变而来,还是一个问题;就算疍是蛇龙的转音,我们从刘先生的解释,也不过是知道这个疍字的来源,而非疍民的来源。因为所谓疍民本来是叫做蛇人、龙人,还是神话;这一点我们当于下面再讨论。不但这样,疍人不仅是叫做蛇人、龙人,而且有人叫他们做鲸鲵族、獭族的;若专从音韵方面来考证,那么一般人以为鲸鲵族、獭族与疍民的关系,又怎么样解释呢?

注重疍字的解释,以说明疍民的起源的,也许还有好多,这里所提出讨论的,不过略举其要者。我们以为从这一点来考证疍民的来源,虽非没有价值,可是专从这一点来着想,也许有时会有太过穿凿附会之嫌,要是同声即称同类,恐怕也许生出指鹿为马的弊病。我们在上面所举出的例子,好像都免不了这个弊病。我们的意见是:要想知道疍民的来源,特别要从历史上的记录疍民的文化与体质方面多做些工夫。此外加以音韵或其他的工具,才能得到相当的认识。

四

我们现在可以把一般以为疍民乃由某种动物而来的传说,略为叙述。

第一种传说以为疍民是龙种。南海邝露著《赤雅》上编"蜑人"一节里有云:

> 疍人神宫画蛇以祭,自云龙种,浮家泛宅,或住水浒,或住水澜,捕鱼而食,不事耕种,不与土人通婚,能辨水色,知龙所在,自称龙神,籍称龙户,莫登庸其产也。

照这段话看起来,疍民出自龙种的传说,乃疍民自承认的。其不出自疍民自云而以为他们是龙户者,如《图书集成·广州杂录》(卷一千三百十四)亦言及之:

> 疍户以舟楫为宅,捕鱼为业,或编蓬濒水为居,又曰龙户。

吴震方著《岭南杂记》却不肯定的说疍人是龙户,且看他说:

> 疍户其种未详何出,或云即龙户,以船为家,以渔为业,见水色则知有龙。

此外,顾宁人《天下郡国利病书·广东八》,《图书集成·广州府风俗志·俗考说蛮类》均有下面一段记录:

> 疍辨水色则知有龙,故曰龙户。

这是明显的指出因为他们能辨水色,而知有龙,所以叫做龙户。对于这一点,说得最清楚的是田汝成和屈大均。田氏在其《炎徼纪闻》里说:

> 疍人或编篷水浒,谓之水疍;以钓鱼为业,辨水色性,以知龙居,故又曰龙人。

屈大均《广东新语》"疍家艇"条云:

> (疍)昔时称为龙户者,以其入水,辄绣面文身,以象蛟龙之子,行水中三四十里不遭物害。

于是可知疍人之所以称为龙人或龙户,未必就证明他们是出自龙种,而是因为他们是像龙子知龙居而已。邝露以为他们自称龙种,也许未必尽然。

第二种传说以为疍民来自蛇种。顾宁人《天下郡国利病书·广东八》述《潮州志》云:

> 潮州疍人有姓麦、濮、吴、苏,自古以南蛮为蛇种,观其疍家神宫蛇像可见。

《图书集成·潮州府杂录》之五(卷一千三百四十二),曾有同样的记述。李调元《粤风·疍歌题后注解》也说:

> 疍有三种,蚝疍,木疍,鱼疍。寓浔江者乃鱼疍,未详所始;或曰蛇种,故祀蛇于神宫也。

咸丰《兴宁县志》却云:

> 所奉疍家宫肖神像,旁为蛇,每五月五日,享神而载之竞渡以为礼。

我们以为要是因为疍民祀蛇而遂谓其为蛇种,那么像一般在南洋祀虎的人,也可以叫做虎种了。但是事实上却不是这样,因为南洋的土人,和中国人之祀虎,是由于畏惧老虎,故尊崇而祀之,希望其不为人害,并非以为他们的祖宗是虎,故加以崇拜。同样祀蛇的原因,也许是因为从前的南方,尚未开辟,毒蛇猛兽,屡为人害,由畏惧而尊崇,历时既久,浅人不察,以为来自蛇种,也未可知。总之,祀蛇的原因也许很多,然若谓祀蛇即为蛇种,殊难相信。

第三种传说以为疍民是鲸鲵的种族。屈大均《广东新语》卷七《人语》"疍家贼"条云:

> 疍家本鲸鲵之族,其性嗜杀。

李调元在其《南越笔记》也有同样的词句。疍民所以叫做鲸鲵之族,大约是因为水居,而且像屈大均所说,其性嗜杀,犹如鲸鲵之在水里,残杀其他的动物一样,故以此名加之。这个传说,当然也含有蔑视的态度,非一般疍民所乐闻，可以不必多谈。

第四种传说以为疍民是獭家。屈大均在同书同处曾说疍民：

> 今止名獭家，女为獭而男为龙，以其皆非人类也。

这恐怕是为鄙薄疍人的人所捏造，而其原因，大约不外是像宋周去非在其《岭外代答》"蛮人"条里所云：

> 疍舟泊岸，群儿聚戏沙中，冬夏无一缕，真类獭然。

东莞邓淳所编的《岭南丛述》"疍人"条所抄述周氏这段话，其意不外是以为疍人冬夏无一缕，好像獭一样，于是一般鄙薄疍人的人，遂说他们是獭。这种捏造，于疍人的起源上，当然是没有关系。

最后还有人以为他们是蛟种的。邓淳《岭南丛述》，屈大均《广东新语》均有提及。我们以为这也是没有什么讨论的价值，不过提起蛟字，我联想到梁任昉《述异记》和邝露《赤雅》卷上，曾有所谓"鲛人"的记载。他说：

> 在海外有鲛人，水居如鱼，不废织绩，其眼能泣珠。

水居的人类，据我们所知的，只有疍民，这里所说鲛人水居的鲛字，恐怕就是传说中所谓疍人乃蛟族的蛟之转。又所谓其眼能泣珠，大约是从疍人下海能见物，和采珠的事实推衍而来。盖最初沉海采珠的工作，差不多是疍民特有的工作。至说鲛人不废织绩，也合事实，盖从前疍人的衣服，多须自己织绩。

考旧本《述异记》是梁任昉所撰，惟其中有北齐武成河清年事，故著作的时代尚有问题。不过假定这本书为梁齐间的著作，同时假使鲛人就是疍人，则疍人水居之历史却在唐代以前，这一点使我们对于疍民水居的历史的认识上，有了一种新的发见。可是对于疍民的起源的问题上，却没有什么关系。

事实上，以疍民为某种动物的族类，而谓其来自某族，只能当作神话来看，不能当作事实来研究。本来在初民的社会里，图腾制度很为普遍，某一种族，每每自托为某种兽物而来，因而崇拜这种兽物。疍民而自称为龙为蛇，固非不可能，无奈这些名称都非疍民自称，而乃从来鄙视他们的人们所给予的。其与初民社会里的图腾制度，显有很大的分别。

就使我们同意邝露所说，疍人出自龙种，而承认疍民也有图腾制度的存在，但我们对于以图腾制度来解释某种民族的起源，也不能得到一种满意的回答。因为图腾制度的本身，就是神话的反影，初民知识太浅，而迷信过深，对于一切的事实，缺少研究和探求的精神，故相信其祖宗为某种动物者，从我们的眼光来看，当然是不可靠的。

五

以疍民的来源是自某一地方的，也有数种传说或学说。第一种以为疍民乃来自福建，这也许是因为有一部分像海丰一带的疍民，多能操福佬话，和能用福佬话来唱歌谣。但是专把这个理由来解释疍民来自福建，当然不对；因为疍民能操别的言语的很多，比方在广西西江一带的疍民的言语，是在客话、粤话、僮话之间，在广州者，除广州语外，别的言语多都不能说，其在琼州者，则杂以客黎音。故因某一地方的言语是近于福佬，而谓其来自福建，似未能轻信。

第二种传说以为疍民实系广州南岸的陆上居民，因为某年江水泛滥，他们的一切财产都付诸东流，他们没法来纳税，请求免税一年，第一年曾得到政府的允许，到了第二年，他们同样的没钱来纳税，可是政府此次硬要他们缴纳，结果出了一个折衷的办法，就是以疍代钱。这样的相沿下去，以至一班新的政府人员，不准他们以疍代税，他们没有法子，每于政府人员收税的时候，迁移下艇他去以避。政府见了他逃避不纳税，下令没收他们岸上的土地，同时不准他们再登岸居住。他们从此飘流江海，而疍民这个名词，从此也把来给予他们。

这个传说在一般的广州人都能乐道，虽则各人所言者有了多少的差异，大体上总是这样。

这也许是一般没有法子去说明他们的来源，而见他们是叫做疍民，便想出一个和疍有了关系的故事来解释罢。在过去的著作里，既没有这种传说的记载，而史籍所载的疍民事实，又没有对于这个疍字的解释，而且疍民的陆居历史，见于史书者甚早，而其地点并不只在广州，故这种传说也不可信。

第三种传说以为疍民本是南雄北江一带的富有的居民。某一年因为盗贼和兵灾的压迫，那个地方的居民，无论贫富，都不能在那边过活。一般贫穷的居民，携妻负子，徒步沿着北江而南下，以至珠江的下流，斩荆棘、辟田园，便成为今日的人烟稠密的陆地居民。因为他们是富有之家，人人都迁移金钱财产至舟里，沿江而下。因为家素富有，从来不做苦工，耕种他们已不愿意，而且也非所素习。现在要他们去开辟这荒芜的处女地，更不容易。结果是他们固守舟中，坐食江山，到了财尽产无的时候，只好以艇为业，捕鱼为生。后来人口日增，分布日广，便成为今日之疍民。

广州的人熟悉这个传说的也在不少，疍民自己也有谈及者。余前在西江遇一年纪约五十的疍民，询其来源，曾以此相告，他讲这段故事时，大有今昔之感，而几至泪下。

第四种传说和第三种所说的地点也是南雄，不过仅限于南雄的珠玑巷，而其故事却和上面不同。这种传说的例子，最好是一位姓梁的疍民的族谱里所叙述的故事。这本族谱是我们从广州岭南大学对面的沙南一位姓梁的借来的。族谱是新做的，而且是用已经印成的族谱填写的。里面有一篇《家谱序》云：

> 余始祖于珠玑，入于大湾。

关于他们因何从珠玑巷移来广州一带，《谱序》里面有一段很详细的记载。今录之于下：

> 元祐（宋哲宗年号）间，以党人贬粤东南雄府，遂卜居珠玑巷石井头仁厚里而家焉。其后侄讳绍为广东提干，挂冠示从，而占籍焉，是粤东之有梁姓，实始于此矣。当宋南渡，咸淳甲戌，有宫人苏代，貌美性淫，贪私无已。一夕王幸宫，失调雅乐，上怒，命下冷宫，时宫法不严，妃已潜逃别处，自揣不可复回，扮游妇混杂京省，踪迹漂泊，所遇辄投。时有富民黄贮万，系南雄府始兴郡保昌县牛田坊人，万备船运上京至关口市下湾泊船只，备牲酬福，时妃歌舞近前，似有献媚之态，万见其美，稍以意挑之，即下船与言，娓娓不已，愿托以终身之事，万因载而归。后皇上行刺，复取苏妃，而不知妃逃亡久矣。皇怒，敕兵部尚书张钦命行文各省缉访，经年无踪，乃复奏皇上准歇不行，不知万所遇之女子，即苏妃，已张姓，立为宠姬，因其家人刘壮反主走出，扬泄敝根，传溢京省，兵部等官知此，恐皇上咎，因乃诉称民讳法作孽，会同五府六部文武官僚并俺前因，密行计议，欲芟洗其地，以灭踪迹。伪称南雄府保昌县牛田坊有贼作乱，流害居民，冒奏皇上，以南雄府始兴郡保昌县牛田坊择地建筑与良民，平寇寨所，聚兵镇守，庶国泰民安。时（梁）悦叔讳郡字乔辉现在京都职任兵部职方主事，闻获声息，遂遣人密报，未旬日部文行知。饬令照议严行迁徙。时，始兴郡牛田坊五十六村，居民亿万之众，莫不嗟怨惶惶，惟珠玑巷石井头仁厚里居民九十七家恍密相通，透围集议，曰自我祖传，闻南方烟瘴地，土广人稀，必有好处，大家向南而往遇有江山融结田野宽平之处，众相开辟住址，朝夕相见，仍如今日之故乡也。

这处所叙的是否为疍民的南迁的事实，当然可疑，而且据家谱所述，他们本居山东郓州须城，元祐间始迁移来粤，可知本非住珠玑巷。但是多数的疍民，据吾们调查所得，都说是由珠玑巷来的，珠玑巷本为广东望族聚会之地，屈大均《广东新语》云：

> 吾广故家望族，其先多从南雄珠玑巷而来，盖符祥（按，符祥乃开封）有珠玑巷，宋南渡时，诸朝臣从驾入岭以至南雄，不忘枌榆所自，亦号其地为珠玑巷，如汉之新丰，以志故乡之思也。

原来疍民没有机会受教育，识字者很少，祖宗之过三代者，多已忘记。以我们调查所得,已故的祖父,甚至父母的情形,也有未知或忘记者。故假托名门,虚报望族者,比比皆是。他们来自珠玑巷,或像第三种传说所谓来自富贵之门,恐怕也是假托罢。

第四种解释以为疍民是从海岛而来的,而所谓海岛有的以为是台湾,有的以为是海南,更有的以为是南洋群岛。以疍民来自台湾的人,大概以为疍民就是从前的疍家贼,他们屡在广东沿海一带为患,而其巢穴乃在台湾。此外又如认为罗香林疑古之亶州是今之台湾,而疍人或即亶字之转音,亦同此说,这一点上面已经说过,不必再述。

以疍民来自海南的传说的多以为疍与苗黎同祖,至说他们来自南洋的理论,是见得疍民所住的水棚或水栅,正像南洋的水边居民的水棚一样。又很小的疍家小孩,已能游泳,好像在暹罗各处的小孩之善于泅水。此外据说疍民的体质亦有多与南洋土人的体质相同,故谓疍民来自南洋。

除此以外,疍民自己多谓来自南海的官窑地方者,又有谓来自东莞来自清远等处。然而这些传说,大概是指着某一部分的来源,而非整个疍民的来源。

这数种传说,像来自台湾、海南、南洋、官窑、东莞、清远等,当然是值得把来研究的。可是事实上所指示于我们者,疍民所占的区域,是古代的巴蜀即今四川境内。晋常璩《华阳国志》有好几处说及这点。此外,唐李延寿的《北史》及令狐德棻的《周书》也载及天和元年诏开府陆腾讨伐三峡的蛮疍。于是可知疍民在历史上所占据的地方,多不在闽广海岛一带。

##

从时代上说明疍民的源始的,也有数说。第一说以为他们是李自成的旧部。李自成败后,他们流入福建,飘流水上,而成为疍民。第二说以为他们是元的后裔,元亡后他们为汉人所排挤与虐待,流居水上。又有以为他们是元亡后的色目人,也是遭汉人排挤与虐待,而移居水面。这两说我们当于下面再述。

第三说以为疍民是宋代的遗民,这一说所根据的史实是宋末陈宜中张世杰修海舟奉帝昺及卫王杨太妃等的记载。又史载张世杰奉其主帝昺移驻崖山时,官民二十余万,多居舟中,后来世杰兵败,陆秀夫负其主卫王昺赴海死,这些居住舟中的官民,皆是对于宋室很尽忠的,宋室既覆,他们当然有不少人不愿失节事元,飘流江海,而成为疍民。

上面三种传说,当然不能置信。疍民之历史,远在隋晋以前,而其水居则在宋代。周去非的《岭外代答》中已言之甚详。故谓疍民始于明末、元末及宋末之说,均是无稽之谈。虽则我们对于宋元的遗民,是否曾与原有疍民混杂而成为今日之所谓疍民的问题,无不有研究之价值。此外据吴高梓先生说,在福建好多人以为疍民是始于唐末五代之时。他们以为当王审知入闽后，原有的土人，皆被驱逐入水，遂成后来的疍民。然此亦不过一种传说，没有确实证据。

比较普通的传说是以为疍民乃晋卢循的党徒与后裔。考卢循事迹，见于《晋书·列传七十》（卷一百），循与妻兄孙恩，当时称为海盗，横行于东南沿海一带，孙恩事迹亦见于《晋书·列传七十·孙恩传》云：

> 初恩闻八郡响应，告其属天下无复事矣。乃虏男女二十余万口，一时逃入海。……及桓玄用事，恩复寇临海，临海太守辛景讨破之。恩穷戚乃赴海自沉。……余众复推恩妹夫卢循为主。

《卢循传》也云：

> 恩亡，余众推循为主，元兴二年，正月寇东阳，八月攻永嘉。……因自蔡州南走，复据浔阳。（刘）单裕先遣群率追讨，自统大众继进，又败循于雷池，循又遁还豫章。……裕乘胜击之，循单舸而走，收散卒得千余人，还保广州，……道覆（徐）保始兴固险自固，循乃袭合浦，克之，进攻交州，至龙编刺史杜慧度谲而败之。循势屈，知不免，先鸩妻子十余人，又召妓妾问曰：我今将自杀，谁能从者。……有云，官尚当死，某岂愿生？于是悉鸩诸辞死者，因自投于水。慧度取其尸斩之，及其父嘏，同党尽获，传首京都。

从这里看起来，卢循既已把他的妻子鸩死，而同党又尽获，则所谓疍民乃卢循后裔党徒或遗种，已不合理。又列传所载，战事多非海战，也没有确定的记载其逃避江海。故传说疍民乃卢循遗种，甚为可疑。考这种传说之见于著作者，有《图书集成》卷一千三百零八《广州府风俗志》，今摘录于下：

> 俚俗有三，曰疍户——又曰龙户，即今疍家。编在河泊所者曰卢亭，在州城东南百里，以采藤蛎为业……相传为卢循遗种，故名曰马人，本林邑蛮，随汉马援来者。

这段话本来就不清楚，既说疍相传为卢循遗种，又接着说故名马人，本林邑蛮随马援来者。按，卢循乃汉种，而林邑蛮乃为人们所目为别于汉种的蛮、夷，安能相混为一谈。

又马援是汉时人，而卢循为晋人，两者前后相差了好多年。若谓疍人乃马人而随马援而来，则疍之历史远在卢循之先，这么一来，疍为卢循遗种之说，不攻自破。若谓疍人为卢循遗种，则所谓疍即马人，本林邑蛮之随马援来者之说，也不攻而自破。根本上我以为这段记载，已经糊涂，故这里所说疍相传为卢循遗种，便不能使人没有怀疑。

此外，邓淳《岭南丛述》"卢亭"条云：

> 大奚山三十六屿，在莞邑海中，水边岩穴，多居蜑蛮种类。或传系晋海盗卢循遗种，今名卢亭，亦曰卢余。似人非人，兽形鸠舌，椎髻裸体，出没波涛，有类水獭；往往持鱼与渔人换米，或迫之则投水中，能伏水三四日不死，如复如旧。率食生物，以鱼鳖为饕飧，其捕鱼使人张罾，则数人下水，引群鱼入罾内，既入引绳示之则举罾并其人以上。正德中，其人入水时，偶值飓风不能起，潜游数月，至香山见罾以为己物，乃坐其中；为人所获，执以赴官，或识之曰此卢亭也。初获言语不通，久之，晓汉语，询之信然。

这也像说蜑民就是卢亭，而为卢循的遗种。然所谓"或传系晋海盗卢循遗种"并非肯定的词句。又邓氏所记者，乃东莞蜑蛮，也许东莞蜑民皆是卢亭，故谓卢亭蜑民乃卢循遗种，且标题为卢亭，或者是专指东莞的蜑民之名卢亭者而言。此外在同书"蜑人"条内，邓氏明明白白的说卢亭为蜑之一种：

> 广州有蜑一种，名曰卢亭，善水战。

这种善水战的卢亭，宋周去非《岭外代答》"蜑蛮"条，已先邓氏言之，和上面言语特殊、生食裸体的卢亭，当然不同。是则不但卢亭乃蜑之一种，卢亭本身也有数种了。故谓蜑乃卢循遗种，未必是指明所有的蜑，而乃专指卢亭而言。邓氏还于上面所抄"蜑人"条几句话后，接着即说：

> 秦时屠睢将五军临粤肆行残暴，粤人不服，多逃入丛薄，与鱼鳖同，即丛薄之遗民也。

关于蜑民与屠睢的关系，我们当于下面再述，惟这里所说的卢亭，或一般普通的蜑人，乃卢循的遗种的传说，我们从此可以见得一般的著述家对于蜑民的起源的传说的本身，已弄得不清不楚，他们当然谈不到传说的真伪的问题了。

其实，卢亭是不是蜑民，还是一个问题。唐刘恂《岭表录异》，亦有关于卢亭的记载。他说：

> 卢亭者，卢循前据广州既败，余党奔入海岛野居，惟食蚝蛎，叠壳为墙壁。

刘氏这本书是记载岭南人物很早的著作，他的书里既找不出关于蜑民的记载，而这里虽说卢亭是卢循，然卢循之党，并非水居，而乃奔入海岛而野居；且叠蚝蛎之壳为墙壁，显明其和舟居的蜑民不同。若谓唐代蜑民尚未水居，故卢亭尚未谓之蜑民，亦不合于史实，盖在晋以前固早已有了蜑民。

我们考《晋书·卢循传》与刘恂《岭表录异》均未有卢循遗种水居之记载。这种记载之见于著作较早的，是顾炎武《天下郡国利病书·广东八》所述《后山丛谈》一段话：

> 晋贼卢循兵败入广，从舟逃居水上，久之，无所得衣食，生子皆赤体，

谓之卢亭。尝下海捕鱼为充食，其人能于水中伏三四月不死，尽化为鱼类也。

其明白的说卢亭与疍不同的，如顾氏《天下郡国利病书》卷一百零四《广东八》里云：

> 卢亭亦曰卢余，在广州城东南百里，以藤蛎为业。……相传为卢循遗种，故名，裸体，能伏水中数月，此其异于疍而类于鱼者也。（顾氏作芦循，严如煜《洋防辑要》作卢循。）

总而言之，疍民的来源，并非卢循之后，无庸异议。我们不嫌繁琐而详加引论，不外是想指明各家对于卢亭的传说的记载的差异之点，不但繁多，而且互相冲突，使我们不但对于卢循和疍民的关系难于相信，就是卢亭是不是疍民，也成为一个尚须加以考证的问题。

第五说以为疍民是秦使尉屠睢杀西瓯王，越人不愿事秦，故逃入丛薄，疍人就是这些越人的遗种。这个传说之见于著作者很多，而特别是粤东府志县志，上面所举出邓淳《岭南丛述》那段话，也本此说，顾炎武在其《天下郡国利病书》卷一百《广东四》"博罗县"条有下面一段话：

> 疍其来莫可考，按，秦始皇使尉屠睢通五军监禄杀西瓯王，越人皆入丛薄中，与禽兽处，莫肯为秦用。意者，此即丛薄中之遗民耶？

又卷一百零四《广东八》述《惠州志》，其词略异：

> 疍其种不可志，考之秦始皇使尉屠睢统五军监都凿河通道，杀西瓯王，越人皆入丛薄中，与禽兽处，莫肯为秦用，意者，此即丛薄之遗民耳。

上面所录邓淳《岭南丛述》的所载这段故事的词句，稍有出入，而且比顾氏所述的为简略。又邓书乃道光年出版，恐也是由顾氏或各府各县志抄述而来。此外，《方壶斋舆地丛钞》《番禺县志》及各处所记载的与顾氏所抄述的，大致相同。

《太平寰宇记》说："郁林为西瓯。"那么疍之发源地点，乃在广西。考《华阳国志》《北史》《周书》诸书所载，疍民广布于四川三峡。历史记载，未有言及疍民来自广西者。反之，一般传说及据我个人的询问，广西诸疍民多云来自广东。故谓疍民为西瓯越人之遗民，未可轻信。

不但这样，在秦的时代，版图固然是扩充到南越，可是南越的地方之为越人所经营的，还是很小的部分。晋永嘉以后而特别是南宋以后，汉人多向南迁移，这些地方才逐渐的发达起来。至于广西就是到了现在，还是人烟稀少。若说是在秦的时代，因为屠睢杀了西瓯王，所以越人就要皆逃入丛薄，与禽兽鱼鳖杂处，那是很没有道理的。又秦的享祚，不过十余年，所谓莫肯为秦用，而至其子子孙孙都处丛薄，以至变为疍民，更没有道理；何况越王赵佗《报文帝书》里明明白白的说：

> 西有西瓯，其众半嬴，南面称王。

可知西瓯的越人并不像传说所说，皆逃入丛薄，就算屠睢杀西瓯王时，他们皆逃入丛薄，则秦室亡后，他们也已重回故乡，否则吕后文帝时代，安再有西瓯半嬴之众，而南面称王的史实？这样看起来，疍民为屠睢所征伐而逃避的遗民，恐怕也是无稽之谈了。

最有趣的是屠睢和卢循的故事，有些人竟混杂起来而成为疍民起源的传说。上面所举出的邓淳之记载，关于疍民起源的传说，好像有了这种的趋向，然其最显明的是前香港教会吏长（archdeacon）格来氏（J. H. Gray）。他在其所著《中国》（China）一书里曾谈及这个问题。他说疍民溯源于 Loo Tsun。这个名英文译名，好像是指卢循。然卢循屠睢声音颇近。故此二人之故事，多所混杂。他说这故事的时代，是西历纪元前二百年左右，这明明是指着屠睢，但他又以为这个故事的主角 Loo Tsun，是河南岛的南口（Nemkow）（广州对面）一个乡长。从这个故事的地点来看，好像是指着卢循，虽则卢循并非河南岛的南口的乡长。他又以为 Loo Tsun 是秦的将军（按，秦与晋的声音也相近，也许是他弄错了），这又好像指着屠睢。但他又说 Loo Tsun 因为自己势力澎涨，乃反中央，其后被政府打败了，其后遂流居艇舶，这又好像是指卢循。

这些不清不楚的记载，使我们对于疍民在时代上的源始，不易索摸。同时我们也可以明白关于疍民起源的各种传说，愈传则愈复杂，愈含混，而且传说也因此而愈增，而其结果愈不容易研究。

第六说以为疍民是范蠡的后裔，这个传说是根据范蠡与西施隐居五湖的故事推衍而来。考《史记》卷四十一《越王勾践世家》记载范蠡于勾践既霸，范蠡知其能与同患难不可与共安乐，遂辞越王而去。《史记》且云：

> 乃装其轻宝珠玉，自与其私徒属乘舟浮海以行，终不反。……范蠡浮海出齐，变姓名自谓鸱夷子皮，耕于海畔。……居无何，致产数千万，齐人闻其贤，以为相，范蠡喟然叹曰……久受尊名不详，乃归相印……间行至于陶，……于是自称陶朱公，复约要父子耕畜……

俗人徒见《史记》所载乘舟浮海，遂以为与疍民有关系，而演出疍民乃范蠡之后裔，殊不知这里所说不过是乘舟赴齐而从事耕畜，并非水居。至说与西施隐居五湖事，大约也是后人之好事者，串成贤臣美人，当成眷属的把戏，似难置信。

第六种传说以为疍人也是黄帝的子孙，这也恐怕是假托罢。又上面所说的疍民，《梁氏族谱·序》里有云其祖宗：

> 溯而上之，乃出于帝颛顼高阳氏之裔孙大业也。

这恐怕也不外是从其他的《梁氏族谱》抄过来的。

照上面看起来，从时代上面说明疍民的始源的传说，差不多可以说是应有尽有了。从李自成的党徒，以至黄帝的子孙的传说，大都是近于假托，没有史实的证明。假使我们承认疍民是中国来源的土人，而别于所谓来自西方的汉人，则疍民在时代上的始源，恐怕还比之黄帝为先。这个怀疑，从一方面看起来，自然没有史实的证明，可是从别方面看起来，却比了上面所述那几种传说，并没有不合理之处。

七

以疍民为某种民族的别名或支派的也有数说。第一说以为疍乃色目人。据云元时民族分为三阶级。第一级为蒙古人，第二级为色目人，第三级为汉人。蒙古人征服汉人以后，恐汉人反叛，故对待汉人特别残酷与刻薄，同时又纵色目人监督汉人，而色目人也借势欺辱汉人。因此之故，汉人对色目人恨之刺骨，元亡后，汉人乃逐之江海中，不准登岸，而成为疍人。

第二说以为疍民乃蒙古人。这种传说，多为福建人所称道，盛叙功氏著《福建一瞥》，曾有关于这传说的记载。他说：

> 福建的疍户的祖先，是蒙古族。元代成吉思汗统一中国时，蒙古人移殖于各省，后来元亡明兴，蒙古人遭汉人的驱逐杀戮，黄河以北的，都逃回内蒙古，惟黄河以南的，则不能逃回，杀戮较多，一部分则逃于水上，过水上生活；后来又禁止与汉族通婚，生活极为艰苦。

上面二种传说，我们已经说过，不足置信。因为在时代上看来，疍民之历史远在汉晋，而水居疍民之记载，已见于宋，而且元泰定元年，曾有诏罢广州福建等处采珠疍户为民，三年八月又谕广州疍户使复业。那么谓疍人乃色目人或蒙古人，显乃附会假托之词。

第三说以为疍民本是汉族。上面所谓疍民，乃卢循遗种，宋代遗民或是广州河畔的居民，因避税而海居，以至《梁氏家谱》等，均可以说是属于这一说。但是这些传说，仍难置信，上面已经说过，无容再述。此外主张此说者像白月恒最近著《民国地志·种族》篇云：

> 疍族亦为汉人之一派，一般汉人多贱视之。

疍民是乃汉人，当然有讨论之价值，但从历史上的记载来看，疍乃列为蛮人之一，故谓疍乃汉人之说，似难成立。惟现代所有的疍民，是含了不少的汉人的成分，这是没有可疑的。一方面因为多数的疍民喜欢购买陆上穷苦的人子女以为子女，一方面亦有不少的陆上人因为职业的关系，而移居水上，逐渐同化于疍民。但是这种混合而特别是后一种的事实，于疍民起源的问题上，有无关系是不容易明白的。

第四说以为疍家乃客家。照这种传说，客人乃由北方迁来南方的，当他们南迁的时候，因为肥美的地方大都已经有人居住，他们有的留住于山岭之傍，有的飘于河海之上；近山岭的叫做客家，住水面的叫做疍家。这种传说，没有史实的证明，也不易相信。疍家在广东各处之说客家话者虽不少，然这也许是这些说客家话者，是由韩江上游移住他处的。疍家之在某一地方者，多说这个地方的方言。考从前韩江上游疍家颇多，现在则已大大减少，也许这些疍民移居别处，虽不得不说其所移住的地方的言语，而其原说之客话，或尚有留存者，乃理所当然。

第五说以为疍民是蛮族。常璩《华阳国志》，《隋书·南蛮传》，李延寿《北史·蛮僚传》，令狐德棻《周书》，樊绰《蛮书》第十，周去非《岭外代答》"疍蛮"条，陆凤藻《小知录·四裔》，邓淳《岭南丛述》"诸蛮"条，以及各省府县志，及其他好多著作，均以为疍乃蛮之一种或蛮之别名。

又如（第六说）王桐龄先生著《中国民族之研究》一文里（见《社会学界》第一卷），以为疍乃苗族。他说：

> 黄色人种下了帕米尔高原以后，便分道往东南东北两方面进行。那往东南方面进行的有三族，历史家称他们为南三系。……南三系中第一族搬到中国中部南部……就是扬子江流域七省，西江流域五省。……同印度支那半岛，……就是越南暹罗等地，历史家称他们为交趾民族。现在四川南部的僚，贵州的苗，广西湖南的傜，云南的猓，广东的疍，同暹罗越南境的人，皆属于此族。因为中国唐虞时代，他们曾创立过大国与汉族对抗，那国名叫三苗，所以历史家就称他们为苗族。

这里所说的苗的意义很广，和上面蛮没有什么分别。我们以为谓疍为蛮种，或为苗种，均嫌太过空泛。因为一般人所谓蛮和王先生所谓苗，乃指汉族以外一切的南中国以至安南暹罗的民族而言。事实上，南中国及安南、暹罗的民族，种类之繁，不胜枚举。同时，这些各种民族之起源的问题，尚有待于一般人类学者的研究。若徒然以中国人素来的夸大蔑视的态度，以为中国人以外的人类，都是蛮夷的偏见，而笼统的说其他的民族，像疍民等都是蛮种，那是失了研究的态度。事实上所谓蛮或所谓苗（照王先生的说法）的内部的民族的差异之点，比之苗或蛮之于汉人的差异，恐怕厉害得多。比方安南人或是疍人之于汉人大致没有什么差别，然安南人或疍人之于暹罗人的差别，却显而易见。这不只仍从其文化方面来看，就是从其体质方面来看，也是这样。这样看起来，笼统的根据了中国人从来的夸大和蔑视的态度来说明疍民的来源，是要重新的用为研究而研究的精神来改变一下。

第七说以为疍民乃林邑蛮。《图书集成》卷一千三百零八《广州府部汇考十·广州俗考三六》云：

> 俚俗有三，曰疍户……本林邑蛮。

近人相信这一说的很不少，罗香林先生在国立中山大学历史语言研究所《民俗》周刊七十六期《疍家》一文便是一个例。然我们读《晋书》卷九十七《四夷列传》云：

> 林邑国，本汉时象林县，马援铸柱之处也。去南〈海〉三千里，……其俗皆开地〔北〕户以向日，至于居住或东西无定。人性凶悍，果于战斗，便山习水，不因平地。四时暄暖，无霜无雪，人皆裸露徒跣，以黑色为美。贵女贱男，同姓为婚，婿〔妇〕先婢〔聘〕婿，女嫁之时著迦盘衣，横幅合从如升〔井〕栏。……其王服天冠被缨络。每听政，子弟侍臣皆不得近之。

根据这段话里所说，除习水徒跣颇近疍民外，余皆少有相同。按，马援铸柱之地，虽是南越，然所谓以黑色为美，与著迦盘衣的事实来看，却又似印度人之一种，与今南洋人所叫为吉冷黑人之以黑为美者无异。又据《隋书》卷八十二《南蛮列传》云：林邑人嫁女时，女家请一波罗门，送女至男家，且皆奉佛，更证其与疍民少有关系。且《隋书·南蛮传》已有疍族的记载，然并不言及疍与林邑的关系，则疍为林邑族之说，殊难相信。

第八说以为疍民乃马人。上面所举《图书集成》同处有疍户名曰马人的词句。关于马人，邝露《赤雅》卷上云：

> 马人本林邑蛮，深目狼鼻，散居峒落，献岁至军府听令，不与傜僮同群。韩退之诗："衙前龙户集，上日马人来。"金曰：伏波遗种也。

韩退之所谓龙户，虽似和疍有关系，而毛奇龄《西河合集·蛮司合志》卷十五，且谓退之所谓龙户即疍人。然邝露并未明言其和疍人有关系。马人既是林邑蛮，则疍人乃林邑蛮之说，既难相信，疍乃马人之说，也不足信。又据顾炎武《天下郡国利病书》卷一百零四《广东八》云：

> 马人本林邑蛮，随马援流寓铜柱后随讨来附者也。始十户，后孳衍至三百，皆姓马，其人深目狼喙，散居峒落中，献岁时至军府听令，傜僮不与同群，自为一种，今亦不可复辨矣。

邝露与顾氏书，均未说明与疍有关，《图书集成》乃在二氏书之后，其所载似本由邝、顾二氏书抄袭而来，却谓疍乃马人，殊为可疑。

第九说以为疍或为乌蛮种。陶宗仪《辍耕录》卷十有司名采珠的人曰乌疍户，及关于广东乌疍户的记载。邝露《赤雅》云：

> 乌蛮古损子产国，即乌浒蛮也，生首子辄解而食之……汉建武间，除蛮，遂散处山谷，其风不改。

顾炎武《天下郡国利病书》卷一百零四《广东八》也有同样的记载，惟顾氏则不言明乌蛮为古损子产国。关于古损子产国，顾氏另有记载。其足令我们注意的，为下面一段话：

> 其国（即古损子产国）有乌蛮滩焉，其后国废，于汉建武中，民各为族。常取翠羽采珠为产，又能织斑布，可以为帷幔。以鼻饮水，口中进噉如故，当交广之界，恒出道伺候二州行旅，有单途辈者，辄出击之，利得人食之，不贪其财货也。

顾氏记载古损子产国人采珠事，与《辍耕录》所记乌疍户采珠事似有关系。又据其所载乌蛮滩与汉建武间伐败古损子产国的事情来看，则古损子产国似即邝露所说的乌蛮国，故乌蛮也许就是乌疍蛮。

按，《唐书·南蛮列传》有云：南诏为乌蛮别种，近来且有人以为南诏为疍族所建之说。然乌蛮的事迹，《唐书·南蛮传》（卷二百二十二）没有记载，故乌蛮就是乌疍蛮之说，尚有待于考证。而且就使为乌疍蛮之别种，我们于疍民起源的问题，还未能得到一个满意的解决，盖疍民是否皆即乌疍蛮，还要加以讨论，换句话来说，采珠的乌疍蛮，固然是疍之一种，然疍民固未必皆是乌疍蛮，使疍民而通通是叫做乌疍蛮，则何不直叫做疍民，而要加上一个乌字？

第十说以为疍民乃越种。《隋书》卷八十二《列传四十七》谓疍为古之百越种。顾炎武《天下郡国利病书》卷一百《广东四》"博罗县"条，与卷一百零四《广东八·惠州志》，以为疍人为越人之遗民。因秦始皇使尉屠睢临越肆行残暴，杀西瓯王，越人不服，逃入丛薄，后变为疍。此外主张此说的如罗汝楠《中国近世舆图说》卷十七，谓"沿海疍户……昔人称为百越，非虚也"。又如顺德仇池石编《羊城古钞》里说：

> 今粤人大抵皆中国种，自秦汉以来，日滋月盛，不失中州清淑之气。其真鬋发文身越人，则今之傜、僮、平鬃、俍、黎、岐、疍诸族是也。

仇氏这一段话，大约是由屈大均《广东新语》"真粤人"条脱胎而来。他好像是把粤人与越人分开来讲，正像现在一般人所谓粤人，大概乃指由北南迁的汉种，而越人乃指着原住中国南部粤地的土人，本来粤与越是相通，故一般人之说诸南蛮或疍人为粤人时，实乃指原住在中国南部粤地的土人。邓淳《岭南丛述》"疍人"条所云秦时屠睢将五军临粤，肆行残暴，粤人不服的粤人，就是越人，而别于汉族的越人。又如黄培堃、岑锡祥合编的《广东乡土地理教科书》里谓：

> 若舟居之疍族亦粤族。

这里所谓的粤族，也是指着越族，而最近罗香林先生的《唐代疍〔蜑〕族考》上篇，也主此说。

本来疍民水居，而越人善于水，如《淮南子》所谓越人便于舟，也许两者有了关系。不过越人善水之说，于汉初已传，而唐以前关于疍民记载，既没有水居的痕迹，也没有善水的指示。故因越人善水，而谓为与疍有关系，太过勉强。且善水之人固不限于越人，近海居民，如南洋群岛的土人，均善没水。那么照此类推，南洋诸民族，也与疍民有关系了。这当然是不合理的。又我们知道善于水，便于舟，乃习惯使然，并非生而就会的。山居之人，若移水居，学而时习之，也必善于水，便于舟。反之，现在闽、广疍民之不会游水者，数目也不算少，故因越人善水、便舟，而谓为疍人之祖先，亦未可轻信。

又所谓越族的范围很广，支流又多，《史记·西南夷传》有载东越、南越的分别，东越据《史记·东越列传》云：

> 闽、越（《集解》韦昭曰：闽音武巾反，东越之别名也）王无诸及越东海王摇者，其先皆越王勾践之后也。

而在《越王勾践世家》又说：

> 越王勾践，其先禹之苗裔而夏后帝少康之庶子也。封于会稽，以奉守禹之祀；文身断发，披草莱而邑焉。

这段记载，本身就不大清楚，所谓文身断发固是近于原来的土人，或越人，但越人既为勾践之后，而勾践的祖先又为禹之苗裔，少康之庶子，则东越人本是中国汉族了。

又《史记·东越列传》索隐解说：

> 按，《说文》云：闽、东越蛇种也，故字从虫，闽声，音旻。

这又和上面所说疍乃蛇种好像有了关系。然东越或闽越既为勾践之后，汉族之裔，则《索隐》所说闽越蛇种又是无稽之谈。

至于南越的种族，古书所载，含糊之处，亦在不少。《史记·南越尉佗列传》说：

> 南越王尉佗者，真定人也，姓赵姓。

《索隐》云："真定故郡名，后更为县，在常山也。"臧励龢等编《中国地名大辞典》"正定"条云：

> 真定，本正定郡，春秋晋地，战国属赵，秦为巨鹿郡地。汉高祖置恒山郡，后改曰常山郡，又分置真定国。

这么一来，越王赵佗也非南越人，而是晋赵人了。然而在越王赵佗《上文帝书》，又明白的自认他是蛮夷，所以他说："蛮夷大长老夫臣佗。"他且说：

> 蛮夷中间，其东闽越千人，众号称王，其西瓯、骆裸国亦称王。

据此则不但赵佗自己是蛮夷，所谓越王勾践之后的东闽越，也似蛮夷，而和西瓯人相类了。

所谓越族的本身，专就《史记》所载，已有使人怀疑之处，那么疍民为越种之说，当然是要发生问题的。

而且除了上面所说的浙越、闽越、广越之外，还有扬越（江西）和骆越（安南），古人谓为百越。在地理上所占的范围既广，在种族上，其类别必繁，是有可能性的。比方，现在的安南人亦曰越人，然在安南本部的民族，已有不少的差异，那么以疍人为百越遗族，也似太过空泛。

其实，古人所谓百越，所占据的地方，就是现在各种别于汉族的各种民族，如苗，如黎，如傜僮，和历史上所记载的如林邑如乌蛮等好多种民族所居的地方。若谓疍为越种，则诸蛮皆可谓为越族，其结果是以为疍之于其他的蛮民同为一种了。这种说法与谓疍为苗族遗种，恐怕没有很大的分别。

我们上面已经说过，罗香林先生也主此说，他在《唐代疍〔蜑〕族考》一文，也很明白的承认这个问题并不简单，而他所谓疍族乃越族苗裔，也不过是一种臆说假定，所以他说：

> 兹所比证，不敢谓已为定论，然较之前人臆说，微近实际。处此文献不足，考核未周之会，为求增进研究趣味，自无妨假定疍民为越族苗裔，以为续求证佐之依据，此则区区立言微意也。

总而言之，疍民究竟是那一种民族的别名或支流？这个问题，是和一个民族的本身的来源，和这个民族与其他民族的关系的问题，有了密切关系的。在疍民的文献缺乏和研究的工作尚未萌芽的目前，我们不但对于疍民的本身上，要特别努力从事研究，还要从一般民族之和疍民之有关系者，加做点文献考证及实地调查的工作。

第十一说以为疍民是傜种。雍正七年五月二十八日的解放疍民的谕示中曾说：

> 上谕，闻粤东地方四民之外，别有一种，名曰疍户，即傜蛮之类。

又《隋书》卷三十一《地理志下》也说：

> 长沙郡又杂有夷蜒，名曰莫徭，自云其祖先有功，常免徭役，故以为名。

按，徭与傜本相通，傜族之傜，本作徭也即莫徭。顾炎武《天下郡国利病书》卷一百零四《广东八》有一段关于莫徭的记载云：

> 莫徭者，自荆南五溪而来，居岭海间，号曰山民。盖槃瓠之遗种，本傜僮之类，而无酋长，随溪谷群处。斫山为业，有采捕而无赋役，自为生理，不属于官，亦不属于岗首，故名莫徭也。岭南海北人呼为白衣山子，廉钦迩来，亦有垦田输税于官，愿入编户，盖教化之渐也。

雍正既谓疍为傜蛮之类，《隋书》也有疍名为莫徭的记载，而顾炎武也记载莫徭为傜僮之类，又所言来自荆南，无赋役，与《隋书·地理志》所说相合。顾氏又谓莫徭随谷群处，业有采捕斫山木，与周去非《岭外代答》所谓的木疍相似。至捕鱼为业，更和疍相似，那么疍为傜族，固有研究的价值了。

然而我们在顾氏同书卷一百《广东四》"博罗县"项内，又有关于傜的记载云：

> 傜本槃瓠种，地界湖、蜀、溪峒间，即长沙、黔中、五溪蛮，后滋蔓，绵亘数十里。南粤在在皆有，至宋始称蛮傜其在邑者，俱来自别境。……粤人以山林中结竹木障覆居息为巢，故称傜。

傜的名目既至宋代而由粤人始这样的称呼，那么傜可以说是由莫傜或莫徭而来。换言之，傜实为疍之支流，而不能谓疍为傜之支流。盖莫徭或疍，于隋时已有，而傜则好几百年后才有。况顾氏所记傜之地方来源，本为《隋书·地理志》，《北史》列"蛮""僚"条，《周书》列传"蛮"类，与《华阳国志·巴志》所载，疍民所占据的地方。

又顾氏以为莫徭之在岭南海北，人呼为白衣山子，与疍又似有别。照顾氏述《晋书·陶璜传》岭南晋时已有疍民，要是莫徭为疍，何不就叫做疍，而名为白衣山子。且宋代周去非《岭外代答》里已说广东钦州有疍，可知疍在钦州历史较久，与顾氏谓钦廉迩来亦有白衣山子，当不相同。

因此，谓疍来自傜之说，难于成立，何况《隋书》谓长沙蛮蜒，名曰莫徭，显明指示莫徭乃疍之别名，也许乃疍之一种。不过要是我们相信傜族乃疍之别种，则我们对于疍的过去历史，以至其起源上，也有了不少的暗示，正像我们上面所说，要知疍民的来源，对于和疍有关系的民族的来源，也应该知道。

八

本篇的旨趣，不过是想将各种关于疍民起源的传说或学说，加以解释，可是在上面我们不但是专事解释，而且将各种学说或传说之史实与常识之不相符合的地方，指明出来，而其结果是根据我们上面所说的话，没有一种关于疍民起源的传说或学说能够给我们以一个合理或满意的解答。也许读者忍不住的要发问：

那么，疍民究竟是怎样的来源呢？

我以为要想对这个问题得到一个合理或满意的解答，至少要对于下面三种工作加以努力。

第一：我们对于过去关于疍民的文献记载，要加以系统的整理和深刻的批判研究。

第二：我们对于疍民的文化上要加以实地的调查。

第三：我们对于疍民的体质上要加以科学的测验。

原来疍民自己既少有教育，对于自己过去的事迹，既没有记载留传，而又被人蔑视为贱种，结果关于他们的记载，寥若辰〔晨〕星；而这些稀少零碎的记载，有的太过于神秘，如说他们的祖先是蛇或是龙，有的只知谩骂，如说他们是鲲或是贼。有的经过加一次的抄袭，却加多一点的错误，如《图书集成》谓疍为马人，好像是从邝露《赤雅》和顾炎武的《天下郡国利病书》里抄出来，可是在这两本书里却没有疍乃马人的痕迹。此外关于疍民的风俗习惯，种种记载，不但语焉未详，而且有了不少言过其实。故我们目下要先设法把已往的文献尽量的找出，关于疍民的记载，加以整理然后严格的批评一下，以求记载的真实。

又过去对于疍民的记载既少，他们的文化的真相我们还没有相当的认识。今后应当实地的调查他们的文化，而特别是他们自己固有的特殊文化的留痕，然后把这些研究的结果和其他的所谓蛮夷种的文化或汉族的文化，比较起来，看看他们的文化究竟是和那种的文化较为类似，较为相近，而有密切的关系。

最后，我们应当从体质人类学来研究他们的体质，而找出他们的体质上一种固有或特殊的普遍的标准。然后以这个标准来和其他的民族比较起来，看看他们的体质，究竟是和那种民族，有较密切的关系。

也许我们做了上面所说的工夫以后，我们对于疍民的起源的问题，尚未得到正确的解答。一来因为也许历史上的记载就不过是我们现在所已知到的材料；二来也许他们的文化和体质因为经过这么久的历史，已与他种民族的文化混合而没有法子去找出他们一个固有的普遍的标准。然而探求学问的精神，是不应当因此而退缩的，而且在我们尚没有做过研究工夫之前，我们更不应当因此而中辍。何况就我们从来对于疍民的研究，已经忽略，我们应当努力去了解他们；就使我们对于疍民起源这个问题，没有正确的认识，我们至少对于他们的现在的情形，总会了解不少。

因为我们对于疍民的认识尚少，我们现在对于疍民起源的问题，当然没有法子去得到满意与合理的解答。但是从我们上面所研究的结果，我们也得了不少的暗示。这些暗示虽不是严格的说明疍民的起源，然对于研究疍民起源的问题，也有了密切的关系，故不妨略为说明于下。

第一，疍民的体格虽有特殊之处，然以为其形像疍而乃叫做疍民是不可信的。至于以为他们的艇舶似蛋，故曰疍民，也难相信。

第二，从疍民的疍字来解释他们的来源，虽未可尽非，然诸说不但多是勉强，而且有时会使我们对于这个问题横生枝节。

第三，以疍民由某种动物而来，只是初民的图腾制度的痕迹，而近于迷信，不能当作事实来看。

第四，从地理上看起来，疍民最初是分布于四川三峡之间，惟顾炎武《天下郡国利病书·广东八》，《晋书》陶璜上疏，晋时广州南岸周旋六十余里，已有不少疍民。

第五，从时代上来看，疍民在汉时已有。

第四第五两项所指的疍民，是陆居的疍民，至于水居疍民，好像是唐以后才有的。在这里当然发生一个问题，这就是水居的疍民，是不是陆居的疍民移居水面呢？要是，那么他们为什么和怎么样的跑到水上居住？同时为什么现在只有福建、广东、广西三省才有疍民，而四川等处，却又没有呢？这些问题是很重要的。要是水居疍民，不是陆居疍民移住水面的，那么除了这两者的陆居水居的差异外，他们又有什么差异？同时除了同叫做疍民外，还有什么相同的呢？又水居疍民是从何处而来？始于何时？这些问题，均要特别加以研究。

其实，疍民乃汉族之说，固很少有人主张，疍民乃别的种类的别名或其支派之说，据我们上面所说，也缺乏确实的证据。我们以为疍民的历史，据常璩的《华阳国志》既在晋初，据宋王谠的《唐语林》卷七又以为"诸葛武侯相蜀，制蛮鲵，侵汉界"，则假设疍民为本来一种独立的民族，也无不可。盖巴蜀西南一带在汉代尚为非汉族的人们所居住，中国人对于这些民族，很少认识，对于他们的历史及来源，更无所知。然"疍"民既每与"蛮"族并称，则在当时人数之多，势力之大，可以想见。要不是这样，为什么人们不谓蛮而必特别的名之为疍呢？于是可知所谓疍族的历史，必比史书所载者，较为久远，而其来源，也许不但先于汉族，或且较先于其所谓蛮、苗诸族也。

第二章　疍民在地理上的分布

一

疍民在地理上的分布，大略可从两方面来讲：一是历史上的分布，一是最近来的分布。据晋常璩《华阳国志》卷一《巴志》所载，关于疍民地理的分布的大概，有如：

> 其地（指巴）东至鱼复，西至僰道，北接汉中，南极黔涪。……其属有濮、賨、苴、共、奴、獽、夷、蜑之蛮。

又云：

> 吴平巴东后，……置南浦，晋太康初，将巫、北井、还、建平、但五县，去洛二千五百里，东接建平，南接武陵，西接巴郡，北接房陵，奴獽夷蜑之蛮民。

又云：

> 涪陵郡，巴之南鄙，从枳南入折丹涪水，本与楚商於之地接。……东接巴东，南接武陵，西接牂柯，北接巴郡。土地山险水滩，人多戆勇，多獽、蜑之民。

又云：

> 涪陵县，……丹兴县，……汉平县，万宁县，……汉发县，……诸县北有獽、蜑。

《华阳国志》第二卷《汉志》里，他又举蜀郡广都县有蜑民。然而所谓巴地、巴东、涪陵、广都诸处，即今之四川境内及云南贵州之北境。除四川及这些地方以外，据顾炎武《天下郡国利病书》卷一百零四《广东八》述《晋书》陶璜上疏云：

> 晋时，广州南岸周旋六十余里，不宾服者五万余户，皆蛮蜑杂居。

按，今存《晋书》卷五十七，列传第二十七《陶璜传》，没有"皆蛮蜑杂居"句，其述陶璜上疏，仅有下面一段：

> 上言曰（指璜）：广州南岸周旋六十余里，不宾服者，乃五万余户，及

> 桂林不羁之辈，复当万户，至于服从官役，才五千余家。

惟又接着云：

> 又以合浦郡，土地硗确，无有田农百姓，惟以采珠为业。

采珠之业，据史书所载，多为疍民所专，然决不能因其采珠而遂谓为疍民。顾炎武所述陶璜上书有"皆蛮疍杂居"句，未知从何而来。使顾氏所述而真确，那么晋时不但是四川一带有疍民，广东也已有疍民。且陶璜上书先于常璩《华阳国志》之作，故陶璜南征交趾事，常璩曾记其大略（卷四《南中志》）。由此观之，广东的疍民的历史之见于史书者，还比四川的疍民为早。或者广东的疍民与四川的疍民有别，也未可知。然而在晋的时代，疍民在地理上的分布之广，已可概见。又广州南岸周旋的地方，河流交错，广东的疍民是否已经水居，也是一个值得研究的问题。

在《北史》（列传八十三）及《周书》（列传四十一）里载："刘石乱后，诸蛮无所忌惮，渐得北迁，占据三峡文州一带。"按，这里所谓蛮之中，本乃包括疍民，故"蛮疍"二字并用。三峡在四川湖北之间。《北史》与《周书》有（疍蛮）"屯据三峡，断遏水路，荆蜀水路，至有假道者"等语。这样看起来，不但四川有疍民，湖北也有许多疍民了。又按，文州乃甘肃地，然则疍民所居住的范围，也许扩张到甘肃了。

大约晋朝永嘉以后，以至隋代，疍民在地理上所分布的领域甚广。北至甘肃，南至广东，西至四川之西，东至湖北。自然的，这些地方除了疍民以外，尚有其他民族或蛮族，并且和汉族杂处，故《隋书》卷八十二《南蛮传》云：

> 南蛮杂类与华人错居，曰蜑，曰儴，曰俚，曰僚，曰㐌。

而且在隋的时代，在湖南一带，也有疍民。《隋书》卷三十一《地理志下》云：

> 长沙郡，又杂有夷蜑。

在唐代，疍民在地理上的分布之见于史书者（参看《僖宗本纪》《李德裕传》），仍在四川之南部。韩愈《清河郡公房公墓碣铭》有"林蛮洞疍，守条死要"之句。按，房启经略容州，而容州据说即今广西容县。然则唐时广西也好像有疍民了。

唐代兵威较盛，版图较广，故四川两湖的疍民，或被政府之征伐，或同化于汉族。此外，也许有了不少向南迁移，其结果是：在宋代的疍民所聚居的地方，多在两广一带。同时关于疍民的记载，多称他们为水居民族。例如：周去非《岭外代答》所谓"以舟为室，视水如陆，浮生海上者，疍也"。范成大《桂海虞衡志·志蛮》所谓"疍，海上水居蛮也"。陈师道《后山丛谈》所谓"二广舟居，谓之疍人"。乐史《太平寰宇记》卷一百五十七《岭南道》所谓"疍户生在江海"。他如冯应榴《苏文忠诗合注》卷三十九《连雨江涨》诗所谓"浦浦移家疍子船"，及《追钱正辅至博罗》①诗所谓"舣舟疍户龙刚窟"，均是以水居为疍民的特点。

按上面所举宋代各种著作之记载疍民水居者，以《太平寰宇记》较早。此书成于宋太平兴国年间（约西历九七八年间），去唐僖宗令西川节度使高骈讨伐四川疍蛮，不过一百年。疍户生在江海的记载既若是之早，那么疍户之水居的历史，必定较早。陈师道与周去非的著作，虽比乐氏的书为迟，然一则谓"舟居谓之疍"，一则谓"疍视水如陆"，均是说明疍民的特点是水居，于是更可证明疍之水居的历史，必有非他们所能考者。在上面已说及顾炎武所述晋陶璜上疏，有"广州南岸皆蛮疍杂居"的话，也许这时的疍民已有水居的。后来因汉族南迁，在陆者或被迫而水居，或同化于汉族，相沿至唐之晚年，宋之初年，所有疍民，皆是水居。且顾炎武在同书同处，述"疍户以舟楫为宅，……自唐以来，计丁输课于官"，然则疍民好像是在唐时已经水居了。

宋朝以后的疍民，据我们目下所能从文献中找出的证据，大部分都是水居的。如《元史·安南传》所谓"市疍船百斛者千艘"。明设河泊所，疍民归该所管理。此后水居遂为疍民之所以别于他种民族的特点。然陆居疍民之见于著作者也不少。顾炎武《天下郡国利病书·广东八》里曾说："或登陆附籍。"邓淳《岭南丛述》"疍人"条谓"广州城西的周墩林墩是疍民村"。此外，《图书集成》卷一千三百八十《琼州府部汇考八》"风俗"条，也说在琼山县有：

民居近海者，与疍杂处。

在文昌县有：

无黎而有疍。疍世渔户也。茅檐覆地。

在万州有：

疍人隶州者，若新泽、东澳等处，茅屋居海滨。

在陵水县有：

疍民世居保平港，大疍港，望楼里，濒海诸处。……间有种山园，置产，养牛，耕种。

这些记载，都是指明他们是陆居的。自然的，这些陆居的疍民也许并非世居陆上，而乃由水居而移到陆上，正如顾炎武所谓"登陆附籍"一样。

事实上，我们以为最初的疍民，大概多是或全是陆居，除非我们相信他们是

---

① 校按：应为《追钱正辅表兄至博罗赋诗为别》。

鲸鲵之族，那么他们的祖宗断不会是从水里跑出来。不过因为他们的水居的历史久远，人们遂叫他们为水居民族吧了。至于邓淳《岭南丛述》"卢亭"条，以为东莞的大奚山三十六屿，有疍名为卢亭，能伏水三四日，或且有些记载，以为能伏水三四月，恐怕都是荒诞之谈罢。

二

上面是说历史上的疍民的地理分布。我们现在可以略谈他们在最近来的地理上的分布的大概。

明末清初之关于疍民的记载，多只说及广东的疍民。雍正解放疍民的谕示，也不过是说"上谕，闻粤东地方……别有一种名曰疍户"，而不言其他处的疍民。我们以为这也许是因为广东的疍户较他处的疍民特别的多。未必是说除了广东以外，别的地方，完全没有疍民。比方清中叶的《广西通志》已有关于疍民的记载。那么疍民之在广西的历史，必定颇久。何况上面已经说过，韩愈所谓"林蛮洞疍"，大概是指着广西的容州的疍民。此外，福建的疍民据传说是元败后的蒙古人之流居江海者。这虽不足置信，但是疍民在福建的历史，远在雍正之前。比方元泰定元年曾有诏罢福建等处采珠疍户为民。也许那个时候，他们人数不若今日之多，故不引起人们的注意。

据我们现在所知道的疍民的分布的区域，不出广东、广西、福建三省。而疍民最多的地方，又要算广东。广西的疍民，他们很多告诉我们是来自广东。福建疍民也有相信是来自广东。关于福建疍民来自广东之说，似有相当理由。因为据历史上的记载，江西以东的浙江、福建，并没有疍民的足迹。若说他们从长沙一带，经过江西和福建之西而来，更不容易。故福建疍民大概是由水道而来的。但是水道当以从广东的潮州、汕头一带而到厦门与闽江，较为可靠。原来从晋至唐，四川三峡和长江上游，均有陆居疍民，他们被迫而沿着长江以下，然后沿海而到福建，固非绝对没有可能。不过他们若由这一条水道而来，则长江一带以至浙江沿海的宁波各处，也应有他们的足迹。现在不但宁波钱塘一带没有疍民，就是和福建毗连的浙江沿海一带如瓯江至温州等处，也没有疍民。于是可知从水道方面来看，福建疍民是由广东迁移去的，较为合理。

至于广西的疍民来自广东之说，就未免有问题了。我们可以相信在珠江的上游，好多疍民是由广东沿着西江而到梧州，然后分散于大江及北江各处。但是假使韩愈所谓的"林蛮洞疍"是指着广西容州的疍民，那么广西没有水居的疍民以前，或者除了水居疍民之外，还有陆居疍民。这么一来，除非广西的陆上疍民完全同化于他种民族，或是完全消灭，则他们应当尚必有遗存在陆上，或是迁移到水上的。但现在广西陆上没有疍民，那么陆上疍民之移居水上，乃意中事。而且据我们调查所得的结果，在柳州一带的疍民，其勇悍的性情，和一般山居陆居的其他民族，很多类似。此外，体态言语，也有雷同之点，而与梧州大江一带的疍民有别。又史书记载四川之南部与云南贵州的北境，曾有过很多疍民，则他们由这些地方南迁而来桂，也非无稽之谈。所以谓广西疍民有一部分是来自广东，固无可疑，若谓通通是来自广东，却有商榷之余地。

至于广东的疍民是从何处而来的，也是一个值得研究的问题。要是顾炎武所述晋时陶璜上书有广州南岸有"蛮疍杂居"果属确实，则广东的疍民的历史不但久远，而且也许他们就是广东原有的居民之一种。可是现在所有的疍民，是否皆是原来的广东土著之一种，又是一个问题。《隋书·地理志下》谓，"长沙有疍名莫徭"。据说莫徭曾南迁来广东各处。但莫徭或徭种之于广东的疍民，又有很多不同之点。关于这一点，我在上一章《疍民的起源》一文，已经说及，不必再述。

总而言之，我们对于这些问题，尚难解决，只好暂置不问。现在且略述目下在广东、广西、福建三省里的疍民的地理分布的概况。

据我们所知的，现在不但是在中国只有这三省有了所谓疍民，就是在世界上，也只有这三省有了所谓疍民。在这三省之中，疍民最多的，又要算广东。

广东的疍民的地理分布，大概可分为三方面来叙述。第一是珠江流域。第二是沿海一带。第三是韩江流域。珠江流域的范围很广。若以广州为中心，则西有西江，东有东江，南出海而到香港澳门的大江，北有北江。在这一个区域里，疍民最多的地方是番禺、南海、三水、顺德、香山、新会、东莞各县的珠江主流及支流。我们差不多可以说，在这些地方，凡是有河流小溪之处，都可以见到疍民的踪迹。事实上，在好多小河细流，而特别是在城市小镇以至乡村的河面，多为疍民的艇舶所遍布。

除旧属广州府区域的珠江主流或支流外，疍民较多的地方，是由广州沿着西江而到梧州一带。凡是由广州乘轮船到梧州的人，总能看见得凡是轮船停泊的商埠、城镇，其中较大的像容奇、马宁、九江、三水、河口、肇庆、六步、悦城、六都、德庆、都城、封川的疍民的人口，为数很多。就是沿西江一带的小市镇，以至乡村，也每见疍民艇舶的踪迹。此外疍民的渔艇货船之来往于河面者，在在皆有。又西江尚有不少支流，如由南江口逐流而上，也有疍民的踪迹。其实，凡是水路所能通的地方，都差不多可以找到疍艇疍民。

北江方面，自三水河口直上，一路都可以见到疍民。而其最多的，是清远和韶州两个地方。东江由广州东往，经过石龙惠州等处，以石龙较多。旧惠州府所属各县的河流，也有了不少疍民，可是在惠州城左近，却不甚多。大约是因为这些地方河流浅急，故疍民无多。所以连了最有名的惠州的西湖里，也找不到疍民的住家艇。

由广州到香港或澳门的大河里，河身较大，风浪有时也很厉害，所以由广州乘轮到香港或澳门的人，也许见不到疍民聚集之所，然在河的两旁，则仍有不少的疍民。

沿海一带，从东部的汕头至西部的北海，以及海南岛的沿海一带，都有疍民。从前钦廉和惠州属的海岸的疍民很多，现在要以香港澳门一带为最多。次为惠州的海岸，再次则琼雷各处。旧惠州属海丰、陆丰、惠阳各处的疍民的概况，年来在报章中，时有记载，他们的环境似最为恶劣。香港澳门，接近洋场，故其环境较好。此外琼崖环海如铺前、清澜等处，均有不少的疍民，然也很穷。

从前韩江上游，疍民很多，可是近年以来，大为减少。其原因未得而知。也许一方面因为韩江年来日见浅急，一方面因为客家及潮州人口日增，疍民所赖以为生的渔业与摇舟，均为他们所争夺，故现在在韩江、江口、汕头等处的艇舶，大概总是客家艇舶。

在广西，从梧州经过南宁的大江，或从梧州到柳州的北江，均有疍民踪迹，而以梧州最多。次为柳州与南宁。

至于福建，则沿海一带与闽江，均有疍民，而以福州为最多。

疍民浮生水面，萍踪多不固定。由一个地方移到别个地方的，屡见不鲜。其原因大概是为了生活与经济所驱使。而且同在一个城里的河面，他们每每因为入息的多少而变换地方。据我调查所知，这种的例子很多。比方，在广州的东堤，有了一家疍民，父母、子女、媳妇六人，本来是在东堤的，可是后来见得河南（广州对面）怡乐村过河的人客较多，他们立刻移居怡乐村的左近，虽则这个地方，比之东堤很为偏僻。又如在白鹤洞码头，从前有了不少的疍艇，可是后来因为由白鹤洞到沙面，有了电船行驶，他们又分散到河南花地等地。此外由一个城市移到别个城市的也很多。在梧州一家疍民告诉我，他们本是住在广州，常常载盐到梧州，后来因为运盐的生意不好，而且艇舶历时太久，要造同样的新艇舶，又为能力所限，结果只得把旧的艇舶出卖，再造两只较少的渡河小艇。因此他们就不得不在梧州生活。

除此以外，凡是一个新辟的地方，往往有别处的疍民移居到那里去。香港附近的青山，就是一个例子。十四年前，我曾到过青山。在那个时候，青山上，只有一个和尚寺和一座尼姑庵，别有一位在香港的马家太太，筑了一间房子在尼姑庵的旁边，以便有时到来这里享清净的空气。当时我们想找一只疍家渔艇，也不容易。可是十年之后，环境已大不相同了。疍民的艇，货船，盐船的数目，不但有了数十艘，就是专为摇渡过海的疍艇也有十多艘。其原因是自从九龙直有长途汽车路通到新市元朗以后，青山旁边，也有了十余间小商店。而且青山寺庵变为香港附近的名胜，往来的人，逐渐增多。我在该处住过两个夏天，每次约有月余之久，对于疍民曾做过详细调查。据他们说，大多数是来自香港。本来从香港到青山，小大轮船也要二小时，他们摇小艇，顺风顺水，至少要四小时，可是一听到青山过海的客多艇少，他们来青山的便日多一日。因为迁移的时候尚短，他们的亲戚朋友之在香港者，若有婚姻丧祭，他们多不辞劳苦，不怕风浪，每每回去香港，小住数天，然后回来。要是你们问他们年纪较大的人是那里人，他们必告诉你道："我们是香港人。"要是你们问着小孩子，他们也许会说道："我们是青山人。"

此外有些疍民一年会住两三个地方的。比方，近年在琼州东北的青〔清〕澜港，每年春夏两季，好多疍家渔艇，多从万州陵水一带随南风而来清澜，他们在清澜海傍，有些插木为柱，以茅为瓦，有些仍住艇上。到了秋冬两季，他们又随北风而南返万州陵水。他们秋去春来，正像春去秋来的燕子一样，一年要住两个地方。

最后也有些疍民，是终岁来往各处而没有一定停泊的处所的。这一种的疍艇大概是接运或租给人家运载各种货物。要到什么地方，完全由他人作主。今日租给这个人到某处，明日也许租给别个人到别一个地方。

因为了他们的萍踪无定，他们在地理上的分布，随时可以变更。"四海为家"这句话，好像是专为着疍民而咏的。

第三章　疍民的人口

疍民人口，究竟多少，是一个不易回答的问题。顾炎武《天下郡国利病书》卷一百零四《广东八》，述晋陶璜上疏云：

> 广州南岸周旋六十余里，不宾服者，五万余户，皆蛮疍杂处。

所谓五万户中的蛮疍杂处之中，疍民有多少？无从而知。《周书》和《北史》均载陆腾于天和年间，攻破水堨城的蛮疍，斩首万余级，虏获万余口。唐代四川一带的蛮疍为患，政府要派大兵征伐，始能克服。我们从这些记载，大概可以明白疍民在地理上的分布上，既如上面所说之广，则人口的数目，当然必定不少了。

到了唐代，疍民计丁输课于官，可惜当时关于疍民丁口的记载，我们没有法子考查出来。又如陶宗仪《辍耕录》卷十载元仁宗登极时，特旨赦免乌疍户，令广东帅府具乌疍户的籍贯姓名。至洪武初，又编户立里长。但是这些记载，均没有详言他们的户口人丁多少。

到了约百年前，一个外国人在《中国杂录》(*Chinese Repository* Vol. I p. 160)中述及广州的疍艇共有四万之多。我们知道广州在近百年以来，发展得很快，疍民人口也增加了好几倍。比方东堤一带，二十年前就没有多少疍民艇舶，现在增加至少四五十倍。要是约在百年前已有了这么多艇舶，那么现在应该加得很多了。可是据民国二十一年广州市公安局的报告：广州只有两万余艘疍艇。艇舶多，则人口多；艇舶少，则人口少，这是必然的。若说差不多百年以前的艇舶还多过现在的艇舶一倍，无论是谁都难相信。于是我们可以明白，假使公安局的艇舶统计是确实的，那么《中国杂录》的统计必定错误。假使后者确实，则前者必又错误，二者必居其一。事实上我们认为广州市公安局的统计固未免太少，《中国杂录》的统计又嫌太多。关于广州公安局的统计，我们下面当加以讨论。关于《中国杂录》的统计，我曾怀疑所谓四万，也许是印刷上的错误，而实是四千。因为就使当时有了四千，约百年后，增到数万，也算合理。假使我们以四万艇舶为标准，则每艇平均五人至七人，那么，差不多一百年前，单就广州的疍民人口而言，已有二十万以上。就是以四千艘船舶来计算，人口总数，也在二万以上。此外，各处疍民尚多，总共起来，这个数目必定不少。

最近来关于两广福建疍民人口的估量，也可以说是言人人殊。有些人以为总数约有两百万。梁任公近著第一辑说闽、粤疍民,殆不下百万。郎擎霄先生在《东方杂志》第三十卷第一号发表《中国南方民族源流考》一文里,以为梁任公先生所估量的数目"盖非虚语"。罗香林先生在国立中山大学语言历史研究所出版的《民俗》周刊第七十六期《疍家》一文里,却说"梁启超说他们(疍民)尚达百万",这是不可靠的,而据他自己的估量,其数目"大概亦总在三四十万以上"。

在广州一位在海关里供过三十年职的外国人告诉我们:单在广州已有五十万疍民,而南中国基督教艇舶传道会的特杜(Miss Drew)女士,在她所著的《南中国艇舶传道会报告》的小册子里又说,广州疍民约有三十万。到了民国二十二年,广州市政府人口调查委员会编印的《广州市二十一年人口调查报告书》里说:广州的疍民约有十万。至于广州市公安局历年的人口调查报告,又以为广州疍民约有六万。

我们看了上面的各种不同的人口统计,也许不免会坠入五里雾中。因为不但一般没有做过实地调查的统计相差很远,就是做过实地调查的如广州市调查人口委员会和广州市公安局两者的统计,也相差得很多。

在广州市一市的疍民人口统计数字,已有六万至五十万之间的差异,那么以两广福建三省所有的疍民来估量,而有三四十万与两百万的差异,当然不算做什么希奇的了。

我们为了得到一种比较合理而近于实际的统计,在过去的数年间,曾到过珠江流域及沿海一带做过好几次的初步观察。在几个地方,如广东的三水,肇庆,都城,德庆,以及广西的梧州,都用过不少时间从事人口调查。最先我们统计某地方艇舶的种类及其数目,然后计算某种艇舶中所有的人数,最后取得每艘艇舶中的平均人数,再以这个平均数为标准,而估计某地方的疍民人数。据我们观察的结果:珠江流域及广东沿海一带的疍民,不会少过一百万。福建闽江及沿海各处的疍民尚不在内。而尤以广州及广州附近沿江一带的县份如番禺,南海,顺德,香山,新会,三水及东莞等为最多。其他福建各处的疍民,我们目下虽然没有法子知道他们人口的确实数目,然略就年来我们在各处所作的初步观察,两广福建的疍民总数,大概当在一百万到两百万之间。

广州一市疍民的数目,前人的估计,既有五十万与六万以上的不同,究竟那一个统计较为准确?广州疍民人口的调查工作,从来是由公安局办理,此外市政府在伍朝枢及林云陔两任内均有组织委员会试查一次。可惜这两次的调查,都因好多原因而没有结果。到了民国二十一年,市政府再组织广州市调查人口委员会,调查广州的陆上及水上居民。民国二十二年春调查工作完毕,刊行《广州市二十一年人口调查报告》一书。我们现在根据广州公安局及广州市二十一年调查人口委员会两种调查的报告,研究广州疍民的人数。

据广州公安局民国十七年至二十一年的统计,历年广州市河面的船户人口如下:

年次	户数	人口数		
		男	女	合计
十七年	一九三三二	三〇一二〇	三一八二四	六一九四四
十八年	一五七一七	二五八三六	二三六一四	四九四五〇
十九年	九一七一	一四四九一	一六三四六	三〇八三七
二十年	一八三〇八	三九七三八	三一一〇一	六〇八三九〔七〇八三九〕
二十一年	一八六二一	三一七五六	三三九九六	六五七五二

从这个表看起来,除了民国十八年,民国十九年的人口比较特别少外,其余三年相差尚少。我们曾询过公安局里的负责人员,为什么民国十九年艇户人口特别少?他们的回答是:多数的艇户迁到别的地方去。然而这个解释当然不大可靠。因为要是民国十九年的艇户与十七年,二十年和二十一年的艇户比较起来少了一半以上,那么十九年的广州河面必定有了不少的空位。可是事实上这五年中的艇户之充满河面,年年都没有什么差异。又据我们到河面各处询问各艇户,在过去五年中是否有一二年在他们所停泊的地方艇舶减少一半以上?据他们的报告:五年以来艇舶不但没有减少,而且日日增加。我们承认他们的报告并非做过精确的统计,然而相差的数目,既是这么多,可知公安局的统计是不可靠的。

原来公安局的报告表是根据艇户到局自报而制成的。一般的人们,觉得要向政府机关报告户口,是一件很不愿意的事,何况素来畏惧政府的蛋民?同时,陆上居民,因为产业在固定的地方,不能逃避,或隐瞒政府机关,故不得不到公安局报告,可是蛋民萍踪无定,就使公安局派人到各处强迫登记,他们也可逃避,何况全要他们自愿来局,更何况报告登记是要缴纳登记费。所以这样的统计是绝对不正确的。

又根据上面的表中二十一年的户数共有一万八千六百二十一户,这是广州市公安局总局的报告,总局的报告,本来是根据各分局的报告。然据我们到管理水上居民的四个分局所抄出民国二十一年的艇户统计,将各统计合计起来的总数又和总局的总数不同。现在我们将从四分局所得的统计列为两表:

广州市水上警察四分局船户统计(第一表)

船户类别	简称	海珠分局	鹅潭分局	花地分局	南石头分局	每类总数
四柱大厅	柱	一九七八	一二八九	八一〇	六一一	四六八八
沙艇	沙	一五九八	四七八	三九	四五	二一六〇
货船	货	二七六	一五二八	四六五	九〇九	五〇七八

续表

船户类别	简称	海珠分局	鹅潭分局	花地分局	南石头分局	每类总数
柴船	柴	二六九	三九四	六一	三〇	七五二
横水渡	横	四五二	五六	三	〇	五一一
捕渔艇	渔	二五三	五三九	九四	三三〇	一二一六
孖舲艇	孖	一五	七九	六六	二〇〇	三六〇
运粪艇	粪	一三六	八六	一	〇	二二三
乡艇	乡	一七八	二一九	一八〇	三〇五	八八二
装泥艇	泥	一七八	一七六	二二	九三	四四九
运尿艇	尿	三〇	一	〇	一七〇	二〇一
运盐艇	盐	一六五	一〇〇	四	〇	二六九
西瓜扁	扁	〇	四三	二三	〇	六六
娼妓艇	娼	二〇	一三	〇	〇	三三
轮船	轮	一七	一	〇	二	二〇
河头船	河	八七	〇	〇	〇	八七
装灰船	灰	〇	〇	二一	二〇	四一
乡艇	乡	三〇	八	一	〇	三九
厨艇	厨	二三	一二	七	〇	四二
紫洞艇	紫	二六	一五	〇	〇	四一
洋舨	洋	二五	七三	〇	〇	九八
车渡	车	一〇	一五	〇	〇	二五
垃圾船	垃	二七	三〇	〇	〇	五七
楼船	楼	〇	四	〇	〇	四
电船	电	一九	五	〇	一九	四三
戏船	戏	〇	二五	〇	〇	二五
运煤船	煤	三九	〇	二〇	〇	五九
运棺船	棺	一六	〇	〇	〇	一六
菜艇	菜	三	〇	〇	〇	三
蚬艇	蚬	六〇	〇	〇	〇	六〇
米舴	舴	〇	六七	〇	一〇七	一七四
福音船	福	〇	二	〇	〇	二

续表

船户类别	简称	海珠分局	鹅潭分局	花地分局	南石头分局	每类总数
总数		七八二八	五二五八	一八一七	二八二一	一七七二四
百分比		四四.一七	二九.六六	一〇.二五	一五.九二	一〇〇

广州市水上警察四分局船户统计（第二表）

船户类别	简称	数目	百分比
四柱大厅	柱	四六八八	二六.四五〇
沙艇	沙	二一六〇	一二.一八六
货船	货	五〇七八	二八.六五〇
柴船	柴	七五二	四.二四二
横水渡	横	五一一	二.八八三
捕渔艇	渔	一二一六	六.八六〇
孖舲艇	孖	三六〇	二.〇三一
运粪艇	粪	二二三	一.二五八
乡艇	乡	八八二	四.九七六
装泥艇	泥	四四九	二.五三三
运尿艇	尿	二〇一	一.一三四
运盐船	盐	二六九	一.五一七
西瓜扁	扁	六六	〇.三七二
娼妓艇	娼	三三	〇.一八六
轮船	轮	二〇	〇.一一二
河头船	河	八七	〇.四九八
装灰船	灰	四一	〇.二三一
乡渡	渡	三九	〇.二二〇
厨艇	厨	四二	〇.二三六
紫洞艇	紫	四一	〇.二三一
洋舨	洋	九八	〇.五五二
车渡	车	二五	〇.一四一
垃圾船	垃	五七	〇.三二一
楼船	楼	四	〇.〇二三

续表

船户类别	简称	数目	百分比
电船	电	四三	〇.二四二
戏船	戏	二五	〇.一四一
运煤船	煤	五九	〇.三三二
运棺船	棺	一六	〇.〇九〇
菜艇	菜	三	〇.〇一六
蚬艇	蚬	六〇	〇.三三八
米舿	舿	一七四	〇.九八七
福音船	福	二	〇.〇一一
（三十二类）		一七七二四	一〇〇.〇〇〇

总局统计的总数为一八三〇八，四分局的总数却为一七七二四。前者比后者多了五百八十六艘艇；那就可以明白旧政府机关的统计，确有不少令人难以索解之处。

不但这样，据民国二十一年广州市人口调查委员会的报告（参看第三表）船户总数为二〇一六五，比公安局总局的总数竟多了一千八百五十七户，比四分局的统计总数多了二千四百四十三户；这又可见各种统计的差异之甚。

再就公安局二十一年所报告各种艇户的数目（第二表）和人口调查委员会所报告各种艇户的数目（第三表）来比较，亦有差异。人口调查委员会各种艇户统计表如下：

广州市水上各区各类船户调查统计（第三表）

户类 \ 区别	花地	海珠	鹅潭	南石	合计
货艇	六〇八	三二一八	二八七四	一〇三一	七七三一
沙艇	一九四	一九九三	一一二一	二九八	三六〇六
大厅艇	二八五	一五一一	一二三三	五六四	三五九三
横水渡	二四	五一五	八五	三八	六六三
营业艇	六六	二二四	二一九	一〇一	六一〇
渔艇	三八	一六九	二九六	一〇一	六〇四
挖沙艇	六	一八九	一二一	五六	三六八
孖舲艇	二二	一一〇	一三三	一六	二八一

续表

户类＼区别	花地	海珠	鹅潭	南石	合计
渡船	三八	一三	八一	一〇〇	二三二
田料船	一九	一〇四	七二	一一	二〇六
厨艇	二四	八七	二七	四	一四二
妓艇	〇	六三	六三	〇	一二六
火轮艇	〇	九八	三	二五	一二六
杉竹排	六	三〇	三六	一一	八三
紫洞艇	〇	二九	二一	〇	五〇
洋舢艇	七	一二	二一	二	四二
电船	〇	五	二三	二	三〇
楼船	〇	一二	四	二	一三
水寮	五〇	五六六	四四六	一二五	一一八七
其他	三〇	二四九	一八三	六	四六八
合计	一四一七	九一九三	七〇六二	二四九三	二〇一六五

上表与第二表对照观之：货艇一类，人口调查委员会的报告比较公安局的报告多了二千六百五十三艘，沙艇多了一千四百四十六艘，横水渡多了一百五十二艘，妓艇多了九十三艘，轮船多了一百零六艘，厨艇多了一百艘，楼船多了九艘，此外还有他种艇舶数目的增减，尚不计算。

货艇时时移动，相差二千余艘，还可以说得过去；至于沙艇、横水渡、妓艇、厨艇等比较固定，常常停泊广州河面，很少他去，而在同一年间，两者调查的数目，竟差异如此，公安局的统计之不可靠，是很显明的了。

现在再来检讨广州市调查人口委员会的统计。在还没有说到广州市调查人口委员会关于疍民人口的统计之前，让我们先把该会的组织及工作概况作一个简单的叙述。

民国二十一年六月广州市长刘纪文氏以广州为革命策源地，中外观瞻所系，而全市人口，向无详确之统计，故凡百设施，罔资准据，于是饬令社会局长詹菊似氏拟具调查人口办法，社会局奉令后即草拟大纲，签呈政府。六月十六日在市行政会议决通过，随即组织广州市调查人口委员会，专案办理。并定于同年十月二十一日由全市各校高初中学生，约一万五千余人，与该会派出的巡视员协同警兵分任前往各区住户分派表格，十月二十三日收表。因该会前早有通告，各铺户市民都能按期把表格填就缴交，工作进行，非常顺利。

该会调查水上疍民时，为了避免他们对于调查人口发生怀疑起见，在未开始调查水上疍民以前，曾发出《告水上居民书》，解释调查的用意。

广州市调查人口委员会所发出的填报表共分七种：甲、住户，乙、商店，丙、公共处所，丁、船户，戊、外侨，己、监狱，庚、无住所。当然，水居市民所填报的表是丁、船户用的那一种。表中先开列区别，湾泊地，和船艇种类。其次，是姓名，家庭身份，性别，年龄，婚姻状况，职业，和教育程度等。

在那七种表中所开列的项目，大致相同，但有几项为船户表里所没有的。那就是下列的几项：

1. "出生年月日"

这个项目，是调查出生的确实日期。关系至为重大，理应列入船户的表中。因为一切选举权，被选举权等等之有无，都是严格地根据出生年月日而确定的，然而船户调查表竟缺乏了这个项目，那就等于不承认《告水上居民书》里所说的话了。

2. "籍贯"

疍民是逐水而居的民族，为着生活关系，到处飘泊，他们没有固定的地址。因此我们如欲调查疍民的籍贯，好像是一件不可能的事。然而他们世代相传的籍贯总是有的，有些往往有很清楚的谱系，所以也应有详细调查的必要，调查表中缺乏了籍贯的调查，不能不算是一个缺点。

3. "出生地"

这也许因为委员会以为他们的出世，是多在广州河面，故不列为表格，然事实上却有了不少疍民是从各处迁来的。我们为了澈底的明瞭疍民历来迁移状况起见，亦同样有调查他们出生地的必要。

4. "服务地点"

陆居的市民，有些是在公共机关服务，有些是在商店或工厂里傭工；可是疍民的工作地点就只有在水上，本可以不问而知的；但疍民之中亦有一些在陆上担负起盐或其他的工作，故亦有调查之必要。

5. "宗教"

疍民并非完全没有宗教的。他们也有信奉佛教，或基督教的。调查表里竟没有列入这个项目，这是没有理由的。

此外如"居住本市年数""现在或他往""有否废疾"等项均不列入，这都使我们难于明瞭疍民的现状。这恐怕还是出于政府蔑视疍民的心理，所以这次疍民的人口调查，多少总是有些缺点的。

现在我们进一步来研究这次调查疍民人口的实际情形。

广州市调查人口委员会把广州市内陆居的人口调查完竣后，二十一年十一月二日便继续调查水上疍民的人口，因为水上情形和陆上情形不同，故特别委托广东民船工会帮助调查。每队并由调查人口委员会派出职员一二人担任指导。至于每队的调查人员，都由民船工会派出。其中一部分是该会的会员，一部分是聘请来的。每天出发调查的人员，约有一百至二百人左右。

调查划分为三区，共计十队。（一）海珠区五队，其范围由海珠岛以东至岭南大学一带。（二）鹅潭区两队，其范围由海珠岛以西至白鹅潭一带。（三）南石区三队，其范围由白鹅潭至南石头一带。到了十四日，经过了十二天的时日，水上疍民的调查工作，才算完竣。

这次调查的结果，全市水陆疍民共计一十万零一千二百三十六人，而水上疍民却占了九万二千零一十六人。水上疍民的人口列表如下：

广州市船户男女人口统计

区别 \ 性别	男	女	总数
花地	二四九二	二一九二	四六八四
海珠	二一八三五	一九八九一	四一七二六
鹅潭	一七七一一	一五五四〇	三三二五一
南石	六七〇三	五六五二	一二三五五
总数	四八七四一	四三二七五	九二〇一六

全广州市男女人口总数，为一百十二万二千五百八十三人。而疍民所麇集的地方：花地，海珠，白鹅潭，南石头四区，水陆疍民共有一十万零一千二百三十六人，占全市人口约百分之十。这就是说一百个广州市民中有十个是疍民。疍民人口有这样多的数目，他们之在经济上，教育上，治安上，交通上对于整个广州市面都有很大的影响；这是我们决不能忽略的。

广州市的疍民人口，在一十万零一千二百三十六人当中，水居者占九万二千零一十六人。以水陆疍民总数减去水上疍民之数，得陆居疍民人口之数为九千二百二十人。

在全市疍民总数之中，各区之水陆疍民男女人数可得下表：

广州市疍民户数及人口总数统计

区别 \ 类别	户数	人口 男	人口 女	合计
花地	二二一九	六〇九九	三七九四	九八九三
海珠	九三二二	二三八三一	二〇三四八	四四一七九
鹅潭	七〇六四	一七七九〇	一五五四〇	三三三三〇

续表

区别 \ 类别	户数	人口		
		男	女	合计
南石	二四九四	八一八二	五六五二	一三八三四
总数	二一〇九九	五五九〇二	四五三三四	一〇一二三六

在上面二一〇九九户数的当中，船户占了最大部份。而在陆上住户，商店，公共处所，外侨较少。各种疍户统计如下表：

广州市疍民各类户数分配统计

区别	住户	商店	公共处所	船户	外侨	总数
花地	四四五	三四二	一五	一四一七	—	二二一九
海珠	九三	—	六	九一九三	三〇	九三二二
鹅潭	—	—	一	七〇六二	—	七〇六四
南石	—	—	—	二四九三	—	二四九四
总数	五八三	三四二	二三	二〇一六五	三一	二一〇九九

关于广州疍民男女年龄的统计。先将疍民年龄分为五个项目，一岁至五岁为第一项，六岁至十二岁为第二项，十三岁至二十岁为第三项，二十一岁至五十岁为第四项，五十一岁以上为第五项，其余未详的，统归入第六项。各项年龄得如下表：

广州市水上四区居民男女年龄分类统计

类别	性别	花地	海珠	鹅潭	南石	总数
一岁至五岁	男	三六六	一六六三	一三二八	五一一	三八六八
	女	三九三	二二〇八	一三二二	七八七	四七一〇
	合计	七五九	三八七一	二六五〇	一二九八	八五七八
六岁至十二岁	男	六七四	三〇五二	二三三七	九五七	七〇二〇
	女	六〇七	二八八三	二一四一	九〇二	六五三三
	合计	一二八一	五九三五	四四七八	一八五九	一三五五三
十三岁至二十岁	男	一一二五	三三〇一	三四四〇	一三五七	九二二三
	女	六三八	四六〇三	三八〇六	一〇六七	一〇一一四
	合计	一七六三	七九〇四	七二四六	二四二四	一九三三七

续表

类别	性别	花地	海珠	鹅潭	南石	总数
二十一岁至五十岁	男	三三〇三	一三五五六	九一〇五	四八〇〇	三〇七六四
	女	一六六四	八五六六	六〇七八	二四四二	一八七五〇
	合计	四九六七	二二一二二	一五一八三	七二四二	四九五一四
五十岁以上	男	六一七	二二五八	一五八〇	五四一	四九九六
	女	四八五	二〇八七	二一九三	四四八	五二一三
	合计	一一〇二	四三四五	三七七三	九八九	一〇二〇九
未详	男	一四	一	〇	一六	三一
	女	七	一	〇	六	一四
	合计	二一	二	〇	二二	四五
四区合计	男	六〇九九	二三八一	一七七九〇	八一二二	五五九〇二
	女	三七九四	二〇三四八	一五五四〇	五六五二	四五三三四
	总数	九八九三	四四一七九	三三三三〇	一三八三四	一〇一二三六

上表是把四区的水陆疍民人口总数统计的。男女年龄的分配，在一十万零一千二百三十六人当中，有五万五千九百零二是男人，有四万五千三百三十四是女人，而男多于女有一万零五百六十八人。以年龄来说，男女人口占最多数的一项是由二十一岁至五十岁，计有四万九千五百一十四人。其次是由十三岁至二十岁，计有一万九千三百三十七人。和这个数目差不多的是由六岁至十二岁的一项，计有一万三千五百五十三人。占最少数的一项，除了未详的不计外，是由一岁至五岁的儿童，只有八千五百七十八人。可是五十岁以上老人却有一万零二百零九人；老年还比婴孩多了一千六百三十一人。

疍民婚姻统计，亦可得下表：

广州市水上四区居民男女婚姻状况分类统计

区别\类别	已婚	未婚	失婚	未详	各区合计
花地	四五七三	四六五五	三八九	二七六	九八九三
海珠	二一一七七	二〇四五〇	一九四九	六〇三	四四一七九
鹅潭	一五五七二	一五五四五	七九九	一四一四	三三三三〇
南石	六二九七	六九三四	四一六	一八七	一三八三四
总数	四七六一九	四七五八四	三五五三	二四八〇	一〇一二三六

上表是把四区的疍民男女婚姻状况，来作分类的统计，在十万零一千二百三十六人当中，已婚的人占最多，计有四万七千六百一十九人；其次为未婚的人，有四万七千五百八十四人；其余失婚的有三千五百五十三人；未详的却有二千四百八十人。把已婚的和失婚的合计起来，已占了全数过半；况且在未婚的一项中，也许将来都走入结婚一途；这可见疍民结婚率是很高的。

疍民的教育情形，这里也有一个统计，如下表：

广州市水上四区居民男女教育分类统计

类别	性别/区别	花地	海珠	鹅潭	南石	总计
不识字者	男	二二五六	一〇〇七二	一一三〇八	四一〇八	二七七四四
	女	二六二一	一三〇二二	一〇二四〇	三四六五	二九三四八
	合计	四八七七	二三〇九四	二一五四八	七五七三	五七〇九二
识字者	男	四八〇	三二四二	一七八五	一〇二三	六五三〇
	女	九五	一三七	六七	二一	三二〇
	合计	三七五	三三七九	一八五二	一〇四四	六八五〇
初等教育程度	男	二三八三	三二五五	一一五三	八〇五	七五九六
	女	一七六	一四二	八一	二三	四二二
	合计	二五五九	三三九七	一二三四	八二八	八〇一八
中等教育程度	男	二四八	六七〇	一一九	一四	一〇五一
	女	一九	七四	三	一	九七
	合计	二六七	七四四	一二二	一五	一一四八
高等教育程度	男	一〇	五一七	八	〇	五三五
	女	三	一二二	〇	〇	一二五
	合计	一三	六三九	八	〇	六六〇
科举	男	二	〇	〇	〇	二
	女	〇	〇	〇	〇	〇
	合计	二	〇	〇	〇	二
未详	男	七二〇	六〇七五	三四一七	二二三二	一二四四四
	女	八八〇	六八五一	五一四九	二一四二	一五〇二二
	合计	一六〇〇	一二九二六	八五六六	四三七四	二七四六六
四区总计		九八九三	四四一七九	三三三三〇	一三八三四	一〇一二三六

上面的统计表，把水上四区的疍民男女分为不识字者，识字者。而教育程度则分为初等，中等和高等。不识字的人比识字的多了一万零一百四十二人。男女比较，不识字的女人比男人多了一千六百零四人；而识字的女人却比男人少得多。其原因是疍民的妇女差不多通通都要操作度活，她们为生活所迫，很少有受教育的机会。而疍民之能受到初等教育的，已算是万幸，遑论中等教育与高等教育？所以从上表看来，受中等教育的比受初等教育的人少，而受高等教育的比受初等及中等教育的人更少。同时这个统计表中，所有的人口数目是包括了水陆居民而言，受中等及高等教育的陆上人是不是真正的疍民，还有疑问。所以照我们的推测，以为花地区科举一项里面的两个男人似乎不是疍民。其原因是在前清科举时代，疍民是没有享受应试的权利的。

这里让我们再来看看那水上四区船户男女职业的分类统计。表中共分作小贩艇，乡艇，住户艇，娼妓艇，小艇，营业艇，运货艇，乡渡，省港船，渔业艇，电船，渡客船，轮船十三项。此外，还有其他和未详两项。列表如下：

广州市水上四区居民男女职业分类统计

类别	性别	花地	海珠	鹅潭	南石	总计
小贩艇	男	七七	四五九	三〇六	八四	九二六
	女	七五	八二二	二〇一	七九	一一七七
乡艇	男	五一	五六八	三九一	二一	一〇三四
	女	二九	二三六	六二	二〇	三四七
住户艇	男	一五六	九七六	二〇二〇	一一〇六	四二五八
	女	二六九	一五七三	二二三八	七九〇	四八七〇
娼妓艇	男	四六	一〇八	七八	九五	三二七
	女	一	三五二	三三五	二一	七〇九
小艇	男	二一六	五二六	一〇五九	三四一	二一四二
	女	二一五	一七一四	六四九	四八九	三〇六五
营业艇	男	五八	五〇三	二一三	五六	八三〇
	女	二一	五二五	一九五	一八	七五九
运货艇	男	九七三	八〇九〇	八四二七	三〇九二	二〇五八二
	女	六二一	五一七九	六六一八	二〇二〇	一四四二八①

---

① 校按：总计应是一四四三八。

续表

类别 \ 性别 \ 区别		花地	海珠	鹅潭	南石	总计
乡渡	男	〇	一〇四六	二七七	二〇	一三四三
乡渡	女	七	一二四	五五	二一	二〇七
省港船	男	〇	一〇二六	二四	一〇	一〇六〇
省港船	女	〇	〇	〇	一二	一二
渔业艇	男	五七	四二四	九四八	一六七	一五九六
渔业艇	女	三八	八四六	三三六	一五一	一三七一
电船	男	〇	六九	七四	六	一四九
电船	女	〇	〇	三	二	五
渡客船	男	五八七	五九三八	三〇五六	一六二九	一一二二〇
渡客船	女	七九〇	七四〇四	四〇九九	一五三一	一三八二四
轮船	男	〇	一一八九	二一四	〇	一四〇三
轮船	女	〇	一〇一	四	一	一〇六
其他	男	九一	三二七	一六九	二七	六一四
其他	女	一三	四八	三九	一九	一一九
未详	男	一八〇	五八六	四五五	四六	一二六七
未详	女	一一三	九六七	七一六	四八〇	二二七六
四区合计		四六八四	四一七二六	三三二五一	一二三五五	九二〇一六

  上表是把水上的疍民人口来做分类的统计，即在九万二千零一十六人当中，除了住户艇，小艇两项不能看作职业艇外，运货艇最多，占三万五千零一十人。其次渡客船占二万五千零三十四人，渔业艇占二千九百六十七人。其余小舨艇为二千一百零三人。在乡渡操作的有一千五百五十人，在轮船的有一千五百零九人，在乡艇的有一千三百八十一人，在省港船的有一千零七十二人。在娼妓艇的有七百零九人。在电船操作的最少，只有一百五十四人。

  此外，还有籍贯和宗教的两个分类统计，可是这两个表都是单指陆居的九千二百二十二的疍民而言，不能代表疍民的实际情形，兹从略。

  上面所述广州人口调查委员会报告的各种统计，因为艇舶的移动，疍民对于人口调查的畏忌，以及调查人员的缺乏经验，都不能说毫无遗漏，不过，他们费了不少的人力与财力，所得的结果无论如何是会比公安局的报告，为确实的。

但是我们对于广州市人口调查委员会的报告，还是不能完全同意，这里让我们再把人口调查委员会关于广州市水居四区的疍民人口统计重述如下：

花地区　　　　　　四六八四人
海珠区　　　　　　四一七二六人
鹅潭区　　　　　　三三二五一人
南石区　　　　　　一二三五五人
总　数　　　　　　九二〇一六人

把这个统计和公安局同年所报告的数目（六五七五二人）来比较，相差多了二万六千二百六十四人。若从每艇的人数看来，则公安局所调查的一万八千六百二十一艘艇，人口是六万五千七百五十二人，平均起来每艘艇约有三个半人。而人口调查委员会调查的二万零一百六十五艘艇，人口九万二千零一十六人，平均计算约有四个半；可知若以每一艘艇来算，后者每艇人数多过前者每艇一个人。

但照我们的估量，公安局的统计，平均每艇三个半人，人口调查委员会所统计的每艇平均四个半人，都不算多。我们曾经把各类艇舶上每艇的平均人数调查一遍，结果如表：

广州市艇舶种类与每艇平均人数分类统计表

艇舶种类	每艇平均人数	艇舶种类	每艇平均人数
厨艇	八	紫洞艇	一三
四柱大厅	四	沙泥艇	六
货艇	一八	柴艇	一〇
横水渡	四	捕鱼艇	四
孖舲艇	四	尿粪艇	二
菜艇	五	蚬艇	五
傍艇	一〇	煤艇	一〇
运棺艇	四	垃圾艇	五
楼船	八	洋舨	四
车渡	一〇	盐艇	一六
妓艇	六	灰艇	五
西瓜扁	九	米舿	一〇
（种类二十四）		一七〇	

上表每艇的平均人数拿来与广州市公安局水上四分局调查所得的各类船户总数，统计起来，那么全市各类船户人口总数，应如下表：

广州市水上各类船户人口总数表（一）

船户类别	每类船户总数	每艇平均人数	每类船户人口总数
四柱大厅	四六八八	四	一八七五二
沙艇	二一六〇	六	一二九六〇
货船	五〇七八	八	四〇六二四
柴船	七五二	一〇	七五二〇
横水渡	五一一	四	二〇四四
捕鱼船	一二一六	四	四八六四
孖舲艇	三六〇	四	一四四〇
粪艇	二二三	二	四四六
乡艇	八八二	一二	一〇五八四
装泥艇	四四九	六	二六九四
运尿艇	二〇一	二	四〇二
盐艇	二六九	一六	四三〇四
西瓜扁	六六	九	五九四
妓艇	三三	六	一九八
轮船	二〇	一〇	二〇〇
河头船	八七	四	三四八
装灰船	四一	五	四〇五
乡渡	三九	一二	四六八
厨艇	四二	八	三三六
紫洞艇	四一	一三	五三三
洋舨	九八	四	三九二
车渡	二五	一〇	二五〇
垃圾船	五七	五	二八五
楼船	四	八	三二
电船	四三	四	一七二
戏船	二五	一四	三五〇
煤船	五九	一〇	五九〇
棺船	一六	四	六四
菜艇	三	五	一五

续表

船户类别	每类船户总数	每艇平均人数	每类船户人口总数
蚬艇	六〇	五	三〇〇
米舭	一七四	一〇	一七四〇
福音船	二	二	四
合计	一七七二四	—	一二三九一〇

其次，再拿来与广州市人口调查委员会调查所得的各类船户总数，统计起来，全市各类船户人口总数又得下表：

广州市水上各类船户人口总数表（二）

船户类别	每类船户总数	每艇平均人数	每类船户人口总数
货艇	七七三一	八	六一八四八
沙艇	三六〇六	六	二一六三六
大厅艇	三五九三	四	一四三七二
横水渡	六六三	四	二六五二
营业艇	六一〇	四	二四四〇
渔艇	六〇四	四	二四一六
挖沙艇	三六八	一〇	三六八〇
孖艕艇	二八一	四	一一二四
渡船	二三二	三	六九六
田料船	二〇六	四	八二四
厨艇	一四二	八	一一三六
妓艇	一二六	六	七五六
火轮艇	一二六	一〇	一二六〇
杉竹排	八三	二	一六六
紫洞艇	五〇	一三	六五〇
洋舢舨	四二	四	一六八
电船	三〇	四	一二〇
楼船	一三	八	一〇四
水寮	一一八七	八	九四九六
其他	四六八	二	九三六
合计	二〇一六五	—	一一六四八〇

根据表（一），全市船户人口总数为十二万三千九百一十人，表（二）为十一万六千四百八十人。若把这两个数目平均起来，则全广州市的疍民人口总数，至少有十二万零一百九十五人。以二万艘艇舶计算，平均每艇人数为六人，均较公安局及人口调查委员会所得的平均人数为多。同时各类艇上的儿童及在陆上工作的疍民还没有计算在内。这样看来，广州全市的疍民，当在十二万以上；何况广州全市各类艇舶总数，像我们上面所说，尚不止人口调查委员会及公安局所统计的数目？

由此可见广州市公安局及人口调查委员会所调查的水上疍民人口，都不正确。虽然我们承认我们所估计的数量，也不能算是绝对正确，但经过了一番研究，和实地调查相比较，所得的结果，当然是较为可靠与合理的。所以我们相信广州市疍民的人数，决不像公安局及人口调查委员会的统计，更不像普通一般人所臆度的数目。总之，据我们综合各方面的研究结果估计起来，广州市的疍民人口，当在十五万左右。

第四章　疍民与政府

关于疍民和政府的关系这个问题，我们可以从几方面来讨论。从常璩的《华阳国志·巴志》里，我们找出下面的一段话：

> 涪陵郡……多獽蜑之民。县邑阿党，斗讼必死。……汉时赤甲军，尝取其民。蜀丞相亮，亦发其劲卒三千人，为连弩士，遂移家汉中。

又同书《蜀志》说：

> 蜀郡……广都县……汉时，县民朱辰字元燕为巴郡太守，甚著德惠。辰卒，官郡獽民北送及墓，獽蜑鼓刀辟踊，感动路人。

这两段话，都是说明疍民和政府的关系，虽则前者是说疍民被压迫而移居，后者是说他们因受德政而感动。我们于此，可以明白在汉时，政府之于疍民，已用过两种方法来治理：一是武力的征服，一是德惠的柔化。同时，我们也可以知道，在汉时的疍民，并不像后来的人们之目为野性难驯，而加以"疍家贼"的名号。他们本是良民，政府苟能设法来导化，他们是不会反叛作乱的。

但是自汉末三国以来，大约因为王室政权日衰，未遑顾及他们，同时也许因为地方官吏压迫他们，使他们无路可逃，故不能不反抗。关于疍民反叛，和政府讨伐事略，唐李延寿撰《北史》卷九十五《列传》第八十三"蛮僚"条，及唐令狐德棻撰《周书》卷四十九《列传》第四十一"蛮类"均有差不多同样的记载。今摘录《周书》的一段话于后，以示其概。（《周书》虽被人称为"文而不实"，然这段记载似比较《北史》简明。）

> 蛮者，盘瓠之后，族类蕃衍，散处江海之间，汝豫之郡。凭险作梗，世为寇乱。逮魏人失驭，其暴滋甚。有冉氏、向氏、田氏者，陬落尤盛。余则大者万家，小者千户；更相崇树，僭称王侯，屯据三峡，断遏水路，荆蜀行人，至有假道者。……武成初，文州蛮叛，州选军讨定之。寻而冉令贤向五子王等，又攻陷白帝，杀开府杨长华，遂相率作乱。前后遣开府元契赵刚等，总兵出讨，虽颇翦其族类，而元恶未除。天和元年，诏开府陆腾督王亮司马裔等讨之。腾水陆俱进，次于汤口，先遣喻之，而令贤方增浚城池，严设扞御，遣其长子西黎次子南王领其支属，于江南险要之地，置立十城，远结涔阳蛮为其声援。令贤率其精卒，固守水逻城，腾乃总集将帅，……乃遣

开府王亮率众渡江,攻拔其八城,凶党奔散,护贼帅冉承公并生口三千人,降其部众一千户,遂简募骁勇,数道入攻水逻,路经石壁城,此城峻险,四面壁立,故以名焉。唯有一小路,缘梯而上,蛮蜑以为峭绝,非兵众所行。腾被甲先登,众军继进,备经危阻,累月乃得旧路。且腾先任隆州总管,雅知蛮帅冉伯犁冉安西与令贤有隙,腾乃招诱伯犁等,结为父子,又多遗其金帛,伯犁等悦,遂为乡导,水逻侧又有石胜城者,亦是险要,令贤使兄子龙真据之,腾又密诱龙真云:若平水逻使其代令贤处。龙真大悦,密遣其子诣腾,腾乃厚加礼接,赐以金帛,蛮贪利既深,仍请立效,乃谓腾曰:欲翻所据城,恐人力寡少。腾许以三百兵助之,既而遣二千人衔枚夜进。龙真力不能御,遂平石胜城,晨至水逻,蛮众大溃,斩首万余级,虏获一万口。令贤遁走,追而获之,并其子弟等皆斩之。司马裔又别下其二十余城,获蛮帅冉三公等,腾乃积其骸骨于水逻城侧为京观,后蛮蜑望见,辄大号哭,自此狼戾之心辍矣。(参看同书卷二十八《列传》二十《陆腾传》)

这段话里所说的蛮,也许未必完全是蜑,然而所谓"蛮蜑以为峭绝""蛮蜑望见,辄大号哭",明明白白的告诉我们,蜑民被过陆腾征伐,至少是表示蜑和其他种蛮族杂处。同时,冉令贤和其种族,也许都是蜑族,不然,蜑民何苦帮助他们而反抗政府,而致被戮的数目到这么多。

我们从上面那段话里,还得到一个暗示:就是,这些蜑民,不但要费了政府不少的力量,才能荡平,事实上,他们自己好像成立过"国家",有过军事与政府的组织。而且这个军事政府的组织,也许很为完备,所谓"僭称王侯""增浚城池""置立十城""遣帅调兵""兼复资粮充实""器械精新",通通都是说明他们是一个有军事与政府组织的民族。而且以当时称为第一流将才的陆腾,也要用欺骗奸诈的手段,始能克服他们,可知在蛮蜑所统治下的军旅政府,必定是与一般所谓乌合之众,所〈不〉可同日而语的。

又《唐书》卷十九《僖宗本纪》说:

乾符元年,……南诏蛮寇蜀,诏河西、河东、山南西道、东川征兵赴援,西川节度使高骈奏,奉敕抽发长武、鄜州、河东等道兵士剑南行营者,伏以西川新军旧军,差到已众,况蛮蜑小丑,必可枝梧。今以道路崎岖,馆驿穷困,更有军顿,立见流移。所谓望一处完全而百处俱破,且兵不在众,而在于和。……诏答曰:蛮蜑如尚凭固,须倍兵御敌,若已奔逃,即要并力追擒,方藉北军助平南寇。……

同书卷一百七十四《李德裕传》说:

德裕所历征镇,以政绩闻,其在蜀也,西拒吐蕃,南平蛮蜑,数年之内,夜犬不惊,创痛之民,粗以完复。

罗香林先生在其《唐代蜑族考》上篇里（参看《国立中山大学文史学研究所月刊》二卷三期），曾引这两段话，来证明唐代的南诏，是蜑族所建国。这种臆说，是否确实，我们未敢置词。就使是确实，也不算得希罕。盖《北史》《周书》已明白的说蛮蜑曾有军事政治的组织。但是我们所要注意的，是蛮蜑的势力，既是那么大，要使政府要调动大员，四处合兵抵御，则不但他们是政府的一种重要障碍物，而且暗示他们必定有过强有力的政府和军事的组织。

大概自汉到唐，疍民之在四川三峡一带的，人数必不为少。同时，他们的势力，有时澎涨，有时衰落，在澎涨的时代，政府要用了不少的兵力，始能征服。惟唐代政府兵威较强，版图扩张也较大，也许他们有的被迫他徙，有的逐渐同化，其结果是在这些地方的疍民，逐渐消灭，故在宋代的文献之记载疍民事迹者，差不多完全限于广东一带，和水居的疍民。而且从宋以后，志书文献之记载关于疍民者，据我们所知的，皆谓疍民为水居种族。

上面是从疍民之反叛，而致政府征伐，与疍民自己之军事政治组织方面，来说明疍民之于政治的关系，我们现在再从政府对于统治疍民的机关的设立，及其组织的概略来考察疍民与政府的关系。

据我们目下所知道的，统治疍民的较早的机关，是明洪武所设立的河泊所，其职务是掌收鱼课，在明代河泊所多设立于大河以南，河北听说只有盐山县一处（在今河北省）。疍民因为水居，而且大都捕鱼为业，故归该所管理。顾炎武《天下郡国利病书》卷一百零四《广东八》里曾说：

　　疍户，……洪武初，编户立里长。

此外，《图书集成》卷一千三百十四《广州部杂录》，陆凤藻辑《小知录》卷三《四裔》，《番禺县志》《兴宁县志》等，均有同样的记载。可知政府对于疍民的管理，已有一定的计划，而且编户立里长，使治理上负责有人。明代河泊所的设立，乃掌收渔课，并非专为管理疍民，故除广东外，他处也有河泊所。到了清代，大概仅有广东设立这种机关，其主要原因也许是为着管理这些疍民的。顾炎武《天下郡国利病书》卷一百《广东四》述博罗县疍民谓"属河泊所"。光绪七年的《惠州府志》卷三十五云：

　　疍……籍隶河泊所，有长有民。

又说：

　　疍人属籍归善，有河泊所，有疍户。

又说：

　　兴宁有疍户，河泊所则正统中知县朱孟德奏革，以其人附贯六都籍，立其中首甲以领之矣。（参看咸丰《兴宁县志》）

可知广东各处之有疍民者,多有河泊所。然有疍民而无河泊所者也不少,如《惠州府志》谓海丰、河源、龙川等县均无。

河泊所设官二人,以掌收渔课。官名据王亦鹤先生(按,王先生乃光绪年间河泊所所长王勋先生之弟)云,是叫做大使。王先生且函告我道:

清代沿前朝官制,广东南海番禺河泊所大使二人,掌收渔课,及道光十二年,奉敕裁去一员,合并两县为一员。

在河泊所管理之下的疍民,分为疍户。《番禺县志》及邓淳《岭南丛述》述疍户又分为下面诸类:

有大疍,小疍,手疍,疍门,竹箔,篓箔,大箔,小箔,大河箔,小河箔,背风箔,方网,辖网,竹笒,布笒,鱼篮,蟹篮,大罟,竹箄等户,一十九色。

现在这些名目,已少存在,惟这些名目的起源,必定很早。顾炎武《天下郡国利病书》卷一百零四《广东八》云"广中疍门…多为世家所夺"等语,可知"疍门"的名词,流行很早。

河泊所在光绪末年尚存。王勋先生于光绪二十八年,尚为该所大使。到了光绪三十年左右,广东当局设水巡总局于广州河里的海珠岛上。民国初年,广州警察制度改为区制,全市共分为十二区,其中一区为水上警区。区之下又分为一、二、三、四分处。近来广州警察制度,又从区制改为局制。全市有公安局一,别有分局二十九。疍民属于海珠、鹅潭、花地、南石头四分局。因为海珠分局较大,尚有分局,如二沙头分局。

因为疍民是居在水上,所以公安局的地点,设备和人员的训练,均和陆上公安局有点不同。这几个局的地点,位于河边,且多搭棚,棚伸出河面。巡查多用小轮船,或小艇。局内人员,须长于游泳与摇艇。

据我们在民国二十二年的调查,关于广州管理疍民的公安局的各分局的人员警士及其职务的分配,和其所管理水居人民的数目,大略如下二表:

各区警长与警士的职务分配表(一)

职别 区别	警长的职务		警士的职务					总数
	勤务	合计	站岗	特务	内勤	预备	合计	
花地	六	六	八一	○	六	六	九三	九九
海珠	一二	一二	一〇八	六	一二	七	一三三	一四五
鹅潭	六	六	三〇	八	六	二	四六	五二
南石头	六	六	三〇	○	六	三	三九	四五
总数	三〇	三〇	二四九	一四	三〇	一八	三一一	三四一

各区警士及每警所管人数分配表（二）

区别	警士	人口	每警所管人数
花地	九三	九八九三	一〇六.三八
海珠	一三三	四四二五四	三三二.七三
鹅潭	四六	三三三三一	七二四.五四
南石头	三九	一八八三四	四八二.一五
合计	三一一	一〇六三一二	（平均）四一一.四五

这个表是完全根据公安局各分局的报告而造成。表（一）没有可讨论的地方。表（二）却有说明的必要：第一，公安局的人口报告，很不准确，故表中每一警士所管理的人数，当有疑问。第二，花地、海珠间各局有管理其附近陆居人民的，故这些分局，不能谓为绝对的水上公安分局。又水上居民，亦有非疍民者，数目虽不多，然这些分局，也非完全为疍民而设。这几点，我们在上章讨论人口问题中已经说及，这里不必多说。

事实上，从公安局看来，本无所谓疍民和非疍民的差别，也无所谓陆上居民与水上居民的不同。在法律上，这些分别更是没有什么意义。不过因为水上治安的管理和设备之于陆上的管理和设备有了不同，又因水上居民，差不多完全是疍民，而我们的研究对象，又是疍民，故略为叙述。此外有些疍民之居于陆者，自然而然的受陆上公安局的管理，其和一般陆上居民，并没有什么分别。

除公安局外，疍民还受管于别一政府机关，这就是广州从前的航政局。现在改称港务局。港务局名义上所管理的是交通，该局平常也巡艇巡查，然事实上，巡艇大概是催缴交通费，而交通的管理，却是由公安局代行。

上面所说的是广州的公安局及港务局之于疍民的关系。在广西像梧州的疍民，也是由这两个机关管理，虽则广西仍然沿用航政局的名称，其他各处之没有航政局或港务局的，则由公安局完全负责管理。至停泊于乡村之疍民，多由乡团或村中的自治机关管理。

在这里，我们可以顺提及公安局及航政局或港务局的职权上的关系。在职务上，公安局所管理的是治安，而航政局或港务局所管理的是交通，可是在实际上，二者都有很密切的关系。据我们从广州公安局所调查的结果，公安局年来所受理关于疍民的案件，至少十分之五是属于艇舶相撞的事情，可是这些事情的发生，却是因交通上的拥挤或不遵守交通规则所致。严格来说，要由港务局来办理，可是实际上是公安局办理。同时疍民向航政局或港务局缴纳的交通费，却比向公安局所缴的多好几倍。在梧州我们听说这两个机关，因为争执这笔较大的收入，而发生职权上的纠纷。至于疍民方面，因为公安局的关系较深，且其历史较久，对于公安局的费用的缴纳，极为愿意。有不少疍民告诉我们，公安局对于他们负了很大的保护责任,缴纳公安费用,是很应当的。但是航政局或港务局,他们却看作一个只会白收税款的机关。

现在,我们再进而叙述政府对于解放疍民,与疍民参加政治的运动的概略。

原来疍民在历史上既被视为蛮夷盗贼,在视蛮夷为禽兽的传统思想之下的中国人,对于他们只有尽压迫之能事,遑言解放。人们不但不允疍民们读书考试,而且不准他们陆居。不但不准他们陆居,甚至他们穿丝绸也不许可。所以怪不得有些人说"疍民是天下最可怜的人"了。

然而人类思想观念是随时代而变化的。所以在千余年或二千年的重重压迫之下的疍民,到了现在,居然也会谈起参政的问题,发起参政运动,企图得到参政的权利,这是很值得我们注意的。

据我们所知的,在历史上较早对于疍民加以注意,而命令解放的,是清代的世宗。他在雍正七年五月二十八(一七二九)曾下过下面一篇谕令:

> 上谕:闻粤东地方,四民之外,别有一种名曰疍户,即傜蛮之类。以船为家,以捕鱼为业,通省河道俱有疍船,生齿繁多,不可计数。粤民视疍户为卑贱之流,不容上岸居住,疍户亦不敢与平民抗衡,畏威隐忍。跼蹐舟中,终身不获安民之乐,深可怜悯。疍户本属良民,无可轻贱摈弃之处,且彼输纳鱼课,与齐民一体,安得因地方积习,强为区别,而使之飘荡靡宁乎?著该督抚等转饬有司,通行晓谕,凡无力之疍户听其在船自便,不必强令登岸,如有力能建造房屋及搭棚栖身者,准其在近水村庄居住,与齐民一同编列甲户,以便稽查。势豪土棍,不得借端欺凌驱逐,并令有司劝谕疍户,开垦荒地,播种力田,共为务本之人,以副朕一视同仁之至意。(参看《雍正硃谕》)

雍正是有清一代在行政上比较负责任的君主,他对于当时的民情时俗的认识,较为深刻。所以他之悯怜这般疍民,也许是体恤下民的一种表示,然而同时他之所以解放这所谓"卑贱之流",也可以说是有了不少种族的背景。原来中国人之鄙视汉族以外的民族的观念之深,是用不着我们申说的。满清本是东胡,入关以后,虽以武力统治汉族,然汉族之看不起他们,是处处可见到的。顾炎武、黄梨洲、王船山,用不着说,就是一般庸儒平民也有了这种思想。满清政府,为了要打破汉族的种族偏见,故对于这般所谓"卑贱之流"的疍民不能不加以同情,而副他所谓"一视同仁之意"。这是我们研究雍正之所以解放疍民的谕示,应当注意的一个要点。

又从《皇朝通考》里我们找出下面一段话:

> 乾隆三十六年,广东之疍户,浙江之九姓渔户,及各省凡有似此者,悉令该地方查照雍正元年山西乐户成案办理,令改业为良。

雍正、乾隆的谕令，虽不能使一般人民与官吏消灭其从来蔑视疍民的态度，可是在表面上，地方政府及志书记载，已不叫疍民为"贱种"。比方同治十年所修的《番禺县志》说：

> 诸疍……每岁计户稽船，征其鱼课，亦皆以民视之矣。

这与雍正所谓"疍户本属良民，……与齐民一体"的意旨，大致相同。民国成立，以五族共和为口号，以人民平等为原则，疍民当然不能算作例外，所以从政府的立场来看，疍民之于其他人民，当然没有尊卑之别。

民国二年间，广州西水泛滥，市民之受水灾害的很多，在广州河里的疍民曾救了不少市民的生命，故不但一般市民，对于疍民的态度，为之大变，听说政府对他们，也特别奖勉。

到了民国二十一年，广州市政府所设立的调查人口委员会曾发表一篇《告水上居民书》，今抄录于后：

> 亲爱的水居市民，本市这次举行大规模的人口调查，已于十月二十三日在陆上举行了。陆居的市民，现已调查完竣，现定十一月二日，再来开始调查水居的人口。关于调查人口的意义，本会早已尽量宣传，谅大众都晓得了。不过我们还要水上居民注意和认识的，就是这次调查人口，在政府方面是要替人民谋利益，是想把地方自治来完成。我们如果怀疑到政府是查人抽税等等的误会，那实在是庸人自扰。在人民方面我们更要认识填报人口之后，我们才能获得市籍；有了市籍，才有市民资格，才能受政府一切法律保障，和受到市民一切的权利。水上的市民们！来啊！忠实的填报人口，你们才能获得法律保障和市民权利。

这篇文告，目的固是劝疍民忠实的填报人口，然实际上是显明的承认水上居民——疍民——的政治和法律地位与陆上居民的绝对平等。而且在这篇文告里，政府已避免了"疍民"这两个字，而代之以"水上居民"。可知从政府的立场来看，过去所谓蛮疍的鄙视态度，已经完全消除。又所谓"水上的市民们"这句话，也表示政府并不当他们作一种特别的民众，而当做市民的一部分，所以我们以为无论这篇文告里所说的话，是否能够实行，然在理论上，政府当局承认疍民的法律和政治的地位之和其他市民平等，是无可怀疑的了。

上面是说政府承认疍民在法律和政治上和其他国民处于平等的地位，实际上疍民为政府服务以及参加政治的运动的情形是怎样的呢？

政府正式承认疍民地位，与"齐民一体"，据我们所知的，虽不过是二百年前，然疍民之服务于政府的历史，好像较为久远，虽则这只限于某一方面或少数的人们。比方屈大均在其《广东新语·人语类》说：

> 疍人则编以甲册，假以水利，每十艇为一队，十队为一长，画川使守，

> 略仿洪武初以疍人为水军之制，择其二三知勇者为大长，授以一官，俾得以军律治其族，与哨船诸总，相为羽翼。

据说明洪武间，珠江的疍民，每每流为盗贼，骚扰居民，弄到政府方面的哨船水军，常常也没有办法来征服他们，政府乃采取了"以夷制夷"的政策，编疍民万余人为水军，一方面可以减少他们的骚扰，一方面可以使他们控制他们的同族，因此，疍民遂有服务于政府者，且有当队长大长及其他的官职。

这样看来，疍民之服务于政府，好像是始于明初，然我们从周去非《岭外代答》"蜑人"条又找得下面的一段话：

> 广州有蜑人一种，名曰卢停，善水战。

广州在宋代，在政治及文化各方面的位置，已很重要，这些善水战的卢停，若非为政府服务，而为海盗，必不能在广州居住，若在广州居住，而善水战，也许是帮助过政府或服务于政府，始能见其所长，所以疍民之服务于政府水军的历史，也许是在明以前。其实，在隋时，疍民好像已在政府服务，《隋书》卷三十一《地理志》下云：

> 长沙郡又杂有夷蜒，名曰莫徭，自云其先祖有功，常免徭役，故以为名。

所谓先祖有功，而免徭役，也许是在政府服务过，而占有相当的位置。这么一来，疍民之实际服务于政府或者参加政治工作，也许在隋代或隋代以前了。

总而言之，政府在军事上之得力于疍民的历史，大约是在明初以前，不过到了明洪武间，始正式编为水军，此外又别设河泊所，立里长，以资管理。

在武官方面，疍民曾有过地位，已如上说；至于文官方面，疍民在雍正以前，也似有过地位。顾炎武《天下郡国利病书》卷一百零四《广东八》云：

> 广（州）中近年亦渐知书（指疍民），或发陆附籍，与良民同编。亦有取科第者矣，然罾门多为势家所夺。

读书是科第的基础，做官是科第的目的，能够登科第，则做官是无大问题的。疍民既亦有取科第的，那么疍民之可以进仕途，当无疑义。又谓"罾门多为势家所夺"，又好像是证明明代清代的疍民，本有科第名额，不过他们势力不大，连至这些名额，也为陆上有势的人所夺。

我们从这些记载来看，大致可以证明疍民正像雍正所谓"本是良民"。同时也好像指明政府从来之对他们，也并没有禁止过他们读书，登陆，应试；然习俗相传，他们不能读书，不能登陆，不准应试，甚至不准穿丝绸，大约是由于陆上一般人民，及土豪势家所做出来；积之既久，遂以此为政府所令，或且假托政府禁止之名，以行其私。疍民势力薄弱，难于抵抗，结果是愈迫愈甚，而他们在政治上社会上也完全没有地位。

所以若据顾氏所言，则雍正以前，疍民固亦有登陆读书应试或至为仕者，雍正谕示所谓"不容登岸居住"的话，大概指着那般土豪势家而言。何况据史书所载，疍民本乃陆居，而顾炎武曾引《晋书》陶璜上疏，以为广州南岸，在晋代也有数万"蛮蜑杂处"，于是可知疍民大概乃因被迫而水居的。

不但如此，疍民之应与齐民一体，虽已经雍正谕示，然在满清时代，疍民之被陆上人压迫之厉害，比之雍正以前，恐怕且有过之而无不及。然在此种压迫之下，疍民之读书与移居陆地者，也非没有，比方《番禺县志》云：

> 诸疍亦渐知书，有居陆成村者，广州西周墩林墩是也。

实际上，既有疍民陆居读书，则身入仕途，理所宜有，惟常人之所以以为他们没有参加政府工作，而史籍也没有记载者，恐怕不外由于疍民陆居之后，因恐怕受人压迫而不敢自认其为疍民，同时或由于已和陆上居民同化之后，不易认识其为疍民罢了。

总之，我们以为所谓政府禁止疍民参加政治之说，颇难置信。

最近来，广州市调查人口，办理地方自治，对于疍民的参加政治，曾特别加以勉励。这一点已见于上面所抄录的调查人口委员会的《告水上居民书》里，此外，前几年又有疍民要求选举权的运动。《广州民国日报》曾以"疍民争选举权"为标题，并略记其事如下：

> 本市去年办理地方自治，至今数月，各区及农工商各界市参议员，业已先后选出，惟水上疍民，未得参与，现闻海珠，南石，白鹅潭各处疍民，以彼辈亦负纳税义务，为市民之一，应有选举权，特推派代表多人，前赴"协助自治委员会"，要求成立水上自治区选举市参议员，闻该会已据情转呈市府请示云。

这可以说疍民在政治史上一种创举。

广州市政府对于此事，曾有批文，大意以为市参议员选举，仍照各区办理，不必划分疍民的界限。这就是说，疍民本来是属于海珠，鹅潭，花地，南石四区，按照各区选举参议员的条例，由这四区选派。我们以为这种态度，本是政府所应持有的。使政府而特别的设立疍民选举区，不照原有的市区办理，则显然的把疍民当做一种特别民族看待。不过事实上的疍民，既是被人蔑视，又没有知识能力，同时这数个分区中，又有多少陆上人民，混杂而居，结果恐怕所谓按分区选举，所谓疍民区的市参议会代表，又不外陆上居民或和疍民没有半点关系者所操纵。这么一来，疍民一切的意见与痛苦，却无从申诉出来，所以我们以为政府对于这些疍民，要考虑其特殊情形，而找出一个办法。

又广州二沙头的沙南，是疍民所居的地方，属于番禺县，近来也照县政府所颁布的乡村自治条例，实行村治，选举村长。又有乡团的组织，维持治安，这都可以说是疍民参加政治的初步。

除了广州市内及附近地方，如沙南外，疍民之在政治上有多少地位的，要算三水县的河口镇了。河口是广东西江一个重要的市镇，位于西江北江和南通香港东通广州的一个河口，且为广三铁路的终点。这个镇市，简直就可以叫做疍民的市镇。在好几千的人口中，大半居住水面。在水面居住的，全是疍民，同时在陆上居住的，也多是疍民，故无论在那一种商业上，疍民都有相当或较优的地位。现在的副镇长，也是一位疍民。又因为河口是三水县的重要商埠口岸，在政治上的地位，本极重要，故疍民在县政上的地位，当然不可忽略。至于他们之在海关里服务的，为数也很多。

第五章 疍民的职业

关于疍民的职业，有些人以"捕鱼为业，卖淫为生"这两句话来概括。可是对于疍民的职业稍有过多少认识的人，总能明白这两句话不但是片面之言，而且后者对于疍民有了侮辱的恶意。事实上，不但现在的疍民的职业，不能以这两句话来概括，就是有史以来的疍民，也不只以捕鱼卖淫两者为业。

反之，疍民的职业的种类，也很繁多，关于历史上所载的陆居疍民的职业如何，我们不易知道。但是水居疍民和现在之移居陆上者的职业，大概可以略为叙述。

历史上，水居疍民的职业之见于著作者，厥为采珠。宋范成大《桂海虞衡志》已经说过：

> 合浦珠池蚌蛤，惟疍能没水探取。

要是珠池蚌蛤惟疍能探取，则采珠之业，便为疍人所专有。关于珠池的起源与沿革，据顾炎武《天下郡国利病书》卷一百零一《广东五》曾说：

> 按，珠池之事，汉唐无考，自刘鋹置媚川郡，宋开宝以还，遂相沿袭，置场置司，或采或罢，迄无定制。洪武二十九年，诏采而已，未有专官也。正统初始令内官一员，分镇雷廉，正德中，又取回，镇雷者，总属于廉。嘉靖时，巡抚林公富尽奏除之。专其任于兵备宪臣，此廉郡之大幸也。

珠池之由政府管理，虽像顾氏所说，汉唐无考，然关于珠海或珠母海，《旧唐书·地理志》曾有记载云：

> 合浦县有珠母海。

又"合浦还珠"是汉代孟尝做合浦太守时的故事（见《后汉书》），可见采珠的历史很久。假采珠为疍民所专有，则不但可知广东的疍民在汉唐时代以采珠为职业，而且可知广东疍民之水居的历史很久。

可是采珠之业，恐怕未必是疍民的专业。《晋书·陶璜传》载"合浦百姓惟以采珠为业"。《旧唐书·地理志》也云："珠母海为郡人采珠之所。"清孙承泽《春明梦余录》也云：

> 雷州直出海中，有涠洲。周广七十余里，内有八村，专业采珠。

又如明林富《请罢采珠疏》有云"题为乞罢采珠以苏民困"等语。《旧唐书》所谓"郡人",孙承泽所说的"八村",林富所指的"民困",大概不一定全是疍民。不过,自宋以后,疍民在采珠的方法以及从事这种职业的危险,范成大的《桂海虞衡志》已有记载。他说:

> 旁人以绳系其腰,绳动摇则引而上。先煮衲毲极热,出水,急覆之,不然,寒栗而死。或遇大鱼蛟鼍诸海怪,为鬐鬣所触,往往腹溃折股,人见血一缕浮水面,则疍死矣。

关于疍民采珠的方法叙述较详的,如明陆容《菽圃〔园〕杂记》云:

> 珠池居海中,蜑人没而得蚌剖珠。盖疍丁皆居海舶中,采珠以大船环池,以石悬大絙,别以小绳系诸疍腰,没水取珠,气迫则撼绳动,舶人觉,乃绞取,人缘大絙上。前志所载如此。闻永乐初,尚没水取,人多葬鲨腹,或绳系手足存耳。因议以铁耙取之,所得尚少,最后得今法。木柱板口,两角坠石,用木地山麻绳绞作兜,如囊状,绳系船两傍,惟乘风行舟,兜重则蚌满,取此无逾此矣。

历史上的疍民,除了采珠的职业外,志书所载,及民间传说,多以为疍民乃赖打劫为生,故每被叫做"疍家贼"。毛奇龄《西河合集·蛮司合志》卷十五,关于这一点,曾有两段记载,今录之于后:

> 疍户在雷廉间,盗珠为生。其酋长不一,有苏观升、周才雄为二酋。其先皆安南夷,尝款石城塞愿为臣仆,因得充疍户,阻乌兔、多浪为险,招致大贾,侵禁池盗珠。禁池兵卫故甚设,疍自度不敌,乃阴集四方亡命出劫。前此首长罗汉卿阻中路港,诸偷袭杀之,于是他酋曾国宾以三十艘入海康。万历改元,犯北海;明年犯上村,至四年,犯合浦冠头岭;五年,犯永安;还入太廉角。既而悔祸,肉袒请归命。其七年,佯为珠商所迫,鼓棹而入于海,因犯南板村,杀周英,擒林一。岭西兵备使招之降,复降。是年,观升、才雄亦以十八艘入合浦犯乾体村。斩疍民林三,焚杀男妇六人,其后又犯安南永安州,官军逐之急,乃遁还乌兔。乌兔北枕高山,南滨大海,可为窟穴。乃采大木十围以上者建屋居,令部曲相保为堑垒,联校木栅,开东西二大门而封之。独启南一门,面海通出入,诫门者勿轻启,凡启必张旂志,鸣金鼓箛吹,闭亦如之。夜用逻卒数十人,衔枚击刁斗道上,至日出乃已。已乃椎牛飨诸贼,治艚舻三十艘出海。九年犯断州。当是时,断州去永安所近,有百户张祎备白沙哨,千户田治备滨涯哨,皆援枻攫甲出战。祎攻其东,治攻其西。治长于击剑,横行诸疍中,诸疍中当之辄创。顾偘强,宁赴水死,勿受创。以故剑所及,只斩九级,生获林细武等八人,而余死于水。自是之后,疍人自以为勿及也。无何,疍中亦募善击剑者出指治,治久易疍

不为意，蜑伧卒围治，治及兵士王致祥皆身受创死。于是都司陈居仁，廉州推官汪尧卿，引白鸽塞兵追逐，斩吴三等数级。观升阳令榜人击鼓还寨，复突入东山，杀军人邓邦进吴得贤等。岭西分守张明正，海北分守陆万钟，及分巡徐时可薛梦雷请于总制刘尧诲，遣楼船军以二十七艘为西哨，把总李如桂统之，以二十一艘为东哨，指挥文济武统之。且分兵断其走路，贼度势不支，闻大兵至，夜半从榄树港逃之井村。官军追之，生获苏观敬、陈鹰爪等一百一十九人，保奸李志岳等二十一人。及再追，生得苏观升、苏观祥等七十二人。保奸王廷幹等一十人。是时大风从西南来，蜑舟多湛溺，死者无算，而前后斩捕不下四五百人，诸蜑狼狈。有林允厚者，倡曰：与我散蜑死，曷若聚蜑诣军门唯将军命之，或尚有剩蜑哉，众曰，诺，独酋长陈泉不从，诸蜑乃缚泉及苏三等献将军，将军赦之。而周才雄者，别为石城将所获，众皆定。其后梁本豪复乱。

梁本豪者，亦广海蜑酋也。先是海贼曾一本称雄海上，豪与马国政、陈世元诱一本入城，一本死，豪窜于海曲，贼党渐集，乃有梁本明、马本高、石志和、布尚韬诸酋，合千余人，往来波罗，香山，三水东西海，日夜习水战。所制艅艎，或八橹，或十橹，不用榜人，诸蜑自操濯，乘风荡波涛中，倏若闪电。一旦有缓急，辄走入水，水不能为灾，俗号人獭。其俗女子勇倍于男。男少时，膂力返过于壮者，以视海上官军，一可当百。官军逮捕，即百不得一。第捕急，则山中编氓，为保奸者，往往藏诸偷于家，深闷之。官军在门，门中无老少男女皆出视，坚称此门中无盗，不稍间口。前此海贼诱倭奴入寇，颇得利，本豪既东结倭奴，乃复往西番交欢林道乾，约寇会城。总制陈瑞，御史罗应鹤，与布政李江，按察赵可怀等计议，谓本豪曾杀千户濮汉典史林煌，卤执通判骆秉韶等，情罪重大，且复与倭奴林苗相依为奸，此不可宥，请复广州标兵，治战舰进讨。初渔人杨玉在长沙港，见倭操舟人不满八十，既而渐众，则皆海上人，无赖往附之者，故海上俗惯造乌槽横江船，因缘为利，顷以征税苛报罢，海上人无以为资，皆阑入倭舟。总制乃移总兵黄应甲令先逐倭舟，倭舟沉溺不敢前。时诸蜑方劫略沙头邓氏执其男妇，索赎金，指挥徐瑞阳住老万备倭，把总张容正住虎门，参将榍为栋白翰纪备外海，游击沈茂，指挥王权备内海，分守周之屏、同知朱一相营居中，皆令乘白艚大艘，不足则借及渔艇，分道并出鏖战，沉贼船八十余，生获本豪等一千二百余人，俘获三百余人，斩首二百六十余级，听抚者无算，凡倭、番、土人之在蜑者，皆歼之。

毛奇龄所述之蜑贼，大概为明时事。清顾祖禹《读史方舆纪要》也谓明嘉靖年间，倭人之入寇，多由蜑民引导。至于清初屈大均在《广东新语》中"蜑家贼"条，也有关于这种记载。云：

> 广中之盗，……患在无巢穴者，而不在有巢穴者。……疍家其一类也。……彼大艟小艑，出没波涛江海。水道多岐，而苦朋之分合不测，又与水陆诸凶渠相为结合，我哨船少则不能蹑其踪迹，水军少亦无以当其锐。

后来邓淳在《岭南丛述》"蜑人"条也说：

> 其（指疍人）性凶善盗，多为水乡祸。粤故多盗，而海洋聚劫，常起疍家。其船杂出海上，多寡无定，或十余艇为一宗，或二三罟为一朋，每朋则有数乡船随之醯鱼势便攻劫，为商旅害，秋成时，或劫割田禾沙田，农人有获稻者，各以钱米与之，乃免祸。

又同治十年所修的《番禺县志》及三水江范端昂吕男所辑《粤中见闻》也有同样的记载。此外传记及著作之言及疍民以打劫为生者尚多。比方在琼州东海一带，客船货船之往来于清澜陵水及各口岸者，每有谈及疍家艇之流为盗贼者。可是近年以来，此风已大减少。至于广州、三水、香山、新会各处的疍家，据我们调查所得，不但少有盗贼的行为，事实上，他们却算是人民中之最能守法安份者。我们以为过去传记及志书之多视他们以行劫为生的盗贼，恐怕未免于言过其实。盖疍民本为人们所目为蛮夷种类，他们就使没有强盗行为，也为人们所鄙视虐待，何况人们之对于他们每尽其压迫之能事，而政府又从而恣惠之，无路可逃，不为盗贼，必至饿死。故凡一般人之能稍明瞭其实况者，无不嗟叹其为世间最可怜最贫苦之民族。顾炎武《天下郡国利病书》卷一百《广东四》"博罗县"条，对于这一点已说得很明白。兹录之于后：

> 嘉隆间，山海盗并作，盗不专于傜与疍，而傜疍或为盗囮茭夷之后，族乃不蕃。承平六十一年，复蠢蠢动矣。……邑之蜑有二，一编为筐箕之属，一捕鱼，皆不徙业。编竹者籍隶东莞，其赋长岁，赋丁银一钱。捕鱼者隶籍归善，其赋长岁，赋人二两，十年更籍，又赋人五两，子壮有室则父免。狭河驾艇舟。得鱼不易一饱，而赋身钱如许，欲不激而亡且得盗乎？邑鱼课米，既派于民田，而业渔者因累乃更甚，是安可不亟为之所也。

关于描写疍民此种苦况之记载，不胜枚举。可见疍民确系被迫而为盗贼。至于今日的疍民，像上面所说的采珠为业，打劫为生的事，可以说几乎没有存在。关于现在疍民的职业，我们可以将其比较普通及重要的数种来分别叙述。

疍民既差不多完全以舟为家，浮生海上，捕采海鲜食物，乃是环境所使然。范成大的《桂海虞衡志》谓："蜑海上水居蛮也，以舟为业，采海物为生。"周去非《岭外代答》谓："钦之疍有三：一为鱼疍，善举网垂纶；二为蚝疍，善没水取蚝……"《广西通志》述桂林知府钱元昌《粤西诸蛮图记》谓："或执篙撑舟，其浮家江滨，而止以捕鱼为业，惟蜑人也。"《图书集成》卷一千三百八十《琼州府汇考八·风俗志》谓陵水"疍民世居……濒海诸处，男子罕事农业桑，惟缉麻为网罟，以渔为生，子孙世守其业"。又万州"蜑人……居海滨，业渔，以鱼赴墟换谷"。"文昌有蜑，蜑世渔户也。"此外关于记载蜑民之从事渔业的志书，不可胜举。现在沿海一带的蜑民之在香港、澳门、琼岛、陆丰各处者，多依赖渔业为生。至于珠江、闽江流域之以渔业为生者，也不算少。光以广州河面来说，渔艇约有一千五百艘，艇的名目，也很繁多。所谓打渔艇、捕鱼艇、蛤艇、蚬艇、鱼水艇、攞蚬艇。又有专取虾䗁（音春，虾卵也）艇。在广州所见之渔艇，大概很小。普通长约一丈四尺，阔仅三尺二寸。除捕鱼的网罟、竹笼及线钓各种用器外，夫妇子女住食均在其中。西江从三水至梧州间，所见渔艇，略为广大。大约因每年西水泛滥，河流急迫，渔艇太少则易生危险之故。至于香港、澳门及沿海一带之蜑民渔艇，大约千数百艘，少约三两百艘。在河里的渔船，很少有帆，海里皆用帆。捕取的海鲜食物，除偏僻地方外，大多数是直接运到鱼栏，售与鱼商，然后由鱼商转运各处。

渔业的蜑民，而特别是广州的渔业蜑民，环境较诸普通的蜑民尤为贫困。一来，广州河面及其左近艇舶，来往太多，鱼虾很少。二来，广州税饷名目繁多，而且一般征收税饷者，往往多事勒索，故捕鱼之蜑民，大都衣服破烂不堪，而其小孩多有一丝不挂者。至于艇小人多，其局促情形，殊非笔墨所能形容。而且一遇风雨交作，或寒气迫人的时候，其苦惨之景象，使人目不忍睹。在香港、澳门的渔业蜑民，亦有致富小康者，然其数无多。在香港附近蜑民之捕鱼者，著者目见在四五日间捕取不够三斤。欲以自养尚且不够，欲把来换米菜，裁制衣裳，修理艇舶，更不容易。在三水的渔业蜑民，二十年前，入息颇丰，且有联络而建筑祠堂。然近年以来，零落情形，日甚一日。至于琼州沿海一带，年来渔业之不振，蜑民亦难免不受其影响。他如惠阳各处之捕鱼蜑民，苦况之见载于报章者，已不止一次了。

大概来说，在沿海一带及珠江闽江流域较小市镇或乡村左近的蜑民，多以渔业为生。至于在大城市里像广州，以至梧州等处，因为河之两傍均为繁盛市场的区域，故来往两岸及河面的交通，差不多完全依赖蜑民艇船。在广州所谓四柱大厅、横水渡、孖舲艇，以至沙艇，都是专为渡河或到广州附近各处的客艇。其中以四柱大厅的数目最多。在广州最少有五千艘以上。沙艇有二千五百艘左右，渡河横水渡，约有五六百艘，孖舲艇也有三百六十至四百艘之间。总共这数种掉客的渡河艇，约占广州艇舶总数的三分之一有余。每艇平均至少二人以上。于是可知蜑民之以掉客渡河的人数之多。而这些掉客渡河的蜑民，差不多百分之九十都是妇女。

在广州在西濠口、白鹤洞、花地、岭南及颐养园下渡各处，没有电船来往渡河之前，所有两岸的水道交通，都操诸蜑民之手。有了电船以后，蜑民之赖掉艇过海者，多受打击。虽则这些电船上的工人，也有不少是蜑民，然电船所用工人既少，载客又多，此外价值之廉，时间之快，均于疍民艇舶不利。比方从前白鹤洞没有过河电船的时候，从白鹤洞到广州各处的疍艇，不下三四十艘，有了电船以后，现在至多不出十艘。此外岭南各处之疍艇在营业上受到电船的打击者，虽没有白鹤洞疍艇那样厉害，然比之从前，也有天壤之别。

然而过海疍艇之受打击最大者，要算跨过珠江而连接河南河北的海珠铁桥。在铁桥尚未筑成以前，在广州河南河北两岸，而特别是桥附近的靠掉客渡河为生者，每天每艇平均入息总在一块钱以上。铁桥筑成以后，每天所得平均仅四五毛。甚至有些整天没有开市。至于康乐岭南一带的疍艇，岭南日间有电船后，日间所得，平均不够两餐（两餐约需五毛）。比之从前每天平均至少一元五毛以上的情况，已大不同。近来岭南电船夜间加开一次，他们的环境愈觉困苦。再加以铁桥之筑成后，疍民若不改业，似无以为生了。

凡是到过广州而步游或坐车经过长堤一带者，免不得会听到沿途疍妇叫"过海呵"的声音，不绝于耳。要是你行近培英岭南各处码头，他们立刻蜂拥跑到你的身傍，不绝的问道："先生到岭南呵！到培英呵！"要是你在沙面的沿岸，他们就会问道："先生到白鹤洞呵！"要是你不在这些码头附近，他们会问道："过海河！""游河呵！"一个新到广州的人，有时也许会因为她们的蜂拥而来的威势及不绝而叫的声音，感到惊异。

这种的艇舶，普通二人掉摇，一人在后面立起。多数以二人操两橹撑水，有时一橹。一人在前面，坐撑一橹。有时前面加坐一人，而加用一枝橹的。这是四柱大厅，沙艇以及横水渡的大概。至于孖舻艇，则两个人立在后面掌管两橹，客人所坐的位置，是艇中间的部分。在孖舻艇者，面向掉艇者，而背着前驶的方向。其他艇舶的客人，则面向前面直驶。

这些艇舶都很清洁。有的还装饰得很美丽。近来所有的四柱大厅，多仿岭南码头艇舶，客位背后有一横板斜置，以便坐者背后有所依靠，故很为舒服。疍民妇女之掉艇者，多衣服整齐洁净，而且招待周到，故也有不少的人们，喜欢多费点金钱，多点时间去搭艇，而不愿搭小轮船。

平常每艇两个人中，一人留艇，一人徘徊于岸傍，招徕人客。她们每早六七点至晚间，除了用膳之外，一则忍耐的坐在艇里，一则忍耐的鹄立堤岸，有些数日没有一客光顾。若果得了一客，则满面笑容，欣喜欲跃，而其旁立的一般同群，亦似有了不胜其羡慕的样子。

从事这种职业的疍民，既差不多完全是妇女，其中也有不少当作副业，而非正业。比方沙艇多为热天过夜游河或做住家之用，然日间有客叫搭艇渡河时，她们也多乐就。或者因正业入息太微，而不得不从事副业以资弥补。又有不少妇人，丈夫所有月薪入息，本可够用，然而从事这种工作，因为她们别无所事，而疍民社会，固少有坐而食的。又疍民普通入息无多，能多得一点钱，虽牛马之劳,而为陆上人们所觉得所得太不抵所失的,她们皆乐为之。故在疍民之中,不分老幼男女,没有一个人不终日劳碌。他们认为以艇掉客,也许十日无客光顾,然一月之中,能有十次,也聊胜于无。盖其生活艰难,使之不得不出此。

这是广州以艇掉渡客人为职业的疍民的概况。在香港九龙的过海交通,完全为小轮船所垄断。且海面较广,风浪较大,小艇较为危险。故掉客过海之疍艇,可以说是完全没有。但是香港为东亚大港,每天国外国内各处轮船之来往者很多,轮船少有码头停泊,多下锚于港中海面,故人客之上落轮船,除电船外也有不少依赖于疍艇。至于旅馆中所备之以搬运人客行李,差不多完全是疍艇,故他们之在沿岸一带者,也多以此为业。可是他们招徕生意,不像广州的这种疍民直接的去寻找,或等候客人,他们多数是和旅馆合作,或由旅馆长期或预先雇定。往来香港的客人,由自己雇艇上岸与到轮船者极少。

三水河口疍民很多靠珠江流域的轮船上落客人以为生。但是三水河口既为客人换驳舟车的市镇,接送客人上岸下船,均由疍民直接交涉,故凡每次广三火车到三水时,疍民之争找客人,每每多至用武。苟非十分灵敏者,没有法子找得生意。其由西江上游各城镇来河口的客人,多数于船未到河口时,船上人员或侍役每代找艇。故疍民之要寻找客人者,必和船上人员侍役先前联络。然这种情形并非普遍。此外尚有由河口至西南的渡艇。两个人摇掉一点钟左右,仅得一毛钱,故情况最苦。

肇庆及西江几个大市镇,从前的疍民也有很多像三水河口之依赖接送人客到轮船以为生者。但是现在这种权利已为捐商所独占。客人之中,鲜有不搭公司艇的。其结果是往日仅以此区区为生者,至今几乎不能不放弃而图别业。

来往梧州之轮船渡船,多停泊码头,疍民之接送客人之到轮船或渡船者很少。又梧州过河对岸在大江以南者,地方偏僻,介于大江北江之半岛,也非商业之区,疍民之依赖掉艇过河者,人数也不很多。自广西大学开设于夹在大江北江的半岛后,来往于梧州及半岛者,人数较多,疍民在那个地方,掉渡客人过河,入息颇丰,据说每艇每月约有五十元以上之入息,比之广州好得多。然这种艇舶数目不多。又将来若有过海电船行驶或铁桥建筑,则这般疍民,必定受累。

除了掉客过河或接送客人到船轮的疍艇外,又有载货物的疍船。从事这种职业的人,在广州并不少过于从事送客来往的艇舶。据广州公安局二十一年报告,货船总数为五千零七十八艘,事实上尚恐不止此数,照《广州市二十一年人口调查报告》,货艇约分为七十种。我们差不多可以说,在陆上所有各种商店所发售的货物,在水上都有装载这些货物的艇舶。

这些载货艇舶,有些很大,有些很小。在香港的疍民货艇,有能载数千担重货物者。在珠江流域大者约载千担左右,小者数十担。普通来说,货船有二种:一为专在市内装载货物,一为由一市装载货物到他市镇。前者多由疍民自己用橹或竹竿摇渡，后者多合数船雇一小轮船拖驶。此外如在三水等处，因西水澎涨时，岸上店铺多被水浸，故特备一种货仓船，常泊于一处，少有移动。

货物艇舶的名目虽多，然疍民自己差不多完全只是船主，而非物主。他们所靠以为生者，不外是船租与搬运货物上落的劳力酬劳。

货艇载货的价目，因时因地因艇而异，没有一定的标准。年来经济不景气象，在广州以及各处货艇之失业者触目皆是。

除上面所说的职业外，又有所谓专为人们娱乐的艇舶。这一类艇舶，大约可分为三类：一为游河之用，一为住宿之用，一为饮食之用。在广州、佛山、肇庆、梧州各处不少的疍民，依赖着陆上人雇艇游河以为生的。沙艇，四柱大厅，孖舲艇及洋板均做游河之用。沙艇天热时人们多当作旅馆住宿。在肇庆、清远等处好多疍艇，是住宿艇。饮食艇在广州、佛山、梧州有美丽的紫洞。此外所谓厨艇，也是饮食艇。但这些艇多为疍民自己于婚嫁或特别事故而请客时雇用的。

游河艇常通二毛至三毛钱一句钟。雇全日者价值较廉。住宿艇，在广州大概每天六毛至一元之间，可容住客二三人。在三水因为由西江上游来的轮船多在早上三四点间，故接客疍艇，多预备给客人休息或睡觉至天明。在肇庆清远各处，住宿艇的价钱较广州略低。这些艇的内部，均极清洁，一般所谓走水路与有些商人，多喜借宿。较好的紫洞，大概租银每天要十元或八元。若叫他们自己预备酒菜，租银也许减少，菜银每桌约二十元。沙艇有时也为游客或住客预备小食，大约二三块钱，他们就弄出五六样可口的菜色。

在广州、佛山、三水、肇庆、梧州各处，所谓社会上高等人物，像教育界，军政界，或是出头的商家，对于疍民多存了蔑视的态度，少有当疍艇做旅馆者。然雇艇游河，或下艇清饮，却是一件很平常很高兴的事情。特别是炎夏的时候，在广州东堤左右的紫洞艇，每每要早几天雇定。至于荔枝湾的洋板，东山的四柱大厅，差不多完全是靠着这些所谓"优秀"的市民的光顾以为生。近年以来一般名流政界连了招待外国人士，也有到这些地方的。

现在我们进而谈及疍民的娼妓生涯。

"卖淫为生"是一般人所想像中的疍民的职业，所以有好多人，一谈到"疍妇"这两个字，就会联想到"妓妇"这两个字。比方胡朴安先生的《中华全国风俗志》下篇卷七《广东部》"广东之疍妇"条里说：

> 粤有所谓水鸡者，即所谓疍妇也。以其居水滨，故名。浮家泛宅，一叶扁舟，日以渡人为业，生涯亦颇盛。顾以此等水鸡，则注意于夜市。所撑之艇曰沙艇，装璜美丽，洁净非常。每当夕阳西下，则灯火齐明。沿河一带，如西濠口、长堤、沙基等处，济济溶溶，触目皆是。一般青年疍妇，盛服艳装坐以待客。或高唱其咸水之歌，或娇呼其唤渡之声。于是"叫艇呀""游河呀""乘凉呀""过夜呀"，一片柔脆声浪，乍聆之如春莺出谷，殊令人解

颐。遇炎时尤多。第见其衣黑绸之衣，长可及膝；着黑绸之裤，短及于胫。赤足盘座而露其雪白娇嫩之肤焉。夜度之资甚廉，然多麻疯之症，偶一不慎，则祸立随之矣。

这段记载确是犯上文而不实的毛病。我且略举数点，以示其错误的大概。第一，疍妇所撑之艇，并非完全沙艇。广州的沙艇数目，不及艇的总数十分之一。第二，这十分之一的艇，有了不少是家道小康，或入息充裕的疍民的住家。第三，有了不少的沙艇虽可游河借宿，然并没有少妇，却是老妇或夫妇。第四，公娼艇和私娼艇中之妓女，有了不少是陆上人下艇充当者。第五，疍民虽作鸨母，然自己儿女，使之当娼的却是例外。当娼者多由疍民或陆上人幼年购买而来。故若谓疍妇皆妓妇，则错误过甚。这正像游上海四马路而见野鸡者，谓上海妇女皆为野鸡，没有分别。

清乾隆年间，沈复在其所著的《浮生六记》卷四里，曾有下面一段的记载。云：

> 正月既望（按，乾隆五十九年，西历一七九四），有署中同乡三友，拉余游河观妓，名曰打水围。妓名"老举"。于是同出靖海门，下小艇，如剖分之半疍而加篷焉。先至沙面，妓船名花艇。皆对头分排，中留小巷，以通小艇往来。每帮约一二十号，横木绑定，以防海风。两船之间，钉以木桩，套以藤圈，以便随潮涨落。鸨儿呼为梳头婆，头用银丝为架，高约四寸许，空其中而蟠发于外，以长耳挖插一朵花于鬓，身披元青短袄，著元青长裤，管拖脚背，腰束汗巾，或红或绿。赤足撒鞋，式如梨园旦脚，登其艇即躬身迎笑，搴帏入舱。旁列椅杌，中设火炕。一门通艄后，妇呼有客，即闻屦声杂沓而出。有挽髻者，有盘辫者，傅粉如粉墙，擦脂如榴火，或绿袄短裤，有著短袜而撮花蝴蝶履者，有赤足而套银镯者，或蹲于炕，或倚于门，双瞳闪闪，一言不发，余顾秀峰曰：此何为者也？秀峰曰：目成之，后招之，始相就耳。余试招之，果即欢客至前。袖出槟榔为敬，入口大嚼，涩不可耐，急吐之以纸擦唇，其吐如血，合艇皆大笑。又至军工厂，装束亦相等。维长幼皆琵琶而已，与之言，对曰：咪咪者何也，余曰少不入广者，以其销魂耳，若此野装蛮语，谁为动心哉？一友曰：潮帮妆束如仙，可往一游。至其帮，排舟亦如沙面。有著名鸨儿素娘者，妆束如花鼓妇，其粉头衣皆长领，颈套项锁，前发齐眉，后发垂肩，中挽一髻，似丫髻，裹足者著裙，不裹足者短袜，亦著蝴蝶履长拖裤管，语音可辨，而余终嫌为异服，兴趣索然。秀峰曰：靖海门对渡有扬帮，皆吴妆，君往必有合意者。一友曰：所谓扬帮者，仅一鸨儿呼曰邵寡妇，携媳曰大姑，系来自扬州，余皆湖、广、江西人也。因至扬帮，对面而排仅十余艇，其中人物皆云鬟雾鬓，脂粉薄施，阔袖长裙，语音了了。……遂有一友别唤酒船，大者曰恒艘，小者曰沙姑艇，作

东道相邀请余择妓,余择一雏年者,身材状貌有类余妇芸娘,而足极尖细,名喜儿。……遂有伻头移烛相引,由舱后梯而登,宛如斗室,旁一长榻,几案俱备,揭帘再进,即在头舱之顶,床亦旁设中间。方窗嵌以玻璃,不久而火满一室,盖对舟之灯光也。衾帐镜奁,颇极华美。喜儿曰:从台可以望月,即在梯门之上,叠开一窗,蛇行而出,即舟梢之顶也。三面皆没短栏,一轮明月,水洞天空,纵横如乱叶,浮水者酒船也。闪烁如繁星列天者,酒船之灯也,更有小艇,梳织往来,笙歌弦索之声,杂以长潮之沸,令人情移。余曰少不入广,当在斯矣。……一夕之欢,番银四圆而已。

我不厌繁来抄这一大段,一来,说明从来艇舶中的娼妓不少自陆上各处来的。二来,略给我们明白河中的妓艇的大概及妓妇的生活。现在广州的妓艇中,所谓扬帮潮帮似无所听闻,而各种不同妆束,如沈复所述的,也不见及。至于艇的大概,却没有改变。妓艇所在地,除了沙面长堤一带,又加了东堤。东堤在五六年前,很为热闹。可是现在也稍形零落。在沙面的妓艇,自外人占领沙面以后,外籍商人水手多为其主顾。一般俗人所谓"咸水妹"不但能操数句英语,甚有不少头发金白,面色桃红,像西洋人的像〔样〕子。妓艇大概可分为两种:一为公娼,一为私娼。据公安局二十一年报告,公娼仅有三十三艘,但也许不止这个数目。私娼没有正确统计,大约自沙基到东堤一带,夜间在岸上鹄立找客的很不少。她们什九是住在沙艇。她们有的是艇家自养的,有的是艇家自当者,有的是由陆上或他埠来的。私娼之于疍艇,两者互相利用。艇家给妓妇以住所及饭食,而妓妇每日或每月所得之入息,半数要缴交艇家,半数归自己。还有一种私娼,是自己掉艇到各轮船或渡船帆船,而特别是盐船去迁就客人的。然这种私娼,若不是为客人所素熟识,多须线人引导,或预先约定。艇妓亦有陪客上岸在旅店住宿者,然非熟客,必不敢就。艇上妓妇,夜金亦有贵到十元者,然究属少数。大部分仅得一二元,甚或只得三五毛以至二三毛者,其困苦之况,可以想见。

疍家妇女之当娼者,正像陆上妇女之当娼者,到处都有。且有到南洋各处者,甚或有卖女为娼,以其得资为男娶媳者。然其所以至此,大都由于贫穷所致,且都属少数例外。我们在调查沙南的疍民,约一千人中,妇女之充当私娼者不出三人,可知人们所谓疍妇皆以"卖淫为生"之见,实为错误。

在商业上,广州、梧州的疍民没有什么位置。在梧州而特别是广州的河面小贩生意,是随处可见。日常的食物如米、肉、鱼、菜以至布匹、杂货都有小艇装载到各艇舶出售。此外,在二沙头的沙南沙北等处的陆居疍民,也开设各种商店,可是本钱有限,规模很小。又有到广州附近或西江各市镇购买货物出售,也有由广州载运货物到这些地方出售者,然人数也无多,且大都是私人和零碎的卖买。有时因为有利可图,也许继续做下去,略有亏本,则立转别业。至于有的专做私货生意者,更没有确定性。

比较在商业上之有多少位置的，要算三水、河口、澳门、香港的疍民。还有很多疍民陆居在这些地方，商店之属于疍民者很多。米店，日常用品店，杂货店以至报关行，均有疍民经营。所以我们不但在三水河口的商会，报关行公会有相当位置，连到副镇长也是一位疍民。至于香港、澳门等处的疍民，因经营商业而富至数十万者，也有其人。可是他们富有之后，却多不愿自承为疍民，其原故不外因恐人们鄙视。

在农业上，据旧籍所载，多说他们不事农产。惟《图书集成》卷一千三百八十《琼州府部汇考·风俗》记载陵水疍民"间有种山园，置田产，养牛耕种"。可知他们亦有从事农业者。近来疍民之耕田的还是很少。在广州沙南，疍民之从事耕种者，几等于掉艇的人数，然多数被佣于陆上人，其自有田园者，只有几家。

在工业上，他们也没有位置。《图书集成》有云："陵水妇女兼纺织布被为业。"然据他种书籍所载，多云他们不事纺织。近来在沿海一带，有些疍民善于造作网罟绳线，然多数乃为自用，甚少出售。艇舶是疍民的住所，在广州及西江一带的艇舶厂，却多为陆上人所设。在沿海一带的小市镇的疍民，也有能制造者，这大概是因为他们自己需用，不得不为，并非专为他人而制造，此固无商业性质。

此外，其他各种劳工，差不多无论在那一方面都有疍民。我们现在略举所见的数种。

挖河底泥沙，是广州疍民一种很普遍的工作。广州近年来填长堤内港各处，与市民之填地建屋所需沙泥，为量甚多。据公安局二十一年报告，专挖泥沙的艇舶，也有四百四十九艘。艇约阔二丈八尺，至少需四人，盖每由海底取一盘泥沙上艇，费力不少。此外还要自己担到陆上目的地。每艇泥沙及人工约值三块钱。每日至多只能取两艇。

疍民之做机器工人者也在不少。香港、澳门、广州、西江一带的轮船，及小轮之用疍民管理机器或驾驶者为数颇多。又如来往广州、康乐、岭南的小电船，多为他们所驾驶，这一类工作，入息有的百余元，至少也有十余元至二十元。

破竹是疍民妇女的一种很普遍的工作。妇女除掉艇及日常正当生活的工作外，多以破竹为副业。他们所破的竹是用来造香以奉神。这种工作，每日入息，多者五六元，少者一元数毫。

起盐的工作是疍民中一部分人的特种职业。据说他们从前是自制盐为生的。明万历《会典》卷三十四页二十七：

> 正德五年议准：广东沿海军民疍户，赖私煎盐斤为生，许令尽数报官，于附近场分减半纳课，以补无征之数。盐课提举司给与批文执照，有不报官货卖私盐者充军。

可是他们现在已只能为人起盐了。在广州的沙南，据说一百年前他们的祖宗多在河里取虾卵，盐商每请他们起盐，不给工资，仅给盐与他们腌虾卵。到了后来，外来之盐日增，他们便放弃取虾卵的工作，专为盐商起盐了。除得工资外，此种工作，虽非天天能有，然平均每日做半天，每月也有二十余元的入息。

打石的工人中也有很多疍民妇女。这种工作多在广州东堤一带。建筑事业发达，大石打成碎石，所用人工不少。售石公司，多在河边，故附近的疍民妇女，多乐从事。每天所得工银，约四五毫。

疍民长于伐木，由来已久。宋周去非《岭外代答》已说："木疍善伐山取材。"现在他们在东西江上游的山林中斩伐木材，拖入河里，用绳缚成一大块。他们就在木上结茅为屋，沿江而下，到各市镇发售。

此外，疍民男子在广州、梧州、香港、澳门等处之到陆上各商店中为伙伴，及各种杂工的甚多。在肇庆，著者见过好几家的疍民曾在旅馆里当下船接客的工作，虽则妻子住在水面。又有在陆上当苦力者。在三水海关里工作的下级检查员，通通都是疍民。在德庆一个疍妇告诉著者，道：她的丈夫在梧州一个店里当大厨。别一位说：她的丈夫是在理发店理发。至于一般赴南洋的疍民之在橡皮园锡矿场做工的，数目也在不少。

第六章　疍民的教育

一

顾炎武《天下郡国利病书》卷一百零四《广东八》述疍民与汉族不同的要点云：

> 蜑户……愚蠢不谙文字，不自记年岁；此其异也。

他在同书卷一百《广东四》又云：

> 论曰：语有之，近山之民仁，近水之民智；其居使之然也。傜居拳偏忍，蜑居水而偏愚，岂其种类之殊也。

然在同书卷一百零四《广东八》他又云：

> 广（州）中近年亦渐知书，或登陆附籍，与良民同编，亦有取科第者矣。

又如道光年间，东莞邓淳所编的《岭南丛述》，同治年间所修的《番禺县志》，均谓诸疍亦渐知书；可知疍民之受教育的历史很久，同时也可以明白所谓疍民因愚蠢而不谙文字之观念的错误。

原来疍民一方面受贫困的压迫，一方面受陆上人的欺凌，不准入校读书，不准参加考试。又加以浮家海上，萍踪无定；就使想读书，也没有机会。浅见的人不察，却以为他们生而愚蠢，不可就教，其偏见之深，误会之甚，莫此为甚！遂使这一般同此圆颅，同此方趾，与我们朝夕相往还，生活相依赖的疍民，直至现在还没有相当机会受教育。驯至他们的环境日劣，生计日蹙；这是我们民族的抑制同住异类的民众最可痛心的一回事。

据说光绪二十八年间广州河泊所大使王勋，曾极注意于疍民的教育，并且条陈两广学务，筹办省河疍民学校。条陈上后，奉批嘉许；可惜他不久因事去职，遂成罢论。著者对于这事，曾询及王勋先生之弟亦鹤先生，希望得到当时倡议开办疍民学校的文献。但据亦鹤先生说，他当时正留居东洋，而呈稿已没有遗存。他所知者，大概是当时其兄素来热心教育，加以义和团事件发生以后，兴办学校，以开发民智的声浪甚高，王勋先生身居疍民长官，管理疍民征收鱼课，故对疍民的智识缺乏，免不得去思其所以补救之方法。他除呈请政府开办疍民学校外，常常和亦鹤先生谈及此事。

这件事虽没有实现，但至少也可以表示政府当局，对于疍民教育的态度的改变，而且可以证明所谓政府过去对于疍民读书入校加以禁止之说，恐怕不外是一般土豪劣绅、腐儒无赖们假藉以欺诈压迫疍民的手段罢了。

二

民国肇兴，法律上虽承认他们与汉族平等，然教育上政府并没代他们设想。直到民国十六年广州市当局才开始注意到疍民的教育问题。广州沿珠江一带的水上疍民，人口总数不下十五万，他们大多数没有受过教育。广州市最初由社会局发起，后来乃由该局会同广州市教育局磋商开设水上学校，教育广州河面的疍民。后来选择在东堤附近的河面以大艇舶三艘为教舍。每艘都有课室和各种设备。名称就叫做水上学校。目的专为收容一般水上没有机会受教育的儿童，经费由社会局担任。惟据广州市政府报告，这笔经费好像也列入教育局开支项下。校长由教育局委任。第一任校长是一位姓黄的。当时学生人数，约有百人左右。这当然不过占广州东堤疍民儿童的很少部份。起初一般疍民之送子女入校，很为踊跃。可是入了学校当然不能帮忙父母掉艇，或干别种工作，家里入息因之减少，尤其重要者为以掉艇为生的人，有时整天为了迁就客人的指使，往往不能回来原处。儿童们固然要发生吃饭的问题，而学校又因为浮在河面，儿童的上学散学，还要父母的送往迎回。结果，他们不能按照原来规定的时间返学。这是疍民方面的不便。在学校方面，因为校舍是在水上，所以潮水涨落，风雨之际，都不免受到多少影响。有时轮船、渡船从旁行驶，波浪震动；有时艇舶拥挤，弄到校舍转移；凡此种种，均于上课工作，有很大的影响。

因为上面所说的以及其他的种种困难，水上学校的尝试，终归失败了。广州当局不能不改换方针，把学校迁到陆上去。这就是现在的广州市东堤市立第十一小学。这间小学，目的虽是为着疍民而设，然陆上居民子弟，也有入校就学的。当时学生有一百三十人，其中疍民占五分之三以上。到了民国十九年，陆上居民儿童进校日多，计共有学生二百四十五人，其中疍民儿童七十人。疍民与陆民的比较，前者所占仅百分之二七·一六，而后者所占竟百分之七二·八四。这么一来，与开设这间学校的最初目的，已完全违背了，因之，民国二十一年乃完全由广州教育局负责办理，任李淑英为校长。这一年的学生共有二百六十二人，其中疍民只有三十人，比之民国十九年又少了四十人。显明地表示疍民教育的缺乏，并非由于疍民没有学校可入，而乃由于他们的经济，职业，及其他种种的困难所使然。

同时，疍民教育的缺乏，又和他们的天性智力完全没有关系的。据我们调查所得，疍民儿童之在这个学校，智力上和其他的儿童，完全没有分别。疍民儿童的年龄，从六岁到十八岁所修习的学科，有党义，常识，英语，国语；修学指导有作文，音乐，体育，工艺，算术，习字，珠算等。这些科目，无论那一科，他们的成绩比之陆上居民的儿童，都没有逊色。所可惜者，就是他们因为家庭经济，职业的种种困难，不能使大多数的儿童受教育，而少数的受教育者，也每因这些困难，而不能依时上课，循序以进。

私人团体之努力于广州疍民教育最早的，要算南中国基督教会水上传道会，该会在特杜女士（Miss Drew）指导之下设立水上传教福音船。她于民国初年已注意到疍民教育；到了民国五年（一九一六）曾在广州河面特别造了一艘艇，专为教育疍民儿童之用。来校读书的儿童，还可以在校里住宿。一九一七年再造艇一艘，开办女学校和宣道所。不过她们的目的，是为着传教；所以来校读书的学生，除了读《圣经》以外，还要迁就宗教的仪式。疍民对于基督教观念本甚薄弱；甚至有处在反对的地位，他们以为入校就是入教。来就学者较少，而成效无多。后来该校停顿，直到了现在还没有恢复。

广州附近的白鹤洞，水上疍民人口也极为繁众，真光女子中学就在白鹤洞的码头傍边设立疍民学校，这间学校开办于一九二〇年，首创其事者，为真光女校一九二三年的师生。最初入校的学生约二十余人，后来稍为增加，大多数都是白鹤洞码头艇家的子女。初办时该校的女生比男生为多。一来因为是男子稍大，就要外出谋生。二来因为这间学校是真光女生创办的。所以疍民女子入校特别踊跃。年岁由六岁至十四岁之间。因为人数不多，采单级制。教员都是真光女校的女生。每星期上课四天。上课时间，由下午四时半至六时。星期日则对于基督教的教理加以讲解。课程有写字，作文，算术，故事，唱歌。书籍和其他石板、石笔、笔墨用品都是完全由学校发给。

在初办时校舍很为简陋，后来自建了一小栅。到了一九二九年，真光女校圆园社出资建筑一所精美的木屋，并由该社担任教授。可是从白鹤洞电船公司开行以后，白鹤洞的疍民，多都迁移他去，日渐零落。结果，学生人数也日见减少。到了前年，仅有学生数人。疍民学校遂不得不停办，而改为附近工人夜学。

广州花地附近的疍民，外国教士和教会对于他们的教育，亦曾加以注意，但没有什么成绩。不过近来广州教育局，除拟在黄沙及二涌口各地设立学校，专收珠江之疍民子弟外，又拟设立水面疍民教育馆，以灌输普通知识。可见广州当局对于疍民教育是如何的注意了。

三

广州沙南一个小岛上的疍民，也有千余人口，他们都以捕鱼及划艇为业，最先注意到沙南疍民教育的，要算广州岭南大学的方社。方社是岭南大学一九二六年级学生所组织的。在一九一九年方社社友尚在中学二年级的时候，他们就筹办沙南疍民学校。于是集款开办方社学校于沙南。在当时的方社学校刊里曾有下面的一段记载：

> 沙南者，河北一小岛也。与本校隔一衣带水。居民以捕鱼，起盐，摇艇，佃工，破竹等为业。全岛有儿童百余人（现在已有三百以上）。驯善可教。虽有向学之心，而乏求学之地。本校青年会助力尚能伸及是间；故此事功遂不能不让与本社独为。宗旨在输以普通教育，以开通彼方之闭塞。所有开办费，及常年经费，均由社员认捐。间亦有西人先生及校外人士捐助者。

款项方面，既有着落，乃租民房以为校址，复请教务长主持校政。最初沙南父老，多有反对，仅有男生三人，女生四人。稍后逐渐增加至百人左右。到了方社社友中学毕业时，又募到数千元的基金，并与岭南青年会合办。一九三二年乃与沙南疍民所自办的番禺县第二区立第三十二小学校合并。

这间学校，因为在沙南的历史较久，贡献亦大。该校校长冯乐先生之在该校任职，有了十年的历史。中间曾有过一个时期，岭南青年会，拟把该校停办。但沙南父老曾联合到岭南请求续办。显然地，他们现在已晓得教育的重要了。

方社学校的功课，完全是以实用为目的。信札，算盘这两门，尤为注重。凡在该校读过几年书的，出来做事，马上便能应用；因此一般父兄见得学有所用，而不费分文，故大半子弟多被遣入学。因为沙南疍民多住河岸，也就没有东堤水上学校所感觉的那些困难了，虽极穷苦的疍民，也必令其子女入学。而学生之中，也有不少聪明勤勉的。所可惜者，差不多所有学生仅能在该校读完，就要出外谋生，不能深造。然他们在该校所得之区区智识，其出而应世，比诸过去或其他之未受教育者，已胜一筹了。

近来广州岭南大学社会研究所，对疍民教育，极力提倡。而于疍民的研究，也特别的注意。一方面是为着开发他们的智识，和促进他们的教育。一方面，是想借教育以得到研究他们社会文化的机会。故在广州的沙南和三水的河口的疍民住区，除尽力帮助原有的教育机关外，在沙南增办夜学与暑期学校，及各种校外教育。夜学的创办，是专为一般日间必须操作以帮助家庭的疍民儿童。从二十一年夏开办，三个月为一期。本来预备男女两班；然而出乎意料之外的，报名人数却有八十人左右，而且差不多全是女子，年龄从八九岁至十七八岁。原来沙南的男子，多于日间入方社学校。女子日间或在家管理杂务，或划艇为生。夜间比较空闲，故多来就读。结果为着迁就女子起见，就专办女子夜学。同时在教员方面，也在岭南大学找了两位女生充当。功课方面，除了教授习字，作文，写信，算术各科外，特别注重于女红。

暑假学校是为一般没有机会在方社学校读书，或在该校读书，而欲在暑假补习者。时期最久不出两个月。教员多为岭南大学男女学生。并且还请了两位曾在小学里，有过相当经验的教师主持校务。此外，各教员于每星期作一次或二次通俗演讲。沙南的父老及不入学校的男女们都可参加。

沙南疍民教育机关，还有番禺县第二区第三十二小学校。

第三十二小学有极悠久的历史。小学没有正式成立之前，已有私塾及新民学校的创办。私塾的起源，远在民国以前。起初是由沙南父老请了一位姓何的来教授十余名学生。到了民国元年，又请了一位姓容的。学生增加到六十余名。讲授的科目是《三字经》，四书古文。学生每人每年除缴纳学费三四元外，还给先生白米数斗。一切书籍用具，都由学生自备。此后教员时有更换，学生逐渐减少。到了民国十二年，仅剩了学生十余人，而学费则每人增加二三倍。

民国十三年，沙南父老中有位姓梁的请了一位姓萧的教师来沙南开办学校，定名为新民学社。后来萧因事不能主持，遂荐了一位学生姓刘的来做主任教员，这时学生也不过二十余人。然这位姓刘的曾受过新教育，故把往日学塾中所教的东西，一律放弃，而采取学校教科书。校址是在沙南之北，二沙头之中间。从此以后，一直到民国二十二年，沙南有了两间学校：一为上面所说的岭南方社的方社学校，一是新民学社。这个新民学校就是后来番禺县第二区小学的前身。

新民学社规模较小。到后来沙南的起盐疍民组织一个广州下河起落装包公会，要求盐商增加工资。于是便从每包工资中抽出八厘半来做办学之用，使学校经费有所仰给。迨后又在番禺县立案，改名为第二区第三十二小学校。

民国十七年间，由沙南的广州下河起落装包公会出资购地，填高地基，建筑校舍两间：一为平房，一为两层楼房。这两所房屋中间，尚有一大操场。后来再增建一座茅屋。地点甚为适中，在外观上，比之在广州市里的市立小学整齐得多。

教员方面，除了校长监学之外，又聘教员五人，分任各级主任，并分担各科科目。课程的内容大体与普通小学的一样，有历史，地理，歌诗，国文，国语，笔算，体育，常识，图书等。学生初有七十多人，后来增至一百三十余人。凡是这个地方的学生，每季收堂费一元，每月杂费二角。制服鞋袜，全学校定制，约值四元五角。又收学生会费二角。每年约须缴纳二十元左右。这个数目，当然不算多；其原因是学校一切费用都由盐公会支给。然从不少的疍民家庭来看，二十元还是一笔很大的数目；而因为方社学校费用还少得多，而且两校的地址也距离较远，故这间学校设立之后，方社学校不但没有影响，反而随之日增。到了民国二十二年夏，方社学校才并入第二区第三十二小学校。

因为沙南教育逐渐发达，沙南居民对于遣送子女入校的愿望，也很殷切。他们都能克苦克勤地工作来维持子女的教育，所以他们的子女在沙南小学读完四年之后，还有了不少的送到岭南大学青年会所办的小学升入第五年级。同时据我们的观察，岭南教职员子女之在岭南青年会小学读书的不少；他们环境，比疍民环境优胜百倍，然两者的成绩，却没差别。可见疍民儿童的才智并不逊于常人的。

四

广东三水县河口市，差不多可以叫做疍民的市镇。疍民人数极多。那里的疍民学校有广东三水河口县立第五小学。这间学校以节孝祠为校址，位于河口河旁。民国二十一年，该县县长曾亲自把那所学校加以整顿。民国二十三年间，该校有教员七位，学生一百一十四人；疍民子弟占了六七十人。课程完全采用教厅颁布的新标准来编配。经费虽由县政府，阖邑学产管理处，和三水全属防务公司等每月补助，但仍感不够。学费每年仅收六元。而疍民学生之中，其家庭环境仅足自给，家境比较稍为充裕者，多送其子弟入私立河口小学校。

私立河口小学校，是河口市镇的居民自己所设立的，疍民也尽过相当的力量。它创办于宣统二年，当时名为河口国民学校，里面分四级（即旧制初小）。学生共四十余人，分两班教授。民国八年，学生人数，已增至百余人。民国十二年因遭火灾，全校被焚。校长和董事乃再捐资重建，改名为河口小学校。学生也有百二十余人，水陆学生各半。民国十五年学生人数增至百五十人，教员也由四人增至八人。直到民国二十三年间，教职员学生人数，和十八年那时都没有多大差别。

为协助学校的经费起见，创办人的子弟在该校读书的学费要比其他的人多一倍，就是二十元和十元之比；这可见得他们创办人怎样的竭尽人力财力来维持该校的一斑了。民国五年该县知事莫国均以该校办理成绩卓著，乃由县政府拨款补助，每年四百元。民国二十一年增至六百元。此外，还有河口码头每月租银十元，和有两间铺位的租银每年收入二百元，都拨归该校和县立第五小学作为两校的经常费。故该校经费较为充足。校中课程，有公民，算术，国语，英文，卫生，社会，自然，地理，历史，论说，作文，尺牍，默书，习字，劳作，童军训练，及体育等，颇称完备。

十余年来，在河口疍民中之较有声誉者，多出自这两间学校，而尤以私立河口小学校为多。著者遇过几位在这间学校读过书的疍民青年，各种普通知识，都在乎一般普通小学毕业生之上。他们若有机会升学，造就必更有可观。

岭南大学社会研究所在河口方面的疍民教育工作，也很努力。除了尽力与原有的学校办理短期暑假学校外，又于二十二年夏天租了一艘大艇，颜其名为河口画报阅览处。艇里备有新闻纸及各种通俗小说杂志。设备儿童及成人玩具。且特地请了一位有经验的教师，对于疍民儿童成人来阅览处者，加以指导。此外，又在艇上举行交际会，演讲会。

此种设备，对于疍民教育没有直接帮助，然而间接上发生不少的影响，所可惜者，岭南研究所在人力财力上都很缺乏，以致不能长久办下去。然而在这么短促的时期中，曾得到一种经验，就是这种校外的教育，对于他们的影响，远在学校教育之上。

此外，广东韶州陆丰一带，疍民也算不少。陆丰县政府，对于该县疍民的教育也颇为注意，故有筹设疍民学校的计划。《广州民国日报》二十三年四月十日的"教育栏"曾有一段新闻，如下：

> 陆丰县属沿海各区疍民，素操捕鱼为生活。青年子弟，类皆目不识丁，且视教育为畏途。县府有鉴及此，以渔民子弟同属国民份子，自不能歧视。为普及教育计，特派督学曾秉生到各区筹办疍民学校，以资救济。兹闻曾督学于本月七日奉令先往县属第二区筹办疍民学校，并邀请当地各机关代表开会，讨论筹办事宜。结果即席推出杨春霖，张杰初，吴作琴，陈世浩，郑杰如，陈鸣歧等六人，为开办第二区疍民学校筹备会委员。一俟呈候县府加委后，可即开始工作云。

在韶州的水上福音船，也曾办过小规模的学校，教育疍民子弟。其中有了一位后来还到广州读完培英中学。在清远陈村各处福音船，虽也致力疍民教育，但因为福音船时时移动，或更换地方，故收效殊微。

五

上面不过略将我们所知的各地疍民教育来做一个简单的叙述。此外，疍民教育之有相当成绩而为我们所未及知者，恐也不少。同时疍民之因个人有相当机会而在各种学校里有过相当的训练者的人数也有之。比方在福州听说有一个天主教徒的疍民女儿，她曾受过中等学校的教育。在清远听说也有好几个疍民受过普通的教育。在香港、澳门的人数，恐怕是举不胜举了，不过，受过较高教育的疍民，他们却不愿意来认做疍民了。

疍民之所以被人们轻蔑鄙视，其主要原因是没有教育；可是在过去，和现在，也许将来之有教育的疍民又不自认为疍民。结果使疍民和教育这两件事，好像是脱离了关系一样，这当然一种很不良的现象。这种不良现象的发生，一方面也许是人们对于疍民的鄙视和压迫所致。然一方面，一般有过教育而不愿自认为疍民者，也不能不负有多少责任。假使他们能为着一般没有受过教育的疍民着想，那么，疍民的教育状况，也许未必会衰落到这个地步了。广州沙南，三水河口，可作为一个很好的借镜。

其实享受教育，是每一个人所希望的。我们见过不少的疍民之做父母者，出尽方法来使其子女去进学校。我们见过不少没有入过学校的壮年以至老年的疍民，出尽方法，从其朋友中学习认识文字。所以一般有教育的疍民及一般从来轻规鄙视他们的人们，从此应该改变态度，真心诚意地［的］来帮助疍民的教育的发展。这样，将来疍民与我们之间，就不致发生何等的隔阂了。

第七章　疍民的家庭与婚姻

现在一般疍民的家族观念，似乎较为薄弱，其原因有三。第一：他们完全浮生水上，亲属移动较剧。第二：艇舶能容的人数有限，男女结婚后分住他艇。第三：他们既少谙文字，谱系不通，相传过三四代后，世系已不复辨别了。此外疍民聚居的地方，多在通都大邑，都市地狭人繁，不适于大家庭制，故疍民的家族观念非若中国一般农村社会的那样浓厚。

但疍民亦并非无家族组织的。顾炎武《天下郡国利病书》卷一百零四《广东八》述"潮州"条云：

潮州疍民，有姓麦、濮、吴、苏。

民国六年的《惠州府志》（按，本据光绪辛巳《惠州志》）云：

疍……其姓麦、濮、何、苏、吴、顾、曾。

现在的疍民则不止有上述姓氏，据岭南社会研究所的调查，广州市沙南疍民一百二十九家中，有下面的十四姓，即：

梁、冯、李、陈、黄、何、范、罗、卢、孔、叶、钟、郭、彭。

在三水河口，又有邓、林、张、王的几姓。其他如香港，澳门，梧州及各处的疍民姓氏的繁多，更难枚举。我们可以说，陆上现在居民的姓氏，疍民差不多都具有的。

疍民的姓氏，是本来固有的，抑或受过汉族的影响而始有？这里我们打算不详加讨论，但是他们为着同姓而像陆上居民有一种家族共同意识，是随处可以见到的。在广州的沙南，据我们调查所得，凡是同姓的人，多居住在一个地方。他们迁来沙南，大约是在乾隆年间。初来这里的不过三四姓，而同时也只有三四家。他们多数是在河里逐渐迁到河岸，其后子孙增多，更进而搭棚居住，有些填地建屋，同一祖宗分派出来的子孙多住在一块地方。

广东三水河口的水居疍民，同姓也多住在一块地方。如姓吴的艇舶集中在西北一带；姓邓的则集中西南一带。正像乡村里的同姓的人们住在一块一样。又在肇庆的疍民，大致上也因姓氏的区别为若干区域的，在梧州的疍民，也有几个地方是姓林的较多。

蛋民的职业也和姓氏有密切关系。最显明的例是广州二沙头的起盐工人。他们以姓氏分为若干区及若干班。计有沙南、沙北、六合堂三区，这三区又分为十五班。这十五班与各姓的关系如下：

（一）沙南五班：

　　瑞志班——姓李原班。

　　锦永班——姓梁原班。

　　爵耀班——姓梁得四分之一。

　　祖盛班——冯姓一半，梁、李、陈三姓一半。

　　新班——姓梁分两班。

（二）沙北四班：

　　永安班——姓梁原班。

　　维好班——姓何分两班。

　　积振班——姓梁原班。

　　华生班——姓陈（昔日乃姓梁的）。

（三）六合堂六班：

　　锦彩班——姓梁分两班。

　　潮连班——姓梁分两班。

　　华国班——姓陈（昔姓梁的）。

　　元福班——姓梁分两班。

　　发进班——姓郭分两班。

　　彩权班——姓何原班。

上面所举的十五班中，姓梁占最多。原因有二：一来因为姓梁的和盐商起盐，为时较久。二来姓梁的人数较多。在沙南的一百二十九家中，梁姓的占了四十家，其余十三姓只有八十九家。人数总共一百八十人，其他十三家占四百二十九人。姓冯在沙南有二十九家，人数一百四十二；姓李有二十八家，人口一百三十三，均为沙南大姓。然所占起盐班数之少，实由于他们迁来沙南较晚，而起盐权利早已为姓梁及他姓所据有了。

上述某班属于某姓而后属于别姓的是因为前者让与于后者。所谓让与当然要费相当的代价。经过了让与的手续，受与者的子孙可以长久享受，正与产业的让与一样。

在广东三水河口蛋民的职业与姓氏也有关系，大概从事渔业的多为姓吴，在车站码头服役的多为邓林各姓，在岸上经商的又为邓张二姓。在广东肇庆有较大的消遣艇可供人客住宿的，据说也为某姓最多。因为他们的职业既世代相传，则姓族与职业必然有一种固定的关系了。

蛋民聚居的地方，姓氏与他们的社会地位也有关系。假使某姓的人数多，则某姓在这个地方的地位也较高,以广州沙南的梁姓而论,他们的户数人数最多,故沙南的乡长以及各种团体的主持人多以梁姓人充任。而该处之疍民学校创办人也是姓梁的,校长也是姓梁的。这位校长虽屡次为众所反对,然而卒因为梁姓人数繁多,反对者亦没奈其何。

三水河口吴姓的疍民,于清末的时候,更建筑宗祠。这当然是疍民宗族意识发达的表现。祠堂在河口的西北岸。他们大半以渔业为生。他们为着同姓的兄弟,得到永久的团结,便联合起来建筑宗祠。据说当地举人吴朝亮对于疍民建立宗祠帮助颇大。他本来是三水的绅士,曾当过三水县立中学校长,现任西南第十一小学校长。他是陆上居人,可是因为与这些疍民同姓,疍民常被陆上人们鄙视与压迫,所以吴姓的疍民,乃依赖吴朝亮的资望,以得到许多的方便。故疍民即当他为他们的同族了。

疍民之有祠堂者,虽然不多,但有族谱或家谱的却是很不少,这也可以表现疍民家族观念的一面。如三水河口的吴姓疍民,既有宗祠,又有族谱。又如广州沙南较大姓的疍民,据说均有族谱。惟因四十年前,西江河水泛滥,族谱已付诸东流,现在仅有姓梁姓陈的二姓族谱了。姓梁的族谱很简单,它是用格纸来填写的。写时在民国十五年间。其中有萧某的序别,又有《谱序》,说明其祖先的来源。

据《谱序》所述,他们的祖先是宋朝梁悦安,传至现在,共有二十一世代。现将其所记二十一代的人名字,生时,死时,住处,葬地,及各类列为一表如下(表中的西历是我加入的):

梁氏族谱

世祖	名或字	生时	死时	住处	葬地	坐	享寿
1	悦安	宋					
2	丹涯	宋					
3	天春	宋					
4	朝选	元					
5	志同	元					
6	肇卓	明					
7	兆亨				合葬山园地		
8	积盛				合墓太公山		
9	可先				大社之西北合墓		
10	廷鉴						

续表

世祖	名或字	生时	死时	住处	葬地	坐	享寿
11	允祥						
12	观能	（西历1527年10月①7号）丁亥年九月十二日戌时	（西历1599年9月1号）己亥年七月十一日寅时		沙地南向今迁沙熟北向		
13	连平	（西历1584年11月3号）甲申年十月二十三日申时	（西历1658年12月17号）戊戌年十一月六日寅时				
14	懋桂	（西历1593年9月9号）癸巳年七月十二日丑时	（西历1615年10月9号）乙卯年九月十七日丑时				
15	学联	（西历1650年11月5号）庚寅年十月十日					
16	俊英 来沙南	1702—1650		沙南			
17	达龙	（西历1702年）康熙壬午年	（西历1777年12月3号）乾隆丁酉年十一月三日子时				76
18	才贵	（西历1672年1月31号）康熙壬子年正月二日亥时	（西历1840年11月5号）嘉庆庚子年十一月十一日子时{此乃错误，因享寿写着六十九，而此处乃相差一百六十九年，由此可知为雍正庚申年（1740）十月十日或西历1740年11月30日}		下渡金钱岗	坐东向西	69

---

① 校按：应是10月。

续表

世祖	名或字	生时	死时	住处	葬地	坐	享寿
19	作喜	（西历1756年7月14号）丙子年十月二十日子时	（西历1813年12月24号）癸酉年十一月二日丑时				
20	锦权	（西历1801年1月14日）嘉庆辛酉年十一月三十日巳时	（西历1844年12月3日）甲辰年十一月二十四日吉时				
21	茂宁						
17	达祥						
18	兴盛						
19	爵财				小北黎婆岗	坐西向东	
20	锦祺				小北黎婆岗	坐西向东周大风为贵人峰	
21	以升	三月十二日辰时	四月		小北门外白杭岗葬金箱后土左约二尺开深五尺五寸	坐北向南即癸丁兼子子六度线	61
22	发渺	（西历1886年9月22日）丙戌年七月二十二日申时					

梁氏的《谱序》上，虽然牵强附会的地方很多，然而可见疍民的家族观念与陆上居民没有差异的了。

疍民的家庭，多为小家庭制。因为他们住居艇舶，地方有限，故疍民子女结婚以后，多分裂为小家庭，住别艇舶。间有三代同住一艇的，然而为数很少。

疍民多行一夫一妻制。因为疍民的生活困难，一夫多妻者甚少，在广州沙南的疍民，一百二十九家中，仅有一人纳妾的。广州河面较富裕的疍户，据说也有三二纳妾的。

疍民一家中的家长，自然是男子。但是疍民妇女在工作职业上既和男子处于同等地位，所以实际上男子与妇女的权力并无高下。疍民中人人都能工作，自食其力，故男子纵使死了，妇女也可以自己生活。而实际上疍民的妇女却是家庭的主人。所谓家庭的主人，不但是对内，就是对外也是这样。对内因为家庭的入息，她也有一份，也许还是大部份，所以钱财的分配，她也有一部分或较大的权力。又如子女的养育，日常生活的调度，和艇舶的管理，她更占着比较重要的地位，这是用不着说明的。至于对外方面，上轮船，到车站，或守候码头，或站立岸旁来招揽顾客，固然是妇女的工作，就是一般装载货物的艇舶，要到店铺里交涉运载货物事项，也多由妇女担任。此外一般做小贩生意的，如杂货艇，柴米艇，蔬菜艇，差不多完全由妇女管理。没有丈夫或是丈夫在外工作的疍妇，固须事事由自己来做，就是一般夫妇同住的，这些工作也多由妇女负责。而男子却做了看守艇舶，预备饭菜，以至管理小孩等琐事。我常常有这种感想：水居的疍妇，许多做了陆居的男子的工作，而水居的男子，却不少做了陆居女子的工作。换言之，他们是反乎我们所谓男治外女治内的观念，他们却实行了女治外男治内的习俗。自然，在疍民中男子之离家外出找工作的很多，但是并不是说男子一定要负担家庭的一切费用。其实有不少男子，在外工作的入息，多只能供给自己个人的用费，有时回家来还要依赖其妻以为生活，所以普通来讲，疍民妇女，不但比疍民男子能干，而且也活泼得多。深闺弱质，纤指柳腰一类的词句，是不能适用于疍民妇女的。

疍民儿童，据周去非《岭外代答》"疍人"条说：

> 生子乃猥多，一舟不下十子，儿能自孩，其母以软帛束之背上，荡桨自如。儿能匍匐，则以长绳系其腰，于绳末系短木焉。儿忽堕水，则缘绳汲出之，儿学行往来篷脊，殊不惊也。能行则已能浮汲。疍舟泊岸，群儿聚戏沙中，冬夏无一缕，真类獭然。

现在的疍民儿童，仍有像上面所描写的。不过在较大城市的疍民小孩，未必"能行则已能浮汲"。有的到老也不会游水。至于所谓"冬夏无一缕"，现在也已不如此之甚了。

儿童至八九岁，多已能帮助母亲掉艇，且有能自掉一小艇者，此乃习惯使然。儿童性本好动，但艇中地方既仅能容膝，终日禁之于此，为父母者又忙于工作，这对于小孩个性发展的阻碍，自不待言了。

照一般人的观念，家庭与普通的社会不同，家庭是富有严格的私有性质，但是在疍民中，这种差别是没有的。他们的家就是人们的交通工具与娱乐借宿的地方，所以疍民的家里妇女，不但不会像我们旧式的妇女，见着男人而走避，反之招待人客的几乎全赖妇女，我们可以说，疍民的家庭就是"社会"。而他们的社会，几乎就是家庭。因之疍民之家庭生活，可说就是社会生活了。

关于疍民的婚姻，据顾炎武《天下郡国利病书》卷一百零四《广东八》里说：他们是同姓可以配婚的。也许从前的疍民没有宗族的观念，所以婚姻不避同姓，但是现在据我调查所得，同姓配婚的习惯已经没有存在了。

现在的蛋民，行隔艇联婚的甚多。在广州东山水上游艺场附近，约有三四十家蛋户。他们比邻聚居。几十年来他们互相嫁娶，很少与外人结婚。所以目下数十家的蛋户中，完全都有亲戚关系的。

原因很明显，从前陆上居民，对于蛋民极为贱视。故水陆居民互不通婚，他们只有自相配偶了。清俞蛟《梦〈厂〉杂著》卷十《潮嘉风月》曾说：

> 潮嘉曲部中半皆蛋户女郎，而蛋户惟麦、濮、苏、吴、何、顾、曾七姓。以舟为家，互相配偶，人皆贱之。

同时他们大家的环境既无差别，而男女老少均须食其力。处处相同，无所谓选择名门富户。这也不能不算是蛋民自相婚姻的一个原因。

婚姻之权，差不多完全操诸父母之手。特别是女子方面。有时到结婚之前两三星期，始由父母通知。但今日男女自由结合的也有之。而且近来有些受了多少教育的女子，间也反对父母作主的盲婚制度。

蛋民的婚姻制度，有些是很值得我们注意的。一种是兄终弟及的制度，就是丈夫死之后，便与夫的弟弟或亲属结为夫妇，她的家长是不能奈何的。有一种是儿子死了，媳妇往往和家公结为夫妇，而家婆知道了，乃到别处居住，他们就算作正式夫妇了。又有些是死了丈夫，她的家公或家婆不愿媳妇出嫁别处，家公家婆就拣一男子回家，若媳妇应允了他们，就成为夫妇。这个男子婚后，要拜她的前夫，并请"南巫佬"解说入赘的理由，而家人就以死去的人名，加于这个入赘的人了。

又有些是丈夫死了之后，他的妻子不愿出嫁，就自己访寻情人，家人知和不知都可不管，后来怀了孕时，才告诉了家公家婆，生出来的子女都归家公家婆所有，而情夫绝不过问。

蛋民的婚俗，同治十年所修的《番禺县志》，曾有下面一段记载：

> 诸蛋以艇为家，是曰蛋家，其男有未聘，则置盘草于梢，女未受聘，则置盘花于梢，以致媒妁，婚时，蛮歌相近，男歌胜则夺女过舟。

这些原是原始民族的一种婚俗。现在这种风气已大大改变。置草置花以致媒妁以及歌胜夺女的风俗都很少见。现在他们的婚俗，已和陆上居民没有很大的差异。这也许受了陆上人的影响罢。

蛋民娶妻者亦用聘礼，多至一千八百左右。他们的男人大约自十岁左右就要出来工作，二十岁左右结婚，一生劳苦，苟能积蓄一笔结婚费者乃真幸事。没有积蓄的甚至卖女为娼，以为其子娶妇者也有之。所以要花这么多钱的原因，是因为平常的女子身价，多须五六百元之间。在穷乡陋邑附近的蛋民妇女，出嫁的身价也须至少三百元以上。此外男家尚要给她们不少礼物。同时结婚两天或三天内，多请亲戚邻近的人们连饮数餐，其费用总共在三四百元以上。

嫁女时也要请亲戚邻近的人们饮宴，同时嫁妆衣服之费亦须三四百元。所以做父母者，除了卖女给人家为女，或为娼者外，普通嫁女，所耗亦多。

因为婚姻的费用太大，在疍民中，童养媳的习俗较为流行。一个女孩在十岁以下，若先把她娶过门来，则所费也许不过百元。至了十六七岁，然后才举行一次较为简单的仪式，这比正式结婚节省多了。

疍民结婚，多数仍在艇舱中举行。但多赁厨房艇或紫洞艇一艘或两三艘。厨艇或紫洞艇上高悬灯笼一对，上书某府迎亲。先由男家驶艇到女家迎接新娘，并由女家预备茶点款待男家亲属。因为他们是水上结婚，花轿和汽车均用不着，只在靠近新娘的小艇上，张灯结彩以代红轿。做新郎多穿长衣鞋袜，新娘头簪花钗，身着衣裙（据说从前有疍民不准穿裙之例），脚虽着袜，然很多没有穿鞋的。

新娘到男家艇后，和新郎先拜天地，然后再拜祖先，拜神既罢，捧茶拜见翁姑伯叔及各亲戚。最后是亲友饮喜酒，饮完了酒，他们也有闹房的风俗。

新娘嫁后两天，偕新郎一齐回来娘家，这叫做"回门"。回门时也同样先拜天地及女家祖先，然后拜岳父岳母。岳父岳母要请女婿饮酒，然后新郎新娘回男家。再过了八天，女家送礼给女婿及其父母兄弟等，这叫做"荷惠"。通常给女婿及其父母兄弟鞋各一对。其余疍民的婚俗大致与汉人相同。

第八章　疍民的宗教与迷信

最初记述疍民的宗教的人，都相信他们以蛇为崇拜的对象。《天下郡国利病书》卷一百四云：

> 蜑人有姓麦，濮，吴，苏。自古以南蛮为蛇种，观其疍家神宫蛇像可见。

《潮州府志》亦有同样的记载。现在疍民习俗上，还有崇拜蛇精的残影。据我们调查所得，有下列二则故事：

广州仲恺农工学校农场工人某与一疍女订婚，这个女子有一天在农场工作，有一条大蛇走到她的身边，她惊慌得很，后来染了大病。几乎要死的时候，口鼻眼变为蛇状，连到行动都变为蛇的样子，她的家人都说蛇精要娶她为妻。后来请得巫师和"茅山"用纸搭成大蛇一条，和蛇仔几条，令病者拜了，足足做了"一日一夜"，都没有好。后来她的未婚夫，把她带回家医治，约有两个月之久，才痊可了。

广州疍女梁金妹，十九岁。有美貌，前曾与车卑的农夫订婚，后来梁金妹为蛇（广东俗名曰过机陕）所魅，蛇精每天晚上都睡她的身边，梁金妹感到如患大病，终日昏迷。经过了年余之久，家人才把蛇杀死投于河中。其后再延道士作法，病者始愈。

可是严格来说，疍民可以说是没有宗教的，假使有的话，当然要算近代的基督教了。

疍民之有基督教，由来甚久。据说满清末年，广州已有过向疍民传教的福音船，但教会有组织和有计划的疍民传教工作，最早还要算南中国艇舶传道会。这个传道会现在有十一个传教士，九个美国人与两个英国人，其中八位是妇女，只有三位是男人。因为疍民之中，男人多在外工作，而在艇者多为妇女，故用妇女传教较易入手；同时这个传道会的先锋和中坚人物是一位美国妇女名叫做特杜（Drew）女士，所以该会的女传教士特多。

特杜女士于一九〇九年来中国。在疍民中传教二十余年，一九三二年十二月卅一日死于广州福音船。她是庄严寡言的妇人，然而见过她的人，也很容易看出她是一位意志坚强的人物。在一只长约三丈阔约一丈的福音船上，她就渡过了二十余年的生活。她曾写过一本小册子叫做《南中国艇舶传道报告》（*Reports of*

South China Boat Mission），里面有几段是关于对疍民传教史的，大意如下：

> 一九〇六年在疍民中的工作开始了。在这年，有一位亚力山大（Alexander）姑娘，住在香港，她常常把疍民放在心里。她认识特杜女士一个姊妹，后来她写信给特杜牧师（特杜女士的兄弟）和特杜女士说明这些疍民应当得到福音，又得了芝加哥伊荣·圣会友教堂（Ewing St. Congregational Church）少年团的帮助，一个小福音堂便在香港建立起来。亚力山大姑娘又写信回美国询问有没有人可以担任这种工作？这封信引起了特杜女士感觉到上帝要她到疍民中服务，她虽然没有答应帮助她，她自己仅有一笔旅费和多少余钞，然她却决意来中国。一九〇九年十一月她到香港，囊里的钞票几乎用完，于是乃在一间商店里充作速记员，每天做两小时工作，其余的时间用来学习语言，这样的继续四个月，有些在支加哥的朋友自动供给她，她才离开商店而把所有时间去从事疍民的宣传事业。……
>
> 特杜女士在香港一年后，她的兄弟特杜牧师又跟着来了。他来了不久，他们便决意迁到广州，因为广州比香港是一个较为适宜于疍民工作的中心地点。……
>
> 在香港的福音堂虽位于海傍，然疍民来福音堂也有困难，结果是为疍民而筑的福音堂，时时充满陆上居民。事有凑巧，广州的瑞典传道会有一只福音船出卖，他们便觉得这是上帝给他们的好机会。
>
> 买船以后，特杜牧师和特杜女士遂离开香港而到疍民集中的广州，同时他们就把这个船来做他的传道的根据地了。

特杜女士告诉我们她的兄弟特杜牧师只在中国住了三年，遂回美国，她自己却继续努力，到一九一七年除了原有的福音船外，别有一只赠医艇，一只男子学校艇，一只女子学校艇。现在赠医艇和男女学校艇都没有了，可是传道艇却增加了五六艘。

特杜女士之外，现在这十余位从事疍民传教工作的人都很为难得的。在清远的福音船的文特尔（Winter）夫妇，到南中国从事这种工作也有了十四年的历史。初在三水各处，后来到了清远，住了九年。他们没有子女。文特尔夫人除了传教，还养了三位无托的疍民儿童。露斯女士（Ross）于一九三三年的秋天寄给回去美国的朋友的一封信，曾述及她们向疍民传教的情形，使我们读了更加佩服她们服务社会的精神了。这封信发表于《南中国艇舶传道会公报》一九三三年秋季号（The Bulletin of the South China Boat Mission），有以下几段：

> 你们记得罢，当我们返到中国后几个月，我就了韶州方面的职务；我的目的从来是要得一艘艇来居住，与进行工作，从母亲遗下的半点遗产，我知道她除了用这些遗产来造一艘福音船在南中国的河面外，必不会愿意我把这

些遗产去别的地方做别的事情。而且我在美国时,我的兄嫂因很关心于我的工作,所以对我的一切的住宿膳食,都妥为供给,而使我节省不少。所以从我继续所得的薪金里,也可以把来为建造新艇之用。其初我恐怕我所存的尚不够用,拟购一旧艇下身,以资节省,可是一来没有这种相当的艇的下身,二来金价高涨,使我所存的钱,正敷所需。……到了六月二十八日,这艘福音艇竟然贡献于上帝的工作……现船是停止畔塘而从事于很有兴趣的工作了。……

这些传教士之传教的热忱,固是这么可嘉,但疍民之信仰基督者还是寥寥。在广州,经过二十余年的宣传,而且在一九一三至一九一六年间福音船男女学校船赠医船共有四艘,而疍民受过洗礼的,据特杜女士说:总共不出七十人。在韶州,她们传教有好多年了,据托韩特尔(Todhunter)女士说:入教的疍民也不过二十余位。在清远的人数也差不多同样的稀少。在三水河口因为疍民信教心甚淡,好几艘福音船又间断的住了不过二年便又迁移到别处去。在陈村,近年来教士们虽很努力,然而都没有多大的成绩。至于广西梧州及抚大两江方面的疍民的信教情形,我们可从民国十九年六月《神台》月刊五卷三号的《梧州水面布道会之历史及工作报告》中见之。即:

> 初临此处主理水面布道之工作者乃美国人梁天理(Lang)牧师。彼后即用晨光真光二福音船为布道之所,努力工作,日夕宣讲,故此时福音道能普遍于抚(柳)大(西)两河面之居民。牧师在此工作六年余,至上年乃例假回国,其工作则暂交建道圣经男院李启荣的牧师兼理。至首次到船传道者,为郑千里先生,任职三年,工作颇有成效,继其职者为蔡成深先生,任职二年,工作亦好。

然而该地疍民一九二六至一九三〇年受洗礼者,统共不过八个人,一九二六年男女各二,到一九二七年男女各一,又到一九三〇年才又有男女各一人。一九三四年夏著者到梧州,遇由韶转赴那里的托韩特尔女士,她说四年来受洗礼的疍民大概不过三二人。

福音船的传教工作成绩之所以如此者,其原因正如特杜女士在《南中国艇舶传道会报告》里所说:

> 在疍民中做基督教的事业,极为困难,而又令人灰心的。他们是没有智识的,除了少数男子能写读外,其他都没有受过教育。就普通来说,男子受过三年至五年的学校教育的很少,他们时时移动,大的艇在广州一年之中,只留广州几个月,所以虽然他喜欲做基督徒,但信仰不坚固,有很多曾认识了基督,可是他们的船离开后,便很难与他们联络了。他们忙碌的生活,尤其那些掉艇为生的疍民,实在是传教工作第二种困难。因为光阴就是他们的

金钱，疍民很不愿意用这些宝贵的光阴来听福音教育。

疍民之入教者数目虽少，但在珠江域的疍民，直接或间接地和福音船的教士都有过关系，原因是一来这些福音船年间每每移动，行驶于珠江流域，凡是有疍民的地方，教士们也会停留下来宣传教理和赠送《圣经》小册。妇女教士们有时帮助一般疍民妇人照料儿童，并施赠医药。据说从前在广州那艘赠医船有不少的疍民到来请诊。数年之间，领受福音船的医药的疍民有好几千人。

因此之故，一问起福音船，没有一个疍民不认识。然而因为疍民太穷，而没有时间去领略宗教演讲，所以疍民传教的工作可以说是失败了。

除了福音船传教之外，从前岭南的中西人士之信教者，在岭南附近及沙南的疍民中，也做过宣传工作。然二十多年来，信教的疍民只有四个人，在香港和澳门疍民之入教者据说也只少数。而以教会学校之富有的疍民子弟为多。据说在端州（肇庆）的天主教会曾对疍民的传教工作，极为注意，然而在三百户疍艇之中，我们随便的问了好多户，对于天主教的认识如何，他们回答只认识了福音船（新教），没有认识天主教。据吴高梓先生在《福州疍民调查》一文里也说，只有一家疍民信教。这可见疍民信仰基督教者少。

除了基督教外，在离香港约不远的青山，听说有两位屡到尼姑庵念佛的疍妇，从前自己在南洋当过妓女，后来又当鸨儿，颇有积蓄，现在预备在青山建筑一间小小的庵堂，吃蔬拜佛，可惜在著者调查的时间，她们没有来过青山。

在广州东胜坊，据闻也有一个疍妇，约五十多岁，在无着地为尼姑约十几年，改名为净傅，后因政府将这个庵封了，她就和一位同道到西樵去了。

佛教在中国的社会里，多与道教相混杂，疍民对于这两种宗教在教义上和仪式上也都没有了解清楚，而疍民之中除了少数信基督教者外，其余都崇拜佛道两教。然而这与其说是宗教信仰，不如说是迷信了。

疍民的迷信与陆上汉人无异，据岭南社会研究所调查，沙南疍民最崇拜的鬼神如下：

第一是属于神者：

家神——历代祖先的神。
土神——安放在街头巷尾。
门宫——安放在家内。
灶君——安放在厨房内。
洪圣大王⎫
华光大帝⎬安放在公所内。
天后元君⎭

中央的中社 ⎫
东边的西社 ⎬ 安放在街道上。
西边的西社 ⎭

天官或天公——安放在艇头。
护舟龙神——安放在艇尾。
波罗神——在广州附近之波罗。
娘妈神——在香港附近赤湾。
三界神——保护水上平安及可以令人添丁。
华陀菩萨——医疾病的神。
龙武姑娘。
关平帝——关公儿子。
观音菩萨。
关帝——关公。
七姐——七姐诞日的神水可以治病疮。

第二属于鬼者：

齐幽鬼——无所依泊的冤鬼。
水鬼——溺水死者。
吊颈鬼——吊颈而死者。
大声鬼——
长声鬼——这一种与大声鬼均于清明时候出现。

猪鬼 ⎫
牛鬼 ⎬ 多在农家出现。
鸡鬼 ⎪
鸭鬼 ⎭

百怨鬼——年龄不应死而死者。
回魂鬼。
冤鬼——死于非命者。
家鬼。

　　疍民所崇拜的神，有正神残神之分，鬼也有家鬼野鬼之分。凡是供之庙宇或神座的，谓之正神。其余在半天流浪者，谓之残神。鬼之中有家可归的，谓之家鬼。人们若不侵犯他们而照例去拜祭他们，他们就不作祟。没有家室可归的，谓之野鬼。野鬼最易作祟于人（参照《岭南学报》三卷一期一三九页）。

　　上述的鬼神，除了龙神天公及水神水鬼为疍民所特别崇拜外，其余的与广东民间一般迷信习惯相同。前人的著作中虽有疍民祀蛇的记载，但现在的疍民在陆居者屋内已多仿陆居人于室之中间较高处，建一祖先神楼，神楼之下尚有地主龙神。在艇上，小艇如四柱大厅或小过四柱大厅的，都没有神宫的设备，仅于新年前贴一"红纸"于艇之前后，以表示天公龙神之存在而已。大艇如沙艇或较大者除前后贴红纸外，艇之中间的右旁每有一小木架或木庵，木架上则多置香炉于架上，此外日常所用茶壶、茶杯亦多置在这里。有木庵者，多有祖先神位，香炉在庵之两旁，此外有供神之酒壶酒杯，或他种祭神用具如小油灯或烛台等。庵背或向左或向右，或向前，且可随时移动。

疍民中有一种叫做醒婆的，专为疍民执行医卜星相等职务。广州一带的醒婆，据调查所得，计有南岸五人，三人住艇，二人居陆。黄沙一带六人，住艇。海珠桥西一带九人，住艇。海珠桥东一带四人，住艇。东关涌二人，住艇。上芳村二人，一住艇，一居陆。下芳村一人，住陆。河南新填地一带六人，住艇。河南海珠桥西一带三人，住艇。河南海珠桥东一带八人，六人住艇，二人住陆。大涌口一带三人，一人住艇，二人住陆。石涌口二人住水棚。大沙头涌至游艺会三人，住艇。六合堂一带二人，住水棚。东胜坊一带（即颐养园的东北便）二人，住水棚。夏源社（即北沙）一带一人，住水棚。沙尾一带一人，居陆。沙南一带二人，一住陆，一住水棚。山村一带（即花地对面）八人，二人住艇，二人住水棚，四人住陆。

又有类似的巫医，疍民迷信的很多。尚有类似道士的"南巫"。"南巫"多系陆上居民，广州沿江一带，专为疍民祷祝或执行各种迷信事项的南巫，计有：山村一人，下芳村一人，南岸二人，东关一人，大沙头涌一带二人，河南尾二人，大涌口三人，六合堂二人，沙南一人。

因为疍民迷信甚深，上述醒婆、南巫等在疍民社会里不但普遍，而且占着重要的位置。他们往往藉此拥有丰裕的财产。女巫在广州沙南的，其中有一位每年获得三二百元谢神的报酬，可见其入息之丰了。在广州有几艘专为疍民作斋建醮的道馆船，道馆船的收入也不恶。较为充裕的疍民，每次请道士女巫来做功德的费用，往往在二三百元左右。

此外，疍民对于算命风水的迷信，并不亚于广东一般民间。其他迷信风俗，与汉人相同，兹不复赘。

第九章　疍民的生活

一

　　研究疍民的生活是一个颇饶兴趣的问题。我想把他们的住，食，衣，娱乐，合会组织，卫生，丧俗各方面分别作简略的叙述。现在先从他们的住所说起。

　　疍民的住所大概可分为屋，栅，簰，艇四种。住屋的事实上已变为陆上居民。在广州二沙头的沙南，沙北，大沙头的沙那，住砖屋的各有百数十家；也有住木屋的，但为数很少。此外广州北江两岸和别的地方，也偶有疍民在岸傍建屋的。三水河口也有几十家。至于香港、澳门各处，为数当更多，可惜不易调查，确数我们无从知道。他们所住的屋，与普通陆上居民所住的没有多大分别，不过稍小一点。但也有一厅一房，还有厨房。房屋或也有盖楼的。因为卧房多只有一间，所以父母子女的眠床都排列或是相接在一处。有这样的砖屋居住的疍民，已经算是最幸运的了。在沙南，砖屋每间约值一千元左右。但他们的砖屋多数已陈旧不堪。因为他们的生计日益窘迫，十余年来在广州的大沙头及二沙头新建砖屋的，几乎是找不出来。

　　栅是傍水建筑的，后面接近堤岸或矶围。全部基础，都用杉木，插入河边沙泥中。普通高出水涨得最高时一尺左右，故在水涨时，从远处看去，好像是浮在水面的一样。水退之后，可见栅底的泥沙。此种栅棚，多用杂木建造，地板厚约五分，屋顶有用瓦的，也有用松树皮或白铁片的。墙分两层，内层用杉木，外层多用松树皮。栅作长方形。普通长约两丈，广约一丈，多分为四部分：第一部为乘凉处，围以栏杆，且有小木梯，于河水退时，可以直下河滩。第二部为大厅。第三部为卧房。第四部为厨房。这种栅棚，收拾得很清洁。在大江旁边的，真可当做一绝好的避暑所。栅里各种家具，极为简单。普通每间建筑费约需四百元左右，材料较好房间较大的，约需七八百元。最小的栅长仅五六尺，阔三四尺，高不过四五尺，真小得和鸽笼一样。

　　《广西通志·杂录》云："蛋人滨海而居，世世以舟为宅，贫者架竹为簰。"可见疍民的簰居是"由来已久"的了。但现在的簰，既不限于用竹来做，也不一定是疍民或疍民之贫者的居所。在西江上游各处的政府机关，如梧州的航政局，海关，以至码头货仓，都是住簰的。我曾在暹罗湄河两岸如大城等处，见有不少用簰以为别墅的，其构造的精美雅致，实非贫穷的疍民所能梦想得到。疍民所住的簰，据我们调查所得，为数很少。在广州河面，仅见数所。而且这些簰还不是完全用作住所的。东江方面，如惠州附近也可以找出几所。至于西江上游，如都城，梧州，也很寥寥。

簰是浮水的屋，其底身或用木，或用竹，紧缚成四方形或长方形。厚约五寸至一尺。现在的簰多用木造成两三舟形，敷板于上面，使能浮于水面，然后建屋于其上。所用各种材料，与水栅无异。屋形和平常的屋一样，惟稍小一点。称之为艇舶与木栅之混合品，实很恰当。因其上部像水栅，而下部像艇舶之浮于水面。随潮水的涨落而高低。簰多停迫近岸，也有在中流的。必要时，可以随便迁移。

上面所说的陆上的屋，傍岸的栅，及水上的簰，都只是一小部分疍民才有的住所；而且事实上，住簰，住栅，以至住"屋"的疍民，多数还有艇舶。有的简直把簰，栅，和屋当做别墅。有些虽有了栅，而仍然爱住在艇上。有人说疍民住所的进化，是由艇而簰，由簰而栅，由栅而"屋"。这也许未必尽然，但是簰较近于艇，而栅又较近于屋，则是事实。至于艇之于"屋"，已很显明的表示出水居与陆居的分别了。

艇舶的种类很多。广州市公安局及航政局都有不同的分类。比较详细的，要算民国二十一年广州市人口调查委员会根据海珠分局的分类而加以改订的分类表。今录之于后：

（一）紫洞艇：紫艇。
（二）楼　船：民船。
（三）厨　艇：菜艇，办船，厨船。
（四）营业艇：竹艇，粥艇，藤衣艇，炭屎船，茶居艇，喃吽艇，食物艇，饭艇，鱼艇，风炉艇，道馆艇，蕃薯艇，面食艇，收买艇，酒艇，肉艇，粉艇，理发艇，卖物艇，瓜菜艇，小贩艇，医船，牛肉艇，竹篙艇，酒艇，工人艇，工作艇，卖香艇，花艇。
（五）沙　艇：即渡客游河及住宿之艇，住客艇，客艇。
（六）孖舲艇：渡头艇，埗头。
（七）大厅艇：即四柱大厅。
（八）妓　艇：即娼艇。
（九）挖沙艇：泥艇，砂泥艇，砂艇，水泥船，浚河船，绞沙艇。
（十）货　艇：大艇，葵趸艇，火水艇，席艇，牛骨艇，糖船，谷灰船，石仔船，煤炭船，大煤船，运棺船，火柴艇，二水船，中艇，缸瓦船，货船，载包船，运草船，砖艇，石艇，省港船，火载艇，燃料艇，小艇，什货艇，草船，缆船，葵船，藤艇、石灰船、灰柴船、盐船、果蕉船、趸船、开艇、茶艇、运石拖船、大小石、猪、牛、豆、纸船、葵舴船、米舴船、油、糖、谷、米船、缫庄艇、鸡鸭艇、水缆艇、三桐艇、吉水艇、果栏艇、航尾船、芋头艇、运油艇、烟叶艇、运碗艇、扁头船、驳载艇、西瓜扁。

（十一）洋舢舨：洋舨、三舨、舢舨。

（十二）电　船：电船。

（十三）横水渡：横水渡。

（十四）火轮船：火船仔、铁船。

（十五）田料船：粪尿船、牛粪船、垃圾船。

（十六）渡　船：陈村船、东莞船、驳艇、墟船、苏江船、民船、佛山船、街艇、长船、什江船、惠州渡（他来罗行艇）。

（十七）水　寮：水棚、住家棚、木寮、船厂。

（十八）杉竹排：水排、木排、竹排、木船、木艇、看杉竹船、杉尾、桃船、杉艇、杉牌艇、运竹艇、放排小艇。

（十九）渔　艇：捕鱼艇、打鱼艇、蛤艇、虾艇、蚬艇、取鱼艇、鱼水艇、攞蚬艇。

（二十）其　他：乞儿艇、福音船、烂船、花捐艇、乞食船、焚死畜船、无名船艇、差遣船、江头船、关口艇、红眼画船。

表中第九类的浚河船，第十二类的电船，及十四类的火轮船，第二十类的福音船等，其伙伴或水手，虽有不少疍民，但不能算是疍民的住所。又如第十七类的水寮等，也不能算是艇舶。此外有些疍民艇舶也许不一定是疍民的住所。

普通艇舶可以分三部分：即首部，中部和尾部。首部地方较小，其大者间有小舱，然为数甚少。多半只为摇橹之用。尾部较大。厨房用具，掉橹，掌舵，饮食，休息谈笑，以至睡眠，多在这里。中部最大。大艇则载货，小者载客。没有客时，饮食坐谈，也许在这里。其最小者如四柱大厅，日间载客，夜间就为睡眠处。

大艇如货艇，后面多有小舱，尾部艇面有篷盖以御太阳风雨。小艇的中部与尾部皆有篷盖，首部是露天的。两旁也有完全遮盖的。否则仅于夜间及有风雨时始用帆布或草席遮盖。首部多有可以随便移动的小木门。也仅于夜间或有风雨时，始装置起来。

以艇为家的疍民，起立的机会甚少，就是睡眠时，能够两足伸直的也很少。因为地方太小，而有时四五个人睡在一艘长不过一丈五尺，阔不过四尺的艇舶里面，其拥挤情形，可想而知。

二

其次谈到疍民的饮食。范成大的《桂海虞衡志》云："蜑，海上水居蛮也。以……采海物为生，且生食之。"又同治十年的《番禺县志》："诸疍……妇女皆嗜生鱼。"邓淳《岭南丛述》也说："卢亭率食生物，以鱼鳖为饔飧。"现在，吃生海物的疍民，可以说是完全没有了。广州河面有所谓"鱼生粥"的，切鱼成片，放入热粥而食。但吃这种鱼生粥的并不限于疍民。而且事实上，"鱼生粥"的鱼经放入热粥里之后，差不多已将煮熟，不能再说是生食了。

据过去一般的著作，多说疍民以"海物为食"。如《图书集成》卷一千三百四十二《潮州府杂录》之五："蜑人……惟捕鱼，装载以供食。"《广西通志》谓："宣化疍人……以鱼为食。"现在疍民之"以鱼为食"者可以说是很少。除了捕鱼为业的疍民以外。其他疍民之吃鱼的，已不多见。原因是鱼比别的肉菜更贵，贫穷的疍民自然少有财力来买鲜鱼了。

疍民的贫穷和他们得食的艰难，是过去各家著作所共同承认的。宋周去非《岭外代答》"蜑人"条谓："凡疍极贫……得掬米，妻子共之。"吴方震《岭南杂记》谓："蜑民在春夏水潦鱼多，可供一饱，常日贫乏不能自存。"这些话到现在仍旧可以适用，所以疍民的饮食，仍旧是很简单的。他们平常每日只有两餐，早餐在八点至九点之间，晚餐则在四点至五点之间。但遇有工作时，早晚二餐都没有定时。食物以米为主。普通疍民，每餐能吃米饭三大碗至四大碗。他们都没有甚么好菜吃，多数只有蔬菜与少许咸鱼。鲜鱼肉类不是时节或入息特别丰厚的时候，少能购买。四口之家，吃饭时大概有一二两猪肉煮的菜汤一碗，咸鱼一碗，咸菜一碟。较充裕的人家，则加点杂菜，或盐炒花生。男子于每餐中也有饮一点酒的，妇人则很少见。一般疍民的饮食费，每日平均两人两餐约需银五毫左右。其中米约值两毫，柴油盐酱又需一毫，剩下两毫才可作为购买肉菜之用，若以每餐计算，只有一毫。广州的肉价，平常每斤五六毫之间，蔬菜每斤也要一毫钱左右。以一毫钱而想吃较好的肉菜，这是不可能的。他们近来入息更微，每日所得，多不出五六毫钱，除了两餐之外，要想再有积蓄以为不时之需，更不容易了。

三

疍民衣的方面，极为简单。《惠州志》卷二十五，述杨载鸣语谓："疍尤艰窘，衣不蔽肤。"吴方震《岭南杂记》谓："疍性耐寒，隆冬单衣，跣足。"其实这是因为他们不能有衣服鞋袜以御寒，而不得不忍耐。又如周去非《岭外代答》

谓疍民"衣皆鹑结……群儿聚戏沙中,冬夏无缕"。可见他们衣著的一斑。

近来各处疍民的衣服,比之上面各家所述虽已较好,但较之陆上普通的人们,还是太简陋。沙南有一位老疍妇,年纪已有八十余岁,而所穿的衣服,还是出嫁时的嫁妆。有一两套已经补过三十多次了。在广州河面一般捕鱼的疍民,有不少没有上衣穿的,就是裤子也破烂不堪。至于小孩子,特别是男的,有许到十二三岁的还是一丝不挂。在偏僻的市镇乡村附近的疍民,衣服的简陋,尤为不堪。

普通疍民,除了结婚时有穿长衣绸裙的以外,男女所穿的衣服,多用土布,如大成蓝,薯凉布等。颜色少有用白的,虽然女子的内衣多用白色柳条。普通衣服,一套约需银二元。裁缝都是自己做。男子衣对襟,女子大襟。男衣较短,而裤较长。女子则衣长及膝,而裤则有短至胫上的。男女衣服,四时都是这几套,冷时加棉衣于内。最冷的时候也有穿袜的,但是很少。

疍民衣服虽很简陋,但颇清洁整齐。一则因为居住水面,洗衣服很为方便。二则,他们的艇舶多为人客往来之所,所以不能不特别讲究。

疍民在艇上多跣足,较小的市镇,疍民上岸时也是跣足的。在广州长堤一带的疍民,上岸时多穿木屐或皮拖鞋,间亦有穿布鞋的。他们之跣足上岸者,一下艇就先伸两脚入水洗濯,然后工作。疍民妇女没有缠足的,但他们的脚普通都较陆上人为小,这也许是脚部运动较少的原故吧。

疍民男人多剃光头。女人已婚的多梳髻,未婚者多梳辫。在广州西堤各处,也有三二剪发的,这是例外,而且多是妓妇。《图书集成》卷一千三百八十《琼州府部汇考》载:"万州疍妇髻垂后,或插簪包金,戴平头藤笠。"现在珠江流域及沿海一带疍民于结婚时,虽有多少头饰,然很少戴簪。至于藤笠则每人必有一顶。男子也多有笠。间亦有用布伞纸伞的。幼年女子的髻辫,有用红线紧缠的,又有包以线网的。他们很喜欢插几朵鲜花于髻辫或衣襟之上。尤其爱戴白兰花。替人耕田或住在小市镇的疍民,多用黑布包头,间亦有用红布的。此外,耳环手镯戒指等比较少用。至于脂粉,除了一般公娼私娼外,简直不是他们的化妆品。

四

疍民因为衣食住如此困难,所以很少有嗜欲。普通一般疍民,日间稍稍抽烟喝酒,或是到最下等的茶楼去饮茶的,已算是有嗜欲的人。但就是这些嗜欲,也很少见,而妇女更少。在火轮中做工的男疍民,也有习染于鸦片娼妓的,然为数也不多。此外有的喜养小鸟,有的喜在艇舶上栽种花草,都只能算是例外。

同样,他们简直没有什么娱乐。在广州沙南的疍民,因为多数居陆,而且经济稍裕,所以还有多少娱乐,如音乐,戏剧,国技,象棋等,但是一般住在仅能容膝的艇舱里的疍民，连这些娱乐也差不多完全没有。其实他们整天工作，恐怕还不得一饱，怎能谈到娱乐呢？假使一定要说他们有一点娱乐，那么无非是钓鱼和游水罢了。但是平常疍民聚居一处，艇舶密布，鱼当然不会到这种不安全的地方的，所以事实上他们又是无鱼可钓的。水也很不洁净，而不堪一游。所以世称善于没水的疍民，现在竟有许多是不会游泳的了。

在一般雅人韵士的心目中，一叶扁舟，容与中流，荡漾于清风明月之间，应该是神仙不易理想生活了。但一般疍民都是天生俗人，他们做梦也不会想到这会有什么好玩的。即使真能领略清风明月的好处，但他们自早至暮，自春徂冬，甚至自生至死都是过着这样的生活，也一定是"如入芝兰之室，久而不闻其香"了。

一年之中，疍民之能稍稍休息或欢乐一下的时候，除了婚嫁喜庆，或重要节令外，就没有别的机会了。

亲戚朋友家里有喜庆的事，他们就掉艇往贺，这不但得饱食几餐较好的肴馔，而且暂时把工作放在一边，可以欢谈笑语一下。吴方震《岭南杂记》说他们"婚娶以酒相馈，群妇子饮于洲岸，两姓联舟，数十男女互歌为乐"。现在互歌为乐之风，已不多见。但结婚时，也有锣鼓八音炮竹之类凑凑热闹。做"神功"是疍民中一种求神赐福的仪式，也可以说是他们的一种娱乐。

节令之比较重要的，为新年，清明，端阳，及中秋。他们的新年，当然是旧历。终年劳苦，只有新年几天最为清闲快乐。所以平日无论如何节俭，新年总要浪费一点。贫家大概要费十余元，稍裕的家庭也要费三四十元。香烛，元宝，是免不了的。猪肉及鸡鸭差不多家家都要有。生果，瓜子，糖果之类，也要购买多少。至于年糕，则由自己预备，且多有用以送给亲戚朋友或熟识的顾客的。著者住在广州河南怡乐村，村近水旁，共有二十余家，来往省垣康乐之间，多光顾码头几艘疍艇，每届新年，这些疍民就多做年糕送给村中各顾客。

新年几天中，或上岸游玩，或到戏园赏戏，或在艇中以天九麻雀为戏。此外探访亲朋，都在这三四天之内，而且也多只能在这几天之内。

清明节是祭扫祖宗坟墓的节期。普通的疍民，三代以上的祖墓多已忘记，但父母或祖宗坟墓之为他们所知者，也于这个时节中祭扫。他们扫墓的仪式也和陆居人没有什么分别。

据《图书集成》卷一千三百八十《琼州府部汇考八》载，万州疍民"端阳午后，浴于河，披发归，谓之吊屈原"。现在广州各处少见此风，惟龙舟竞渡，也有疍民参加。疍民中，也有在这一天做粽子吃的。

疍民在从前有中秋节对月而歌的风俗，现在在广州的沙面附近，到这天晚上，还有不少疍民妇女之善唱者，聚艇而歌。广州人士之到河中赏月或喜听疍歌的，多到这个地方，每一歌完，听者打掌喝彩，善歌者能继续唱一二百首。

所谓节令，除了新年及清明外，端阳、中秋，正是疍民工作较忙的时间与入息较丰的机会。节令的娱乐，多只有陆上的人们才能享受，在疍民反而是特别劳苦的时候。

五

现在我们谈到疍民的合会组织。因为疍民生活困难，娱乐固无暇顾及，就是团体生活，也很不发达。据过去的著作所载，他们有里长，有首领，或分为大罾、小罾等十九色，现在已经找不到遗迹了。像三水的吴姓宗祠，更不能算是普通的现象，原因是他们自顾不暇，那里还能参加团体生活。

然而他们并不是完全没有团体组织。不过这组织大都是为着互助大家经济上的困难而设立的。像月会就是一个好例。他们因为有时遇到特别事故，要用数目较大的款项，如制造新艇或婚嫁等，所以多入月会。月会有每月从一元、二元三元至四五元的。由他们中间信用较好的人当会首，管理一切。凡会员有急需的，可出较高的利息投得各会员所缴纳的款项，然后在每次开会时依期缴还。据我们调查所得，差不多没有一个疍民不入这种会，且有参加两三个的，但普通总共每月也不过三四元钱，因为近来做会首者，每多席卷潜逃，所以他们多愿多做几份会费较少的月会，以防不测。

又有所谓安人会者，是由一般穷苦的父母为预备将来儿子结婚的费用而组织者。这种会没有定期，凡会员之一的儿子结婚时，其他会员须纳银若干，直至所有会员的孩子都结了婚为止。

又有所谓老人会。大约每月缴银数毫，有一定的年限。会员死时，购买棺材及丧葬费用之全部分，或一部分，由会支给。他们生时虽东西飘流，萍踪靡定，然于死后却欲得一棺一地，故疍民很多对于这种会，都乐意参加。

此外如广州沙南的疍民有所谓起盐会。与月会性质颇相类似，惟时期无定。何时有起盐，则何时开会。沙南起盐工人，还有广东下河盐船包装起落工会之组织。会中有章程，且于沙南教育极力帮忙，对于会员也有特别优越的待遇，但是这种会之在疍民中，也只能算是例外。

没有经济上的互助意义而组织会社的，如三水疍民，从前有过保安会。目的为保护他们的安宁及解决当地疍民之纠纷。又如广州沙南公所，也是为着这种目的而设立。参加的人，多是年龄较老的。但这种会社也很少见。在宗教或迷信方面的会社，如沙南的神庙，最初为土地庙，后来加了洪圣、天后、华光等神位。在民国二十一年，且费了五千元左右重新建筑，比之三水的吴氏宗祠，尤为堂皇，而为疍民中所不易见到的建筑物。但是这种会社，都只限于一二个地方，不能当做疍民中的普遍现象。

六

疍民的饮食养料，虽如上面所说，极为简劣，然体格比之陆上的人，平均来看，强壮得多。这也许因为他们水居，空气较好，而且终身劳动，反而有益，故疾病较少。面色较陆上人稍黑，这自然是由于多受阳光所致，但也有不少生得皮肤很白嫩的。妇女的生理上虽与男子不同，但操作没有一天间断。生育子女后，也没有好好的调养，且不久就要操作。但是普通体格也很强壮。在广州河面及沙南各处，疍民之患眼病的很多，近来岭南大学医科，曾特设赠医处于沙南，一方面为帮助他们，一方面为调查病源。至今虽尚在研究之中，但好多人都相信他们所用的饮料和眼病有很大的关系。因为广州河面既充满艇舶，住居水上的人口多至十余万，平时尿屎及一切污秽的东西，都抛在河里，疍民既用这种污水以为饮料，则微生物之侵入眼体，乃理所当然。实际上他们除了无意中得享受天然的新鲜空气和被迫而操作的运动的利益外，对于卫生方面，不但不讲究，而且实在不明白。何况即使能够明白，以他们的环境，也没有法子来讲究。

疍民男子，寿命似较女子为短。我们调查的结果，疍妇中年在四五十岁以上而丈夫已死的颇为不少。有的是病死，有的是因工作危险而死。但同时我们也知道，疍民男子在妇死之后多设法再娶，而疍妇在夫死后，多因子女关系，或他种原故，而再嫁较少。虽然在疍民中妇人再嫁的事，未必像陆上人那样的觉得失节可耻。

因为疍民没有受过什么教育，所以对于疾病多以为是鬼神作祟，轻则焚烧香烛元宝以祈神佑，重则请女巫说病源，请道士做神功。这种浪费往往多至几百元。广州市的女巫和道士，生意非常兴旺。在沙南，居民人口不够一千，已有两位女巫。有一位住的水栅，在沙南要算是最大的建筑物。她每年说病源的收入，总有好几百元，这些钱可以说都是沙南一百余家的金钱。而沙南人所以供给她这么多的金钱，完全是为疾病而请她说明是那种鬼神作祟的报酬。同样，道馆船里的客人候待处，差不多每天都有不少的妇女童子，在那里虔诚的请教于道士。

相信医生的，大多数就中医诊治。原因是：一则中医中药价钱较廉。二则他们对西医没有信仰。在三水有一位青年疍妇，手上生了一种容易传染的皮肤病，我们给她一点西药药水，她的婆母因为听人谈过西药的功效，极力劝她一试，可是因为她从前没有见过药水，始终不愿试用。

广州在二十年前，曾有一位南中国基督教艇舶传道会的特杜（Drew）女士，和一位中国西医叫做刘英杰（译音）的，设了一艘医药艇，专为疍民服务。这位刘医生是广东台山人，家境清寒，二十二岁时，他的叔父带他到美国去做工，他美国时很热心去听人说教，因而入教。后来他储蓄了一些金钱，回到中国来，途中遇到一位要来中国教会医院服务的医生，他受了这位医生的影响，乃决心在广州学西医。毕业后仍在校服务好几年。因为他对于疍民的疾病很注意，所以特地筹设了一艘医药艇，他每星期用好多时间来为疍民医病。据说在一九一四年，医过七百三十人，一九一五年九百三十二人，一九一六年九百六十一人。这可见疍民对于西医药已渐有信仰。可惜到了一九二〇年，这位医生因积劳致疾，与世长逝了。此后虽有人继续他的工作，然不久又因广州战事，和他种困难，终于无形中停顿了。

民国二十一年，岭南大学医科设一赠医处于沙南的第三十二小学内。其目的在上面已经说过。工作方面，最先将第三十二小学里的学生的体格，逐一详细检验，同时学生及沙南人之有病疾的，也可以到那里去诊治。沙南疍民，多在岭南大学码头掉艇，对于西医西药的认识，比别处疍民较为深刻，所以沙南疍民之来求西医医治的，也很踊跃。

七

疍民的丧葬也很简单的。他们既是生在艇里，死时也是在艇上。凡人死时，多以四柱大厅一艘，置尸其中，亲戚朋友，则在别艇看守。多数能有一具棺材，太穷而生前又没有入老人会的，则仅以草席包卷尸身而已。艇之四周，均须遮盖。供奉香烛，然后开艇头的小门。在艇头伸出的篷盖两旁，挂两个白色蓝字灯笼。在福建闽江的疍民，听说将棕做的鸟，插在船头的。贫穷的守候三天或七天就草草埋葬了，家境稍裕的，多待过了三七，然后埋葬。在这几天内，除自己一家人以外，亲朋亦多轮流帮助守候。日夜焚烧香烛，别有用各色纸做成的各种冥具，如船，衣服，鞋帽等。我还见过一两家有用纸做成轿子和车子的，我曾问他们：水居的人，用舟已够，何必要轿要车？他们的回答是：有时要到陆上去，且死后埋葬在陆地，免不得要用这些物件。此外元宝等类的东西，均于埋葬之前，时时焚烧。

稍为充裕的人家，还要请道士或和尚（广州少见疍民请和尚，听说福州多有）在厨艇或紫洞艇上念经做法。前年在广州附近有一位曾到南洋当过娼妓的疍妇，颇有积蓄，年仅三十余，大约因病去世，其家人大事铺张，请道士做了好几天法事。他们以为如果不这样做，就不能消除生前所受的各种痛苦及屈辱，且使来世更能够托生于一个比较清白的家庭。这样看起来，卖淫是一种贱业，乃是他们所特别感觉到的。

死者的家人虽少穿丧服，但女子多以白巾包头，或束于腰部；男子则戴白帽。女人须念哭词，但除了最亲切的家人以外，其余念哭辞的，几乎是一种形式的做作，有些年青女子念完哭辞之后，一点眼泪都没有，她们不过当做山歌唱着玩罢了。

疍民对于风水也很迷信。除非贫到不得不葬在公地里，稍为充裕的，都要请一堪舆先生，找一片好风水的墓地。好多疍民，祖宗的坟墓在那里都不知道，但他们却大谈其祖坟的风水。假使有人问他们：你怎么知道风水好不好？他们的回答是：这是父亲讲给他们听的。

　　死后应该得一片清净墓地来安置其尸体，是一件为疍民所觉得很重要的事。如果结婚是他们觉得人生最重要的事，那么埋葬的墓地就是他们一生第二件重要的事情了。因为这个原故，所以他们一生，除了设法储蓄钱财来娶一个妻子外，第二可以说是为棺材和墓地的储蓄了。一个人死了的丧葬费用，少也要数十元，多至数百元以至一千元以上。

第十章　疍民的歌谣

疍民是很爱唱歌的。李调元在《南越笔记》卷一《粤俗》"好歌"条云：

疍人亦喜唱歌，婚夕两舟相合，男歌胜则牵女衣过身也。

其实疍民唱歌不只限于婚夕，他们平日摇舟海中，触景兴情，随时随地，都有歌唱，尤以女子为甚。俗谣所谓"摇橹唱歌桨过滘"正即指此。所以疍民足迹所到的地方，都流传着他们的歌谣。

疍民的歌谣，据说渊源甚远，可惜少有流传。历来载籍记述的疍歌，只有李调元《粤风》第一卷中所载的三首，其中一首是这样的：

鹿在高山吃嫩草，
相思水面缉麻纱；
纹藤将来作马骑，
问娘鞍落在谁家？

这大概属于情歌之类，然系广东何地疍民所作，则殊无可考。

其次，乾隆间花溪逸士编的《岭南逸史》第三卷第十回中也载有疍歌四首。现在我们把它抄录如下：

手撚梅花春意闹，
生来不嫁随意乐；
江行水宿寄此身，
摇橹唱歌桨过滘。

官人骑马到林池，
斩竿削竹织筲箕；
筲箕载绿豆，
绿豆恨相思；
相思有翼飞开去，
只剩空笼挂树枝。

云在水中非冒影，

水流影动非身情，
云去水流两自在，
云何负水水何繁。

拨掉珠江十二年，
惯随流水逐婵娟；
青苹难种君莫种，
愜雨堪怜君莫怜。

这四首所谓疍歌，词句文雅，或系文人仿制或删改，未必尽系疍民所作。但就使系文人仿制或删改的，大致仍未失去疍歌的风调。

到了现在，疍民的歌谣，往往随各地的方言而异，福建沿海一带的疍歌，固然与广东的疍歌不同，就是广东潮州的疍歌，亦与广州一带的殊异。福疍的疍歌，我们今日所知较少，钟敬文先生所著的《疍歌》一书，其中所采集的大致上却是限于广东惠州一带的。

著者年来于广州沿江一带的疍歌，曾注意搜集，所得不下百首。可惜七七事变后，遗失多半。现在所存者，不过一小部分。兹特把它分别整理叙录于下：

广州疍民的女子，大多数是很好的歌手，有一首流行的歌谣是形容她们的，名叫做《疍家妹卖生果》，如下：

你如果妖孽，整得咁排头，（咁排头，这么华艳也）时常卖俏惹人嬲。（嬲，爱也）
你妆扮咁消魂，睇睇到透；（睇，值得也）
唔搽脂粉格外风流。（唔，不也）
做乜你重花红辫团成珠，（做乜，为什么也）
耳环翠色半含羞？
一双淫眼衬住樱桃口，
个件蓝衫益发惹人愁。
怀裪着胸前遮住两白，（两白，乳也）
一毫香港扣在襟头。（疍民多以香港银币作钮扣）
下着乌裤一条光到滑溜，
青莲裤带露出两个丝球。（青莲，紫色也）
脚钗打成莲子藕，（脚钗，脚圈也）
水磨雪白足踭头。
你行动犹如风摆柳，果篮水挽咁就两头游。

声言香荔兼共糖莲藕，

香蕉菱角润得你咙喉，
沙梨更重桑麻柚，
夏茅杜果美味珍馐；
婴婆熟透依开口，
重话石榴一对遂你心头；（重话，还说也）
至好系西瓜，君呀，你红都食透，
恐怕你甜橙得食又番头；（番头，回头也）
石围杨桃真正滑溜，
有样香甜圆眼出在平洲；
白榄心思尝不歇口，
波萝蜜味会水流流。
果色咁多问你边样中意来消受了？（边样，那一样也）
佢重乍作娇声言语弄出莺喉。（重乍作，还伴作也）
或时倚在你烟床口，
放斜淫眼把你魂勾；
个阵荷包乱踭共佢细讲情由。（个阵，那时也；踭，摇动也）
好似火凭干柴烧到透，
走埋静处共佢订盟勾；（埋，近也）
点晓得佢系疾女宗师把你三代来根究？
他日鼻涊涊眼请请实见心忧；
不满百日手指又挛，面会打臼，（打臼，结瘤也）
行运到脚板穿时更重愁，（行运，指传染；脚板，脚底也）
就系唔会发疯防佢花柳；
千祈不可共疍女交游！

每年旧历中秋节，可说是疍民重要的娱乐节日，在明月之夜，他们把艇舶在一起，唱歌得乐，他们叫做唱"姑妹"。男女疍民，这时候就是他们施展技能的时候了。在广州市的石涌口，南石头一带，都举行这种集会。

"唱姑妹"的时候，一任外人鉴赏。有些在紫洞艇上，更举行唱姑妹比赛，外人进去欢赏的要到艇上挂号。而且备有奖品。

据说在广州石涌口一带"唱姑妹"最好的疍民有如下诸人：

陈大口，大口金，八妹，生果满，烟屎旧，桂好。而他们的优点是：
陈大口：声音清亮，花样繁多。
大口金：音散带嗓，多插笑话。
八　妹：音声细嫩，语多相关。
生果满：声音响亮。

烟屎旧：喉音多变，大小相和。
桂　好：声音平平，语多滑稽。

此外尚有生果荣，云吞财，生鬼发，亚八，清妹，大声婆（即亚拉）等亦甚佳。

唱姑妹，有男女对唱，有男或女独唱，有时先由男子独唱，唱到中间由女子答和。广州石涌的疍民所唱的是：

自唱：

今晚嘟呐的月光将圆亮呢姑妹，（嘟呐是衬音）
我的嘟呐生果好新鲜啰唎，
而家嘟呐的半夜三更人将散呢兄哥，（而家，现在也）
各位嘟呐的朋友想买就开声啰唎，（开声，开口也）
香蕉嘟呐的沙田甜柑透心呢姑妹，
妹呀嘟呐的邦衬格外平啰唎。
呀哥你唱的歌真有意呢兄哥，
弟系唔比得咁好高才啰唎，
兄你系有心共我讲啰义呢姑妹，
我而家献丑失礼兄台啰唎，
兄嘟呐的唱情令我学呢兄哥，
学来学去嘟呐似你四爪扒沙啰唎，（四爪扒沙，言其笨拙也）
扒来扒去凸出头又绿呢姑妹，
绿头是帽一只大乌龟啰呢。

对答唱：

乌龟的名是你妹俾我的啰唎兄哥，
你唔闹你妹你嘟呐的来闹人啰唎，
我起东堤你妹来楼我呢姑妹，（起，在也；楼，挑拨也）
带埋街去你系我舅爷啰唎。

大口金在河南唱的咸水歌如下：

自唱：

今晚的十五月光人共赏啰，姑妹，
我嘟请位姑娘呢倾吓谈啰唎，
边位呐朋友来唱吓姑娘呢，兄哥。
唱完姑妹共你赏吓月光明啰唎。

对答：

　　我都赏完月光来玩耍吓啰，姑娘，
　　有姑娘都同我玩耍好开心咯呢，
　　各位朋友听见好欢喜呢，兄哥，
　　见我都来耍请大家都来咯呢。

答：

　　赏月啲高兴人人有的呢，兄哥，
　　月神嘟哟唔想你哋所为咯呢，
　　好多朋友唔听你的丑话啰，姑妹，
　　丑言丑话嘟得罪姑娘咯呢。

对：

　　哈哈哈嘟哈哈哈真好笑呢，姑妹，
　　我喜欢听你啲声音如莺唱咯呢，
　　滴滴沥沥嘟啲莺音令人敬呢，兄哥，
　　姑你嘟唱出来我听出耳油咯呢。（听出耳油：形容其音之佳也）

答：

　　你嘟啲流耳油系生大毒呢，兄哥，
　　你的大呀毒好似发大疯人咯呢，
　　你的发疯巡警来锁你去啰，姑妹，
　　拉你嘟的发疯院见吓阎王咯呢。

对：

　　我你嘟的发疯你都搂我要呢，姑妹，
　　耍埋今晚又共你吓虾鱼咯呢，
　　虾又蒸时鱼又炒啲咯，兄哥，
　　蒸蒸炒炒嘟共你同台咯唎。

生果荣又与桂好对答唱的疍歌如下：

荣：

　　桂好你坐嘟坐在艇头来卖俏啰，姑妹，
　　犹如我嘟的生果入心嘟甜咯呢。

桂好：

　　人坐艇头嘟的来赏呢，兄哥，

不以你嘟呐的贱格乱车来啰唎。

荣：

我嘟一片真心嘟的同你耍啰，姑妹，
见你嘟呐的秋波一射身都软埋咯唎。

桂好：

而家你都身软一阵你都身硬咯，兄哥，
明天你的屋企喊你的阴魂啰唎。（屋企，家中也）

荣：

如果都得妹真心我都心甜啰，姑妹，
我就嘟呐的从愿死在妹的身前啰唎。

桂好：

哗哗哗亚荣你死都关乜我事呢，兄哥，
而家你死作，忤作嘟呐的执去埋啰唎。（忤作，殓工也）

荣：

桂好嘟有咁好情义嘟令我爱咯，姑妹，
不如同我嘟买的生果嘟做伙计啰唎。

大口金在石涌口唱的疍歌如下：

今晚月圆人人共赏哩，兄哥，
赏完明月共哥起处倾吓谈啰唎，（倾吓，谈谈也）
又有亚姑起处来做伴哩，姑妹，（起处，在也）
睇吓佢靓过杨贵妃啰唎，（靓，美也）
我共兄台我似游月殿啰，兄哥，
各人可得一个欢心人啰唎。

赏月之时有亚姑来伴饮哩，兄哥，
饮完有位亚姑递月饼香烟啰唎，
执起香烟有火柴冇盒画哩，姑妹，（冇，无也；画，擦也）
请姑借一个火柴盒画吓啰哩，
香烟真系索得滋味啰，兄哥，（索，吸也）
索完之后共姑游吓河啰唎，
各位哥兄游游河有姑伴啰，

我哋游河有亚银相随啰唎。（我哋，我们也）

听见亚姑望住我来叫啰，姑妹，
叫我快的过亚姑艇来啰哩，
来到艇头拖我上艇去哩，兄哥，
斟茶送烟叫句吓大少啰唎，（大少，少爷也）
我好心欢同姑揸吓手哩，姑妹，
又刁眼角两家笑起来啰唎，
姑笑之时身都松晒啰，兄哥，
尤如仙子来伴嫦娥，啰唎，
神女有心都裹王有意哩，姑妹，
两心从愿共去游河，啰唎。

在香港的疍民，他们又有一首最流行的咸水歌如下：

女唱：门口有菠摩啰菜；兄哥，唔声唔盛走埋来。（注：菠，株也）
男唱：瓮菜落塘唔在引，姑妹，二家情愿使乜媒人。（注：使乜，用什么也）
女唱：番鬼识当唐人坐落；兄哥，哥歪二字赶兄台。（注：识当，sit down 也，哥歪，go away 也）
男唱：番鬼花边唐人打印；姑妹，有心撩我莫向撩人。
女唱：番鬼推车钱银世界，兄哥，无钱大缆绞唔埋。
男唱：番鬼鹰中厘戥称；姑妹，当初唔肯莫应承。
女唱：番鬼洋烟唔好食，兄哥，食烟容易戒烟难。
男唱：番鬼洋烟从无练，姑妹，单心来共妹痴缠。
女唱：番鬼月头四个礼拜；兄哥，但逢礼拜要哥开来。
男答：番鬼鹰中未有打印；姑妹，送完番鬼去唐人。
女唱：香港生涯还有老契；兄哥，贪新忘旧打醒精神。（注：老契，情人也）
男答：香港有间大缆铺；姑妹，买条大缆带住艇旁。
女唱：香港有间白米铺；兄哥，打石白米养姑娘。
男答：香港有间打银铺；姑妹，打条银练带妹埋城。（注：埋城，上城也）
女唱：香港有间绸缎铺；兄哥，买齐绸缎做衣裳。
男答：香港英银厘戥称；姑妹，家中唔愿恶应承。（注：恶，难也）
女唱：香港生涯还要到底；兄哥，有妻怀念莫把妹为题。
男答：香港花街情太重；姑妹，谁知今日大不同。
女唱：香港热头人晒坏；兄哥，劝哥莫做水面生涯。

男答：香港姑娘无个义气；姑妹，真心从此结合佳期。
女唱：上东落西携带小妹；兄哥，带埋小妹去到江湖。
男答：上东落西欲携小妹；姑妹，海波浪大我姑恶行。
女唱：头桨可掌尾桨可掉；兄哥，丢低二桨共哥商量。（丢低，放弃也）
男答：有水行船无水食；姑妹，有姑同讲无姑同床。
女唱：正月娶妻二月带妹，兄哥，娶妻带妹虚闲。
男答：落雨担遮携热扇；姑妹，共姑携手万千年。
女唱：我哥有情还有义；兄哥，有情有义等哥开来。
男答：香港鬐鬐自己作贱；姑妹，将身作贱丑陋生涯。
女唱：香港赒钱大马路散；兄哥，哥你风流不顾妹凄凉。
男答：香港生涯容易散；姑妹，散极留番养妻儿。
女唱：上海有妻，下海有妹，兄哥，两盅白饭任哥施为。
男答：岸上姑娘人俏雅；姑妹，千金难买水上繁华。
女唱：手巾褛头咸水妹；兄哥，长鬃大髻淡水姑娘。
男答：劝姑少年唔好咁坏；姑妹，老来个阵向乜谁携。
女唱：转入罗帐无乜计带；兄哥，衫裤除下任哥施为。
男答：入到罗帏唔系计带；姑妹，真心说话"个件"为题。
女唱：新勾老契还要到底；兄哥，莫话半站把妹丢离。
男答：切薄沙梨一个咬啖；姑妹，将心丢却欲舍难离。
女唱：七月指姜八月榄豉；兄哥，揽妻容易揽妹虚闲。
男答：担水上山淋月桂；姑妹，种生月季伴妹罗帏。
女唱：马蹄批皮唔批顶；兄哥，当捞人仔四海标名。
男答：你眼关来我眼关；姑妹，出如新会隔香山。
女唱：番鬼新爹唐人礼拜；兄哥，但逢礼拜要哥开埋。（注：新爹 Sunday）
男答：不时开来无乜计带；姑妹，真心话"个件"为题。
女唱：不是贪哥容貌俏；兄哥，贪哥行动可消遥。
男答：先到福州后到上海；姑妹，但逢有信寄书来。
女唱：香港有间鱼肉铺，兄哥，买条鱼肉与哥打边炉。（注：打边炉，火锅也）
男答：红毛大班无姑你份；姑娘，摩啰水手系你姑情人。
女唱：同哥揬钱犹如揬债；兄哥，要哥籴米等火船埋。（揬，取也）
男答：前世食斋未有朗碟；姑妹，今生折堕呢段生涯。
女唱：衫袖里头藏白果；兄哥，想哥唔到落水投河。
男答：初一唔来十五就到；姑妹，但逢五、十实开来。

女唱：一晚相交无乜实意；兄哥，真心待你也亦虚闲。
男答：番鬼花边你想打印；姑妹，沙尘人仔无乜钱银。
女唱：十两半斤容乜易散；兄哥，常捞人仔莫咁纵横。
男答：圆眼结缘缘份小；姑妹，买个西瓜共姊结大缘。
女唱：茶叶翻渣茶无味；兄哥，共你和番蜜饯沙梨。
男答：今晚开罗就罗；姑妹，剩番三头五十买香油。
女唱：瓜子槟榔落满碟；兄哥，生烟落错水烟筒。
男答：落手相交情咁重；姑妹，肩挑背负为妹花容。
女唱：食了芋头丢了芋顶；兄哥，广东人仔四海闻名。
男答：你食了芋头丢了芋顶；姑妹，花街人女极好人情。
女唱：七月销差八月带妹；兄哥，带妹回归做你老婆。
男答：有姑出兵日日胜；姑妹，光宗耀祖又拖翎。
女唱：头髻唔梳话你懒惰；兄哥，梳光头髻话妹勾人。
男答：咸水姑娘绕只散髻；姑妹，光梳头髻淡水姑娘。
女唱：食粥梗心食饭梗肺；兄哥，食哥茶饭任哥施为。
男答：烧酒大杯叫姑你饮；姑妹，要姑起筷把瓜子为题。
女唱：淡水有姑咸水有妹；兄哥，带姑容易带妹艰难。
男答：开厅席上讲姑礼义；姑妹，猜枚挡驾要妹施为。
女唱：咸水姑娘唔系好散；兄哥，迎新送旧也虚闲。
男答：桨耳掉崩跌姑落水；姑妹，有姑落水无姑浮头。
女唱：香港许多收命鬼；兄哥，把哥留住把魂迷。
男答：衫袖里头藏豆蔻；姑妹，丹心一片讲风流。
女唱：大兄充军二兄问吊；兄哥，三兄四弟去担泥。
男答：你哥担泥无乜事干；姑妹，担泥二字为妹痴迷。
女唱：大海茫茫鱼打混；兄哥，五洋大海系哥山坟。
男答：你话海茫鱼世界；姑妹，飏埋银子葬妹山坟。
女唱：先买鸡春后买鸭蛋；兄哥，兄㧅席袋后㧅篮。
男答：你肚娘胎你我打种；姑妹，孩儿落地为哥香炉。

其次，疍民女子出嫁的时候，她们的哭词也很有歌谣的意味。疍民女子当出嫁的前一晚上，她们召集她们的姊妹们聚集一起，放声哭叹，广东的俗名叫做"开叹情"。她们有一首十二月的叹词如下：

唉我妹呀，
正月水仙台上摆呀，
还有石春伴住水仙头呀。
二月桂花贵地种呀妹，

你姊学人闲话贵地长呀,唉众妹鸭。
三月白兰过街叫佢买呀,
买来白兰奉神前呀。
四月黄兰难到低呀妹鸭;
我难到底有乜谁知闻呀。(注:乜谁,谁人也)
唉我各位姊妹呀,
五月英爪冇心人冇义呀;
你姊冇心咁就苦低连呀。
六月米仔米兰两样米呀,妹呀;
问你两样花名边样香呀。(注:边样,那一种)
七月玫瑰花香由我妈亲手种呀;
官家看见全盆搬呀亚妹鸭。(官家,指男家)
唉我各位姊妹呀,
八月金菊海棠来斗艳呀,
我妈移佢到厅堂呀。(注:佢,它也)
九月白菊花开开得含笑口呀妹;
菊花含笑我含愁呀。
唉我各位亲爱呀妹鸭;
十月大红花开得满园红过日呀;
红花难续我命长呀。
唉我各位亲爱呀妹呀,
十一月桃花含蕊笑呀,
佢家欢喜笑我担愁呀,妹呀。
唉我地亲爱呀妹呀,
十二月腊梅花开年将近呀,
保祐我爷娘寿命延长呀。

又有一首名叫《喊天九》,即把天九牌的名字拼合起来成为有意义的歌词。如下:

(天地人)牌分拆散呀,(梅花)全白落黄泉呀。
(耍六)连具常暗惨呀,(杂九)杯非惨断肠呀。
(地八)分开常窃览呀,(人七)无情分散开。
(鹅五)(大梅)归地府呀,(至尊)开口叹凄凉呀。
(长三)一对分离呀,(板凳)分离我落阴呀。
可怜(耍七)难见面呀,(三鸡)细小保唔来呀。
(斧头)自古传阳世呀,(红头)军队隔住冇归期呀。

又一首叫《喊三十六古人》，是把"梅花"牌的名称拼合起来的歌词，如下：

（合同）闻得严亲话，（合海）（荣生）侍老人，
独望父亲（安仕）身康泰，（太平）平落百年长。
（月宝）保身长百岁，（明珠）儿女叙（三槐）。
呢枝寿命（天良）满，（火官）归位坐龙神。
（天申）召你归原位，（青云）得步上瑶池。
数十（至高）难满日，（占魁）难望转回头。
我心想奉双亲又难见面，（正利）怀思泪暗流。
咁就今晚（青元）归一世，（万金）难买我回头。
（只得）席上佳肴称好味，（正顺）齐来各鉴尝。
（逢春）满路旨来叙，（九官）倍我英雄。
（银玉）架屏分左右，千般（有利）望才源。
（元吉）四方方吉照，（光明）路上贵人逢。
（江词）老少人康泰，（福孙）住子寿延长。
儿孙他日攀（丹桂），（必得）荣华各自然。
想得（坤山）葬在龙口地，（茂林）发达子孙荣。

最奇怪的是：疍民娶亲，大约在晚上，这时女家亲属聚集欢饮，到了三更左右，男家的娶亲的艇便摇到女家来。这时新娘要用哭词来痛骂媒婆一顿，来表她不愿离开自己的家庭，唱完，才进到男家的娶亲艇去。她们的骂媒婆的哭词如下：

唉！媒婆呀，你做媒婆唔得好呀，
人家女儿唔做你偏做我呀，你生子做贼；
生女来当娼呀，赚埋的钱财来养你个龟婆呀，
你做龟婆做过世呀，你心咁毒送人女子落阎王呀。

而当过新嫁的姑娘，梳头时也哭骂媒人，其词如下：

新梳梳头头肉痛呀，自己梳头鬼咁自然呀，梳断乙兜要你续呀，梳断二条要你倍呀，倍金倍银世唔要呀，倍番金丝头发来打扮呢个大乌龟媒婆呀。

疍民有人死了，家族哀哭，他们的哭词也颇类似歌谣。兹录数首如下：

哭母

你女惊天动地啊，
我惊天动地姆归黄啊，（黄，谓黄泉也）
我乍醒蒙眬世唔估呀，（世唔估即想不到之意）

唔估亲娘咁早上下亡啊！
个阵你阴路好行阳路别啊！
个阵你阴司条路且长行。

疍民结婚之夕，大张筵席，亲朋会饮，饮毕，便闹新房。闹新房时，各人对新娘唱种种歌谣以取乐，这些歌谣是很美丽的，现录数首如下：

四海三山八洞仙，
九牛五虎一齐眠，
二姊七姑寻六友，
周围十五月团圆。

手执鹅扇两便西，（西，即摇动）
借问深抱几时归，（深抱，即新妇也）
一定昨日好番归，（番归，回家也）
归来好心事某某，（某某指新郎）
拍手而做到眉齐。

茶就我茶，揸就你揸，来就我家，
顾住我家，同心合意，结子繁华。
八仙台头一盏灯，
灯灯觅开两粒仁，
你女挂娘儿挂母啊！
做乜你一便心肠你别儿啊！
做乜你两眼闭埋唔挂女啊！
女难为女儿挂跟娘啊！

哭妻

我妻妹啊，
记得初归第一个晚呀，
我口夹旧冰糖畀你尝啊！（畀，给也）
你唔念子情，情太淡！
你唔好留命在阳台啊！

媳哭家婆

唉，第一杯，今夜报兆年呀安人，
将射箭呀安人，

杯中好处万雷君奉酒尚真情呀。（万雷君，奉酒之神）
　　　第二个杯张四娇凤四姐走去后楼买酒呀，（张四娇凤四姐，死者之婢）
　　　女旦当今无二样呀安人，
　　　你子女好似金英流泪恨亲娘呀！（金英，古人，死母之悲者）
　　　众位听过行好运，
　　　出路相逢遇贵人。

　　疍民社会中又流行着一种风俗，每年三月初一为疍家婆买力之日。因为她们要摇船把橹和男子一样工作之外，还要生儿子，管家务，所须要的力自然很多。故传说每逢是日都要把岸上人们的力买回去。买力的方法是在晨光熹微的时候，在船上向空叫道："一邦快，二邦快，姑娘婆嫂的力都来晒。"（注：来晒，全部来了之意）（见《贡献》杂志四卷二期）这种也可算是疍民很好的歌谣，此外又有《柠檬仔歌》和《新妇歌》均足表现疍民的实际生活，兹录于下：

《柠檬仔》

　　　柠檬仔，酸兜兜，亚哥撑船落广州，广州女仔学梳头，四两头发半斤油。

《新妇歌》

　　　新妇出埗头拜观音，家婆睇见偷欢喜，家公睇见笑迷迷。

乡村建设运动

目　　录

绪　言 ……………………………………………… 125
第一章　乡村建设运动的史略 …………………… 127
第二章　乡村建设运动的模式 …………………… 132
第三章　乡村建设工作的观察 …………………… 137
第四章　乡村建设理论的检讨 …………………… 142
第五章　乡村建设组织的商榷 …………………… 147
第六章　乡村建设方法的批评 …………………… 152
第七章　乡村文化与都市文化 …………………… 157
第八章　乡村建设运动的途径 …………………… 163

附录一 ……………………………………………… 167
　　关于《乡村建设运动的将来》 ………………… 167

附录二 ……………………………………………… 171
　　都市与抗战 ……………………………………… 171

绪　　言

　　近年来，国人对于乡村建设，努力提倡，所以乡村建设这个名词，便成了一个很时髦的口号，乡村建设这种运动，便成了一种很普遍的运动。

　　在政府方面，行政院曾有农村复兴委员会，省政府有如山东乡村建设研究院，县政府有如武进农村改进委员会，市政府有如青岛乡区建设委员会；在私人团体方面，有如中华职业教育社在徐公桥，与中华平民教育促进会在定县；在大学方面，有如燕京大学在清河，金陵大学在乌江，齐鲁大学在龙山，中法大学在温泉；或置农场，或设试验区，或努力推进这种运动。此外又如华洋义赈会及上海银行等的农村合作工作，也可以说是乡村建设工作的一种。民国二十三年乡村工作讨论会在定县开会，参加的团体有七十多个。还有好多团体如在广东广西各处的乡村工作机关，没有代表参加。据说截至廿四年二月止，这种团体至少有了一千多个，同时与这种团体有了不少的关系的农学会，就有了一万多个。

　　现在专为乡村建设而造就人才的教育机关，除了邹平的山东乡村建设研究院，与定县平民教育促进会的训练部，尚有好多的同样的训练机关。专从文字上宣传这种运动的期刊，除了"《民间》（半月刊）""《乡村建设》（月刊）"以外，也有很多种定期刊物。专为交换意见或报告工作的团体，除了每年一次的乡村工作讨论会以外，好多大学里，也有所谓乡村研究会。专从学理上阐明这种运动的必要的书籍，除了梁漱溟先生在中华书局出版的《中国民族自救运动之最后觉悟》以外，还有了不少的著作。又如一般大学里农村社会学等科目的增加，与一般学生们的下乡游行演讲等等工作，大致可以说是与乡村建设运动的提倡，有了多少的关系。

　　总而言之，乡村建设运动，不但得到教育家，执政者的提倡，而且引起了金融界，慈善团体，以至促进工业的机关的注意，因而有些提倡都市平民教育者，改而提倡乡村平民教育，有些提倡工商职业教育者，改而提倡农业生产教育，至如文科要改为乡村师范，师范要改为乡村建设师范，银行要名为农民银行，都是证明乡村建设运动的影响之广，势力之大。

　　这个运动的影响之广，势力之大，一方面可以说是受了理论的影响，一方面可以说是受了所谓实验工作的影响。近来有好多人，一谈起乡村建设运动的理论，往往就会联想到邹平的山东乡村建设研究院的梁漱溟先生，而一谈到这个运动的实验工作,又多会联想到晏阳初先生所指导之下的定县工作;但是我们也不要忘记,这种理论既并非始自邹平的梁漱溟先生,而这种实验工作也非始自定县的晏阳初先生。从理论方面来看,重视乡村,是我国人的传统思想。近人之提倡农村立国较早而影响较大的,要算章士钊先生所发表的《农国辩》(民国十二年十月一日及二日的新闻报社论)。章先生的主张很能引起王鸿一先生及其朋友的注意。而梁漱溟先生之所以提倡乡村建设运动,一方面固与他素来主张恢复中国的传统思想,不无关系,一方面却可以说是深受王鸿一先生的影响。从实际工作方面来看,有些人以为开这种工作的先河是民国初年米鉴三,米迪刚先生们在定县翟城村,及山西省政府在山西所提倡的村治。然而严格来说,所谓乡村建设试验最先成立的,好像要算中华职业教育社,中华教育改进社,中华平民教育促进会,与东南大学农科,在江苏昆山所合办的徐公桥乡村改进区。

  我在下面各章里所谈的理论与所谓实验工作,多以邹平与定县为例,固由于这两个地方对于乡村建设运动的发展上,影响较大,然而主要的,是为着解释的便利起见,因为本书的主要目的,不外是讨论这个运动的根本问题,与指明这个运动的最近趋势。

第一章　乡村建设运动的史略

国人重视乡村的观念，本来很早。老子说"修之于乡，其德乃长"；孔子说"吾观于乡，而王道易易"，便是最显明的例子。至于孟子所谓"死徙无出乡，乡里同井，出入相友，守望相助，疾病相扶持"，可以说孔子老子的理想乡村的注脚。此后如王阳明，吕新吾，对于乡治不但重视，而且有具体的计划，并努力去实行。

可是严格的说来，乡村建设这个口号与这种工作之成为一种流行标语与有力的运动，还是最近十余年来——特别是近数年来——的事。

近来好多人都以为，乡村建设实验工作最早的，是河北定县的翟城村；提倡与创办这种工作的中坚人物是米鉴三，米迪刚先生们。据说他们在光绪三十年已经注意到乡村的教育与农业。在教育方面，他们先后创设国民初级小学校，与女子学塾；此外又有农村识字会（后改为简易识字班，民国三十年又改为半日学校），乐贤会，宣讲所等。在农业方面，他们大体仿效《吕氏乡约》，制定了看守禾稼，保护森林，禁止赌博等规约。后来中华平民教育会特选择翟城村为试验区，大概是为了这些历史的关系罢。

到了民国三年间，定县县长孙发绪氏，对于翟城的工作，很表同情，并且加以提倡，所以除了教育和农业以外，据说对于卫生、保卫、路政、风俗都加注意。此外又创设因利协社，与村公所。

后来孙氏离了定县，于民国五年擢升山西省长，他到任后注意山西村政，同时又得督军阎锡山先生的赞助，所以山西的村政，遂逐渐的引起了国人的注意。

山西办理村政的经过，据山西村政汇编上所载，划分为两个时期：一为官厅提倡村制的时代，一为村民自办村治的时代。前者是从民国七年至十一年，后者是从十一年至十六年。

山西在民国七年所施行的村制，大概于村之下尚有闾、邻。五家为邻，二十五［年］家为闾。邻有邻长，闾有闾长，村有村长。其所办的村政，除编查户口等外，尚有主要六项：即禁赌、禁蓄辫、禁缠足、植树、开渠、养牛。前三项属于消极方面，后三项属于积极方面。这都是属于省政府六政考核处，后来又改为村政处。

第二个时期，可以算作山西村治最负盛誉的时代。这与阎锡山先生的极力提倡，有很大的关系。他以为提倡村治的目的是要使"村制组织，完全俨成有机活体。凡村中所能自了之事，即获有自了之权，庶几好人团结，处常足以自治，遇变足以自防"。其所以达这种目的者，乃注重于五种设施，就是村范、村民会议、村禁约、息讼会和保卫团。

到了民国十六年八月，山西村制又加以改订。设施计划以阎锡山先生的"村村无讼、家家有余"为目标。关于"村村无讼"，有奖励村仁化，维持村公道，整顿息讼会，与普及法律知识。关于"家家有余"，有奖励农家副业与工业，提倡水利、林业、合作社，及节俭储蓄等。

民国十七年以后，国内的乡村建设运动，逐渐发展，大有"如花怒发""如月初升"的景象。然在山西的村政，却因各种原因而致停顿，现在谈乡村建设者，似已把山西过去的村政计划或设施，当作历史陈迹。近来，阎锡山先生鉴于过去的失败与村乡的坠落，又倡土地村有的制度，且指定晋北几个乡村为实验区。这种计划，曾引起国人的特别注意，然而大体上说，好像责难者多，而赞同者少。

在山西，除了政府努力提倡乡村工作外，严慎修先生及其朋友于民国十一年间，计划办理河津县上井村晋祠十三村自治。严先生及其朋友们很注重于"古乡饮礼，古乡射礼"，并设立勤志职业中学。此外对于信用合作，简易医院，亦加以注意。

在华北，自民国十七年以后，乡村建设运动较为发展，而其最著名的，如中华平民教育促进会的定县实验区，燕京大学的清河试验区，河南镇平内乡的乡村建设，河南辉县百泉的河南村治学院，山东乡村建设研究院的邹平、菏泽等实验区，及青岛市政府在九水、阴岛、薛家岛、李村、沧口各处的乡村建设。

中华平民教育促进会最初在北平提倡识字运动。到了民国十五年，又选定县翟城村促进乡村教育。至民国十八年起，始以整个定县为实验单位，并且对于教育工作，扩大范围，而从事农村各种工作，如农业、卫生及合作等方面。他们以为中国有四种基本的缺点：一是愚，一是穷，一是弱，一是私。因而提倡四大教育以补救这种缺点，这就是文艺教育、生计教育、卫生教育和公民教育。

燕京清河试验，创办于民国十七年冬，主其事者为燕京大学社会学系，经费由罗氏基金会捐助。试验工作的原则，据说是：（一）以调查为基础，实事求是；（二）以通盘计划，应付整个问题；（三）以经济为一切上层建设之基础；（四）一切均与本地及外界各专门机关合作；（五）尽量聘用人才，加以训练，以免人存政举，人亡政辍；（六）一切设施均与当地情形相合，力求简单与经济，以奠自立之基础。工作方面分为四项：社会服务、农村经济、农村卫生、农村调查。

镇平与内乡两个地方，都是由自卫入手，以发展乡村事业。镇平内乡各处，在民国十六年间，盗匪猖獗，这个时候适彭禹廷先生丁忧回镇平，创办民团，肃清土匪。十八年彭氏任河南村治学院院长，镇平又遭匪患。彭氏于十九年秋又回镇平办理民团，并组织自治机关，到了二十二年彭氏被人谋害，他的朋友学生们继续在镇平内乡各处从事地方自卫与乡村工作。他们的最终目的，据说是："夜不闭户，路不拾遗，村村无讼，家家有余。"

河南村治学院，是民国十九年春设在河南辉县百泉乡。其组织主要有两部：一为农村组织训练部，一为农村师范。此外又有农村警察训练部，农业实验部，与村长训练部。河南村治学院是受河南省政府的委托而设立的。但是主动的人物乃王鸿一先生及其朋友。听说王先生曾深受了章行严先生的《农国辩》的影响。他在民国十三年与米迪刚先生在北平创办《中华报》时，已很注意提倡村治。到了民国十八年正月，王、米诸先生又组织村治月刊社于北平，发行《村治月刊》。这个时候，冯玉祥与韩复榘先生正在河南，对于村治，也颇注意，因召王鸿一先生主持河南村治学院，王先生自己不能应聘，乃推荐彭禹廷和梁仲华两先生为正副院长，梁漱溟、王怡柯、陈亚三诸先生为导师，及各部主任。但是这学院成立不够一年，因河南政治变化，冯、韩两位先生离开河南，村治学院也因之而停办。

山东乡村建设研究院，可以说是河南村治学院的后身。韩复榘先生离河南后乃到山东省主政，因召办理河南村治学院的领袖到山东设立山东乡村建设研究院，并指定邹平县为实验区。院址设于邹平，而任梁仲华、孙则让两先生为正副主任，梁漱溟先生为研究主任。后来梁仲华先生辞院长职，从事于豫鲁乡村建设联络工作，梁漱溟先生遂为院长。实验区由邹平扩充至十四县，别设分院于菏泽。组织方面，分为乡村建设研究部，乡村服务人员训练部，与实施乡村建设的试验区。最近来该院又有改为山东乡村建设师范学校之说。

青岛市政府于民国二十一年间，成立乡村建设办事处五处，分驻于李村、九水、沧口、阴岛、薛家岛，并于水灵山岛附设分处；乡村建设办事处，由市政府及所属工务、社会、教育、公安各局，农林事务所各派一人组织而成，并由市政府指定一人为主任，以便常驻各处。其工作事项，由市政府各局计划施行，故大概来说，分为工务、社会、教育、公安、农林五项。

华北乡村建设的工作，或与乡村建设有直接关系的工作，除了上面所说的以外，如梁式堂先生在内蒙古一带之致力于垦殖事业与提倡村治，以及齐鲁大学的齐大乡村服务社在龙山的工作，中法大学在温泉的乡村建设工作，北平师范大学在辛庄村的工作，与其他各处，如河套的乡村建设，都值得我们注意的。

上面是略说华北方面的乡村建设运动。在华中方面这种工作之较发达的，要算江苏、浙江、安徽、江西四省。在民国十五年五月，中华职业教育社联合了中华教育改进社，中华平民教育促进总会，东南大学农科，共同试办划区改进农村工作。同年十月，成立第一试验区于江苏昆山的徐公桥。到了民国十七年，徐公桥由中华职业教育社独立继续办理。中华职业教育社本来努力提倡都市商业，但是后来觉得在中国这样国家而谈职业教育，应当以农业为主要，因而变更方针，注重农业工作。他们的目标是："自养养人，自治治群，自卫卫国。"质言之，就是富政教三者合一，以改进农民整个生活。据说徐公桥已于二十三年七月交归地方人士接办。中华职业教育社现在又在上海近郊择地实验，一方面作为在都市中鼓吹农村去的实例，一方面作为"农学团长修科，团友实习，在复式组织下，办理农村改进的场所"。

在江苏除了中华职业教育社所举办的徐公桥实验区外，民国十六年中华教育改进社在南京所主办的晓庄学校，虽偏重于教育方面，然对于乡村建设运动有了不〈小〉的影响，又如江苏省立教育学院在高长岸与社桥村两个实验区，江宁的汤山乡村实验区，上海的俞塘乡村实验区，南汇的界沟实验乡，或由地方人士自动办理，或由政府委托，或由教育机关提倡，或由公私团体合办，总共至少有二十余处。

在浙江方面，民国十七年二月浙江萧山县由沈玄庐先生领导组织，成立衙前村试办乡村自治筹备会，注重自治工作。民国二十年中华职业教育社与浙江鄞县人士合办的白沙乡村改进区，民国二十三年浙江桐乡县政府所主办的南日晖乡新农村实验区，以及别的地方如永嘉的农村合作实验区，杭县凌家桥民教实验区，均是对于农村建设运动努力提倡的。

安徽和县的乌江农业实验区，本是金陵农学院实施农业工作的地方，民国十九年后由中央农业推广委员会与金陵大学农学院合组为实验区，此外又如中央侨务委员会所提的侨乐村，也可以说是乡村建设运动的一种。

又如江西省农业院，虽是为一总管农业研究，试验教育推广及行政的机关，然目的也是复兴农村。至于湖南湖北各省当局或各种团体对于农村农民都很注意。他如四川巴县在民国二十二年所设立的乡村教育学院，可以说是专为推进乡村建设的运动了。

在华南方面，对于这种运动，虽不若华北华中那样努力提倡，然而譬如岭南大学农学院在琼州香山各处所设的试验场，岭南大学青年会的乡村服务部在岭南近郊的各种工作，广东省农林局于民国二十二年在河南岛各乡村对于农民教育农业改良，以至黄艮庸先生于民国二十二年在番禺新造所主办的新造乡民学校，均是朝向在乡村建设运动的途上。梁漱溟先生在《乡村建设》（旬刊）上发表《主编本刊之自白》一文，且以为他的乡村建设的主张的成熟，是在民国十六年秋住居广州新造细墟乡的时候。至于广西政府对于乡村工作也颇注意。广西柳州试办区是邀请定县派人指导的。

总之，我们这里所述的各处乡村建设运动，只是这种运动的一些比较显明的例子。此外譬如江苏江宁、浙江兰豁、江西临川各处的县政实验区，重心虽在县政的改善，然对于乡村工作也有很密切的关系。然只从上面所举的例子来看，已使我们不能否认：这种运动在近年以来，影响之广，势力之大了。

然而同时我们也不能不指出，上面所述的各处乡村建设的机关与团体，有很多已不存在了，而一些尚存在的，其工作或则已多缩小范围，或则陷于停顿状态。

第二章　乡村建设运动的模式

在上面我们已经指出乡村建设运动的大概与史略，现在要把在比较上足以代表这个运动的模式的几个例子，作进一步的叙述。

选择乡村建设运动的模式的例子，当然不是一件容易事。原因也许是：一来，研究的观点，每因各人有了多少主观的成分；二来，乡村的工作又每因各处有了多少重复雷同。然而大体上，假使我们能注意在理论与计划方面来观察这个运动，我们可以举出三个例子来做这个运动的模式。这三个例子，就是：邹平的山东乡村建设研究院，定县的中华平民教育促进会，和青岛市政府的乡村建设办事处。

邹平的乡村建设运动的中坚人物是梁漱溟先生。梁先生在民国十一年所发表的《东西文化及其哲学》一书，极力提倡孔子之道。他以为世界文化的种类，可分为西洋，中国，印度三方面，而世界文化的发展也是从西洋而至中国，再从中国而至印度。照他的意见，西洋文化已发展到极点而趋于没落，印度文化则理想太高，非目下或最近的将来所能实现；所以只有中国文化的路，是正当的路。而所谓中国的路，也就是孔子之道。梁先生之所以偏于复古，就是这个原故。

梁先生既偏于复古，他不得不反对西化。他以为"西洋戏法，中国人是要不上来的"。他相信中国民族自救运动之最后觉悟，是中国自己固有的文化的路，而这种最后觉悟的起点，就是中国自己固有的乡治的路。

梁先生告诉我们：他的乡治主张是成熟于广东。而他"所用乡治一名词的拈出"，也在广东。这是民国十五六年间的事。他在那个时候，同黄庆先生到黄先生的乡间——离广州五十里水路，地名新造细〈墟〉乡——去歇暑，与乡间青年诸友同读共谈，使他觉得乡治之必要。同时又得了李济琛先生的帮助，因而决心提倡乡村运动。他本意拟在广东实施这种工作，后来因为李氏失了在粤的政治地位，所以他才来北方从事这种工作。

梁先生数年以来，不但对于乡村建设的理论方面努力提倡，而且对于乡村建设的工作方面，也参加领导。他从前是河南村治学院的研究部主任，现在是山东乡村建设研究院院长。

在《河南村治学院旨趣书》里，梁先生说："中国社会一村落社会也。求所谓中国者，不于是卅万村落，其焉求之？"后来在《山东乡村建设研究院设立旨趣及办法概要》里，他又说：

> 中国原来是一个大的农业社会，在他境内，见到的无非是些乡村，即有些城市（如县城之类），亦多数只算大乡村，说得上都市的很少。就从这点上说，中国的建设问题，便应当是乡村建设。

梁先生虽提倡与从事乡村建设，照他的意见，乡村建设的目的，并非建设事业之一，而乃民族自救的新方向与最后觉悟。且看梁先生在《主编本刊〈村治月刊〉之自白》一文里说：

> 我眼中的乡治或村治，全然非所谓什么"当今建设事业之一"，或什么"训政时期之一种紧要工作"，我是看作中国民族自救运动，四五十年来，再转再变转，变到今日——亦是到最后——的一新方面，这实是与四五十年来全然不同的一新方向，——以前都是往西走，这便要往东走，我不能牵牵扯扯的混在往西的人堆里，干我往东的事。——事原是大家的事，原要大家往东走才行，我一个人往东没有用的。如果大家于旧方向不死心断念，则我乡治或村治即无从谈起，这时你和他说些个乡治或村治的怎样办法，中什用呀？我不开口说话则已，我说话，劈头一句就要先打破他往西走的迷梦，指点他往西走的无路可通。

关于中华平民教育促进会在定县方面工作的起源，晏阳初先生在《乡村建设实验》第一集里，报告该会工作大概，有了一段简明的叙述：

> 平教运动的发端，是在欧战的时候，当时各国招募华工到欧洲工作，兄弟从美国到法国办理华工教育，目睹华工不识字之痛苦，从那时得了一些经验，同时联想到国内一般不识字的文盲，关系国家民族前途的重大，所以回国以后，就从事识字运动，但是在工作经验中，相信中国大部分的文盲不在都市，而在农村。中国是以农立国，中国大多数的人民是农民。农村是中国百分之八十五以上人民的着落地，要想普及中国平民教育，应当到农村里去，所以同人才决定到定县去工作。

晏先生在《乡村建设实验》第二集报告平教会工作大概里，又"觉得中国真正最大之富源，不是铁，也不是钛，而是三万万以上不知不觉的农民。要把农民智慧发展起来，培养起来，使他们有力量自动的起来改造，改造才能成功，自动的起来建设，建设才会生根，自动的起来运动复兴民族，民族才有真正复兴的一日"。

中华平民教育促进会在定县的工作和计划，是像上面所说的四大教育。这四大教育就是文艺教育，生计教育，卫生教育，公民教育。我们已说过这四大教育的理论根据，是筑在中国人的四大弱点上，所谓四大弱点，是愚，穷，弱，私。

关于这四点弱点与四大教育的关系，晏阳初先生在乡村论会第二次集会报告平民教育促进会工作大概里，也有一段简短的解释，今录之于后：

> 本会最初欲袪除一般人的愚昧，而启发其智慧，所以有文艺教育以培养"智识力"。嗣后感觉人民之愚与穷有莫大之关系，且人民之愚尚能苟延残喘，穷则不保朝夕，乃又有生计教育以培养"生产力"。后又感觉人民体弱多病，而死亡率高，实为民族前途之忧，乃又有卫生教育以培养"健强力"。同时感到一般人民自私心重，因之生活散漫不能精诚团结，于是又有公民教育以培养"团结力"。所谓四大教育，实为根据实际生活之要求，逐渐演进而创出之新民教育内容之荦荦大端。其实施方式，有学校式以教育青年为主要工作，因青年是国家今日建设之主力军，同时又顾到教育儿童，因儿童系民族复兴的后备队。学校式之外有社会式及家庭式，其目的在使整个社会尽是教育的环境，以免一曝十寒之弊害。教育内容的实验，所以定教材之是否合适；教育方式的实验，所以定方法之是否合宜。而教育方案之拟定，又必根据社会调查所得之事实，以免主观之谬误。

这四种教育，固正如晏先生所说乃"根据实际生活之要求逐渐演进而创出之新民教育"。可是这种新民教育，是我们数十年来的小学校里也已努力提倡的。德智体三种教育者，岂不就是先生所谓公民文艺卫生等教育吗？至于生计教育，自曾国藩以来所提倡的富国教育，以至我们的农工教育，又何尝不是生计教育的别名呢？

至于青岛乡村建设的模式如何，《青岛市乡村建设》月刊第一卷第一期的发刊辞里，说得很详细。我愿意把数段抄之于后：

> 古代以农立国，社会组织简易，工商属农之副产，市廛属乡村之附庸，经济生产寄于是，宗教典礼寄于是，教化庠序寄于是，内政军令亦寄于是，故曰国为乡之积，乡治则国治矣。

> 其后由农业经济社会，进而为工商经济社会，国家组织复杂，固未可以古代之农村国家相提而并论矣。顾工之制造，商之贸迁，必以财货为主，而财货之来源，仍仰于农村，必有渔猎畜牧耕稼为之开辟地利，供给物资于先，而后工商获制造贸迁，推广其用于后，故工商之事业，虽聚于市，而工商之资源，乃系于乡。

> 青岛固世所谓工商之都会也，顾市区中括有乡村，数近三百，全境七万余户，乡居者占十分之六，然而行政机关以及教育卫生交通娱乐一切设备，大都集于市区之一隅，乡民无由享用，市内道路纵横，任驰车马，而乡间崎岖坎坷，举步维艰；市内装设水管，吸取自如，而乡间井泉不足，饮溉两缺；市内医院林立，而乡间更无一家；市内船埠完整，停泊利便，而乡间缺

乏港湾，避风无所；市内电报电话，线路纵横，而乡间则并邮信，多且未通；凡此皆属经济生存之设备，为人生所必需，而其缺乏如此，则乡民之故步自封，罕知进化，又何责焉。夫运输设备不完，而乡民又不知合作，往往运柴一车，往返二日，贩猪数头，跋涉百里，此乡村产业难于发展者一也。井泉不足以资灌溉，又不知所以选种施肥，其以园圃果木为业者，遇有虫灾，无术救济，此乡村产业难于发展者二也。山洪时发，河堤不固，田庐冲毁，时有所闻，此乡村产业难于发展者三也。港湾码头不足以供停泊，而旧有之渔船渔具不适于远洋之用，渔区不能扩充，而外人复侵入，此乡村产业难于发展者四也。乡民知识低落，而资金匮乏，不知利用机械，温故知新，古来著称之纺织事业，久为新式纱布所挽夺，而家庭之副业，去其大宗，此乡村产业难于发展者五也。交通机关不备，九水、乌衣巷等处，偏在一隅，消息隔阂，阴薛诸岛，更属隔海孤悬，别有世界，市内文化不能传达于乡间。乡村人物亦不获尽量效力于市内，此乡村产业难于发展者六也。医药不备，卫生无方，平时不能保应有之康健，凶年更不能救非常之疫疠，是则生命且欠安全，又不仅生计职业之问题矣。乡村建设之缺乏，此不独乡村之忧也，而城市亦将感受其害。市内工场林立，所需男女工徒，为数至夥，今因乡村子弟，坠落愚陋，以致工厂招工，军警募士，均难其选，其影响一也。乡民穷困失业，麇集于市内，乞讨谋生，紊乱社会风纪，此其影响二也。乡村生计艰难，不能自卫，流氓地痞，匿迹其间，始由远方侵入近郊，继由近郊波及市内，此影响三也。卫生设备不全，疫疠因时而发，细菌行动自由，市乡并无所择，本年霍乱传染多发源于阴岛，薛家岛，台东，台西，此其影响四也。市内所需蔬菜果品，多由乡村供给，因乡村园艺，无由进步，以致供给常缺，转须求之远方，物既陈腐，价更昂贵，此其影响五也。由此观之，乡村不救，则城市岂能独全，诚所谓疼痒相关，不能漠视者矣。

本市接收以来，于今十稔，对于乡村设治，历年虽亦有兴革，究以幅员辽阔，终有鞭长莫及之势；官厅政令不行于下，民间疾苦罕达于上。……乡村症结所在，既已大明，用于今春创立乡村建设办事处五处，分驻于李村、九水、沧口、阴岛、薛家岛，并于水灵山岛附设分处，使任民事之责，由社会公安工务教育四局及农林事务所选派人员，通力合作，而市府置一主任，以总其成，事属兼职，费不增额，并由市长率同各局所长以及主管人员每周一度更番视察，以资促事务之进行，于是拨筹市款，辅以民力，增建校舍，充实学额，调查学龄，应行义教；延长村道，增广汽车，修筑堤坝，预防水灾，建立船埠，以利停泊，鼓舞造林，奖励家畜，筹集贷款，推行合作，严禁烟赌，取缔缠足，选练团丁，以资保卫，兴利除弊，劝善惩恶，经营半载，渐有端倪；凡此诸端，不敢谓有何成绩，亦惟竭寅僚之心力，尽官府之天职，因势利导，先其所急，求其所以保民、安民、教民、养民，以立民主政治之基础而已。

我们现在可以把这三个模式来做一个简单的比较研究。邹平定县青岛各处的乡村建设工作，都注重于农业方面，但是青岛之所以注重农业与邹平定县有了不同。前者是为救济都市的需要而注重，后者却是受了传统的重农观念而注重。

邹平在理论方面，因为梁漱溟先生的理论的原故，影响最大；定县在实际方面，因为宣传较力，影响较大；青岛乡村工作，照我个人看起来，成绩好像较好，然而外间知者较少，这也许因为一来青岛的乡村工作，差不多为了青岛市的声名所遮掩，二来青岛在宣传上好像较少，我们试看乡村工作讨论会第一次集会时，青岛没有参加，便能知道。到了该会第二次集会，沈鸿烈先生虽到场报告工作大概，然乡村工作讨论会所编的《乡村建设实验》第二集，也没有文字报告。我在上面不厌繁冗而抄了几大段关于青岛乡村建设的理论，也是为了这些原因。

邹平与定县都是用全力去培养乡村力量，发展乡村文化。他们的理论是发展乡村以救济都市；青岛却以目下都市的力量去发展乡村。因为这个原故，青岛只利用了市政府固有的力量，人才，机关，以扩大其工作的范围，而定县邹平却要重新培养力量，训练人才，创立机关，以为乡村建设的基础。

从乡村运动发展史上看起来，这三个地方的工作都非最早的工作。我们已说过，好多人都以近代乡村工作始于定县翟城，而山西继之。可是前者无论在工作上，在影响上，在地理上，范围都小，而后者却偏于地方行政方面。其足以代表这个运动的整个方面之较早者，要算中华职业教育社在昆山所办的徐公桥实验区。不过以现在的情况来看，与研究便利起见，邹平定县与青岛，可以当作代表这个运动的几种模式。

假使我们用几句成语来说明乡村建设运动的模式，我们大致可以说，山东乡村建设研究院的乡村建设是"孔家店式"，中华平民教育促进会的乡村建设是"青年会式"，青岛市政府的乡村建设是"都市化式"。

第三章　乡村建设工作的观察

　　关于乡村建设的工作方面，我个人以为：在今日的乡村建设运动中，除了青岛的工作比较上稍为差强人意外，其他各处的工作好像都不能名实相符。我个人对于今日一般所谓乡村建设工作的前途，颇感觉悲观。我现在很愿意略略说明我为什么悲观。

　　我以为凡是稍知道十余年来的乡村建设运动史的人，都免不得会觉到这种运动已经有了很多失败，而且有不少还正在失败的途上。

　　十余年来，较早注意与从事乡村建设的，要算山西省政府。山西省的村政运动，始于民国七年，而其目标可以阎锡山先生的"村村无讼，家家有余"两句话来作代表。据说进行办法，关于"村村无讼"者：有奖励村仁化，村公道，整顿息讼会，普及法律知识等；关于"家家有余"者：有奖励农家副业，提倡水利，林业，合作，节俭储蓄，与取缔游民等。然而梁漱溟先生老早告诉我们说："但实际上这许多办法多不易实行，或未实行，或行之亦是空而无用。"话果是不但"难如所期望"，而且"不免有流弊"。梁先生后来又很肯定的说："山西村政今已达到不能进行之境地，非改弦更张不可，则亦不可讳之事实。此在阎公以次之山西政府当局，亦多承认之。"

　　山西村政，在数年以前是很负盛名的。山西村政运动失败的原因，有些人说是由于政府敷衍了事，有些人说是由于人民知识太低，可是失败是一种事实，这是无论何人都不否认的。

　　继山西的村政运动而起比较上且能引起人们注意的，如河南辉县百泉的河南村治学院。这个学院的提倡与主持人，是民国十八年正月在北平创刊《村治》月刊的王鸿一与彭禹廷诸先生。学院是在同年十月秉承河南省政府委员会的委托而成立。该院分设农村组织训练部与农村师范部两部。此外对于农业改良，乡村自卫等，均加注意。

　　河南村治学院之能够产生，是得力于冯玉祥和韩复渠〔榘〕两先生在河南的政治地位。但是不够一年，冯韩两氏离开河南，这个学院也因政治的关系而停办了。

　　现在从事于乡村建设的团体虽多，可是比较上负有相当时誉的，要算山东乡村建设研究院的邹平试验区与中华平民教育促进会的定县实验区。然而邹平与定县的乡村建设工作，都好像赶不上他们所得的盛名。梁漱溟先生在乡村工作讨论会第一次集会时，报告山东乡村建设研究院邹平实验工作，曾有下面一段话：

> 总而言之，本院两年工作所感之困难，出于本身之缺欠者多，出于外面障碍者少。同人大部分精力耗于研究训练两部学生之学业上，而此两部七百余之学生，果能益于乡村足以偿其取给于乡村者否，正不敢自信。吾人日言乡村建设，其不落于破坏乡村者几希，言念及此，不寒而栗。

晏阳初先生在乡村工作讨论会第二次集会，报告中华平民教育促进会定县实验工作，也有下一面段话：

> 定县的全面实验工作，起始于民国十八年。五年经过，其成功究竟到了什么，实难断言。因为：第一是人才问题，这种改造全生活的实验，关系的方面太多，无处供给所需要的各种人才。第二是经费问题，在这民穷财尽的时候，很难筹措这百年大计的实验费。第三是社会环境的问题，现在全国方在一个天灾人祸内忧外患的环境中，国难如此严重，大家容易误认这种工作为不急之务。第四是时间问题，这种改造民族生活的大计划决不会一刹那间就能成功。有此四种困难，平教运动的前途殊可栗栗危惧。

梁先生的话是两年前说的，晏先生的话是一年前说的。这两位领袖，一个是"不寒而栗"，一个也"栗栗危惧"，他们说的难道都只是自己谦抑戒惧的话吗？

照梁漱溟先生的话来看，邹平就没有作过什么乡村建设的正当工作，已有建设乡村变为破坏乡村的危险；照晏阳初先生的话来看，定县正在开始试验乡村建设的初步工作，已感觉到这么多的困难。一县的乡村建设，已有这么多的困难，一国的乡村建设的困难之多，是可以想像而知的。乡村建设的实验区中，人才最多，经费最裕，环境较好，时间较长的，还是定县，而其困难尚且如此，其他各处的乡村建设之不易发展，更可以想像而明白了。

乡村建设是一种实际工作。乡村工作讨论会所编的《乡村建设实验》第一集的序言里，曾郑重声明："本会重实际不尚虚谈，故集会时仅许报告工作，不谈理论。"又说："农村问题非空谈所可了事，乡建工作非仅形式组织所可推进，必也农村问题从实际工作里求办法。"

然而事实告诉我们，十余年来的乡村建设工作，还未超出空谈计划与形式组织的范围。譬如在第一次乡村工作讨论会里，李石曾先生的演讲已趋于理论方面。到了第二次乡村工作讨论会里，梁漱溟先生便大谈起理论来。又我们若把历年各处从事乡村工作的报告细心来看，我们便容易感觉到这些工作的报告，多是空谈计划与组织。此外一般"汗牛充栋"的乡村建设的出版物，也多是空谈计划，偏重理论。原因不外是实际工作的寥寥无几，就是作了，也多是"空而无用"。邹平与定县是乡村实验之最负盛誉的，据梁漱溟与晏阳初两先生的报告，尚觉得工作有限，前途少望，其他各处，更不必说了。

梁漱溟先生本来是一个理论家，现在还是一个理论家。这不但是一般普通人的见解，就是从事乡村建设工作的人，也有这种感想。邹平的乡村建设运动，对于国人所以有了不少的影响，与其说是由于邹平试验区的工作，不如说是全由于梁漱溟先生的理论。至于定县的晏阳初先生，虽不像梁漱溟先生一样的"以文载道"，然他在讲台上的长谈伟论，差不多也可以说是他之所以引起人家对于这种运动发生兴趣的一个原因。而且十年以来，他的大半时间，也是消耗于实验计划与形式组织上。近来有好多人以为各处的乡村建设实验区，宣传工作多于实际工作，这并非完全无稽之谈。实际工作是人们所能共睹的，实际工作有了成绩，既不容人们否认，也不需自己宣传。

所谓乡村建设工作，大概来说，可分为四方面：一为教育，一为卫生，一为政治，一为农业。假使我们从这四方面的工作略加检讨，我们难免失望。在农业改良方面，据邹平定县各处自己报告，均有多少成绩。但是求合于现代科学的生产标准与一般农民的需要，恐怕相差还很远吧？何况有好多地方所谓农业改良的工作，完全尚未开始，或已进行而完全没有效果。

在政治方面，譬如定县邹平各处都是实验县，对于地方自治工作，似可从速进行，但事实上也不是这样，乡村工作讨论会第二次集会自治保卫组且告诉我们说：

> 同人咸以为今日谈不到地方自治，必先用教育引发培养人民新的知识能力，使乡间分子渐次团结。用"政教合一"的方式，发生一种力量，由力量过渡组织，由组织然后才能到自治。

实验区在未实验以前，已有这种论调，我不知道中国人民要到何时，要在何处，才有实验自治的机会。这好像不但证明我们的训政时期再要延长下去，而且证明民主的讨论，宪法的起草，全是多事了。又如所谓公民教育的效果如何，只看东北伪国招收工人时，定县人民去者达万余人，便能知道了。

在卫生方面，几个实验区都设有医院，但是这些医院，无论在治病或研究方面，都嫌过于简陋。连了他们所注重的管理卫生的制度，也只有制度而少有实益。同时这种制度，也仿佛是与各县已经实行的学区制度根本没有很大差异。此外在各实验县的县城或乡村各处的街道的污秽，以及其他不合卫生的现象，和其他各处也好像没有多大差别。

在教育方面，据晏阳初先生去年十二月在广州岭南大学演讲，称"在定县共有人民四十万，中有青年八万，在这八万男女青年中受过教育的只有一万人，其余都是未受教育的文盲"。又平民教育所给与于乡民的教育不但往往不够应用，而且每因不常应用而把所识的字也忘掉了。平教会在北平的教育的失败就在这里。定县的教育比较普及，再加了平教会十年的提倡，结果也不过如此，可知这一种乡村教育的前途，是很难乐观的。

照我个人的观察，今日所谓乡村建设工作，还是注重在教育方面。教育固是建设的一方面，也是建设的一种预备。乡村建设实验区的教育工作既没有特别的贡献于乡民，又不能适应乡民的急需，那么这种教育，并不异于一般的普通教育了。

李景汉先生在《独立评论》一七九号发表过一篇《深入民间的一些经验与感想》，指出"与农民打成一片，话是很容易立的，志愿也是容易立的，等到实行的时候，问题可就发生了"。他且说：

> 起初你愿和他打成一片，他却躲避不愿和你打成一片，等到后来他愿和你打成一片时，你又受不了了，不愿和他打成一片。……因为他本人的气味使你不舒服，家内炕上的不洁净使你坐不住，食品的粗劣使你难下咽，其他种种不卫生的状态，和拿时间不算回事的和你应酬，都是使你不大受得了的。就是能够居然作下去，也免不了是很勉强的，痛苦的。

李景汉先生在这里所谈的经验，大概是一种为调查与研究乡村状况而深入民间的经验。这也只能说是乡村建设的一种预备工作。为调查与研究而深入民间已是这么困难，为乡村建设而深入民间岂非更难？因为这样一来，在实际上，不但是要自己去作乡民，自己去作农民，而且要自己作成一个模范乡民，成功的农民。假使不是这样作去，决不易引起乡民的同情，决不易得到农民的信心，梁漱溟先生曾说过，"乡村建设的目的是要自家创造出饭来吃"，就是这个意想。假使提倡或从事乡村建设工作的人，不能自家创造出饭来吃，则照梁先生的理论，所谓乡村建设者，只是乡村寄生虫而已。

但是事实上今日一般之提倡与从事乡村建设的人，不但不能"自家创造出饭来吃"，连了深入民间也少能实行，一方面提倡跑回乡村，一方面又要自己的妻子享受都市的生活；一方面鼓吹教育农村化，一方面又要自己的儿女享受特殊的教育。而其较甚者，是自己往往也只住半都市式的县城或市镇里，终年少有到过乡村。一般热心于这种工作的领袖，每以为环境或他种关系，整天忙于招待参观来宾，招待关系上司，以至应付工作人员，管理各种事务，而好多普通工作人员又把这种工作当作进身之阶，吃饭之所，结果恐怕只是养出一个吃乡建饭的新阶级罢。

从一方面来看，今日的乡村建设工作之难于发展，也许是由于经费的缺乏。孙友农先生在乡村讨论会第一次集会报告安徽和县乌江乡村建设事业概况里说：

> 提起乌江的招牌，能够吓死人，"中央农业推广委员会乌江农业推广实验区"乃是堂堂国府的三部——内政部，教育部，实业部——合组的。然经费来源，开办时每日五百元，不久减成三百，减成二百，未及一年，分文莫名。此时周明懿主任急成痨病，许多同志各谋出路，只剩我与李洁斋先生。

因农民眼泪滴滴,不忍言去。数月饥饿,饱尝吊死鬼打溜不上不下的滋味。此后邵仲香先生勉强从金陵大学农学院弄来百元,位置了李洁斋先生,而我之生活,由浩劫余年之乌江农学会会员供给,勉强拖到今日。

工作人员的饭碗尚且不保,建设工作当然是谈不到的。当这还可以说是比较极端的例子。就如经费较裕的邹平与定县,每年若用了十余万或二三十万的款项,专为建设学校,医院,农场,还是不够,结果这些建设也多只能当作装饰品看。而况这十余万或二三十万的经费有了不少——也许是很大部分——要拿来维持工作人员的薪俸,招待来宾,以至宣传工作。因此,乡村建设固难于建设,就是维持工作人员,我所以怕今后会养出一个吃乡建饭的阶级,就是这个原故。

总而言之,乡村建设运动之在今日,好像差不多要到了专为着维持工作人员,保存乡建机关而工作的地步。对于农民,精神方面固少有建树,物质方面更少有改造。我记得从周村到邹平一条三十余里的汽车路,除了邹平实验县在路两旁插了不少禁止毁折树木的牌示外,树木固很少见,道路更不成样子。那个时候,汽车固不能跑,洋车也跑不来,结果是要步行。好多到过邹平的人都说"一条路且没有建设好,乡村之建设可知"。未知主持乡村建设工作的人,以为如何?

第四章 乡村建设理论的检讨

上面是注重在乡村建设运动的工作方面的观察，我现在再想从这个运动的理论方面加以检讨。

照我个人的意见，近来好多所谓乡村建设运动，在工作方面所以少有成效，而渐呈枯萎的现象，从一方面看起来，因有多少由于客观条件之缺乏，如人才难找，经费不足，环境恶劣等等，可是从别方面看起来，也可以说是由于理论方面的错误。在某种意义上，后者比之前者好像尤为重要。这种理论方面的错误，分析起来，颇为繁杂，我在这里只能将比较重要几点，略为说明。

乡村建设运动，在名词上，虽是很新颖，在理论上，却有了多少复古的趋向。这种趋向，在对于这个运动提倡较早，实行较力的中坚人物，米迪刚，梁漱溟，王鸿一，严慎修诸先生的言论或著作里，最为显明。米迪刚先生以为"欲为中华民族找出平安大道，亟须恢复吾国固有之村治"。他又提醒我们：他的思想渊源是《周易》，他的理论根据是《大学》，他的理想人物是虞舜。（《三十年村治经验谈》，《乡村建设》旬刊一卷三期。）梁漱溟先生相信中国文化与西洋文化"是两个永远不会相联属的东西"。"我们几十年来愈弄愈不对的民族自救运动，都是为西洋把戏所骗。殊不知西洋戏法，中国人是耍不上来的。"他指出我国民族觉悟之机已到，而这种觉悟的起点就是中国固有的村治的路（《中国民族自救之最后觉悟》）。王鸿一先生的理论大致可以说是与米梁两先生的相同。至于严慎修先生提倡复回古乡射礼与古乡饮礼，也是复古的趋向。照严先生的意见，乡饮礼乃所以"保长幼之序，免争斗之狱"；乡射礼是自卫的办法，所以他说："乡之自卫，当先从奖励人民拳术射击起，而以举行乡射礼为鼓舞之术。"质言之，乡饮礼是对内方面，乡射礼是对外方面。

我想这种复古论调的固错误，是不必详加指摘的。而况米迪刚先生在翟城村所提倡过的新教育，女学校，既已非我们固有的路，梁先生在廿三年八月三十一《大公报》所发表《我的一段心事》的演讲词里，也不能否认"要让乡村进步，那就得接受外面的新科学技术，新知识方法，绝不能深闭固拒"。又如严慎修先生希望以古乡饮礼来"保长幼之序，免争斗之狱"，恐怕也只是一种梦想。至说习拳术射击是乡村自卫的方法，那是言之太过罢。拳术射击在今日不但不能抵抗土匪□□，用以制服穿窬小偷也嫌不够。这真无异于提倡肚子可以敌枪炮，大刀可以胜飞机的故智罢。

好多提倡乡村建设运动的人，以为我们固有与过去的乡村曾有过光荣灿烂的地位，不过现在一方面由于帝国主义的侵略，一方面由于天灾人祸的压迫，以至农村衰落。因为了农村衰落，所以提倡农村复兴。乡村建设运动有时也谓为农村复兴运动，恐怕就是这个原故。

中国今日之受帝国主义的侵略，而影响到乡村，是无可讳言的。但是要想抵抗或打倒帝国主义，我怕还是要帝国主义。处在今日的世界，要想闭关自守，固是做不到，复回过去地位，也是无济于事。胡适之先生在《答梁漱溟先生》一文里曾说：

> 帝国主义者二叩日本之门，而日本在六十年之中便一跃而为世界之大强国之一。何以堂堂神州民族便一蹶不振如此？此中症结究竟在什么地方？岂是把全副责任都推在洋鬼子身上便可了事？（《胡适论学近著》第一集页四百六十六）

至说天灾人祸之影响于乡村，那也是一种事实。然而同时我们不要忘记，这些天灾人祸，并非最近才有的。我怕我们在过去的天灾人祸，比之近来的，还且较为厉害。不过过去交通不便利消息不灵通，以致人们不大感觉。同时没有欧美日本各国的乡村来和我们的以相比较，而不致相形见绌罢。

事实上，我们很怀疑中国乡村在历史上曾有过一个光荣灿烂的时代。我们的国家时时闹着饥荒，我们的人民从来少有资产。天天都与贫穷为邻，处处都与灾祸相挣，差不多已到无可衰落无产可破的地步。大概是为了这个原故，所以我们的圣贤哲人处世立身与规劝后人的实箴不外是"忍""俭"两个字。因为贫穷太甚，灾祸太多，而又信命做事，靠天吃饭，除了忍俭以外，试问还有什么别的办法？西北各处的穴居，华北一带的泥屋，以至所谓数百年京都附近的裸体在田里工作，与吃树皮观音泥的种种现象与苦况，难道是到了最近来才有的吗？

乡村建设运动，主要可以说是主张以农立国。乡村工作讨论会所编的《乡村建设实验第一集》的"集会起源及目的"里说：

> 我国数千年来以农立国，农村之健全与否，农业之兴隆与否，不仅为农民生死问题，亦为国家民族存亡问题。……现在关心国事者，以国之不强，由于农业之不振，使坐视不救，则覆亡厄运，必迫在眉睫。

梁漱溟先生在《山东乡村建设研究院设立旨趣》里也有下文，说：假使中国今日必须步近代〔洋〕西洋人的后尘，走资本主〈义〉的路，发达工商业，完成一种都市文明，那么中国社会的底子虽是乡村，而建设方针所指犹不必为乡村。然而无论从那点上说，都不如此的。近代西洋人走这条路，内而形成阶级斗争，社会惨剧，外而酿发国际大战，世界祸灾，实为一种病态文明，而人类文化的歧途。日本人无知盲从，所为至今悔之已晚的，我们何可再蹈覆辙。此言其不可。……抑更有进者，我们今日便想走西洋的道儿亦不可能，在这个世界上，个个俱是工商的先进国，拼命竞争，有你无我，我们工商业兴发之机，早已被［被］杜塞严严的不得透一口气，正不是愿步他们后尘或不愿的问题，而是欲步不能了。……现在资本主义下的工商业只是发财的路，而不是养人的路。……农业则不是发财的捷径，而正是养人的路。……只有乡村建设，促兴农业，能解决这多数没饭吃的问题。

我国耕地有限，而人口过多。目下一般农民之无田可耕者，已不知几许。自九一八事件发生以后，迁移东北四省又生问题，苟非振兴工商业，即此大多数的人民，更将没有出路而坐以待毙。何况今日耕地的分配又很不均，自耕农为数很少。近来有好多人提倡"耕者有其田"，就是这个原故。然而我们不要忘记，即使耕田能够分配均平，问题仍未解决。因为问题的重心是在于田少人多。又据专家估计，我国农民，而尤其是北方农民，因为天时气候的关系，每年耕作时间仅占全年时间三分之一，假使这些农民每年三分之二的时间，闲坐而食，不但是国家的大损失，而且容易养成怠惰的劣性。

至说国之不强，由农业之不兴，那是无稽之谈了。假使这种理论是对的，那么英国不会强了，德国不会强了，日本不会强了。若说中国自来以农立国，所以现在也要以农立国，那又是食古不化了。古今的情势不同，我们不能以古绳今。一百五十年前的英国，岂不是以农立国吗？一百年前的德国，也岂不是以农立国吗？五十年前的日本，又岂不是以农立国吗？

梁漱溟先生以为工业发达，"内而形成阶级斗争，社会惨剧，外而酿发国际大战，世界祸灾，实为一种病态文明"。他忘记了我国有史以来，内乱惨剧，层出不穷，弄到吃人肉，住洞穴，衣不蔽体。近来外患日迫，土地丧失，国家难保，我们不自努力，不自责备，而作这种无益于己，无益于人的空论，这是妄说，这是夸大狂。

然而最奇怪的是梁先生说："日本人无知盲从，所为至今悔之已晚的，我们何可蹈其覆辙。"这种言论，恐怕日本人听了也要暗笑起来，最近天津《大公报》登载日本名流中野正刚，室伏高信等所开的座谈会，已有人感觉到中国若真正工业化起来，日本要受恶影响。那么中国人士提倡以农立国，岂非日本所最欢迎的吗？

至说我们"工商业兴发之机，早已被杜塞严严的不得透一口气"，而不能步人家后尘，那是惰性作祟罢。五十年前的日本，何尝不受西洋各国的工业压迫？然而今日日本的工商业，不但蒸蒸日上，而且威胁了西洋各国的工业。其实这种论调，无异等于说中国飞机，火车，轮船，科学以及一切的东西，都不如人家，所以不能步人家后尘，而也不必步人家后尘。

梁先生说："现在资本主义下的工商业只是发财的路，农业才是养人的路。"我们以为，假使梁先生而放开眼睛来把重农与重工的国家比较一下，便能知道他的言论错误。这一点《独立评论》已发表过不少文字，用不着我在这里重述。我只要指出：一个国家独立生存于这个世界，专事养人是不够的。养人以外，譬如交通工具，卫国的武备，以至一切的日常工具用品，也不能不特别留意，尤不能不努力发度〔展〕。

提倡乡村建设运动的人也许说道：农业是工业的基础，农业不发展，则工业不易发展。这种见解，我们并非完全否认。然而我们不要忘记，欧美工业发达的国家，并不轻视农业。事实上，他们今日的农业之发达，也为我们所望尘莫及。我们今日各处的农业试验场，岂非还要移殖外国的农产种子吗？而况我们不但好多次要农产，如水果之类，要由外国输入，就是好多主要农产，如米如麦，也要从外国运来。这又岂非证明人家的农业比我们的进步吗？又况西洋农业之特别发达，还是在工业发达之后。从前用十个人耕的田，现在只用一个人就已够用，这又岂不是机器发明工业发达以后的结果吗？

事实上，中国工业苟不发展，则农产出路也成问题。自己没有工厂，则好多农产价格必操之于外人之手。加以我们目下既不能复回从前的闭关时代，而自安于简单生活，日常需要各种工业又多依赖外人，外人计奇操纵，以贱价购买我们的农产，以高价出售其货物，结果是我们受了双层压迫，处在这种情形之下，怪不得我们要有年丰而无一饱的现象。

注重农业发展，本是物质建设之一种。然而最奇怪的，是提倡乡村建设运动的人，对于物质方面的建设，以至农业方面的改良，又往往忽略。假使有人到各处乡村建设实验区参观考察，一般提倡乡村建设运动的领袖又会常常提醒人们，不要注重于他们的物质方面的建设，而要静观他们的精神方面的动作。我们也许承认物质是精神的外表，有了精神的建设，就可以有物质的建设。然而什么是精神建设，以及精神建设的效果如何，他们又不能给我们以一个满意的回答。我国人数千年来侈谈精神建设，物质建设固因此而没有成效，精神方面又何尝有过什么成绩？

因为提倡以农立国，而农业又在乡村，所以提倡乡村建设运动的人，又标出都市人还乡村口号。照他们的意见，乡村的衰落，是由于乡村人跑去都市，这好像是例〔倒〕因为果。我们恐怕正是由于乡村的衰落，人们才跑去都市。现在的乡村已感人口过剩，耕地太少，再要都市里的人跑去乡村，岂非自寻死路吗？

梁漱溟先生以为乡村之锢蔽愚昧，乃由于有知识的人均奔向都市，因而提倡"知识分子到乡间去"。我们并不反对知识分子到乡间去，然而若说乡村之锢蔽愚昧，乃由于有知识的人均奔向都市，便是错误。都市是知识的重心，高等与专门的教育机关固在都市，中等以至好多较好的高小学校也是在都市或半都市式的县城与市镇。中华平民教育促进会，山东乡村建设研究院，也岂不是在都市县城吗？这是一种事实，而不能否认的。事实既是如此，假使我们而要提倡知识分子下乡，那么首先恐怕还是要提倡乡村人民到都市求知识。我国人口，住都市的不够百分之十五，而这百分之十五之有知识的恐怕没有十五分之，以之建设乡村固嫌其太少，以之建设都市又何尝过多呢！

此外又如梁漱溟先生把民主政治与乡村建设当作两种不能相容的东西，也是错误。照他的意见，中国不能施行民主政治的路。只有乡村建设的路才可以救中国。关于这一点，我们在这里不必详加讨论。我只要指出：梁先生不但忘记了乡村自治可以叫做民主政治的一种方式，而且忘记了民主政治也可以当作乡村建设的一种工作。我把梁先生所著的《村学乡学须知》翻阅之后，觉得梁先生所谓"作村学的一分子，要知道团体为重，开会必到，有何意见，既对众说，以及尊重多数"种种要点，均是受了民主政治的影响，然而字面口头上却又极力反对民主政治，这真是令人莫名其妙。

最后我愿意指出，乡村建设运动，可以叫做社会建设运动的一种；乡村建设实验，也可以叫做社会建设实验的一种。在历史上，社会建设实验并非没有的。比较显明的例子如欧文（Robert Owen）在苏格兰的新兰诺克（New Lanark in Scotland）与在印第安那的新和谐（New Harmony in Indiana）。欧文不但有了相当的经费，相当的人才，相当的环境，相当的经验，而且有了动人的理论。然而他的实验工作，也终不能免于失败。我们虽不能因过去的失败而放弃实验工作，然而实验的工作需要健全的理论，这是一般提倡或从事乡村建设实验的人，所不可忽略的。

第五章　乡村建设组织的商榷

我们现在可以再注重这个运动的组织方面，略加商榷。

我首先要指出今日关于乡村建设的机关或团体的数目太多，发展太快。我们知道：十年以前，在我国所谓乡村工作的机关，除了山西省政府的村政处，或其他一二处外，很少听见有别的。七八年前，在北方，中华平民教育促进会虽到定县翟城村从事工作，然而工作的重心，却仍是平民教育方面。直到民国十八年，平民教育促进会才致力于乡村建设工作。在华中，除了中华职业教育社于民国十五年起在江苏昆山徐公桥的乡村促进会，从事乡村工作，及南京的晓庄学校，注重乡村教育外，也不多见。至于华南，除了岭南大学农科在琼州中山各处的农场及青年会乡村服务部的片断工作，少有人注意到这个问题。大概来说，是在民国十八年以后，乡村工作的团体，始如春笋初发。到了民国二十二年，乡村讨论会在邹平开第一次集会时，这种团体之参加者，有了三十余个。到了次年在定县开第二次集会时，到会团体有七十余个。此外尚有好多团体没有参加。据好多人说，二年前，在南京关于农村复兴的机关，已有五十余个。又据实业部民国二十四年报告，全国关于这种团体，有了一千零五个。这个数目乃是实业部调查所得的，也许尚有好多团体，不计在内。

乡村建设团体数目之多，发展之速，从一方面看起来，好像是这个运动的很好现象，然而从别方面看起来，却也是这个运动的危险预兆。其实这种危险预兆，就是从事乡村工作的人，也未尝否认。三年前，梁漱溟先生在乡村工作讨论会第一次集会时已提醒大家道："请大家格外小心，乡村事业实在发展太快，勿以救济农村而损害乡村。"二年前，晏阳初先生在乡村工作讨论会第二次集会也说过：

  今日乡村建设运动的风起云涌，……可以说是乡村建设的极好现象。但同时不能不为此运动担忧，盖深恐热烈过度，忽略了实际，如已往一般的运动，同归消沉也。

我在《乡村建设运动的将来》一文，已经指出今日一般所谓乡村建设，很多名不符实，因为能够埋头苦干，实事求是的团体，实在很少。有好多人与好多团体，从来没有丝毫注意到农村问题，可是一听到乡村运动，是一种新运动，于是立刻改变方针，更换名义，以从事乡村工作，推进乡村运动；然而事实上，他们不但好多对于乡村建设没有相当的认识，充分的诚意，以致没有好的效果，并且连他们已往所作的事业，也多付诸东流，置诸脑后，而致完全废止。其更甚者，是见得自己本来所作的事业不能久持，就要失败，以至无路可跑，于是也利用乡村建设运动这个招牌，以掩人耳目。名义是扩充范围与工作，实际是一种卸责的烟幕弹。有些也许因为没有事作，故也标起乡村建设的招牌以相号召，怪不得杨开道先生在《民间》半月刊二卷一期《我为什么参加农村工作》一文里，劈头忍不住的说道：

> 中国改造运动的方式，已经由上层而下层，由都市而农村了。此中不少投机的份子，无聊的举动，因此也就引起外界不少的误解，不少的批评。

事实上既有了不少的投机的份子从事乡村建设工作，那就不能怪得外界不少的批评，也不能说这种批评就是误解。杨先生又接着说道：

> 虽然农村工作同志曾有口头的解释，书面的宣言，然而认识的朋友和不认识的同胞，还有不少怀疑的地方，非难的地方。

乡村建设工作是一种实际工作，照我个人的愚见，实际工作的试金石是实际的功效，有了实际的功效，既用不着口头的解释，也用不着书面的宣言。假使大家都没有实际的功效，一般投机的份子固是很可恶，就是真心做事的份子，恐怕也免不了"徒劳无效"。

乡村建设运动的目的，是为救济乡村，帮助农民，然而今日好多提倡乡村建设运动的团体，正像我已说过，差不多要到了专为维持工作人员保持乡建机关而工作的地步。关于这一点，我愿意把马伯援先生在《民间》半月刊二卷十一期所发表《今日农村运动的问题》一文里一段来说明：

> 旋记者离却湖北的农村运动，又从事东京青年会的社会事业。我辞职原因，当然照例说病，而我的病并不是什么糖尿，或甚什么血压，只是精神不快已耳。何谓精神不快？我办的是合作社，当然对象是农民。但我日日接见的不是农民，却是找差事的穷朋友与苦学生。我们的主张当然是生产，是给农民找饭吃，而我们所办的事，却多半为自己的伙伴找饭吃。

我不知道今日所谓乡村建设团体之处在这种环境的，有了多少，我不知道今日之能如马伯援先生之热心从事乡村工作的人有了多少，我更不知道今日之能如马先生愿意承认失败的人，又有了多少。

其实，机关太多，不但在工作方面有了不少的重复，而且往往互相推诿牵扯。孙则让先生在乡村工作讨论会第二次集会对于这点也曾说过：

> 中国普遍情形，都是骈枝机关太多，人力钱力极不经济，而且互相推诿牵扯，如南京关于复兴农村的机关，竟有五十七个，可谓多矣。

孙先生这里所指的是城市里的乡村建设的机关，他以为"今后的改革，第一步是要将经费大部分用于乡间，城里的办事组织，愈简单愈好"。这种建议，是有相当的见解的。然而我们同时还不要忘记，现在好多乡村建设实验区的组织，也很为繁杂，我们试一把山东乡村建设研究院在邹平以及菏泽各处的各种组织，或中华平民教育促进会在定县以及其有相当关系的各种组织，就能明白他们的团体组织，并非简单。至于在各乡村里的种种团体组织，至少从一般乡民看起来，总是太过繁杂。比如在邹平的村棉运销合作社与总社的关系，以及每村里的各种团体的关系，有的因为指导方面本身的缺点，有的因为村民的认识能力不够，所以每增不少的麻烦与纠纷，然而组织本身的杂复与不健全，也是发生问题的一个主要原因。

乡村建设运动在目下看起来，还未超过实验的阶段，照我个人的愚见，从事乡村工作的人，好像应当用全力在实验工作上面，不当在实验工作尚没有什么成效之前，已竞事推广工作，而使人才经费两方面，徒增困难，鲜有实益。譬如中华职业教育社除了徐公桥的实验区以外，在江苏浙江各处，参加实验区的工作，还有十余处，这种热诚，也许可嘉，然而我怕正如晏阳初先生所说："深恐热烈过度，忽略了实际，如已往一般的运动，同归于消沉也。"

今日一般之从事乡村建设者，有不少是以县为实验工作单位的。县本是我们的政治组织的根本与较小单位，从政治改造，或地方行政方面来看，以县为试验的对象，固有相当的理由，从乡村建设或社会改造来看，未免太过勉强。因为从一方面看起来，县既嫌太小，从别方面看起来，县又嫌太大。

其实，县政苟能办理得法，则乡村当然受其利益；而所谓县政，又非专指政治方面，而乃社会各方面的建设与改良。比如民国十八年十月二日国民政府公布的区自治施行法，每区应办之事务范围很广，举凡户口调查，土地调查，道路，桥梁，公园及一切公共土木工程建筑修理，教育、保卫、体育、卫生、水利、森林、农工商业、垦牧、渔猎、合作社、风俗改良、育幼养老、济贫救灾、公营事业等，比之目下一般人之提倡乡村建设的事务，并没有什么分别。假使从事乡村建设运动者，对于乡村各种建设没有特殊的贡献与成绩，则其结果并无异于各级地方政府机关所办的事务。

今日所谓乡村建设实验区所办理的事务，大略分为农业、教育、卫生、保卫、政治数方面。实验区的农业试验，与各大学农科或政府的促进农业的机关，也没有什么分别。关于保卫方面，专靠一县是不行的。从前河南镇平与近来的山西晋西之受土匪□□的蹂躏，就是显明的例子。至于教育的重要，各县各乡，以至各村无不注意，而且应该注意；实验区极力提倡，非实验区也不应忽略。又如政治制度的改良，只是地方政府分内的事，医院的设备及卫生的管理，也是地方政府所应办的事。

好多提倡乡村建设运动的人，对于人才的训练，很为注意。比如晏阳初先生且宣言："中国农村运动若不从训练人才方面着手，眼见就要失败。"照这些领袖看起来，乡村建设的人才，是一种特殊的人才，而特殊人才，是要特殊的训练。因此之故，好多所谓乡村建设试验区，差不多全副精神，都放在人才的训练上。从前的河南村治学院，现在的山东乡村建设研究院，以及其他好多处都是这样。正如梁漱溟先生所谓："同人大部分精力耗于研究训练两部学生之学业上。"此外还有好多学校，因为受了这种运动的影响，要变换方针，注重乡村建设。如近来山东的师范学校，改为乡村建设师范学校，就是很好的例子。

我们以为乡村建设，只能当作国家社会建设的一方面。乡村建设的人才，根本并不大异于国家社会一般建设的人才，受过相当的教育与有了专门的知识的人，只要有志向到乡村去工作，也能建设乡村，所以乡村运动既不当太过注重于特殊的人才的训练，更不必提倡去把已有的普遍或专门学校改其制度，而加以"乡村建设"的字样。

何况今日一般之从事乡村工作的领袖与专门人才，又何尝受过特殊的乡村工作的训练。假使训练特殊的工作人才是像晏先生与一般的领袖所说，那样重要，那么就怪不得今日乡村建设运动，有了不少已经失败，或将要失败，因为一般之从事乡村建设工作的领袖，自己就没有受过这种训练。

事实上，今日好多所谓乡村建设训练团体机关，不但没有什么特殊之处，而且却有成为一种特殊阶级的趋向。提倡乡村建设的人，每每指摘目下的教育制度的缺点与不实用，然而所谓乡村训练的机关，偏偏也走这条路。这一点黄庆先生在寄梁漱溟先生书里（《乡村建设》旬刊十七十八期合刊），已经说过，今录之于后：

生言至此，未尝不翘首而遥念吾邹平数百之青年学子矣。……凡今日之学校其靠政府以成立者，学生入学之后，其心理终不免有成为一种公务员的暗示，一也。招生入学，此种招生办法实极无理，吾何为而招之，彼何为被招而来，其间真有甚难言可笑者，古人所谓礼云来学，不云往教，今之招生办法，则往教亦说不上，如此而成师生的关系，盖亦滑稽之至矣，邹平今后亦不能不招生，此问题将如何解决耶？二也。既成学校，则必有好多功课，必靠其功课的成绩，以判其及格不及格，此又无形中鼓励学生向智识一路，人生行谊之谓，终为附带条件而已，三也。凡此三点，生甚疑之，亦愿吾师细审之，呜呼！慎之始，慎之终，始作也简，将毕也巨，可不念哉！

我们也许未必尽能同意于黄先生的怀疑，然于乡村训练学校之自身矛盾，已可概见。黄先生不但是一位热心于乡村工作的人，而且亲率学生以耕作以食，以养以教，我希望一般之提倡乡村训练教育的人，不要忽略他的话。

又如乡村工作讨论会是国内从事实地乡建事业者一工作报告团体，该会感觉到"我国社会通病,于多一事业之进行,侧重组织,忽略事功,高谈计划,不务实际"。然而据《乡村建设实验》第二集集会经过里告诉我们,在开会两天连接的报告中,有了一种倾向,就是大多述说各团体的功绩,和他们是怎样努力乡建,怎样的认识乡建,对于实际问题似乎很少很少提出。大概也是因为这个原故,所以才引起代表山东民众教育馆的屈凌汉先生,忍不住的到了讲台上,大声疾呼:

  这种情形是错误,是给来赴乡村工作讨论会人以失望。实际工作的人,是不需要种种口头的宣传,或者文字的宣传的。即如各机关各团体所出的印刷品,只是你出给我看,我出给你看,对于农民本身,对于乡建本身,丝毫无用处。我们来赴会的目的是:(一)实际工作上发生问题,求得解决;(二)乡村建设前途得到指引。但这个会是不能给与解答的。农民在水深火热中,怎样的急切待我们去拯救,而一些机关实验团体,还说慢慢的研究一套一套的实验,有了结果,又推行出去,理论是好听,然而乡下的人们是等不得了。

我愿意再用《乡村建设实验》第二集的集会经过一篇里(页三〇)几句话以为结论:

  屈先生……提出来的问题是很实际的,任何努力于乡村运动者,似乎都应该把屈先生的话考量一下。

第六章　乡村建设方法的批评

乡村建设运动在组织上固太过复杂，在方法上也太过参差矛盾。关于组织方面的复杂，我们在上面已经说过，现在且来谈谈方法的参差矛盾。

提倡乡村运动的人，有些如定县的领袖们，以为要从教育下手；有些如镇平的主持人，努力在保卫方面；有些如数年前的山西政府，以为要从地方政治做起；有些如近来的山西当局，又主张从土地村公有做起；有些如金陵农学院，特别注重种子改良；有些如燕京大学，好像注重社会方面的改良；有些致力农村合作；有些提倡农村工业；此外又如邹秉文先生以为农村工作，应提倡乡民爱国；沈昌晔先生以为乡村建设，应留意集体农场；梁漱溟先生以为这种运动，要先着重在"推动社会组织乡村"；严慎修先生以为这种运动，不要忽略"古乡饮礼与古乡射礼"。

在理论上，一般提倡或从事于乡村工作的人们，也许侧重在某种方法，然事实上却不一定是这样。比如：定县虽着重在教育方面，然而实施工作时，他们又觉得："建设是个政治问题，如果政治责任不愿建设，或者不许建设时，怕是谁也不好建设；如果政治责任者懂建设而又愿建设，以政治的力量去推动农村建设，那是件比较快当的事情。"因此定县的领袖们，又觉得不能不拿定县的政治权力过来。平民教育促进会之外又有河北省县政建设研究院，晏阳初先生既是平教会的主任，又是研究院的院长。在一方面看起来，晏先生及其同志有了政治的权力，在建设上应当有了效率，然而从别方面看起来，乡村工作的领袖，却又因此而难免跑入政治的漩涡。假使人民与高级政府对于晏先生与其同志在政治上的设施，不能满意而使他们的政治地位有所移动，那么免不得也要影响到他们的乡村工作方面。

听说几年前，晏阳初先生曾在南京见过蒋介石先生。蒋先生说，要把定县乡村实验工作收回政府办理，晏先生的回答是，假使政府为乡民为乡建着想，请蒋先生不要用政府名义去办乡村实验。一方面不要政府染指，而别方面又要取得政权，晏先生和其同志的苦心固有可原，然而这种矛盾及其困难，却是一件显明的事。

又如梁漱溟先生在民国二十三年八月十二日《大公报》所发表的《乡村建设与教育》一文，也说过"我们原初，谁不想办教育，但往前探求，我们的途径到今来已不觉走上社会教育一条路"。可知梁先生在事实上所作的工作，与其原定的方法计划，是不相同的。其实梁先生在乡村工作讨论会第一次集会报告山东乡村建设研究院工作时，已经指出他们数年来大部分的精力耗于研究训练两部学生之学业上。质言之，他们目下所做的工作，还是教育的工作，而非纯粹的乡村工作。

梁先生目下的工作，既跑不出教育一条路，可是他在日本东京中华青年会演讲《我国乡村运动》（天津《益世报》二十五年五月十日）又主张乡村建设，要从政治入手。他说：

> 我自己的办乡村工作的动机，与旁的朋友们不大一样。国内办乡村工作的，最多是由乡村教育转来的，如陶知行的南京晓庄师范，定县是由平民识字运动而起，无锡师范及职业教育改进社都是。我的动机是注意到政治改造。我在十四岁时，中国初有学堂，那时有那时的国难，那时也有青年爱国运动，由此注意政治改造，也曾经跟着光绪末的立宪及革命运动跑过。一九一一年民国成立，可是政治仍不见有所改造。在各种烦闷里，所得到的一种认识，一种感觉，便是阻碍政治的改造的，不是几个军阀，也不是袁项城，而是大多数的人民，没有新的政治习惯。所以如欲政治改造，必须培养少数国民的新的政治习惯，因此乃想到从小范围的乡村自治入手，因此很热心乡村自治。以前用村治二字，也许日本报章上现在还用着，多少含着乡村自治的意想，以后为防杜撰之讥起见，便没有用，所以我的动机，是由中国政治烦闷转出来的一种要求，后来慢慢展开扩大。

梁先生之所以就山东乡村建设研究院院长兼邹平县县长，以及主张以乡学村学以替代从前的乡公所村公所，大概是要从政治改造入手罢。然而梁先生这数年来的精神既放在教育方面，那么他在政治方面的工作又怎能兼顾呢？而且梁先生又好像是与晏阳初先生一样的虽要操纵政治权力，却又以为政府对于乡村工作不应当有所染指。其实他不但不要政府来染指，他简直觉得政府是直接破坏乡村的力量。梁先生在《乡村建设》旬刊第二卷第三十期《乡村建设是什么》一文（二十二年五月二十一日）已经说过：

> 昨天看报上，行政院汪院长的谈话有"政府深切觉感中国最急要之事，无逾建设，建设中最急要者，尤当以农村复兴为中心"等语，其大体意想，自是很对；可是我们要借此申明一句，中国现在在南北东西，上下大小的政府，其自身皆为直接破坏乡村的力量，这并非政府愿意如此，实在它已陷于铁一般的形势中，避免不得，乡村建设的事，不但不能靠它，并且以它作个引导都不行。

然而梁先生在这里又不但好像忘记了他从前所参加的河南政治学院是政府委

托的机关，就是现在的山东乡村建设研究院以下及邹平县的县政府，也是山东政府所委托而设立与指导之下的机关。质言之，前者只是后者的一部分，一种附庸。假使政府的自身而是直接破坏乡村的力量，难道山东乡村建设院邹平县政府就不是直接破坏乡村的力量吗？一方面主张乡村建设不应依靠于政府，不应受政府指导，一方面是偏偏依靠于政府，受政府的指导，要政府去津贴，这又岂不是一个很滑稽的矛盾吗？

不但这样，梁先生在日本东京中华青年会的演讲词里又说：

> 现在恐怕我们眼前的不只是一个政治问题，而是整个的社会构造重新建立问题，我们现在已渐渐离开单纯政治问题，而意识到转移到整个的问题了。

理论上，现在有好多提倡或从事乡村建设运动的人，同梁先生一样的逐渐感觉到教育经济政治等各方面都要并重，然正像李石曾先生所说："事实上慢慢的总要发生偏重一方面的弊害，偏重了教育，往往可以叫短衣的农民变为长衫的农民；偏重了自治，则往往因为要叫政治农村化反而倒把农村政治化了；偏重了经济，也有扶东倒西的不便。"

在李石曾先生虽觉到事实上所发生偏重一方面的弊害，以及事实往往背乎理论而驰，他个人仍"主张不偏重任何一方面而注意于平均的发展"。然而李先生同时又说："乡运者单做政治以外，社会以内之事。"这岂非打破了平均发展的主张吗？所以怎样使理论的方法与事实的方法能够一致和谐，又是乡村运动上一个很重要与很困难的问题。

关于乡村建设各方面的平均发展的不容易，罗卓如刘廷芳两位先生在乡村工作讨论会第二次集会报告内乡村建设工作里说得很详细，今且抄之如下：

> 过去地方事业，是由自卫入手，办理自卫式的地方自治，虽是时势逼迫着，不得不走这条路，所得结果仅是脱出骚动的形态，进入安定的现状。人民的自觉力和自动力仍觉着较差。至于顾及社会整个性的推动乡村建设，尚谈不到。绕来绕去，绕不出一个政教养卫合一的要求，对于壮丁训练，就经过三个时期的转变：第一个时期是想扭民团走向生产化，教育化，建设化的大道，然而事实不像理想这么简单，于是有第二个时期的转变，转变后又觉力量太薄，不能深入农村，于是又有第三个时期的转变。就理想上说，现在小队长是民众学校教员，同时又是补导保长的保长，第二联队副是该联队的民众学校校长，同时又是辅导联保主任的第二联保主任。保长和联保主任，工作有不力者，将来就以小队长联队副，任保长和联保主任。同时各处小学教员又是训练过的，要他辅导着小队长联队副共同推进地方事业，这么一来，不就把政教养卫扣合起来吗？然而又发生了问题，整个建设方案，如何

决定？这一套连锁的方法，又如何研究？这个大前提得不到解决，联队副小队长等下乡的时期，那当先作？那当后作？推动这一件事，又怎样能够叫那一件，同时动起来？

所谓乡村建设工作，从目下看起来，至多也不外是一种尝试或试验的工作。然而一般提倡乡村建设工作的领袖，如晏阳初，梁漱溟，以至孙伏园先生们，老早就已大声疾呼，极力宣传，乡村建设运动是救民族兴国家的唯一途径。梁漱溟先生在其《中国民族救济之最后觉悟》一书，孙伏园先生在其《全国各地的实验运动》一文（《民间》半月刊一卷一期），都极力指摘以往各种民族自救的运动的失败与缺点，而归结到今后的民族的唯一的出路，是乡村运动。我们的意见是，假使这个运动是民族自救的唯一与最后的运动，那么试验的工作是用不着的。反过来说，乡村建设运动，既还在试验的时期，那么试验的结果，是否能够成功，是否能够推行，均是疑问。在这种疑问尚未解答之前，就说这种试验是救国的最后觉悟，唯一途径，这岂不是一个错误吗？

其实这种实验工作，能否成功，固是疑问，而一般提倡与从事于乡村实验工作的人，以为这种实验工作，乃一种科学的实验工作，更使我们怀疑。近来好多人，因为见得在自然现象里有所谓科学方法，实验方法，于是对于社会运动，也欢喜应用科学方法，实验方法。我们虽不反对这样的应用，然而"科学方法""实验方法"这些名词之被人滥用，是无可讳言的。社会现象是否能够应用自然科学中的科学方法，实验方法，还是一个疑问。然而社会运动者，却已宣布他的方法是科学的，实验的，这都未免陷于神经过敏。社会现象总算不是变化无常，然而常常变化，是无疑的。纵使所谓乡村实验者，能够找出一个方法或一套模样，然而能否适于常常变化的社会，也是疑问。

不但这样，乡村实验工作之发达，虽是近数年来的事，然这种工作的历史，却比较为早。米迪刚与晏阳初先生们在定县的实验工作，岂不是有了三十多年的历史吗？然而二十余年来的定县的实验方法，试问有了那一套是有功效的呢？

我们不但怀疑提倡与从事乡村运动人所用的实验方法，我们还且怀疑他们以一县或一乡以为单位的方法。乡村运动的对象，是中国整个乡村。这种工作，到今还只限于一县或一乡。然而提倡从事于这种运动的人，还且标出什么定县主义，邹平主义等等单位主义。在某种意义上，我们也许不反对以一县或一乡为工作的起点，可是我们也要知道，一乡是与他乡有关系的，一县是与他县有关系的，同时，一县一乡不但与一省他省以至全国有了关系，就是和了世界各国都有关系。从这一点看起来，不但一乡或一县的工作，从国家的立场来看，实在有限，而且这一乡一县的工作纵算有了不少成绩，于整个国家也未必有补。我在这里愿意抄了章元善先生一段话来解释：

> 像（定县）东建阳这个村子，经济虽不景气，人民还能安居，充满新

气象，这一点小小成绩——代表平教会多年的经营——是经不起大兵们一天的光临的呢。

我们还可以把实例来说明，镇平在民国十六年间，得了彭禹廷先生创办民团，对于土匪肃清，虽有成效，然十八年彭先生离了镇平，土匪猖獗，县城失守，损失更大。[略]① 严慎修先生与其朋友在河津的工作，恐怕也免不得要受影响。我们的意见是，假使这些琐碎的一乡或一县的工作，尚且不能维持，要想以之来救国，是很不容易的。

最后，提倡与从事乡村建设运动的人，每每以为实验工作要在一个标准乡村或县镇里从事。中华平民教育促进会之选择定县，山东乡村建设研究院之选择邹平，皆以为是合于所谓标准区的条件。他们的理论是乡村与都市不但不同，而且处于相反的地位。质言之，都市是破坏乡村的力量，所以乡村的建设，不但是自有其特殊的方法，而且要离开都市的势力范围。

我们以为他们这种观念，是错误的。他们忘记了今日之主持乡建工作的人才，乃多来自都市；他们忘记了今之供给乡村工作的经费，也可以说是多来自都市，都市在今日是人才和经济的重心，乃是一种事实。都市既已为人才和经济的重心，而且今日的乡村建设工作的人才与经费又多来自都市，那么都市不但不是乡村之敌，乃是乡村之友了。都市既是乡村之友，为什么乡村建设工作，不能在都市附近，而必离开都市较远才行呢？

---

① 编注：因时代差异，个别词句略有删节，以"[略]"表示。余不注。

第七章　乡村文化与都市文化

在《大公报》十月十三日登载乡村工作讨论会在定县开幕详纪里，我们找得梁漱溟先生下面一段演词。

……乡建的目的是：（一）从中国固有的历史，演变下来的，使中国成为高度文明以乡村为主体为根据的社会；（二）西洋的近代文明，与中国固有的文明，结合演成今日状况。西洋的都市文明、工业文明，与中国的乡村文明，农业文明，两相接触，改造一种新的环境，在不断的转变之下，成为今日中国民族自救的运动，成为我们今日的乡村运动。我国经过不少运动，惟此运动，切重实际，亦可谓之最后的运动。已往诸运动，初起时亦呈风起云涌之势，但渐渐失败。……中国原以农业立国，自受西洋工业文明影响以后，也想走入西洋之路，但未走通；如已走通，固无需再有今日乡建运动矣。如日本因种种条件适宜，故摹仿工业文明而成功，走上了工业文明，都市文明之路，所以无需有乡建运动，农村受都市压迫过甚，故偶然的需要救济，但谈不到建设。我们因无路可走，才走上乡建之路，开辟别一个新路线，以农村为主体来繁荣都市，……开辟世界未开辟的文明路线，以乡建工作为民族自救的惟一出路。

在梁先生这段话中，可以商榷之点很多，但我在这里所要讨论的是：他以为西洋文化是都市文化，中国文化是乡建文化，而且这两种文化接触起来，就会产出一种中西合璧的新文化。

我们的意见是：所谓都市与乡村，从文化的观点来看，不但是在性质上，不过是文化很多方面的两方面，就是在发展上，是要在文化较高的社会里，才能发展的。因此之故，在一般经济学者所谓渔猎以至畜牧时代的社会，城市固是难于发生，连了梁先生所谓以农业为基础的乡村，也是难于发生。

不但这样，乡村的发展，固多依赖于农业，然而有了农业的社会，也未必一定是以"乡村"为社会的基础。比方南方好多的苗黎和南洋好多的土人，所住的地方，彼此相隔很远，往往在很远的距离中，才能看见一家茅屋。所谓乡村固是少见，就是三五个家庭聚居一处，也不多有。然而这些人们，大多数是靠着农业为生，同时他们的农业知识和经验，未必是低过我们所谓以农立国的国民。

同样，都市固是工业的展览处，可是在都市尚未发生或尚未发达的原始社会里，工业也许已经很进步了。比方美洲土人所制作的土器，菲洲土人所铸造的铁具，苗黎的刺绣，以及他们或其他的原始社会的人们，在工业的其他方面的出品，在人类文化史上所占的位置，都很重要。

都市与乡村既不只是文化很多方面的两方面，而且是要在文化发展较高的社会，或是某种特殊的文化的社会里，才能发生或发达；我们就能容易明白文化可以概括都市与乡村，而乡村与都市却不概括文化。梁先生以都市与乡村来范围文化，已经不合逻辑，何况就算都市与乡村可以范围文化，则西洋文化既不只是都市文化，中国文化，也非只是乡村文化呢？

原来西洋现代的文化，并非突然的发生或创造出来的。他是经过好多年的时间，和费了无数人的精神劳力，一点一点，和一步一步的累积而成的。所谓二十世纪或十九世纪的西洋文化，不外是十六、七、八诸世纪的文化的伸张，而十六、七、八诸世纪的文化，又不外是从西洋文化发生以至十四、五诸世纪的文化的果实。都市是文化特性之一，当然也是像文化一样的发展而来。所以从大体上看起来，西洋的都市历史，也有了几千年的久远，然而从其发展的速度方面来看，这种速度很快的增加，是十九世纪以后的事情。我们知道，一八○○年法国人口过十万的都市，不过有三个。在那个时候，纽约大约只有六万人；伦敦不过十四万左右；巴黎是欧洲的重心，也不过是五十万左右；芝加哥到了一八三○年，还不过是一个百人左右的乡村。此外在今日所谓为大都市，在一八○○年有的还是荒邱旷野，有的还是穷乡陋邑。所以一八○○年以前的西洋的人民，差不多百分之九十都在所谓乡村里过着他们的生活，我们若用了梁先生的名词来说明西洋文化，那么这时候的西洋文化，岂非也是乡村文化吗？然而一八○○的西洋文化，老早已进入了现代文化的时期。

就是十九世纪中叶的西洋都市，有了一百万人的，固不易找出来，有了五十万以至十万的，还是无多。纽约成为美国最大的都市，人口至多也不过五十万左右，芝加哥只有一万；巴黎据说有了一百万，可是在法国那个时候，百分之八十的人民，是乡村的居民，于是可知西洋的文化不只是都市的文化。

而且事实上，近百余年以来，西洋的都市固是发展得很快，西洋的乡村何尝又没有发展呢？一般浅见的人，见了纽约、伦敦、巴黎、柏林、芝加哥的人口，在这个时期里增加了好多倍，他们忘记了西洋各处的乡建的人口，在这个时期里，也增加了不少。举一个例罢，一八○○年的英伦与威尔斯两个地方的人口，总数是九百万，住在都市的有三百万左右，住在乡村的约有六百万；到了一九○○年这两个地方共有人口三千万，住在都市的约二千万，而住在乡村的约一千万。这个统计，虽也指示都市的发展是较乡村的发展为快，但是我们所要特别注意的一点是：乡村并不因都市的发展而零落。反之，乡村的人口，也差不多增加了一倍。何况事实上，今日之所谓都市，大多数是从前的乡村；所以表面上，我们虽说村发展和都市发展有了分别,事实上,所谓都市的发展,差不多就是乡村的发展。

同样这般浅见的人,只见得新的都市,在这百余年以内,增加不少,他们忘记了在同样的时期里,新的乡村也增加了不少。他们只见得西洋在这百余年来,都市的物质文化,进步得很快,他们忘记了西洋在同样的时期里,乡村的物质文化,也进步得很快。他们只见得都市人口增加较快,乡村人口增加较迟,以为后者就被了前者压迫,他们忘记了机器发明以后,从前要十人来耕一幅地,现在只用一个人就够了;他们又忘记了,交通便利以后,所谓乡村与都市的界限,已不像从前那样的清楚,居住乡村的人,固有不少跑去都市,然而居住都市的人,也有不少的跑去乡村。

再从西洋文化的性质上来看,一般人——梁先生也在内——都以为科学及民治为西洋文化的特征,但是科学对于都市的发达上固有不少的帮助,其对于乡村的发达上,又何尝没有很大的贡献?例如交通上的种种便利,与其说是有益于都市,不如说是更有益于乡村。至于民治精神与制度之发达,差不多可以说是以乡治国的表征。在帝王专制的时代,政治完全取决于国都与都市,在民治时代的国家,政治主权,是要在一般民众的手里找出来。现代国家的乡村的民众,既还占相当的数目,则乡村之在政治上的力量,也是不可忽视的。

上面是说明西洋文化不只是都市文化,我们现在可以解释中国文化不只是乡村文化。

《易》云,"日中为市",这可以说是中国都市的起源;《周礼》里"国"与"鄙"每相对称,"鄙"是指着乡村,而"国"却可以说是都市。至于《管子》说"野与市争",已经证明市的位置的重要,又如《羊传·宣十五年》何注文说,"春夏出田,秋冬入城郭",是指出都市不但是政治工商的中心,而且是农民的秋冬两季的寄托所。至如秦的咸阳,汉的长安的位置的重要,更不待说而可以明白的。汉代文化的中心,是在黄河流域,故《史记·货殖传》载长安以外河南有七个大都市,直隶、山东、山西、安徽诸省各有两个;南方文化较低,故都市之见于《货殖传》者,仅江苏、湖北、广东各一。于是可知中国的文化,从来就不只是乡村文化。而且从《货殖传》里的指示,我们知道文化之优高低下,每以都市之大小多少为衡。

从汉朝到现在,朝代虽变了不少,然都市在中国文化的位置的重要,是无可怀疑的。我们试读元代马可波罗的中国游记,其所赞美歌颂的中国文化,何莫非像梁先生所说的"都市文化"?假使那个时候的欧洲人,而像梁先生一样的把文化来分为都市和乡村两方面,则读了罗氏游记之后,岂不是也要叹道"中国文化是都市文化"了!

梁先生既错认中国的文化是乡村文化,他又错认中国成为高度文化是以乡村为主体为根据。我们要问梁先生所谓以乡村为主体为根据而成为高度的中国文化，是指着那一种的文化呢？在物质方面，是不是以农业为本的乡村的农业出产呢？在社会方面，是不是以宗族为本的乡村的宗族制度呢？在精神方面，是不是以保守为本的乡村的只知有乡不知有国，有世界；只知因袭，只知复古，不知进取，不知图新的思想呢？其实中国数千年来的文化之所以停滞而不能发达的一个很重要的原因，恐怕正是因为中了这种村制度的遗毒，和受了老子、孟子的"老死不相往来"的理想乡村的影响。结果是知识固塞，科学不振，工业商业固无从发展，连了所谓为乡村基础的农业，也是沿旧蹈常，与所谓原始文化的社会的情况，相去不远。至今无路可走，迫不得已的还要派留学生到西洋去学农业，派大官红员到西洋去调查乡制，考察农政，购买农产品，移植种子。我们清夜扪心，应该惭愧万分，努力急起直追，企有与西洋并驾齐驱的一天，那料所谓乡村运动领袖像梁先生，还要在那里梦想以西洋人千数百年前所也曾经过的中国式"农村文化"，而融合于西洋的现代文化，以成为什么一个新路线，新文化，非岂可笑！

事实上，我们相信：新的文化的创造，与其说是依赖于乡村，不如说是依赖都市。上面已经说过，一般人都以为现代西洋文化的特征，是科学与民治，可是科学这件东西，差不多完全是都市的产物。同样，民治的发展也是得力于都市。法国所有的革命，都起自都市，而特别是法国最大的都市——巴黎。法国的革命是这样，别的国家的革命也是这样。在英国，在瑞士，民主政体的种子，人们虽说是他们祖宗在山林田间种下来的，然而我们不要忘记，他们的现代的民主政治，是工业革命以后才发展的，而工业革命的策源地又是都市。而且工业革命的发生，是由于机器的发明，机器的发明，又不外是科学发达的表征。

所谓现代西洋文化的特征既是都市的产物，现代西洋文化的高峰或梁先生所谓的高度文化，也是要在都市里找出来。西洋固是如此，中国也是如此。中国都市的发达，虽然比不上西洋，可是中国而真是有了高度文化，那么这些高度文化，也是"都市的文化"。我们的都市且叫做"国"，我们的乡村是叫做"鄙"，已是表示两者的文化高低不同。我们的乡人曾屡唱着"不到京城终贱骨"的句子，可是我们没有听过都市的人唱过"不到乡村终贱骨"的句子。我们有乡下佬出城的笑话，我们没有城里人下乡的笑话。这不过是就我们传统和一般人的观点来说。假便我们从我国的文化本身来看，那么无论在物质方面，在精神方面，都市都比乡村为高，为优。所以外国人来中国观光（？）时，我们要叫他去北平看皇宫，看花园，看《四库全书》。万一外国人到了我们的乡下，照了几张泥屋，豚尾，人畜共处，鬼神偶像的片子回去，在西洋的影戏院里开演起来，我们马上就要抗议，以为他们侮辱我们的国体、民族。连了一般真是同情于中国一般民众生活和农村概况的外国人，若是到了像定县那样的地方，我们所给他们参观的，也不外是在县城里或是县城附近的西化的保健院，西化的农场……试问我们所谓以乡村为主体为根据的中国的高度文化，又在那里呢？是的，在定县的农场里，我们曾搜集了华北好多的家畜，像鸡像猪，和好多的农产品，像麦像棉，然而把我们这些东西和西洋的这些东西陈列在一块地方，三尺孩童，一拿两者较起来，立刻见得我们的农品的低劣。比方中国顶好的棉花，一比起美国棉花，不但是小得很厉害，而且向地生长，正像了垂头丧气的老大要死的人一样。难道梁先生所指为高度文化，就是这些东西吗？我想定县试验的领袖们，也许是不会这样想的。他们的目的，要是我的认识不错，无非是想把美国的种子，介绍到中国来。可是这么一来，他们的目的，并不像梁先生所说乡村运动和建设的目的是欲以乡村为主体为根据的中国的高度文化，加在西洋的现代文化上而成为一种新的文化；反之他们的目的是西洋化，也许彻底西洋化，全盘西洋化。

农产上的目的固是如此，其他像教育，像医院，以至像瞿菊农先生家里的火油箱做的沙发（Sofa）椅的目的，也是如此。假使他们的目的不是这样——彻底西化，全盘西化，那么定县的试验，简直没有意义，无疑的且要失败。因为他们若只是保存中国固有的乡村的文化来做他们的运动和试验的目的，那么这种运动，这种试验，在中国已有好几千年历史，用不着他们再来费了宝贵的光阴，劳苦的工夫和有用的金钱呵！

明明白白是在走西洋化的路，偏偏要说是中国的路，中西合璧的路，世界未曾开辟的路，这是谎话，这是矛盾。

我以为梁先生的最大错误，是他把"目的"与"手段"这两件东西，弄得不清不楚。"目的"是要西化，而且要彻底与全盘西化。至于如何达到这个目的，那是"手段"或方法的问题。美国的棉花，大过中国的棉花好多倍，我们要移植这种棉花来中国，使其能像美国的棉花一样，这是我们的目的。可是因为人才，智识，经济的原因，我们不能一时推广美国的种子，故用美国人改良种子的方法来改良中国的种子，或是把美国的猪种来和中国的猪种混合起来而得到一种较好于中国固有的猪种。这是一种达到西洋化的"目的"的手段或方法，而非目的的本身。若说中国的小猪和了美国那样好的猪混合起来，第二代就会有了比美国猪还要好的结果，那是一种笑话。农产如此，整个文化，又何尝不如此的。

总而言之，梁先生和我们的异点：是他要把中国固有的乡村来融合于西洋或西化的都市，而成为一种新文化；我们却要把中国的乡村西化起来，使能调和于西洋或西化的都市而成为一种彻底与全盘西化的文化。这是从目的方面来说。若从手段方法来说，乡村西化，固是要从乡村本身上着手，然而我们也要知道，科学化的实验工作，未必一定是要在乡村的。岭南大学的农场及丝厂，中山大学和金陵大学的农场，所试验的东西，好像正是定县的农场所试验的东西，何况定县的农场，也要设在定县城，或县城的附近地方。又从经济的供给，和设备的便利，以及人才的利用方面来看，试验的工作，与其分散于这么多的乡村，不如集中于数处，而这个地方，无疑的以在都市或都市附近的地方，较为得当。这样看起来，都市固不只不会像梁先生所谓是压迫乡村的仇敌，而是帮助乡村的好友了。何况事实上我们今日所谓乡村运动的人才，经济种种，差不多完全是依赖于都市呢？一般乡村居民，不但不懂"乡村运动""乡村建设"是怎么一回事，还要一般生于都市，或长于都市，或受教于都市，或居住于都市的人们，用尽苦心，出尽方法，才能不遭乡村人民的反对，得到他们的信心，然后才能开始乡村建设的工作呵！

最后我觉得我们现在所谓乡村运动，是最近数年来才发生的。可是这种运动之在西洋，却有了很久的历史。我们很多乡村运动的领袖，饱受西洋文化的空气，或且专在西洋研究过农村运动，究竟能否同意于我们主张中国的乡村应该彻底与全盘的西化，是另一个问题，然大家大约总不会说我们这个运动是没有受过西洋的乡村运动的影响；只有没有出过国门，不懂西洋乡村是什么的人，才会自夸这个运动，是我们自己发明的新运动，自己开辟的新路线罢。

第八章　乡村建设运动的途径

自民国十五年至民国二十五年的十年间，"乡村建设"这个口号，可以说是震动一时，而"乡村建设"这个运动，也可以说是蔓延全国。北至河北，南至广东，西至四川，东至江浙，不只在理论上，到处有人提倡乡村建设，就是在实际上，也到处有人实验乡村工作。定县，邹平，辉县，新造，巴县，昆山，萧山以及其他的好多地方，都有了乡村实验区的成立。有人估计到了民国二十四年为止，关于乡村建设的团体，有了一千多个，同时与这种团体有关系的农学会社，又有了一万多个，至于理论方面，除了梁漱溟先生的著作之外，出版物之提倡乡村建设工作的，也有了十余种之多，从我们的行政院以至好多省政府，县政府，区公所，对于这个运动，都给予不少的注意。

七七事件发生以后，这个运动，受了一个很大的打击，而各处的实验工作，差不多完全停顿。以提倡理论著名的山东乡村建设研究院，固是早已停顿，就是实验工作著名的中华平民教育会的乡村建设工作，自离开定县之后，始而迁到湖南衡山工作，继而参加四川新都与贵州定番的实验，然而因为种种的原因，终于不能在这些地方继续维持其工作。中华平民教育会后来虽在四川北碚左近，重张旗鼓，开设乡村建设育才院，可是比起其在定县时的声誉与规模，不能不有今昔之感了。

七七事件的发生，对于乡村建设的运动，固有不少的影响，然而事实上，就使没有七七事件的发生，乡村建设的工作，是否能够维持下去，已成了一个问题。其实，据我个人的观察，乡村建设的运动，在抗战以前的两三年，已有了日落西山的景象。敌人的侵略，我们只可以说是加速乡村建设运动的衰败，而非促成乡村建设运动衰败的主要原因。因为乡村建设运动衰败的现象，在七七事件尚未爆发之前，已经很为显明。

我个人以为乡村建设运动之所以衰败的主要原因，是因为在理论上，就有其根本错误的地方。一般提倡乡村建设的人们，都以为中国自来是以农立国，所以今后的中国，还是要以农立国。他们所提倡的乡村建设运动，也可以说就是农村建设运动，因而他们遂成为农本主义的推动者，在积极方面，他们既主张以农为本，在消极方面，他们是反对工业的发展，反对都市的发达。"作农人"，这是他们的口号，"下农村"，这是他们的呐喊，梁漱溟先生固是这样的大声疾呼，其他的一般从事于乡村建设运动的人们，也是这样极力唱随。梁漱溟先生还以为我们的工业太过落后，假使我们与欧美日本各国在工业化上去赛跑，结果是人家走十步，我们只能走一步，这样的比赛下去，我们是终必落后，而且要愈趋落后。所以我们只能从农业方面去发展，中国才有出路。

这种乡村建设理论的错误，我在上面已经指摘出来，我在这里只要指出，因为目前的工业落后而不得不主张重农，这是一错误，这是自暴自弃。我们知道，一百年前的德国工业，并没有英国的工业那样发达，然而德国人并不因此而主张重农反对工业化，五十年前的日本的工业，也并没有德国的工业那么发达，然而日本人也并不因此而主张重农，反对工业化。其实，因为目前不如人而自暴自弃，已是一种失败者的心理的表征，而况一般提倡乡村建设运动的人们，大都是一般回恋于复古的人物，欲以"以农立国""死不出乡"的传统思想，以应付现代的世界，这是愚妄，这是幻想。

然而，我们这样的批评过去的乡村建设运动，并不是说中国的乡村建设运动是不需要的，也并不是说中国的乡村建设运动是没有希望的，反之，中国的乡村建设是需要的，中国的乡村建设是有希望的。

原来中国的百分之八十的人口，是住在乡村，故乡村在我国所占的地位的重要，是无可疑的。乡村在我国的地位既是那么重要，那么我们要想建设中国，我们不能不注意于乡村建设，至于乡村建设的前途，究竟如何，主要的，要看我们对于乡村建设的理论，是否健全，要看我们对于乡村建设的方法，是否妥善。我们在上面既已指出以往的乡村建设运动的错误，那么今后的乡村建设，照我个人的意见，应该是：

一、以工业为前提，以都市为起点。

为什么乡村建设是要以工业为前提呢？原来我国人口众多，而土地过少，据人们的估计，我国土地约为十三万万亩，而人口却有了四万万五千万。在南方的一些土壤较为肥美的地方，每一个人有二三亩地，虽可够用，可是在北方的好多平原沙土之地，每一个人非有五亩，是不够用的。就以每人平均四亩来计算，我国所有的土地就缺少五万万亩，这就是说全国土地，约只能够三分之二的人口之用，而况在这十三万万亩的土地之中，还有不知多少的土地是不能耕种的，又况在目前的情形之下，土地的分配，并不平均，因而不知多少的农民，无田可耕，土地的面积既已很不够用，而人口是逐渐增加的，假使我们只靠农业以解决中国的农村问题，这是不可能的，反过来说，必要极力去发展工业，以吸收农村的过剩人口，才是办法。

而且因为我国的旧式工业，太过落后，外来的工业用品，不但畅销于沿海都市，而且已深入到内地乡村，中国的旧式工业既不能与外来的工业用品相竞争，那么旧式工业逐渐被淘汰，结果必使我们的一切工业用品，非用外来的不可。在这种情形之下，不只是都市经济必受很大的影响，就是乡村的经济，也必愈为枯窘。

而况进一步来看，假使工业不发展，则农业也不易发达，比方我们尽管种了棉花，但是我们若没有纺织厂，那么不只是我们需要的布料要靠外国运输进来，就是我们的棉花市价，也必受了人家的管制。结果是往往使我们以低价出卖我们的棉花，而以高价去购买人家的布料。农村的人民在这双层吃亏之下，农村之愈趋衰落，是不可免的。棉花固是如此，其他的好多农产品，又何尝不是这样呢？

其实，近代农业的发达，是依赖于高度的工业化，是一件很显明的事。农耕之需要机器，农品运输之需要便利的交通工具，以至农田肥料之依赖于新式的化学工业，都可见得工业之于农业的关系的密切。农村或乡村的建设，主要固是要看农业是否发达，可是农业的能否发达，又要看工业是否发达。

上面不过随便的举出一些理由，去说明乡村的建设，要以工业为前提。然而乡村建设之于工业发展的关系，已可概见。

在抗战以前，重农的主张，得了一般提倡农村建设运动的人们的鼓吹，使重工的主张，受了国人的蔑视。抗战以后，国人虽然很能感觉到非振兴工业，不足以复兴国家，可是一般提倡工业的人们，主要是着重于国防工业方面。至于能够指出工业的发展，是农业发展与乡村建设的必需条件，尚不多见。我们希望一般提倡以农立国与乡村建设的人们，对于这一点要特别的加以注意。

二、为什么乡村建设要以都市为起点呢？

我们知道，过去的一般人之从事乡村建设的，往往以为乡村建设，须从所谓"标准的乡村"下手。所谓标准的乡村，就是离大都市相当的远而具有中国一切的乡村的特［特］色的乡村。反过来说，就是一般之没有受过大都市的影响的乡村，中华平民教育会之选择定县为实验区，山东乡村建设研究院之选择邹平为实验区，都可以说是为了这个原故。他们以为要在所谓标准的乡村中去作实验工作，才能找出一套建设乡村的方法，而推广或应用到其他的乡村。然而事实上，这种所谓标准的乡村的实验工作，在过去的二十年中，不但不能找出一套可以推广或应用于建设其他乡村的方法，连了本身的实验工作，往往也失败了。而其所以失败的主要原因，照我个人的观察，就是因为他们不以都市为建设乡村的起点，结果是不只往往因为离开都市而在治安方面发生了好多问题，而且因为这个原故，遂使建设乡村所需要的人才与经费，也往往异常缺乏，而使这种工作难于进行。

因为交通不便，以及其他的好多原因，离开都市较远的乡村或区域，治安很成问题，这个治安问题，又并非一个乡村或一个区域的问题，而是与其他的乡村或区域的治安有了密切的关系。在甲村或甲区从事实验工作的人，在其乡村或区域之内，也许对于治安问题有了解决的办法，然而假使其相近的乙村丙村丁村或其他的乡村的治安有了问题，则在甲村的工作，必受影响而致于停顿。比方河南镇平的乡村建设工作，在民国十八年间，就因了土匪猖獗，而使一切的工作受了影响。

所以我们以为假使这种工作，若从都市而尤其是大都市的左近的乡村下手，同时利用都市的维持治安的机构，使能逐渐放大其维持治安的责任，则这些左近的乡村治安，能够充分的去利用都市的维持治安的机构以维持，那么一般从事于这些乡村建设的人们，能够安心去推动其工作，则其收效必较大得多。

又乡村建设工作，若离开都市过远，欲找这种工作的人才，而尤其是技术的人才，如医生，农业专家，至为困难。关于这种人才就是位在平汉铁路线旁边的定县，与位在胶济铁路线左水的邹平，也不容易罗致。因为这些专门人才在今日的中国的都市，以至高等学府中，尚不易找，假使一些偏僻的乡村，而欲找了这些人才，更不容易。所以假使这种乡村建设工作，若是能在都市左近，则利用了都市中的各种专门人才，比较容易得多。我们要指出我们并不主张都市中原有各种专门人才，要放弃其在都市中的固有的位置，而跑到乡村工作。我们希望的，是在他们的固有工作之外，可以利用其多余时间，以从事乡村建设工作，或是放大其工作范围，而包括了多少乡村在内。

从经费方面来看，假使一个乡村，离开都市过远，则一切关于建设上的设备，都要自置自备，那么其所用的经费，必定很大，而同时在效益上，却未必很大。比方以前定县的乡村建设工作，每年花了数十万元，以一个实验区域来说，其数目不能说不多，然而定县的一个卫生院，或一个农场，要真正办得好的话，那么每年数十万元拿来办一件事业，也未必够用，而况所谓乡村建设的工作，是多方面的。卫生与农业，只是好多方面中的两方面罢了。

总而言之，我们的意见是：这种乡村建设工作，最好是以都市为起点，先从在都市左近的乡村下手，尽量利用都市中的行政机构，如工务局、公安局、卫生局、教育局等等放大其工作范围，或另设一乡村建设委员会，再加了一个促进农业的机构，而充分的利用这些机构中的人才设备，以及都市中的其他的人才与设备，去帮忙其左近的乡村的各种工作，如治安交通卫生教育以至农业。在其办理的初期，不妨从与都市最近的乡村作起，逐渐的放大其范围。能够这样的作去，则不只不会陷于过去乡村建设运动的错误，而且必定有很大的效益。其实这样的作法，以前青岛市政府，曾经试办了好几年，而且有了显著的成绩。我愿意一般之谈乡村建设的人们，对于我们这种的主张，以及青岛的过去的经验，能加以特别的注意。

附录一

关于《乡村建设运动的将来》

自从我的那篇《乡村建设运动的将来》在《独立评论》一九六号发表以来，关于讨论这个问题的文章，在《独立评论》发表的，有杨骏昌先生的《论乡村建设运动》（一九八号），傅葆琛先生的《众目睽睽下的乡村建设运动》（一九九号），瞿菊农先生的《以工作答复批评》（二〇二号），涛鸣先生的《此路不通》（二〇九号），陈志潜先生的《唯一出路》（二一五号），黄省敏先生的《读〈乡村建设运动的将来〉敬答陈序经先生》（二一六号）。在《民间》半月刊发表的，从二卷二十四期至三卷三期已有七八篇。此外在《文化与教育》旬刊，《政问周刊》，以及他种刊物上发表的，尚有很多。

这些文章，大多数是不满意于我那篇文章而发表的。不过批评我那篇文章的人，或是辩护今日的乡村建设运动工作的人，完全是一般提倡或从事于所谓乡村建设运动的人。我细心读了他们的文章之后，觉得他们所说的话，并不否认我所指出的各种困难与缺点。《民间》半月刊上所发表的好多文章，固是如此，就是批评我很厉害而尽力辩护今日的乡村建设运动的工作的黄省敏先生，不但不能证明我所指出的各种困难与缺点是不对，而且一再承认今日的乡村工作的"不到家"与"不满意"。

又如杨骏昌先生曾把所提出的各点，逐条讨论。他不但屡屡声明我所说的话都是目前乡村建设运动中所表现的事实，而且指出"现在国内各界对于乡建工作和陈先生一样看法的，恐怕还很多"。我可以说，我写那篇文章的动机，不外是指出目前一般乡村建设运动的缺点与困难。假使我所说的话，而正是很多人所要说的话，那么我的话，并不是我个人的私见，至多也不过是说了一般普通的人们所欲说而却不说，或尚未说的话罢。

一般提倡与从事乡村建设运动的人，每每指出以往好多的运动的失败，以及现在各种运动的错误，而坚决的相信他们所谓乡村建设运动，是民族自救，国家复兴的"唯一"或"最后"的觉悟。比方，梁漱溟先生在中华书局出版的《中国民族自救的最后觉悟》一书，孙伏园先生在《民间》半月刊一卷一期所发表《乡村建设实验工作》一文，与在晏阳初先生的言论里，在瞿菊农先生著作里，都是这样看法。然而经过这一次的讨论之后,他们多数已很肯定的相信,所谓乡村建设运动,只是救国工作的一种工作。比方瞿菊农先生在《以工作答复批评》一文里说:"即使乡村建设不是唯一的救国的路,但至少是应该努力的一种工作。"

其实一般人所谓乡村建设运动,在目前既尚未超过试验的时期,不但不能谓为救国的唯一路径,恐怕也不能谓为救国的一种办法。因为既曰试验工作,则能否成功,固是有了问题,即算能够成功,然而能否推广,也是有了问题。在这些问题尚未解决之前,正像我已说过,救济一般已在乡村里从事所谓乡村建设运动的工作人员,已是一件很不容易的事,救国救民,是谈不到的。

总之,提倡或从事所谓乡村建设运动的人,既并不否认我所指出今日一般乡村工作的缺点与困难,而又改变其本来态度,相信这个运动不是救国的唯一途径,这不能不算作提倡或从事乡村建设运动的人的一种新觉悟。

一般提倡或从事乡村建设运动的人,多以为我对于这个运动,不应持悲观态度。我的悲观是否像梁漱溟先生的那样的"不寒而栗",是否像晏阳初先生那样的"栗栗危惧"。其实我之所以悲观,恐怕未尝不是受了这些领袖的暗示而来,至于傅葆琛先生以为我所抄录梁晏两位先生的话,是近于断章取义,那是很大的错误,难道傅先生忘记了梁先生所说那些话是他的报告的结论,而晏先生所说那些话是他的报告的引言吗?

我之所以感觉悲观,乃是由于近年以来的乡村建设运动,有的是失败了,有的尚在失败的途中。假使提倡或从事于乡村建设运动工作的人,不能在工作上给我们良好印象,而徒然要人们存着空洞的乐观,试问这种乐观,又有什么用处?

何况悲观未必一定是坏的。一个很有名的法国人曾说过:没有悲观,世界上不会有很大的造就。傅先生也曾说过,"失败是成功之母"。成功既能使我们乐观,失败当然会使我们悲观。

陈培光先生在《教育》旬刊八十八期所发表《乡村建设运动的前途果足以悲观吗?》一文,以为梁先生的"不寒而栗",晏先生的"栗栗危惧"全是当事人虚心自检的话,我在《乡村建设运动的将来》一文,已经指出这两位所谓乡村建设运动的领袖说的,不只是"谦抑戒惧,反之我觉得乡村建设运动之所以令人失望,原因也许很多,然而善于夸张自己的工作的成绩,可以说是主要原因之一"。《乡村建设实验》第二集,纪录集会经过里有了下面一段话,证明我这种看法是对的:

> 在这两天连接的报告中,大概我们可以看出一种倾向:就是大多数述说各团体的功绩,和他们是怎样努力乡村,怎样的认识乡村,对于实际问题,似乎很少很少提出。

又如凡是到乡村建设实验区参观的人们,也很容易明白领导参观或主持工作的人所给人们的一个印象,多是"述说他们的功绩,和他们怎样的努力乡村,怎样的认识乡村建设"。我们知道，定县的乡村建设工作，三十年来得了不少的地方绅士与私人团体的提倡试验，以及县政府与省政府的帮忙，然而试问三十年来所谓功绩，究竟何在？所谓努力，究有何益？所谓认识，究竟何用？从事定县的乡村建设工作，人才较多，经费较裕，而年数又最久，然其结果，也不过如此，其他各处，也就可想而知了？

今日好多提倡与从事乡村建设运动的人，表面上虽好像欢迎局外者的批评（《民间》半月刊一卷一期发刊辞），然而事实上，局外人一说及他们的缺点与困难，他们却又要说道："我们不希望运动以外的君子讥评。"（《民间》二卷二十三期）这好像是矛盾，这好像是狭见。其实一般提倡或从事于乡村建设运动的人，好像不但不愿运动以外的人批评，还要人家鼓励他们，正如傅葆琛先生所说：

> 凡不站在乡建运动的人们，不但应当时时对这种运动，表充分的同情，而且应当尽力协助，并从旁鼓励，如同看长途赛跑的人，在圈外不断的呐喊着，希望着，至少他们能给予跑者精神的兴奋。

我很可惜，理性上既不许我去恭维今日一般之所谓乡村建设运动，感情上也不许我去鼓励今日一般之所谓乡村建设运动的工作。原因是这种运动既筑在一个很不健全的理论上，而这种工作不但少有益处，而且往往生出不少的弊病。正如一个气力不适宜于长途赛跑而却不自量其气力之不适宜而偏要参加这种赛跑的人，圈外人若要他勉强增加速度，那恐怕结果是"欲益反损"罢。

我的愚见是：真正的工作既不怕人家批评，真正的工作，也决不会因人家批评而失却了价值。只有有名无实的工作，才怕人家批评。然而这种工作，就使没有人家去批评，就使请人去歌颂与鼓励，也决不会增加其价值。其实若说一种称为救国的唯一途径的运动，为了一两篇批评的文章，而能破坏其前途，那好像愈显出这个运动的价值太低罢。

在《乡村建设运动的将来》一文里，我以为凡是稍能知道十余年来的乡村建设运动史的人，都免不得会觉到这种运动已有了很多失败，而且有了不少还正在失败的途上。一般不满意于我那篇文章的人，既并不否认这些事实，那么乡村建设运动的前途之未可乐观，与我之所以"颇感觉悲观"，只是自然而然的。我虽指出定县与邹平的工作的缺点与困难，然我并未断言其必定失败。可是近来一位很热心于乡村建设运动工作的朋友，却很肯定的说邹平是必定失败的。邹平是否要失败，我们在这里，不顾〔愿〕加以断言。不过，邹平的工作近来已经缩小范围，这是无可讳言的。

最近陈国钧先生在《中国建设》十四卷第四期发表《济南和山东省及邹平的概况》里，曾有下面一段话，我愿意抄之于下：

余由邹平回周村，途中到各农家闲谈，似乎农民对于研究院（山东乡村建设研究院），没有很好的印象。他们总说：种美棉本来是好不过，研究院未办以前，我们就种了美棉。以后就一年一年的发展，研究院所种的美棉，并不见得比我们自己种的好。养猪一项，似乎研究院的猪肥些，可以到二百多斤，不过要养一年或二年之久，而我们所养本地的猪，一年可以四次，比较还是养本地猪合算得多。此外没有看见研究院什么好处。这固然不能说老百姓的观察一定是对的，不过我总觉得研究院和邹平县政府似乎还没有深入民间，获得着百姓的同情，办乡村建设，而不得到老百姓的同情，总是一种最大的缺点。

数年来山东乡村建设研究院之向外间宣传其工作之最有（也许是唯一的）成绩的，是种美棉了。然而从这段话看起来，研究院之提倡种美棉，不但是在邹平的老百姓已种美棉之后，而且研究院所种的美棉，并不见得比邹平的老百姓所种的好，研究院的工作之在邹平的成功与失败，至少可以从这一点上知其大概。而且从陈国钧先生的话看起来，正足以证明我在《乡村建设运动的将来》一文所说：深入民间尚做不到，还谈什么建设乡村？

至于定县方面，杨骏昌先生在他那篇文章已经说道："现在的定县平民教育会又因各势力所迫，而不得不易地试验，别起炉灶了。"以定县已有历史上乡村建设的相当基础，再加以平教会十年的努力，其结果也不过如此，"别起炉灶""易地试验"，而谓其必能成功，那是不能不使人怀疑的。

其实近年来国内各处所谓乡村建设运动之衰落，是一种不能否认的事实。我们只要随便的举出几个例，便能明白。政府机关如农村复兴委员会，学校实验区如燕大的清河镇，或则已被裁撤，或则停止工作。他如金融机关慈善团体之从事于这种工作者，照各方面的观察，前途均未可乐观。最近《中国建设》十二卷五期里有一位述四川乡村建设运动的史略，指出四川的乡村建设运动已趋于日暮途穷的地步。马伯援先生在《民间》半月刊三卷十八期所发表《这一年在湖北乡间所得到的情报》一文，明白的指出湖北乡村工作的失败。马先生且说：

我们中国江湖式的学者与政客，借主义或学说去骗领袖，领袖爱国情深，委他去作，他的官运亨通，自己从不走到民间，实地工作，却立一个机关，或讲习所，遍布爪牙，诸事包办，有个人无国家，有官治无民治；有什么合作保甲库仓可言？完全是欺骗领袖，借复兴农村美名，为自己升官发财耳。

我愿意把《民间》编者在"编辑后记"一段话，抄来做本篇的结论：

马先生在本文内所说的好多事实，我们相信不致于有，但是马先生又都有事为证，我们又怎敢说他不是事实。不过我们也不愿意多说什么，我们只觉得马先生的结论——"有则改之，无则加勉"，是一点不错的。

附录二

都市与抗战

自从北平首都与沿海几个大都市失守以后,"回乡运动"的声浪又日唱日高。

我们同情一般老弱妇孺回乡避难,我们赞成人们为着训练与组织乡村民众以为抗战的准备而下乡工作,可是若因为提倡这种运动而忽略了都市在抗战上的重要性,那是一种很大的错误。

第一,都市是抗敌的力量的重心。无论财政的筹措,粮食的预备,军队的集中,以至伤兵的医治等,都市比之乡村便利得多。这次淤〔淞〕沪抗战所以能够持久,原因固多,然上海所给与抗战上的种种便利,不能不说是一个很重要的原因。在涣散的乡村里,不但这种力量与便利不像在都市里那样集中,就要想集中,往往也因为好多客观的条件所阻碍,而不能救燃眉之急。

第二,都市是交通的枢纽。交通在平时已很重要,在战时更为重要。都市不能保卫,交通必大受影响,交通的枢纽与交通线若被了敌人占据,则乡村也必受了威胁。因为敌人不但能利用交通线来包围我们的乡村与切断我们的乡村的联络,且可以利用都市以为侵略我们的乡村的根据地。

第三,都市是民众集中的地方。从理论方面来看,乡村民众固要训练组织,都市民众更要训练与组织。从事实方面来看,都市民众的智识水平线既较高于乡村民众的,故在训练上的功效也当较速。至于组织方面,都市民众既较有经验,较有基础,那么进一步而作较为完密与较有力量的组织,也当较为容易。就使都市不幸而被敌人占据,则将来反攻时有了训练较好组织较好的民众以为内应,其功效也必较大与较速。

第四,都市是我们的精华所在地。因为都市是工商业与文化其他方面的萃集区,这些精华无论如何不能完全离开都市,至少不动产如房屋之类是不能迁移的,至如商品货物虽可他迁,然也只是从一个都市移到别的都市。质言之,工商业以及好多东西是不能离开都市而发展的,所以保卫都市就是保卫我们的工商业以及文化的其他方面,而保卫这些东西也就是保存我们抗战的力量。

总之,都市是我们的碉堡,乡村是我们的家室,碉堡不能保卫,家室也难免蹂躏。都市是我们的前方,乡村是我们的后方,前方失陷了,后方也要受威胁。

都市是我们的仓库，乡村是我们的田园，仓库被人占据，田园未必能救目前之急。都市是敌人进攻的目标，能够保卫都市，不但可以保卫我们的乡村，而且愈显出我们抗战的力量。

我们不要忘记九一八夜沈阳的教训，沈阳被占之后，东北的义勇军与游击队未尝不努力，未尝不活动，然而曾几何时，东四省竟在敌人铁蹄之下，我们更不要忘记自上海失守以后，不但苏皖浙都被了波动，在我们抗战的精神上也受了很大的影响。在抗战的时期中，物质的消耗与损失是意中事，是不能免的，然而精神的不振是国家民族前途的最大危险。没有什么防备的淞沪尚能支持数月，有了防备的都市应该支持较久。我们明白，只有持久抗战才能得到最后的胜利，然而我们不要忘记都市若不能持久，乡村也未必能持久，所以在国人高唱乡村抗战的工作的时候，我们希望国人不要忽略都市抗战的工作。

大学教育论文集

目　　录

序 …………………………………………………………… 177

第一编 ……………………………………………………… 178
  一、与胡适之先生论教育 ………………………………… 178
  二、公论耶私论耶 ………………………………………… 181
  三、论发展学术的计划 …………………………………… 188

第二编 ……………………………………………………… 193
  四、论国立大学与私立大学 ……………………………… 193
  五、论留学 ………………………………………………… 197
  六、论师范学院 …………………………………………… 202
  七、教育的中国化和现代化 ……………………………… 206

第三编 ……………………………………………………… 212
  八、对于现代大学教育方针的商榷 ……………………… 212
  九、对于勒克教授莅粤的回忆与感想 …………………… 219
  十、敬答对于拙作《对于现代大学教育方针的商榷》的言论 …… 225

附　录 ……………………………………………………… 232
  一、欢送参加战时工作的大学学生 ……………………… 232
  二、国立西南联合大学六周年纪念感言 ………………… 235
  三、廿年来的南开经济研究所 …………………………… 238
  四、悼丁佶先生 …………………………………………… 242

序

  这本册子里所搜集的文章，除了《论留学》一篇之外，其余各篇曾在广州的《民国日报》，云南的《中央日报》，以及《独立评论》《当代评论》，天津与重庆的《大公报》《世纪评论》，与《观察》等处发表过。《论留学》一篇是写在政府限制学生出国留学最厉害的时候，但是同时也是政府检查图书杂志最厉害的时候，所以始终没有机会拿来发表。

  各篇文章的写作，在时间上相差也相当久。大体上这是我从一九三二年至一九四七年的十多年中所草的文章，各篇里所讨论的问题，虽有一些是失了时间性，可是这也可以看出十余年来大学教育问题的要点。而且大致上直到现在，我所提出的各点，还是值得国人的注意的。为了这个原故，我才把这些文章编成本书，贡献于国人之前。

著者，一九四九，五，廿，于广州。

第一编

一、与胡适之先生论教育

胡适之先生最近从南京返抵北平，曾发表一篇谈话（见天津《大公报》一九四七年九月八日）。其中有两点很值得我们商榷：（一）为主张在第一个五年内，由政府指定五个大学作到第一等地位；（二）为反对近年来的留学政策。

胡先生以为"中国应该看日本，日本明治维新以后，倾全国之力，只办东京及京都两帝大，到最近十几年，才以余力在九州汉城台湾①添了几个大学"，因而提议在五年内，政府要用全力去培植五个大学。这就是北大、清华、浙大、武大及中大。

大体上，我们反对政府近年以来的大量创办专门以上的学校，而不注意到这点学校的质的问题。胡适之先生所以有了这种主张，大概也是因为他看出这种重量不重质的毛病。然而我们所不解者，是胡先生不知何所根据，而推荐这五个大学？胡先生抗战开始就出国，战后很久才作归计。十年来的中国真面目，或未必很了解，十年来的中国的大学教育，或未见得很能知道。若只凭着那"一点偏私"的感情作用，而随便去提议，随便去推荐，这不只为了胡先生的地位与声誉而会引起很重大的影响与不公平的结果，而且是失了胡先生的一向的"拿证据

---

① 校按：台湾是中国不可分割的一部分。中国历代政府对台湾行使管辖权。1894年7月，日本发动侵略中国的甲午战争，次年4月迫使战败的清朝政府割让台湾及澎湖列岛。抗日战争时期，中国共产党人明确提出收复台湾的主张。1937年5月15日，毛泽东同志会见美国记者尼姆·韦尔斯时表示："中国的抗战是要求得最后的胜利，这个胜利的范围，不限于山海关，不限于东北，还要包括台湾的解放。"1941年12月9日，中国政府发布对日宣战布告，宣告"所有一切条约、协定、合同，有涉及中日间之关系者，一律废止"，并宣布将收回台湾、澎湖列岛。1943年12月1日，中美英三国政府发表《开罗宣言》宣布，三国之宗旨在使日本所窃取于中国之领土，例如东北、台湾、澎湖列岛等，归还中国。1945年7月26日，中美英三国共同签署、后来苏联参加的《波茨坦公告》，重申"开罗宣言之条件必将实施"。同年9月，日本签署《日本投降条款》，承诺"忠诚履行波茨坦公告各项规定之义务"。10月25日，中国政府宣告"恢复对台湾行使主权"，并在台北举行"中国战区台湾省受降仪式"。由此，通过一系列具有国际法律效力的文件，中国从法律和事实上收复了台湾。1949年10月1日，中华人民共和国中央人民政府宣告成立，取代中华民国政府成为代表全中国的唯一合法政府。这是在中国这一国际法主体没有发生变化情况下的政权更替，中国的主权和固有领土疆域没有改变，中华人民共和国政府理所当然地完全享有和行使中国的主权，其中包括对台湾的主权。为保存历史文献原貌，本书对于相关表述未作修改，读者朋友当能正确辨别。

来"的治学的精神。

不但这样，胡适之先生一方面虽反对大学教育的重量不重质的政策，一方面好像又歌颂这种政策，甚至实行这种政策。这是一个矛盾。记得不久以前教育部长朱家骅先生曾广播教育概况，指出在抗战时期中国的专门以上的学校曾由一百个单位左右，而增到一百七十多个单位，同时以为这是中国高等教育进步的表征。胡适之先生在北平的一个演讲会与在天津留美学生会，曾一再把这个数目字去证明这是中国高等教育的进步的明征。一方面反对这种政策，一方面歌颂这种政策，这岂不是一个很大的矛盾吗？

其实胡先生不只歌颂了这种政策而且实行了这种政策，这是有例可举的。胡先生是北京大学的校长，我们且以北京大学为例。北京大学在战前，只有文理法三个学院，学生人数大致不过一千。抗战以后，虽然承受了伪北京大学的不少遗产，然而现在不只学院增了两个，学生也增了数倍。以北京大学的目下的经费及设备上来说，专办文理法三个学院，犹嫌不足，可是同时却增加了两个最费钱财与最缺师资的医工学院。再加以数倍的学生，这岂又不是拼命去实行这种政策而成为一个最大的矛盾吗？这样看起来，去国十年的胡适之先生，不只对于中国的整个大学教育，似乎未必很为了解，恐怕对于北京大学的本身，也未见得很为知道罢。

关于胡先生反对近年来的留学政策，从表面上看起来，虽是很有理由，可是事实上，也有很多的错误。我们不能在这里畅所欲谈，只能略加指出而已。

第一、我们要指出，北京大学一年所得的美金或以好多个大学一年所得的美金，来比胡先生所估计的四百万美金的留学费用，无疑的后者是一笔很大的数目。然而我们不要忘记，把四百万美金的留学费来比政府每年的无益的浪费，恐怕真是微乎其微。试问今日因贪污而浪费的金钱与因党争而浪费的金钱究竟多少？试问今日因缺乏行政效率而浪费的金钱与因许多骈枝机关而浪费的金钱，究竟多少？试问今日在美国好多有名无实的我国政府机关所消耗的美金，究竟又有多少？试问今日在美国的一些花钱如泥沙的所谓高等华人所消耗的美金，究竟又有多少？试问华府的素拉尔姆饭店的国人所花的美金又有多少？以至在纽约的戴门贺修夜会的国人所花的美金又有多少？胡先生对于这些浪费，不加指摘，而却对于四百万美金的留学费加以非难，真令人莫测高深。而况专以今日教育经费来说，其中浪费的，也不知多少啊！

第二、我们要指出在抗战以前，我们的学术水准，已是很低，而大学设备，也是很差。经过八年来的抗战，再经过两年来的纷乱，其水准之低，与设备之差，更不待言。国家专门人才的需要，大学师资来源的枯窘，若说不靠留学而只有金钱便可在很短的时期就能解决，那又未免把这事看得太容易了。

我们赞成胡先生提议充实我们大学的图书仪器，然而我们反对他提议以留学的经费去作这件事,因为这是两件功用不同的事情。在一个相当的时期里,充实国内大学的设备固是很重要,而出洋留学尤宜注意。我们不要忘记世界学界而尤其是自然科学日新月异,若说我们只靠买大量图书与最新仪器,就可以赶上人家,那是一个最大的错误。这是八十年前曾国藩的思想,还跟不上五十年前张之洞的留西洋不如留东洋的浅见。

我曾把近代数位学者来比较,康有为只靠广学会所出版的一些翻译书籍,而提倡维新,故后来竟成为开倒车的典型人物。梁启超勉强读日文,所以在日本办《新民丛报》的时候,成为国内新思想界的彗星。然而正如梁氏自己所说,对于西洋的认识太浅,只拾日本人所输过的一些唾余,来源容易枯干,结果是一代介绍西洋思想的大师,后来不得不跑回线装书中讨生活。最后还大声疾呼,希望中国青年要向东跑,不要学西洋人的把戏。至于胡先生之所以直到现在,还站在学术界的前线,这不只是因为他懂得读西文,而且因为他久住西洋,有了环境的薰染。所以从介绍新思想方面来说,康有为比不上梁启超,梁启超比不上胡适之。这并不是一件偶然的事,我们希望胡先生不要忘记了这一点。

记得在纽约的时候,胡先生曾说找《水经注》的板本,在美国比中国为容易。胡先生久住美国,不用时间去研究外国最新颖的哲学文学,以介绍于国人,而在美国研究线装书,已不免使我们惋惜,然而连《水经》的研究,也是以在美国研究为最宜,那么不只日进千里的科学需要我们到美国去研究,就文明古国的国学,也要我们到美国去研究了。

一九四七,九,九。

二、公论耶私论耶

天津《益世报》于一九四七年十月四日及五日曾登载平津一些学者，对于胡适之先生的十年教育计划的谈话。其中有了一段很值得我们注意的，是北京大学法学院院长周炳琳先生所说的。周先生告诉我们道：

> 除去对于五个大学的选择外，这个计划，似乎不该引起什么争论。

这明明是指出胡先生所选择的五个大学，是有问题的。然而，周生生又紧接着说：

> 胡校长是我们的领导者，他的意见也可以说是我们大家的意见。五个大学的选择，社会自有公论。
>
> 胡校长以前所提的北大、清华、武大、浙大及中大五个大学，几乎已为社会所公认。

这又明明指出胡先生所选择的五个大学，是没有问题的。我们以为假使《益世报》的记者，对于周先生的说话，没有记错的话，那么周先生这两段话，就有了矛盾。

我们承认，在教育上，胡先生是我们的领导者，然而我们不敢赞同，他的意见就可以说是我们的意见。而且，我们未必赞同他的意见也就可以说是社会所公认，或是社会的公论。

其实，周先生就忘记了胡先生在九月八日各报所载的学术谈话中，已经承认，要实行这种计划，"这自然非有一点偏私不可"。到了我的《与胡适之先生论教育》一文，在九月十一的天津《大公报》发表之后，胡先生在九月十三日，又有一个声明，据九月十四的天津《大公报》发表之后，胡先生说：

> 先建设五个大学之拟议，不过为新闻记者问及时的一个私人意见，政府未必照此实行。

胡先生一则曰"这自然非有一点偏私不可"；再则曰"这不过为新闻记者问及时的一个私人意见"；三则在后来所发表的《争取学术独立的十年计划》一文中（《大公报》一九四七年九月廿八日），也并没有再指出那五个大学，而周先生却当为这是我们大家的意见，这是社会的公论。我们在这里忍不住的要问，这究竟是周先生的个人的私论呢？还是周胡两先生的公论呢？胡先生与周先生两人的意见，尚且不同，而周先生还说是大家的意见，是社会的公论，这未免强私意以为公论了。何况，就使周先生与胡先生是同意了，这也未必就是我们大家的意见，也未必就成为社会的公论呢。

然而，为什么胡先生有了这个私人的意见，为什么周先生指出这是社会的公论呢？

记得去年北京大学开学的时候，胡适之先生在其讲演词里，曾称颂北京大学的历史久、院系多、学生众。假使我的记忆不错的话，他在这次演讲词里或是在其他的谈话中，还把北京大学的历史，拉到汉唐之世。北京大学的历史不如北洋或交大之久，已经有人指出，若说北京大学是继续汉唐的教育制度，而承受中国的学术正统，这又恐怕是胡先生的个人私意，而未必是社会的公论。

若说北京大学是以好几百年来的京都所在而得名，因而有特殊的地位，那么北京也称北平，以前的北平大学，也可以争这一席了。假使我的记忆不错的话，从前岂不是有人主张把北京大学并入北平大学之说吗？然而在那个时候，反对这说最厉害的好像还是北京大学。我们现在想起北平大学，四分五裂，而有一部分并入北京大学，真有今昔之感。

北京大学的院系多、学生众，这是事实。但是我已指出，北京大学在战前，只有文理法三院。战后不够一年，增加了三个最费钱财与最乏师资的农工医学院。教育部规定，凡有三个学院以上的，可称为大学。这等于新办一个大学。北平的清华已有农工学院，而协和医学院，又为远东最驰名的医学院。北平并非工商业中心的都市，以目前国家经济的困难情形来说，北京大学以现得的经费的全部，拿来办战前的三个学院，已嫌不够，而却再加上这三个学院，好像使我们感觉到所谓大学之所以特别大者，乃院系多，与学生众之谓也。其实，这种作法，北京大学的同人之中，也有很多不赞成的。比方朱光潜先生指出"燕京现在是宁缺毋滥，这是最聪明的办法"。他并且希望"中国教育界，也处在最困难时期，应当仿照燕京的办法"。这就是一个例子。然而北京大学的当局，并不这样的作，而却大加扩充院系。这是公论呢？还是私论呢？

而况，反过来看，有些大学，在战前已有的院系，办理已有相当的成绩，而教育部却不愿使其恢复。教育部厚于北京大学，而薄于其他的大学，这是不公平，这是有偏私。不公平而偏私，难道也可以谓为公论吗？

国内大学，在战前，设备较好的，要算清华。可是清华之所以能这样，主要是依赖于美国退还的庚子赔款。清华直到今天，在美国还存了好几百万的美金。所以在全国大学中，还是最富的大学。但是我们不要忘记，清华历年来所用的金钱，以至现在所存的美金，不外是抽了四万万五千万的同胞的人头税而来，在经济与外汇这么困难的时候，存钱在美国，由清华独享，是否公平，也是一个问题。而况，美国今日物价，也愈来愈涨，美金越来越贬值，若不早用这笔基金，而这样的存下去，等到将来美金贬值到一个很低的地步，岂不是很可惜吗？到了那个时候，不只是国人昔日的血汗所得的金钱也许成为乌有，就是清华而欲独享，也不可得。岂不是更可惜吗？清华有了经费而不先用，在国家经济困难的时期，胡适之先生还对〔讨〕要政府特别给予款项，而在抗战时期破坏到"四壁全无"的大学，不加以赞助，胡先生之于"母校"，厚则厚矣，但是这种主张，是私论呢？还是公论呢？

胡适之先生在《争取学术独立的十年计划》一文中，曾举出一八九一年，罗氏基金会捐了二千万美金来创办芝加哥大学。哈勃尔校长得了此款，高价去聘请美国与欧洲著名学者，到芝加哥讲学，"一年之后，人才齐备了，设备够用了，开学之日，芝加哥大学就被公认为第一流大学"。

我们知道，芝加哥在美大学中，历史很短，比不上哈佛耶鲁，固不用说，比起意利诺及好多大学也比不上。假使胡先生所说有了钱财，就可以立刻创办或发展一个第一流的大学，那么我们可以同样的说，只要政府愿意给与充裕的经费，无论那个大学，或是新办大学，马上都可以成为第一流的大学。这么一来，北京大学以及胡先生所选择其他四个大学，有了这笔经费，固可以成为第一流的大学，难道这五个大学以外的其他大学，有了这笔经费，就不能成为第一流的大学吗？然则所谓政府应该用全力去培植这五个大学的主张，究竟是私论？还是公论呢？

胡先生还举出吉尔门校长创立霍铿斯大学的成绩。这位校长高瞻远见，是无可疑议的。但是我愿意指出吉尔门在当时之所以能办得有成绩，固是像胡先生的说法，也是得力于某铁路公司的巨款帮忙，但是我们不要忘记后来这个公司的股票落价了，霍铿斯大学的经济来源，大受影响，现在这个大学之在美国的大学中，已有逊色，这也可以说是因经济的困难。然则有钱则兴，无钱则衰，胡先生在今日也许可以利用其地位声誉，而使政府用全力去培植这五个大学，而成为第一流的大学，将来若没有了像胡先生这种人，一旦政府若停止或减少了这种全力帮忙这五个大学的时候，这五个大学，岂非又要像霍铿斯大学一样的，日落西山，渐有逊色吗？然则今日所谓第一流大学者，岂非也会降为第二流或第三流大学的地位吗？

胡先生与周先生所说的五个大学之中，除了北京清华之外，还有中央、武汉、浙江三个大学。中央大学在年来，以至武汉大学，在某一时期所用经费，不可谓不多。然而中央大学在这数年来，数易校长，吴有训先生作校长，不够两年，据说辞职不知多少次。教育部给了很多的经费与中央，在地域上，教育部之离中央，只有咫尺，从最高的当局，以至著名的名流学者，都不能久位于中央大学，然则中央之所以被加青眼的根据，除了因为是在中央之外，不知是否还有其他的理由？

有些人说，周鲠生先生以至竺藕舫先生之于胡适之先生的私人情感很好，是无可疑的，不知胡先生所谓"自然非有一点偏私不可"，是指着这个私人感情，还是别有所指。然而无论如何，既曰"偏私"，既曰"私意"，就不得谓为公论，胡先生尚不肯承认其所主张为公论，而周先生却说这是大家的意见，这是社会的公论，那未免有了强词夺理之嫌了。

若说胡先生这个计划，曾得了蒋主席、张院长以至朱部长的赞同，而遂可以谓为公论，这也是一个错误。

我们要指出政府所设立的学校，虽称为国立或公立，然而这种所谓国或谓公，只是指着政府而已。所以就使蒋主席、张院长以至朱部长代表了我国的政府，而赞同了胡先生所提议的意见，这也只能说是政府言论，而非社会的公论。何况，政府的言论之于社会的公论，往往可以处于相反的地位呢？

不但这样，政府的代表人物，既是随时可以变更，所谓代表政府言论，也可以随时变更。胡先生也许能够说服了今日代表政府的人物，而实现其计划，胡先生能够担保今后的代表政府人物，同样的这样作吗？北京大学在今日，可以享受政府特殊的待遇，北京大学在明日，是否能够这样受宠，却是一个问题。胡先生与周先生，大概不会忘记，北伐成功之前，五四运动之后，政府对于北京大学的态度如何罢。在那时候，蔡元培先生固站不住，胡适先生也不得不"浮居海上"，挂名去作中国公学的校长。至于教授像傅斯年、杨振声、周炳琳诸先生等，也不得不跑到广州去当中山大学的教授。傅斯年先生那个历史语言研究所的招牌，就挂在东山我的寓所的旁边。抚今追昔，感慨何如？

其实，专仰政府的鼻息，以讲求学术独立，从学术的立场来看，是一件致命伤的事情。近年以来，一些政府人物所提倡的思想统一，以至党化教育，何尝不挂起学术独立的招牌。胡先生告诉我们，他的学术独立的计划，在南京时，曾与蒋主席谈过，那么蒋主席对于胡先生的意见，我们相信必定很为尊崇而受了影响。我们读了蒋主席今年十月十日国庆日的演讲词，其中且有一段标题为"讲求学术独立"。然而凡是读过蒋主席与胡先生的学术独立计划的人们，都能看出他们两人的意见有了很大的差异，这种差异，不只是因为前者是站在政治的立场而发言，而后者却站在学术的立场而说话，而且有了其他方面的差异。学术之于政治，是否能够脱离关系，我们不愿在这里加以讨论，然而发展学术，专只靠政府的力量去推动，是一件很危险的事情。二千年来，中国学术之所以因循固塞，而不能放异彩者，也无非是由于政府的专制。孔孟之所以被尊崇，佛老之所以被排斥，也无非就是这个原故。然而读中国历史的人，若以为孔孟的言论，乃社会的公论，而佛老的言论，乃私人的言论，这又是个错误。二千年来的专制政府用了力量去推动孔孟的言论，而孔孟的言论，尚不能成为社会的公论，在今日正谈民主的时代，而欲以政府的言论去霸占社会的公论，这未必能够成功啊！

国立大学，固可以成为政治上的党派人物所利用，而不得其公，国立大学也可以成为教育上的学阀所利用，而不得其公。所谓国立者、公立者，在这种情形之下，只是假公济私而已矣。反之，私立大学，虽名其为私，固未必是为私，除了一些办学以敛钱的外，办教育总是为公。所以国立大学，固是为国家为社会造就人才，难道私立大学，就不是为国家为社会造就人才吗？从这个观点来看，大学以至其他的教育机关，本无所谓公私之分。一个大学或学校必加上"国立"或"公立"两字，这已是表示政府欲遂其私。政府是代表人民的机构，官吏是人民的公仆，政府设立学校，固为民众而设，人民自己设立的学校，又何尝不是为民众而设？只有政府所立者，而始称之为"公"，而私立之为公而设立者，却名之为"私"，然则所谓公者，未必为公，而私者却未必为私，是一件很为显明的事了。

  不但这样，国立学校，靠了政府的扶植，而私立学校，虽曰靠了私人的力量，实则靠了社会的帮忙。所以只靠一个私人去办学校，决不易显出成绩。就是有了，也不能久长。人生短促，制度绵长，以短促的生命，去维持绵长的制度，是不可能的。陈嘉庚先生欲以独力去办厦门大学，而终不能不改为国立，就是一个例子。所以私立大学之所以能够成立，而有成绩者，不能不靠社会的帮忙，但是能够得了社会的帮忙，也可以说是因为社会公认其大学有了成绩，或是公认了主持这个大学的人或人们，是为了公众为了公益。周炳琳先生指出："私立大学，拒绝政府资助的，也并非无此前例，所以私立国立，不应混为一谈。"这种看法，固有其道理，然而我们不要忘记，在经济困难的时期，政府对于私立大学，不能漠然视之。一个私立大学，对于国家，对于社会，其贡献既不比一个国立大学为少，不只在其困难时期，政府应当加以扶植，就是在其平时，政府也要特别加以鼓励。假使不是这样的话，试问谁愿去办私立大学？结果是所有大学，恐怕非都改为国立大学不可。所以，站在国立大学的地位的人若说只有挂了"国立"两字，才能要求政府扶植的话，这是把政府当为私物，而非把政府当为公器了。政府欲遂其私，而名其大学为国立，为公立，而国立大学又把政府为私物为私囊，这是从前私天下的帝王的心理，安得谓为公呢？既是不公，又安得谓为公论呢？

  而且，我们不要忘记，在我国大学的发展史上，尤其是早期的发展史上，私立大学，在学术上，在教育上，贡献很大。北京大学的理学院，正在胚胎的时代，好多私立大学，尤其教会所设立的大学，已有了很完备的实验室。清华大学还未成立大学之前，私立大学，已经出了不少的优良的大学毕业生。在国立大学，只能发三成薪水的时候，好多私立大学除了薪水发足之外，还有住房以及好多其他的便利。十年来，因抗敌以至因内战而使经济凋零，私立大学所受的苦难，与日俱增，政府在这个时候，若能特别给他们帮忙，更能表示政府的公而无私啊！至说私立大学拒绝政府资助的例子，固然并非没有，然而不愿耗费国家的钱财，而宁愿自己设办法，这岂不是更足以表示他们是为公吗？今日的主持大学教育者，整日奔走权贵之门，以求一饱，只能说是不得已而为之，说不上什么神圣事业。政府设立学校，应该有充分经费，浪费国家钱财于其他方面，教育界没有人起而指摘，而却只为保存一校两校而提倡什么计划，这是为公呢？还是为私呢？

何况，近年以来，好多国立大学，浪费多而效率低，其原因虽多，然而把国立当为官立，结果是大学成为衙门化。反之，好多私立大学，因为经济的来源往往取之于社会，要作出一些成绩来，才能得到社会的帮忙，因而不得不特别小心，求节省，增效率，一个钱做两个钱事，一个人作两个人事，与一些国立官立大学之讲门面，讲派头的，大不有同。假使社会而有公论的话，那么这些办私立大学的人们的这种精神，应该特别加以提倡。假使政府而能公平的话，那么在困难的时期，私立大学应该得到公平的资助，这还有什么可疑呢？

自我的那篇《与胡适之先生论教育》一文发表之后，在各报章上所登载关于这个问题的文章，以至在私人谈话中，往往涉及南开大学。比方周炳琳先生说："南开虽然有良好的历史，经济研究所也有卓越的成绩，但选择起来，恐怕难免落到第二批里去。"陆志韦先生说南开经济研究所的工作，必得继续发展。吴世昌先生提起南开改为国立的事情，更有几位因为看得我在南开教书，而且兼任了一些学校行政工作，因而以为我之所以发表那篇文章，是站在南开的立场而说话。阎简弼先生以为这是愤懑之言；而说得很刻薄的，像吴景超先生，以为这是吃醋之言。

我要指出，我个人虽在南开作事，可是我既不是南开旧同学而作护校之言，严格的说，我在南开的时间，不过四年，说不上站在南开的立场来说话，可是好多人既然因了我的那篇文章而谈起南开，我不能不在这里略为解释。

南开本来是私立大学，在抗战时期的九年中，虽荣幸地而跻于国立北京大学与国立清华大学之林而成为西南联合大学，然而南开一般同人，始终欲保留着私立的地位。抗战结束以后，南开也曾作了一个十年计划，呈请政府批准。这个计划虽然也名为十年计划，而比之胡适之先生的十年计划早了二年，但是南开的十年计划中，并没有要求政府给与南开比其他各校较多的待遇。大致的说，其办法是在十年中，南开希望政府在头一年里，给与南开等于北京大学或清华大学的一年经费。自第二年起，每年照比例减少十分之一，到了第十年后，完全由南开自己去筹经费。照了这个十年计划来说，南开除了头一年欲得与北京大学或清华大学的同等经费之外，不但没有要求较多的经费，反而愿意年年减少，到了十年后，政府可以完全不负责南开经费上的负担。

这个十年计划，除了行政院通过之外，又得国民政府主席的批准，同时也由国民政府正式通知南开。然而后来因为教育部对于这个计划不表同情，另有解释，结果始终没有实行，而成为画饼，所以南开之所以改为国立，并非南开的本意！

不但这样，南开同人，深深的感觉到抗战开始，南开就遭受四壁全无的破坏。战后图书仪器的购置，固很困难，而优良师资的聘请，也不容易，因而决意从第一年级办起，希望慢慢的恢复旧观，然后再从而谈到扩充光大，因为我们感觉恢复旧观已不容易，遑言扩充与光大。

我之所以举出南开的十年计划，以至从第一年级办起的事情，无非要表白南开既不希望去国库里拿比人为多的钱财，也不侈谈在五年内，或十年内，能成为世界第一流的大学。我们只愿耕耘，不问收获。既不羡慕人家大量的经费，也不夸张自己的工作而要求特殊的待遇。所以最近一次教育部长朱家骅来天津参观南开大学的时候，南开师生虽然感觉到一年以来，南开所领得的经常费及各种补助费，比之人家少得多，使浩劫最甚之后的复员工作，更为困难，然而他们并不因此而包围朱部长，也不为了这个问题而提出要求增加经费。反之在张伯苓先生的致辞中，他还一再感谢政府的帮忙，政府的好意。他的理由是在从前私立的时候，从经费的立场来说，几乎是今日不知明日，天天都要发愁。现在呢？政府所给与的经费虽然少得可怜，然而尚非完全没有。在抗战前，南开同人薪水，比之一些国立大学少了三分之一至四分之一。现在呢？南开同人回想当年，虽觉目前的薪给太不能敷其所出，然而比之其他大学的同人，并没有什么分别，大家同样的吃苦，只好忍耐而已。在抗战前，南开每年预算经费，远不及好多国立大学之一半或三分之一，然而南开同人，从不觉得用钱少是一件耻事，而必用得多才觉得光荣。在抗战前，募捐了一些经费，多数是来自社会热心教育的人士，因为恐怕辜负了这些人的好意，故极力节省。现在呢？经费虽完全来自政府，然而政府的钱财，是一般人民的血汗挤出来的，用能出钱或是有钱的人们的钱，南开还是不敢随便的用，用一般人民的血汗挤出来的钱，南开更何敢多所浪费？更何敢多所要求？所以若说我们是愤懑，若说我们是吃醋，那是太误会我们了。因为只在争取经费上，我们从没有愤懑过，我们从没有吃醋过。这样看起来，一些人以为我是站在南开的立场，而作愤懑吃醋之言的说法，是公论呢？还是私论呢？

一九四七，十一，十一。

三、论发展学术的计划

自胡适之先生发表他的学术独立的谈话（一九四七年九月八日各报均有登载）之后，我于九月九日曾写了一篇《与胡适之先生论教育》，发表于九月十一日的天津《大公报》。此外，邹鲁先生也致函与胡适之先生，询问所谓五大学中的中大，是指着中山大学，还是中央大学。胡适之先生为了答复我的文章与邹先生的信，于九月十四日又发表了一篇谈话。据这一天的《大公报》所载，其中有了下面一段的话：

> 先建设五个大学之拟议，不过为新闻记者问及时的一个私人意见，政府未必照此实行。所指中大，确为中央大学。本人并未以地域分配。东北、西北、西南，都没有提到，并不只华南。平时我也认为政府所耗外汇太多。如冯玉祥政府拨给六十万美金，李汉魂考察欧美一行，达二十人之多。卫立煌大约也在国外耗费不少。资源委员会高级职员在国外的，有四百人之多。我在美国作大使数年，作旅行讲演，达四百次，都是未带一个随员。提了皮包，自己走路，未替国家糟化一个美金。我并不是反对留学，不过是拿来与建设国内大学相比而已。

我的那篇《与胡适之先生论教育》，主要的也是指出胡先生之提倡用政府的全力，去发展五个大学，这就是北大、清华、中大、武汉、浙江，是不见得公平。同时我又指出我虽赞成国内大学要充实起来，然我却反对用目前的留学的外汇，去作这件事。因为国家的外汇与钱财之浪费于其他方面，实在太多，若以此区区之数，去发展国内大学，也未见得是好办法。胡适之先生这个谈话，既声明"先建设五个大学之拟议，不过为新闻记者问及时的一个私人意见，政府未必照此实行"，同时又并不是反对留学，而且承认政府所耗外汇于其他方面的太多。这个声明之于我的意见，可以说是比较接近得多了。

但是，胡适之先生这个声明，不只不能使邹鲁先生满意，而且引起冯玉祥先生的反感，与翁文灏先生的答辩。冯玉祥先生的信，曾在十月四日的北平《世界日报》上登载。翁文灏先生的信，由胡适之先生发表（十月五日天津《大公报》）。翁先生的信里，承认战后资源委员会，先后派出赴美实习人员，总数确有四百人左右，虽则他也指出，今年五月以后，已令其逐渐回国。至于冯玉祥先生之指出胡先生"任意胡说"，胡先生也正式请中央社更正他所说的数目字的错误，而且表示歉意。

胡适之先生虽有了上面的声明，但是国人对于这个问题的讨论，愈来愈热烈。除了我的文章，与上面所举出的函件，以至胡先生的《争取学术独立的十年计划》（九月廿八日天津《大公报》）之外，天津的《益世报》的记者，曾访问了平津的十多位学者，对于这个计划的意见，发表于十月四日与五日的该报。此外，关于这个问题的文章之发表于各处刊物的，也有十多篇。最近在北平出版的《现代知识》，还出了一本学术独立专刊，这都是表示国人对于这个问题的注意。

我个人对于这个问题的意见，大致上虽已在《与胡适之先生论教育》以及《公论耶？私论耶？》两篇文中说明，可是还有不少意见在那两篇文中没有说及，或是说及了，而却言之未尽的。我愿意在这里，再略加解释。

在这一次的讨论中，好多人都觉得胡适之先生所用"学术独立"这个名词，未甚妥当。因为学术是没有国界的，所谓学术独立，会变为孤立，而成为闭门造车的流弊。我以为胡先生之用了这个名词，虽未免有了语病，但是在意义上，胡先生也并没有这样的想法。胡先生在《争取学术独立的十年计划》一文里也说：

> 我说的学术独立，当然不是一班守旧的人们心里想的"汉家自有学术，何必远法欧美"。我决不想中国今后的学术，可以脱离现代世界的学术，而自己寻出一条孤立的途径。……我所谓学术独立，必须具有四个条件：（一）世界现代学术的基本训练，中国自己应该有大学可以充分担负，不必向国外去寻求。（二）受了基本训练的人才，在国内应该有设备够用，师资良好的地方，可以继续作专门的科学研究。（三）本国需要解决的科学问题，工业问题，医药与公共卫生问题，国防工业问题等等，在国内都应该有适宜的专门人才与研究机构，可以帮助社会国家寻求得解决。（四）对于现代世界的学术，本国的学人与研究机关，应该和世界各国的学人与研究机关，分工合作，共同担负人类学术进展的责任。

我们希望中国的学术，能够作到这个地步。所以大致上，我们也可以赞同胡适之先生这种想法。不过要想这样的作，与其说是争取学术独立，不如像袁贤能先生所说，是争取学术并立。换句话来说，我们所要争取的是想与欧美的学术并驾齐驱，或是进一步的去驾而上之，并非独立。而况照胡先生所举的四个条件来看，无一不与现代世界的学术先进的国家，有了关系，而所谓"分工合作，共同担负人类学术进展的责任"，更不允许我们去谈学术"独立"了。

假使我们不以辞害意，而同胡先生一样的希望中国学术能与欧美并驾齐驱，或是驾而上之，那么问题是如何始能达到这个地步了。胡适之先生说：

> 要做到这样的学术独立，我们必须及早准备一个良好的坚实的基础，所以我提议中国此时应该有一个大学教育的十年计划。在十年之内，培植五个到十个成绩最好的大学，使他们尽力发展他们的研究工作，使他们成为第一流的学术中心，使他们成为国家学术独立的根据地。

我们同意于胡先生所说在学术方面我们必须及早准备一个良好的坚实的基

础,但是我们未必赞同胡先生所说,在五年或十年内,政府用全力去帮忙五个到十个大学,就能达到胡先生所希望的学术独立。

我们知道中国之接受西学或胡先生所说的现代学术,虽然有了七八十年的历史,但是因为我国固有的文化的惰性作祟,所谓"汉家自有学术,何必远法欧美",以至"中学为体,西学为用",不只使中国的自然科学,落后得很,而且使中国的社会学科或人文学科,也远不及人家。在寻求高深的智识上,大学的历史,既不过是五十年左右,研究院的成立,更为较晚。至于图书仪器的设备,也是简陋不堪。再加以数十年来的政治上的波浪,与经济上的凋零,学术的研究,当然难于进展。抗战八年,又加以二年来的纷乱,一般的大学,固多是基础未坚实,而在风雨飘摇之中,就是一些历史较久的学府,像北京大学,亦何尝不尚筑在"沙滩"之上。在这种情形之下,欲以政府的全力,去培植五个或十个大学,而想在五年或十年内,能够成为世界第一流的大学,是否能作得到,实在是一个问题。

而况学术水准的提高,不只是靠着五个或十个大学的努力。因为一般的智识水准,以及好多的条件,都有了密切的关系。比方美国的学术,在现代的世界里,不能不称为发达,在殖民的时期,固是深受了英国的学术的影响,在十九世纪以至上次欧战,大致上又很得力于其留学生,而先是从德国回来的留学生的提倡。三十年来,若用胡适之先生的名词来说,美国的学术,总可以说是独立了,然而不少的美国权威学者,也曾指出,在应用的科学上,美国虽很发达,可是在理论的科学上,还赶不上欧洲,有一位还说美国在这一方面,至少落后五十年。所以直到现在,他们还要跟着像爱因斯坦这些人去学。美国有了三百年以上的哈佛,有了将近三百年的耶鲁,以至二百年的普林斯顿,与好多百余年历史的大学,再加上美国的安定的政治与富裕的经济,以至近数百年来的欧洲的学术的坚实的基础,而在学术的某一方面——也许是主要的方面,尚赶不上欧洲,那么中国而欲在五年或十年内,发展五个或十个,成为世界上的第一流大学,并非一件容易的事情。

我们并不忘记,芝加哥大学以至加里福尼大学,在很短的时期,也能跻于第一流大学的地位。然而这不只是有了像哈佛、耶鲁、普林斯顿,以及好多大学所发展的学术风气,而且有了美国以至欧洲的一般的智识水准。有了充分的经费,固是发展学术的一个重要条件,但是只有了这个条件,是不够的。陆志韦先生说:"有人才才有仪器设备,仪器设备不能造人才。"这也许太看轻了仪器设备,然而若说只有钱财去充实仪器设备,就可以成为第一流大学,那又未免把办大学看得太容易了。

我以为在我们这种大学教育还在萌芽,与学术水准很为落后的时境之下,假使要政府而对于高等教育有计划的话,在目前的中国里,至少对于下列两点,应该加以特别的注意：（一）是各大学有成绩的院系，（二）是各大学的所在的区域。

我们知道，在世界上，无论那一个著名或所谓第一流的大学，未见得样样都办得很好。所以一个著名大学，其学院或学系，尽管很多，或是几乎无所不有，然而办得好的，往往也只是少数或一部分的院系。有的某一院或两院，特别著名，可是不只在一院之内，往往其所著名的，也不过是一系或两系，甚至在一系之内，往往其所著名的，也不过是一两种科目。所以，成绩卓越的大学，固往往未见得各院各系都好，而一些人们所目为办得不很好的大学，也未见得一定是样样都要不得。比方年来国内若干人士对于中山大学的批评，相当严厉，可是，我们并未同意于朱光潜先生所说："广东的中山大学，虽然历史很悠久，面积很广大，建筑物很好，但除此以外，却没有什么。"过去主持中山大学的人们，虽然因为只顾了政治上的地位，而忽略了办教育的职责，使中山大学吃了很大的亏。然而若说中山大学，除了历史久、面积大、房子好之外，却没有什么，却是十分不公平之言了。中山大学的农学院、医学院，都有其贡献，其他的院系，也有其饱学的人士。农学院的昆虫学，有了很好的历史，新办的北京大学的农学院的昆虫系，还要请了中山大学的昆虫学的教授去帮忙。假使我们而说凡是中山大学所办的，通通都不好，那未免太过了。而况事实上，国内之多多少少的大学之比中山大学之办得不好的，又不知多少。所以，平心静气而论，假使我们对于中山大学的责备，较之别的好多大学为甚的话，与其说中山大学办得比别的好多大学为不好，不如说是我们对于中山大学希望太大。中山大学，是纪念孙中山先生的大学，又是革命策源地中的唯一的国立大学。在抗战之前，所用的经费，又特别的多，所以在一般人的心目中，这个大学，应该是国内的模范大学，应该是"世界的一个第一流的大学"。然而正是因为大家对于中山大学的希望太大，结果是失望亦容易很大。在失望很大之余，中山大学却为世人所诟病，但是事实上，愿意去详细考察的人，大概不致于若是之失望罢。

所谓著名的大学，既未必样样好，受人讥骂的大学，也未必样样坏。公平的办法，是应当去鼓励那些成绩卓越的院系，使其基础更加坚实，使能充分地自由发展，这才是政府秉公办理的善法。若只含混的去培植几个大学，而一笔勾销了其他的大学，结果是不只其他的成绩卓越的院系的工作因之而停顿或退步，就是那几个受了特殊待遇的大学，在五年或十年内，其有成绩卓越的院系，既未必就成为第一流的院系，而其新办或一向没有什么成绩的院系，基础也未必能稳固。这不只一件不公平的事情，而且是国家的很大的损失。

不但这样，全国各大学，大致上，既皆在萌芽的时期，政府对于各大学在地域上的重要性与特殊性，应该加以特别的注意。我国大学教育，一向集中于平津京沪数个地方。这本来就不很合理。抗战时期，虽有数个新立大学或不少内迁大学在西北与西南各处,可是战后内迁的,既已迁回原来的地方,而新立的,基础又太不稳固,结果是大学教育还是集中于这些地方。从地域方面看起来,这是一种畸形的发展。又我国交通事业一向不发达,再加以抗战时期以至战后的惨重的破坏,不只内地青年之考上平津京沪的大学的,不易负笈来求学,就是中部南部各处的已被取录的青年,也难于到校。这是辜负了不少的青年,而未免失乎国家造就人才的本意。

而况学术的研究,往往与特殊的地域,有了密切的关系。比方,西北考古的工作,最好是在西北的大学中发展。西南民族的研究,最好是在西南的大学推动。又如研究广东各种方言,以至研究中国之于南洋或中国之于西洋的关系与海道的交通,最好是由在广东或福建的大学去负担这种工作。此外,又如农学院或工学院的发展,最好是能顾及地域上的特殊性。这不过只是随便的举出一些例子而已。

总而言之,在目前的中国,大学教育既在萌芽,而学术水准又很为落后,我们对于大学教育,假使要有计划的话,合理的计划的话,那么我们对于已经办理得有成绩的院系,既应该加以特别的鼓励,而对于大学教育的区域的特殊性,也应该加以特别的注意。若只是随便地举出或指定五个或十个大学,希望政府能用全力去培植,而期望在五年或十年的时间,成为世界第一流的大学,这不只是不见得公平,而且未必能做得到罢。

一九四七,十二,五。

第二编

四、论国立大学与私立大学

好多大学之逐渐改为国立大学,是近年以来我国大学教育上一种很为显明的趋势。这种趋势,在我国大学教育的前途上有何影响,或是否健全,这是一个很值得我们讨论的问题,可惜国人之能够注意到这个问题的实在太少,我愿意把个人对于这个问题的见解,略为解释,希望能引起国人的注意。

从我们的大学教育方面来看,我们除了国立大学之外,还有省立大学与私立大学,省立大学如过去的四川省立大学,云南省立大学等等;私立大学可以分为教会所设立的大学,与其他的私立大学,前者是由外人创办,后者乃由国人自立,属于前者如燕京、齐鲁、沪江、东吴、金陵、岭南等等,属于后者如光华、南开等等。

我们知道:近年以来除了教会所设立的大学之外,不只省立大学已一个一个的改为国立大学,就是一些国人自办的私立大学,也改为国立大学,其实所谓省立大学,似乎已经绝迹,至于私立大学如厦门大学,复旦大学,也已改为国立大学。

为什么这些省立而尤其是私立的大学,都逐渐的改为国立呢?照我们的观察,至少有了三种理由:

第一、从一般人看起来,而尤其是从一些学生看起来,在国立大学里读书或毕业,至少在名义上好像好听得多。从前东南大学改为江苏大学的时候,学生就起而反对,其所争持的名义是江苏与中央,因为江苏这个名词所代表的意义是一省的,而中央这个名词所代表的意义是全国性的。所以省立与私立的大学,在名义上就不像国立的大学说来好听。

第二、从一般人看起来,而尤其是从大学的当局看起来,改为国立,在经费方面比较充裕,因为改为国立之后,若非全部经费由教育部发给,至少在原有的经费之外,可以由教育部津贴。比方,从前云南大学,除了省政府补助之外,又有教育部的补助。其实由省立或私立而改为国立的主要目的,是希望学校的全部经费由教育部维持,使主持大学的行政当局,没有筹款的责任。

第三、从一些人看起来,而尤其是从政府的教育当局看起来,省立大学或私立大学,若改为国立,则在教育行政上比较容易管理。如大学负责人的更调,或内部行政机构的变换，皆可以由教育部直接指挥，使教育行政上能够统一。比方数年前某省省立大学，更换校长而发生风潮，省政府与教育部两方面都很客气，好像不愿负起责任去解决学潮，结果是风潮愈来愈大，使学校不得不暂时停课，因而就有人提议这个大学，应该改为国立大学，使这种病弊不会再发生，就是一个例子。

其实，这些理由只是一种表面上的观察而不一定有了事实的根据。照第一个理由看来，一个大学的好坏，并不在于名义上是国立省立或私立，而在于这个大学在学术上是否有了较大的贡献，若说加了国立两个字就会变好，那是妄说。牛津与剑桥，并不是英国的国立大学，然而这两个大学不只是英国很好的大学，而且是世界上很有名的大学；哈佛、耶路、芝加哥、哥伦比亚也并不是美国的国立大学，然而这些大学也不只是美国很好的大学，而且是世界上著名的大学。所以在牛津或剑桥读书的人们，既并没有要求把这些大学改为国立大学，而在哈佛、耶路、芝加哥、哥伦比亚各校读书的青年，也并不因为这些大学不是国立而觉得不好听。

好的私立大学，固不一定要改为国立大学，好的省立大学，也不一定改为国立大学。在美国，联邦政府不只没有所谓国立大学，而且没有所谓教育部。所以美国除了像上面所说的以及其他的私立大学之外，还有省立的大学，加利福尼亚、华盛顿、密斯根、意利诺、以及好多的省立大学，都是美国的著名的大学，同时他们也并不见得一定要改为国立。同样在德国，严格的说，中央政府并没有设立所谓国立的大学，柏林、波恩哥、丁根等等十余个大学，是属于普鲁士联邦的，此外爱朗根、明兴、维支堡、比来锡、杜平根、弗来堡、海台堡、耶拿、基逊、汉堡、罗斯托克等，乃属于八个不同的联邦政府。

总而言之，好的大学，固不一定是国立的大学，而坏的大学，也未必是省立或私立的大学。只要大学办得好，国立省立或私立是无关重要的。假使只图了国立的名义，而不顾及大学本身的好坏，就是改为国立，也不见得有何荣誉。假使大学是好的，那么这个大学就是私立的，则其私立的名义也没有改为国立的必要。所谓国立省立或私立等等名称，只是大学分类上的一种权宜的办法，于大学的好坏，或是本身上以及其学术上的地位是没有关系的。

从第二种理由看起来，我们以为一个大学，无论是国立省立或私立，在目的上都是为国家提倡学术与培育人才。私立大学，在这方面对于国家的贡献，既未必就比较国立大学为少，那么从政府的立场来看，凡是成绩优良的大学，应该加以鼓励，加以补助，使其能够充分的发展，而对于腐败不善的，应该加以取缔，以免化了有用的金钱，去维持那些有名无实的大学。就这个观点来看，国立大学的经费，固是要由政府去给与，私立大学发生经费困难时，政府也应当给与补助。

以常理言：所谓国立大学，经费既由政府给与，主持这种大学的人们，对于经费既无须筹划，对于提倡学术与培育人才上应当有了较大的贡献；反过来看，主持私立大学的人们，费了不少的精力时间去筹划经费，在这种情况之下，而欲与国立大学并驾齐驱，那是一件很不容易的事。然而照事实来看，在美国的一些私立大学，比之好多政府——州政府——所设立的大学还好得多，就以我国现有的大学而言，国立大学既并非个个都好，而私立大学也未必个个都坏。

因此之故，我们以为一些成绩优良的私立大学，在经费困难的时候，而尤其是在经过八年多的国难之后，私立大学之被毁或被迫他迁，而特别需要经费上的补助的时候，政府应该给与特别的帮忙。

若说凡大学之得了政府的补助的，就非改为国立不可，那也就无异等于说私立大学是为私人的利益而设立，而非为国家提倡学术与培育人才。这种看法，不只会使一般热心办理教育的人们失望，而也失了国家发展教育的宗旨。

这是从政府的立场来看，若从民众方面来看今日的中国，虽是一个穷国家，然而若说整个国民不能维持数间好的私立大学，这也是我国国民的一种耻辱。上面所说的英美两国的私立大学，主要经费是由其国里的一般民众去捐助的。就以我国来说，过去的好多私立大学也是多由私人帮忙，若说今后都要完全由政府去帮忙，那就是表示我们的国民太不争气了。

从第三个理由来看，若说大学改为国立，在教育行政上易于管理，这也未必是对的。大学是研究高深的智识的机关，在原则上，要想大学在学术上能够充分的发展，对于大学的研究工作，固要给予充分自由发展的机会，对于大学的行政方面，也应该给予充分自由调整的机会。主持大学行政的人们，若完全不能自由去改善学校的行政机构，不只学校本身不会发展，就是在整个教育制度上，也不会有改善的希望，至于研究工作之需要充分的自由发展的机会，更不待言。学术的发展，必须能够自由发表意见，自由参加讨论，这样作去，才能发明新学理，新事物。所以教育当局对于大学的行政工作，固不应处处加以干涉，而对于研究的工作，更不当加以统制。

然而教育当局，在近年以来，对于大学的行政与研究工作，以及教学方面的管理，可以说是无微不至，院系的规定，理工的注重，以至课程的编制，无一不使大学的教育成为机械化，公式化，根本上这是反乎大学教育的目的的。

因为国立大学是直接的受了教育部的管理，所以校长、教务长、训导长、总务长以至师范学院院长，都由教育部委任，或圈定，因而大学本身的行政与研究工作，往往也免不了因教育部人事的更改而有所影响，这是一般主张大学改为国立的人们所要特别加以注意的。

上面是指出大学之逐渐改为国立的理由之不充足，此外我们以为每个私立或省立的大学，都必有其特殊的地方，特殊的贡献。假使改为国立，只是名义上的更换，则这种变换没有什么意义，假使这种更换是实质上的更换，那么这种变换的结果，必使这些私立的大学特殊的地方与特殊的贡献，逐渐消灭，或大受影响。

不但这样，私立大学既为私人所设立，则创办或主持这种大学的人们，也必有其特殊的个性或特殊的才能，同时他们在教育上的抱负，也必有其特点，这种大学，若改为国立，不只是影响到大学的特点，而且容易消灭了这些特殊的个性与才能。

我们不要忘记：教育当局不是万能的，国立大学既直接受了教育部的管辖，教育部对于各大学的特殊的地方与特殊的贡献，未必能够处处顾及，而部令的颁布，又往往偏于标准化，划一化，结果不只是使各大学逐渐趋于机械化公式化，而且往往使其内部的发展，有了很大的窒碍。

何况部长的更换，不只对于大学的校长以及教职员有所波动，就是对于大学教育的政策上也有所影响。学工科的人若作了部长，很容易偏重于工科，学过文科的人若作了部长，也许又偏重于文科，这种因人施政的病弊，在我国目前的情形之下最易发生，而在尚未上轨道的大学里，也最易受其影响。

总而言之，近年以来，国立大学虽愈来愈多，可是未必个个都很好，除了教会所创办的大学之外，国人自办的私立大学已是寥寥无几，经过八年多抗战，好多国立大学，因是发展不易，而这些寥寥无几的私立大学更不容易支持。在抗战刚刚结束与大学教育复员的呼声正高的时候，政府对于国立的大学，固要负起责任，使其能够充分的发展，而对于私立的大学，也要特别加以补助。因为从国家的立场来说，无论是国立的大学，或是私立的大学，同样的为国家提倡学术，同样的为国家培育人才。好的私立大学固不必一定改为国立，坏的国立大学，就使政府化了不少的金钱去维持其存在，也未必对于国家有所裨益。

一九四六，一，五。

五、论留学

　　近年以来，我国有些人士对于留学，既多有烦言，而抗战以后，政府当局对于留学又严加限制，使留学的人数日见减少。结果，恐怕不但对于中国教育上，而尤其是高等教育上，要受了很大的打击，就是在中国的抗战上，以及一切的建设工作上，也必蒙了严重的影响。我们为了中国的教育，而尤其是高等教育的前途计，我们为了中国的抗战以及一切的建设工作的前途计，对于一般人士的这种态度的错误，不能不加以纠正，对于政府当局这种政策的失当，又不得不加以指摘。

　　反对留学的人的理由也许很多，然主要的大概不出两种。第一，他们以为在抗战时期，国家收入的金钱既日趋减少，而支出的预算又骤为增加，外币的价值也遂因之而增高，留学是需要外汇的，外汇既因之而增高，留学的费用也因之而增多，所以严加限制学生出国留学，是节省国家支出的一种办法。第二，他们以为近来中国在学术上，凡是西洋各国所有的东西，中国差不多通通都有，西洋有大学，中国也有大学，西洋有研究院，中国也有研究院，西洋的大学与研究院所有的各种科目，中国的大学与研究院也差不多也有这些科目，质言之，中国的学术已可独立发展，用不着派学生留学。

　　我们以为这些理由，在外表上虽好像很为充足，然在实际上，却是片面之言，浅薄之论。

　　就第一种理由来看，在抗战的时期，中国的财政虽是很为困难，可是留学所用的经费，不但在整个国家的支出上所占的成数是微乎其微，就是在整个教育的经费上，也未必很多。若因为战时的经济困难而减少或停止派送学生出国留学，则抗战五年，便五年没有留学生，抗战十年，便十年没有留学生，如此类推，抗战愈久，则不但留学生的来源愈少，就是已经返国的原有的留学生，也必逐渐死亡，结果是等于不要留学生，等于没有留学生了。因为抗战而不要或没有留学生，是否抗战时期所应行的政策，这是值得我们注意的一个问题。

　　若说留学是一种浪费，那么就在抗战时期中，国家钱财之浪费的，指何胜屈？以政府机关来看，骈指机关的繁多，各种部会的增加，重复而又重复，消耗而更消耗，这岂不是浪费吗？就以教育方面来看，在抗战时期里，原有的大学的经费屡感不敷，而大学数目的增加，学院数目的增加，所谓只求量的增加，而不注意到质的改进，这也岂不是一种浪费吗？至于一般家财充裕的，生活照旧的奢侈，一般发国难财者的生活特别的提高，这又岂不是一种浪费吗？政府当局对于这些浪费不求节省，不加限制，而却急急于去禁止所谓留学的费用，这是偏见，这是失策。又况一般家财充裕的人与发国难财者流，其所有的金钱既未必拿来贡献国家，以加增抗战的力量，那么与其任其浪费，何不使其子弟亲朋出洋留学，这不但对于青年学生有其益处，就是对于他们本身以至社会国家，也有其益处。

不但这样，海外侨胞以千万计，其子弟或亲朋之在国内求学的为数很多，这些青年的经济来源，既来自国外，假使他们若留学外国，在国家的支出上并没有什么的影响，政府当局的限制留学政策的目的，虽为节省经费，然因为节省经费而产生出好多麻烦的手续，结果是想用国内的钱财去出洋留学的人固不容易，就是那些经济来源来自海外的华侨子弟亲朋之欲出洋留学的也很为困难。

自欧战发生以后，留学欧洲虽不容易，然到美国或加拿大读书，并不困难。而且自欧战以后，美国与加拿大已逐渐滚入旋涡，因而工厂工作，日趋增加，而工人的需要，也日趋迫切。中国学生之留学美国或加拿大的，寻找工作比较容易，故工读制度的实施，也比较容易，我们尽可利用这种机会，鼓学生出国求学，一方面既可以增加留学生的人数，一方面又可以节省经费，这是一举而两得的事情。

我们并不忘记：美国的移民律有禁止华人在美工作的规定，不过这种规定，主要是专为赴美国寻找工作的工人而设立的。学生在某种情形之下，还可寻找工作，就退一步来说，这种条例虽很严格的应用于学生，我们的政府当局在这种国难时期，也应当设法与美加两国政府交涉，使其能对于留学生们加以特别的考虑，而想出例外的办法给予相当的便利，俾中国的学术得以继续发展。其实这是我们的最好的机会去解除这种禁止华工的条例，至少这是我们最好的机会去设法解除这种禁止华工的条例的初步工作。我们知道：南洋英属各处及美属地方也有限制华工的条例，然自汕头、广州、海口各处被敌人占据之后，国内同胞之逃难南洋者不知几许，而英美当局对于这些逃难的同胞曾有通融办理的办法，我们相信美加当局对于留学生之到美国或加拿大的，也必愿意去通融设法，使我们一般有志到美国或加拿大的青年学生，得有半工读的机会。而况抗战以来，英美加各国除了对于我们的留学生尽力帮忙之外，对于我们国内的学术机关，也给了不少的帮忙，只要我们的政府当局尽力去交涉，只要我们国人尽力去呼吁，未必没有效果，未必白费工夫。所以就退一步来看，经济虽有困难，然而因为这种困难，而遂不想补救的办法，这是惰人的方法，这是卸责的方法。

上面是指出第一种理由的不充足，我们现在且谈第二个理由。

照这种理由来看，他们以为在学术上凡是西洋各国所有的东西，中国差不多通通都有，所以用不着派学生到西洋留学，然而我们不要忘记了中国现在的学术机关，不但在质的方面远不及人，就是量的方面也远不如人。美国土地与中国相等，人口不及中国四分之一，然而它有一千三百八十余个大学与专门学校，至于学生的人数之多，更不待说。德国土地不及中国四川一省，人口并不多于四川三分之一，然而大学就有二十多个，好多专门学校尚未计算在内，专以柏林大学的学生人数来说，就比了我们中央、中山、北京、清华、南开、武汉、浙江七校学生的总数。我们的大学虽有三十八个，然而外国教会所设立的已有了十余个，至于专科学校虽也有了四十余个，然而很多只徒有其名而已。

这是从量的方面来说，若从质的方面来看，图书仪器的缺乏用不着说，就以教授而言，我们的大学里的讲师，副教授以至有些教授，多是人家大学里或研究院里刚刚毕业的学生，外国毕业典礼名为 Commencement，意义是学业的开始，而留学生之刚从外国大学或研究院毕业返国，大家便谓之为学成回国。一个德国的学生，得了所谓博士衔头之后，除了埋首著书数年之外，在大学里教书，也要好几年始能升为副教授，若要升到正教授，说不定要待他教到须眉俱白。美国之当教授的，虽没有这么严格，也绝没有像我们大学里那么容易，其实十年以前，凡是从外国留学回来的，差不多都可以当教授，教授尚且如此，则学术界的水准如何，可想而知。

我们并不否认，三十年来中国的学术有了不少的进步，三十年前，我们不但没有研究院，连了大学也差不多没有，二十五年前，我们不但大学里好多科目要请外国人担任，就是好多中学里也要请外国人去授课。现在不但中学里大学里不用请外国人去授课，就是研究院里也用不着去请外国人来教书。然而中国卅年来所以能有这些进步，不能不说是留学生的功劳，虽则留学生也有其短处。卅年来的学术的进步既是得力于留学生，那么今后学术的进步，还要依赖于留学生，因为在目前的中国，正像我们上面所说我们的学术机关不但量的方面不及人，就是质的方面也不如人。不如人，只有急起直追，努力去学，才能及人，才有进步。我们回看英国在文艺复兴以后，学术之能够进步是依赖于英国的留义的学生，直至十六世纪，英国学术才能逐渐独立。美国自十九世纪以后，学术之能进步，是得力于美国的留德学生，直到前次欧战，美国学术才能独立起来。英之于义，美之于德，历史同源，文化同源，文字同源，尚须经过那么久的时期，中国之于西洋，历史不同，文化差异，文字悬殊，而西洋留学生之在中国学术界之能占主要的地位，还是最近二十余年的事情，则今后尚须留学生来推进中国学术的独立，是毫无疑义的了。

我国近代学生之出洋留学，虽有将近百年的历史，然而政府当局与一般国人之遣派留学生，还是最近三十余年的事。最先留美的容闳、黄宽、黄胜，并非政府的派送，也非他们家庭的供给，乃是由外国教士的提拔。黄胜到美国不久，因病回国，黄宽在爱丁堡大学学医，名列第二，然而返国以后，悬壶香港，除了一些外国人誉为东方著名西医之外，国人不但到今少有认识，就在当时也少有问津。容闳以百折不回的精神，始而帮助同治中兴事业，设法派送百余学生留美，而开中国派送留学生的先河，再而勷助维新运动，最后赞成革命运动，然而同治中兴之讲洋务出名的，是不识洋务的曾国藩、李鸿章、薛福成、郭嵩焘之流，容闳只得一候补道学生出洋，出尽苦心，可是留学正监督不是他做，而是不识洋务的陈兰彬；维新运动，革命运动，容闳更无所闻，这并非容闳之过，而乃国人思想太守旧，时代太黑暗。

容闳带领赴美的留学生，既因守旧者流所反对而中途召回，此后留学政策几陷停顿。甲午以后，国人感觉到非效法西洋不可，然而当时又昧于张之洞之徒的留西洋不如留东洋，读西文不如读东文的论调，于是留日本学生骤然增加，而日本人为迎合中国人的心理起见，速成科，宏文馆相继成立，直接留学西洋恐怕难学得到家，学日本的速成科，一年半载就要回国，其成绩如何，可以概见，直接去读西文，还怕不易懂得西文，入了宏文馆去听日人用华语讲书，结果不但日文少懂，就是能说日话的也不多。

而况我国大多数的大学与专门学校，多沿海沿江各处。自七七事件发生以后，沿海与沿江各处，多被敌人占据，而这些大学或被敌人蹂躏，或则一迁再迁而至三迁四迁，图书仪器以及各种设备的损失很大。国立北京大学、清华大学、中山大学、私立南开大学以及好多学校，全部或大部分的设备，皆在敌人的手里。加以抗战以来，交通困难，从外国购买图书仪器，固是困难，从上海，香港以至仰光，要运这些东西入到内地，更为困难，使求学问的必要工具，很为缺乏。加以空袭频仍，人人疲于奔命，物价上涨，生活尤感困苦，不知把多少时间与精神作了无谓的消耗，所以有些人说这次抗战，我国学术至少落后七年。在国内研究学术，困难既若此之多，假使我们不多派留学生到国外求学，不但抗战以后学术水平必更形低落，大学师资必更感缺乏，就在目前，这种危机已很显露，这是反对派送留学生出洋的人所不可不注意的。

学术的发展，应该注重于质的方面，抗战以后，学术机关既大受影响而难于发展，教育当局又不愿集中力量去发展原有的大学或专门学校，反而增设大学，增设学院。大学与学院的量的方面既增加，教授的需要愈多，于是各大学与各学院不得不抢聘教授，甲校出薪水三百元，乙校出薪金四百元，甲校给以讲师名义，乙校给以教授名义，于是不但教授的标准因而降低，教师的人数也感不足，试问在这种情形之下，我们若不赶快多派学生出洋留学，则"师荒"的危机，岂不即在眉睫吗？

而况不但各大学争聘人才，政府机关、银行、商店、工厂也抢聘人才，这些机关的薪水津贴多，教授有为生活所迫而不能不他就的，结果是大学及专门学校的教授愈形缺乏，在这种情形之下我们若不赶快多派学生留学，则不但有了师荒的危机，而且今后的中国，又有了才荒的危机。

抗战建国既是我们的口号，那么建国固是要人才，抗战也要人才，人才的缺乏，在今日既到了极点，假使我们还不设法去培养人才，而尤其是专门的人才，则建国工作，当益困难。

三十年前，有人说留学一年，胜于读书十年，我们现在虽觉得这是夸张其词，然在目前的国难时期，人才若是缺乏，国内研究高深学问的机关，又有了江河日下之势，那么惟一的补救方法，恐怕还是多遣学生出洋留学罢！

三十年前，一般反对出洋留学的是一般不知世界大势的当局，与没有出过国门的士人，而今日一些反对留学的却是好多镀过金，吃过洋面包的人们，自己有了机会去留学，返国之后，又因有了留学的资格，而得到较好的地位，不去鼓励后辈留学也算罢了，还自以为自己学问已驾西洋人之上，所以劝人不用留学，这是自夸，这是自私，这是自欺欺人！

我们希望国人不要受了他们之欺，我们希望政府快开留学之禁，遣派学生出洋，鼓励国人留学，这不只是学术界之幸，也是国家之幸呵！

一九四二，五，六。

六、论师范学院

近年以来，教育当局除在好几个国立大学加设师范学院之外，还开办独立的女子师范学院，这不只是抗战以后高等教育上一种值得注意的事件，也是我国近代整个教育上一种很为重要的设施。

这种设施，从教育当局看起来，自有很多的理由，目的显然在于提高师资的训练，然而照我们的意见，这种设施，在目前的中国，而尤其是在抗战的时期，在理论上固未见得很健全，在事实上，又有很多的困难。

我们首先要指出，在我国师范教育的提倡，并非最近的事情。在满清末年，南洋公学所设立的师范科与政府在北平所开办的优级师范，以至民国元年在各处所倡办的高等师范，不但在教育史上占了重要的位置，而且可以说是我国高等教育的嚆矢，其实，在那个时候，除了京师大学之外，所谓高等教育，所谓最高学府，无非就是优级师范或高等师范。

在目的上，在性质上，现在的师范学院既非大异于从前在北京、南京、广东、武昌、成都、奉天各处的高等师范，而且后者却是现在好多国立大学的前身。其实除北京高等师范外，其他的高等师范都改写国立大学，南京高等师范改为东南大学，后来又改为中央大学，广州高等师范改为广东大学，后来改为中山大学，武昌高等师范后来变为武汉大学，成都高等师范后来变为四川大学，奉天高等师范改为东北大学等，是中国高等教育史上最值得我们注意的事情。所以大致上，我们可以说，中国的高等教育的发展的方面，是从师范教育而趋于大学教育，因而师范教育在中国教育史上所占的位置，是很重要的。

在大学教育尚未发展的时候，优级师范或高等师范对于中国整个教育上有了很大的贡献，是无可疑的。因为这不只是中学以至一些小学的师资的来源，而且是研究比较高深学问的学府。二十年前，除了教会所设立的学校之外，在一般国人自立的中学里的校长与教员，大多数是出身于高等师范，直至现在，还有不少的高等师范的毕业生在中学里务服。又在那个时候，所谓最高的学府，既差不多就是高等师范，除了出国留学之外，欲在国内研究比较专门的智识，也只有高等师范能够稍为满足这种欲望。

高等师范之改为大学，一方面可以说是中国高等教育上的一种权宜的政策，一方面又可以说是中国高等教育上的一种进步的表征。我说这是一种权宜的政策，是因为高等师范已略奠大学的基础，稍具大学的模型，改为大学，无论在人力上或财力上都比较的便宜；我说这是一种进步的表征，因为在高等师范里，不但学科不多，而缺乏专门的分类，而且高等师范的主要目的既是培养中学的师资，那么高等师范的学生与其说是为着研究而研究，不如说是为着教人而研究。教授中学生所需要的学问，在比较上是普通的而非专门的，只有主要是为着研究而研究的大学里，始有机会去讲求更高深的学问。

大学的目的与师范的目的固有其不同之处，可是大致上大学可以代替师范的任务，而后者却不易负起前者的使命。所以大学里所教的好多学科，因为高等师范所没有，而后者所有的各种学科，都可以在前者中开设。此外大学里的教育学系，在某种意义上也可以说是高等师范的缩影，虽则我们应该指出，以往的教育学系不但其本身有了多少的缺点，就是与其他各系的关系上也少有合理的联系。这一点我们不必在这里加以讨论，我们所要特别说明的是我国现在的好多大学，既是从高等师范发展而来，同时大学而尤其是大学的文理学院，既可以代替高等师范的任务，实现高等师范的理想，那么师范学院的增设，在目前的中国，而尤其是在抗战的时期，可以说没有必要的了。

其实自从高等师范改为大学之后，大学本身，固有了很大的发展，就是在供给师资上，也有很大的贡献。二十年来的中等学校的增加，可以说是中等教育的发展的一种反映，然而这些中等学校师资的来源，主要的都是出自大学，我所以说大学可以代替师范学院的任务，与实现师范学院的理想，不但只有理论上的根据，而且有了事实上的证明。

不但这样，若再从师范学院的内部组织方面来看，师范学院的增设，不但与大学尤其是大学的文理学院有了重复的病弊，而且引起了好多的困难问题。就师范学院所设立的各学系来说，根本上这些学系并不大异于大学里所设立的学系。国文、英文、教育、数学各系，可以说是各大学所常有的学系，所谓史地、理化、博物三系，不外是大学里的历史、地理、化学、生物、地质、矿学等系的缩影，音乐、体育、家政各系，也可以在大学里设立，至于公民训育系的公民部分，可以归并于大学的政治学系，而训育方面又可以归并于大学的教育学系。

我们承认在各学科题材的选择上与各学科教授的方法上，师范与大学固有其不同之处，因为正像我们上面所说，前者是为教人而研究，后者是为研究而研究，可是我们应该明白，无论是为教人而研究或为研究而研究，对于这些学科都要有充分的认识，这是两者的根本相同之处。大学而特别是大学的文理学院，既已经或可以设立师范学院所需要设立的各系与各科，在大学里设师范学院，岂不是有了重复的病弊吗？

若说师范学院学科的题材及教授方法，与大学的学科题材与教授方法，有了根本的差异，而要有特殊的教授去教授，那么这些特殊的教授，不但在现在的情形之下不易找出来，就是将来怎样能够培养出来，也成为问题。而况所谓师范学院的教授，既就是现在大学里的普通教授，那么这些教授既可以在师范学院当教授，而开设所谓为教人而研究的学科，他们若为实际上的需要起见，也可以在大学的各系里开设这些学科。质言之，与其在大学里加设一个师范学院，不如在大学的各系加设所谓为着教人而研究的学科，使一般有志从事中等教育的学生，得以选读。这种办法，一方面固可以实现师范学院的任务，一方面也可以节省了不少的财力与人力。

师范学院设立了那么多学系，不但教授必需增加，而且每系必有一系主任，假使系主任是由大学原有的系主任去兼，则系主任在行政上所费的时间必定很多，结果对于学问工作，固必受其影响，对于行政工作，恐怕也难免有其疏忽之处。假使系主任是另行聘任，再加上每系的办事人员，结果是行政人员以及其有关的设备必然增加，而大学的经费也必增加。此外，师范学院有了好多系如史地、理化、博物所包括的根本不同的学科，至少在两科以上，专于历史者未必长于地理，专于物理者未必长于化学，专于生物者未必长于地质以至矿学。每系的主任不只是系行政上的领袖，而对于其系的学科，应有充分的智识，假使以一个历史学的专家而为史地系主任，他虽对历史方面有了充分的认识，然他对于地理也许不是"学有专长"，以一个学无专长的人去作系主任，不能不说是一种缺点。

师范学院院长的聘任，就现在的办法是由大学校长推荐两位，而由教育部圈定。有些人以为这是因为教育当局觉得师范学院比其他的学院，较为重要，故如是表示慎重，有些人又以为这是教育部直接管理大学各学院的初步政策。我们对于这些问题不欲详加讨论，不过我们也得指出，从教育当局的立场来看，对于大学的各学院，最好不要存了轻重的态度。我们已经说过，大学里而尤其是在目前的大学里，师范学院的增设，实在是不必要的，退一步来说，现在既有了师范学院，又何必将师范学院当作例外？而况国立大学校长是教育部所任命的，国立大学校长既为教育部所任命，同时他既有全权去聘任其他各学院的院长，为什么师范学院的院长却要教育部去圈定，这种办法，好像是教育部对于大学校长缺乏信任的一种表示，至少这种办法的本身是一种矛盾。

上面所说是稍为偏重于理论方面，若再从事实方面来看，设立师范学院之目的之不能实现，更是一件很为显明的事情。

师范学院设立的目的，是要提高中等教育的师资的程度，反过来看，提倡师范学院的教育当局，好像以为在现在的普通大学里所培养的文理法各学院学生的程度，是不足以为人师的，是以才加设师范学院。同时又增加了师范学院的修业期限为五年，比之一般的大学的修业期限多了一年。然而若照这数年来的事实来看，究竟这种理想是否已经达到，或是否能够达到，实在是个疑问。照一般人的观察，师范学院学生的程度，并不一定较高于大学的其他学院的学生的程度。其实在教育部办理统一招考的时候，对于师范学院的新生的录取，并没有而且不容易去提高其入学考试的程度，入学考试的标准既并不提高，想在入校以后而提高其程度，也非一件容易做得到的事情。最近来国立武汉、浙江、中央、西南联大四大学联合招考新生，投考师范学院的学生的程度，也未见得较高于投考其他各院学生的程度，若就考取的人数来看，西南联大仅有五人，而中央大学也不过廿余人，这是很值得教育当局的注意的。

此外，师范学院设立的目的，也可以说是注重于学生人格的训练，换句话说，就是训练出良好师资的人格以为中学生的模范，因此之故，在师范学院里，对于学生日常生活的管理与良好习惯的养成，都要特别的加以注意。然而我们也得指出，师范学院的学生，固要有良好的人格，难道别的学院的学生，不要有良好的人格吗？作教师固要有良好的习惯，作文学家，作法学家，以至作商人，作国民，就不要良好的习惯吗？而且师范学院既为大学的学院之一，大学的学风若不良善，则师范学院是否能"独善其身"，也是一个疑问。近来社会人士对于学风而尤其是大学的学风，颇有评论，而教育当局也曾一再发表整顿学风的命令与改良学风的言论，然而我们知道，抗战以后，学潮的波动比较严重的是始于中山大学，而中山大学的学潮的起因，是始于师范学院，这也是很值得教育当局的注意的。

最后，师范学院设立的目的，又可以说是为救济一般贫苦的学生，师范学院的学生，除了免缴学费宿费之外，还有膳费的津贴。在抗战以前，这种办法，对于一般贫苦的学生，未尝不是一种优待的办法。不过抗战以后，各国立大学的学费宿费既皆免缴，而津贴贷金之给与大学各院的学生的，往往占了学生的总数之一半或多半，凡领贷金或津贴的学生，有时除了膳费之外，还剩多少以为零用，结果是所谓师范学院的学生的特殊权利，却变为一种普通的权利，或大众所共有的权利。师范学院的学生既没有特殊的权利，而照教育部的定章，毕业以后却有在中学服务多少年的义务，此外师范学院的修业期限既定为五年，比了普通大学多了一年，就平时而论，除了学费宿费膳费三者之外，衣服文具以及各种杂用所需的款项往往比之前三者为多，师范学院的修业期限既多了一年，不但这一年内不能出而作事，以求入息，反而增加了这一年中的衣服文具，以及各种杂用。在这种双层耗费之下，所谓救济贫苦学生的目的既不能达到，反而增加这些学生的负担，这又是值得教育当局的注意的。

总而言之，师范学院的增设，在目前的中国，而尤其是在抗战的时期，在理论上固未见得很健全，在事实上又有很多的困难，这是提倡这种制度的教育当局所不能忽视的。而况抗战以后，一般原有的大学的各学院，因人力与财力的缺乏，维持原来的状况已成为事势所不许，再要增设师范学院，不但师范学院本身的人力与财力很为缺乏而难于发展，而且恐怕直接上或间接上还会影响到原有的其他学院的发展，这又是提倡这种制度的教育当局所要特别加以注意的。

一九四三，十二，五。

七、教育的中国化和现代化

一

从《独立评论》第十一号登载邱椿先生讨论《关于教育崩溃的责任问题》的通讯里，我们找出下面一段话：

> 中国新的教育，最初抄袭日本……后来模仿法国……近三四年来，他们都觉悟纯粹抄袭的错误，而提倡中国化的教育。关于这类文字，已发表了好多，差不多近为烂调了。

新教育的中国化，的确是数年来一般教育家的时髦口号，而且是国内一种很普遍的思想。这种思想的动机，也许会像邱椿先生所说，是由于他们觉悟纯粹抄袭的错误，然其结果——据我个人的意见——是很有中国教育再趋向于复古运动的危险。

原来新教育，既像从事这种运动的人们所说，不是中国固有的教育，而是从外面输入来的东西，那么中国固有的教育，当然是旧的教育，旧的教育，是旧时代的产儿。新的教育，是新时代的产儿。要是新的时代应有新的教育，那么新时代的中国，也要有新的教育，换句话来说，就是中国教育应该新时代化或是现代化。

除非我们把这个"中国化"的中国，叫做旧的中国，那么新的教育这回事是无从发生的。因为使中国而新了，则中国变为现代化的中国，并非现代的中国化。同样，使中国的教育而新了，那是中国的教育的新化或现代化，并非新教育的中国化。所以把中国和新教育来相提并论，而要新教育的中国化，显然是想把没有经过现代化的中国来化新的教育。

但是所谓没有经过现代化的中国，不外是旧的中国。旧的中国是旧时代的产儿。从新的时代或现代看去，旧的中国若不是落后的中国，至少也是"古董"的中国。因为他若不是落后或"古董"的中国，他必定是适合现代的中国。适合现代的中国，就是新的中国，要是整个中国是新了，是现代化了，那么教育也必定是现代化了，也是新了。同时若果说这一个中国是用不着现代化的，而这一种教育也用不着新化，然而如此则更没有所谓中国化的可能，所以要使新教育中国化，其结果若不是新教育的退后化，至少也有新教育的古董化的危险。

既是古董，必不能适合时代。既是新的，必非古董。新教育的中国化，这句话本来是自相矛盾的,新教育既不能而且不应该退后化,古董化,——中国化,而所谓新教育的中国化,又恐怕是挂起新教育的招牌,骨子里还是以前屡屡发现的复返旧教育的主张,而所谓复返旧教育的主张,就是复古运动。

明明白白是复古运动,偏偏又要加上一个"新"字,这简直是一种挂羊头卖狗肉的故智。一方面挂起一个新教育的招牌来号召,一方面又挂起"中国化"的招牌来笼络一般的留恋于旧的人们,在这青黄不接,新旧过渡时代一般所谓喜欢于新的人,既看不出这个运动是复古,而一般留恋于旧的人当然是快快活活地以为温故知"新"。为了这个原故,怪不得所谓新教育的中国化的运动,能够这么行时髦。怪不得关于这类文字的发表,多到要成烂调。

这种最易迎合一般中国人的心理而有开倒车危险的言论,我在这里愿意稍事批评。

二

所谓新教育的中国化的最大理由,大约不外以为专从西洋贩来的教育,总不免有了不合于中国的国情和需要的地方。假使能合中国的需要和国情,就是叫做中国化。这种议论,骤然看起来,好像有她的道理,然详细的考察,实在是一种很大的错误。

我们上面已经说过,新的时代是要新的教育,中国既是要在这新的时代过日子,中国就不能不提倡而且不能不特别提倡新的教育。所以从中国目下的需要方面来看,中国教育之应当现代化,可以说是完全没有问题的。至说新教育要合中国的国情,我们首先就要问问什么叫做国情?国情这二个字,虽可以包括一切的天然气候、地理物产、人种——以及文化的情况,然而事实上所指明的却只能说是文化一方面。我们承认天然气候、地理、物产上的不同,固然可以影响到教育的制度,然在文化进步的社会,这些东西的影响,其实微乎其微。而且事实上,中国的天然气候、地理、物产和西洋文化先进的各国,并没有多大的差别。此外,若说中国人种的聪明和脑力,没有像西洋人这么高超,所以不能模仿新教育,配不上享受新教育,这是无论何人都不会承认的。

国情既是专指文化方面而言,教育又不外是文化的很多部分当中的一部分。因为它是文化的一部分,她不只和文化有密切的关系,而且还受文化的支配,因此之故,想对于教育上得到相当的了解,应当明白文化之对于教育的关系,以及教育之受文化的影响。

在文化没有或是很不发达的社会里,本没有所谓教育、政治、经济、宗教的分别。这些分别,是在文化较高的社会才有的。因为文化愈进步,则分工愈繁复,人们因为精神时间的有限,不得不把文化来分门别类,使能对于某一类文化上能够专精。于是有的叫做教育,有的叫做政治,有的叫做宗教,经济等等。然而文化本身上并没有这样的分门别类,她是一种复杂的总体,是分开不来的。所谓分开,不外是我们对于事物认识的一种主观作用,文化本身既不能分开,一方面的波动,必引起他方面的影响。因为了这个原故,新教育的中国化,或是中国教育的现代化,都和文化其他方面有了密切的关系。

固有的中国文化,是自成一个系统的。所以固有的中国的教育和固有的中国的文化,像政治、经济等都有了密切的关系。自东西文化接触以后,中国人感到事事样样都不如人,同时又不能闭关自守,而保存自己固有的文化,结果是固有中国的国情已不适合新的时代。整个文化既是不合现代的环境,则整个文化也要现代化了,何况文化之一部分的教育呢?若说中国的国情或文化的某一部分或好多部分是合乎新时代,那么这一部分或好多部分已变为现代的需要,而非中国的独有的或固有的需要。在这种情形之下,也没有所谓新教育的中国化的可能。因为除了教育外,文化的其他方面已经新了,那里还有新教育的中国国情呢?

所谓新教育的中国化的前提,必定把现在中国当作还未达到现代化的阶段。但是中国而若尚未达到现代化的阶段,则今后的中国愈要赶紧的现代化。同样今后的中国的教育,也当然要加紧的现代化,把新教育来中国化,又岂不是变成中国及中国教育现代化历程中的窒碍物吗?

我们以为所谓新教育中国化的最大错误,正是以为现在中国的国情,还是中国固有的国情,他们忘记了现在中国已和六十年前的中国很不相同。现在的中国的国情,事实上也已不是中国的固有国情,而且这些国情,正是朝向着新时代化的途程中。我们可以说,固有中国的国情,不过是从旧的中国国情到新时代中国的国情过程中,逐渐将成为过去的陈迹罢了。

同时他们又一定认为除了文化的教育部分外,其他的部分像政治、经济等,还是依旧的不变。他们忘记了,不但是教育,就是经济政治等,也是趋向着现代化的历程中。要是教育家不愿努力来求教育的现代化,而反要使新的教育来适合正在变换历程中的旧的政治经济或礼教等,以及这些东西所产出的结果或是所传下来的遗毒,试问我们何不专心去保存旧的教育以及文化的其他的方面来维持我们固有的国情,却要多生枝节去采纳新的教育,而致徒劳无益呢?若说因为了教育以外的其他方面的文化,已非固有的,所以教育也要变换来适合这一个国情,那么这一个国情,显明非中国固有的国情,而是现代化的国情,现代化的国情,是现代的环境,并非中国所独有,更非中国所固有。这么一来,中国教育之要现代化,不但是理论上所必需,而且是事实上所必然的了。

三

平心来说,从数十年来的新教育史上看去,新教育并非完全没有成绩,她不过是进步太缓罢了。我们当然可以说，这么迟慢的进步，是不能够适应我们的需要而是一种失败。但是与其说这种失败是由于新教育之不能完全和彻底中国化，还不如说是由于中国教育之不能完全和彻底的现代化。

我们已经说过，教育是文化的一部分，教育的彻底现代化，当然是和全部文化的彻底现代化有很密切的关系。关于全部文化彻底现代化的问题，我们不能在这里讨论。单从教育的现代化的历史来看，我们可以大胆的说，六十年来所谓教育现代化的运动，是陷于皮相浅薄的现代化的危险。而这种危险的主因，又不外是由于教育上的复古运动。

中国之采纳新教育的制度，固不过是三十年左右的事情，然感觉到新教育的必要，却在六十年前。当一八七二年第一批学生在容纯甫先生的指导之下，起始赴美留学，这一次所派的学生数目是三十人。到了一八七三年及一八七五年，又继续遣派。然自一八七六年陈兰彬被派为美国公使，吴子登为留学监督以后，留学生的遣派，也因而中止。纯甫先生自传说：

> 盖陈之为人，当未到美国以前，足迹不出国门一步。故于揣度物情，评衡事理，其心所依据为标准者，乃完全为中国人之见解。……推彼之意想，必以为一己所受纯洁无瑕之中国教育，自经来美与外国教育接触，亦几为所污染，盖陈对于外国教育之观念，实存一极端鄙夷之思也。（《西学东渐记》页一二〇—一二一）

陈兰彬之为人既是如此，而吴子登更是冥顽不灵，结果正是像耶路大学校长朴德（Porter）所说，这样的中国留学生，还未受有相当的教育便遣之回国，能不痛心？

不但这样，这一群留学生之在美国，因为当局要使其不忘祖国的文化，于是特造一坚固壮丽的房子来安置他们，他们除了在美国学校上课，和特别情形之下，所谓读经文、谈天地、相交友、相习染，他们差不多可以说是像在中国一样，我们简直可以叫这地方做中国城（China Town），结果是一方面少有机会来考察西洋人的教育和生活的真精神，一方面因为和这般所谓头脑顽固，成见过深的官僚监督朝夕相处，因此现代化的教育，固没有法子去领受，而且还有中途遣回的悲剧，这一点错误，事前虽为纯甫先生所意料不到，然而事后却为他所承认的。

一直到中日战争和八国联军入京以后，——一九〇二年中国始废八股，设学堂和再遣派留学生。这一次的学生之赴外国者，以到日本为最多。然其所学的十九都是速成科。日本人为求满足中国学生的欲望起见，还且专替他们创设一所弘文学馆来容纳他们，里面连教授时也有人翻译为中文。这也正是中国城。结果是大多数留日学生，不但直接现代化的教育没有法子接受，连间接的日本教育也学不到家，因为他们对于必要的工具的日本文，还是十九不懂。

这种不澈底的现代化，固是由于学者之只慕留学的虚名，然当时名为维新，实是守旧的政府及士人，乃是最大的阻碍。曾国藩、李鸿章的惟务机器教育，固不待说，像张之洞的中学为体，西学为用的思想，尤为铸成大错的主因。

张氏的《劝学篇》刊行于光绪二十四年（一八九八）。他本是当时一等名流，又被办理学务像张百熙一流人称为当今第一通晓学务的人，而且他的著作又得上谕的奖励广布，一时传诵，无不奉为金科玉律。这本书分为内外二篇，张氏说：

> 中学为内学，西学为外学，中学治身心，西学应世事。不必尽索于经文，而必无悖于经义。

从这种理论推论下去，遂有所谓：

> 游学之国，西洋不如东洋。一路近省费，可多遣；一去华较近，易考察；一东文近于中文，易通晓；一西书甚繁，西学不切要者，东人已删节而更改之，中东情势风俗相近，易仿行，事半功倍，莫过于此。

所谓"无悖经义""去华较近""易晓畏繁"，没有一件不表示根本上他们是要沿旧蹈常。他们忘记了直接去仿效西洋，尚恐不能得到西洋教育的真谛，何况是从东洋间接学来？他们忘记了东洋人能够从西洋直接学来，中国人安有不能的道理？何况以中学为体，西学为用的信条来提倡新教育，根本上已经不彻底，而事实上却是趋于复古。

欧战以后，国人见得欧洲满目疮痍，于是大提倡其东方精神文化。教育——我们已说过——是受文化支配的，而又是精神文化的一部分，提倡精神文化的人，对于西洋教育之澈底采纳，当然存着怀疑态度，所以，最近如邹海滨、陈果夫等的提倡停办文科法科，专事发展职业教育，无非表示他们对于现代化的不澈底。我们试想：文科法科及其他的学科才在萌芽的时期，就要停办，而专提倡职业教育，又岂非跑回曾国藩李鸿章们那条旧的道路吗？

四

照我们的见解：全部的中国文化是要澈底的现代化的，而尤其是全部的教育，是要现代化，而且要澈底的现代化。职业教育固是要如此，普通教育也是要如此，低级教育固是要如此，高等教育也是要如此，城市教育固是要如此，农村教育也是要如此。惟有现代化的教育，才能叫做活的教育，惟有现代化的教育，才能叫做生的教育，惟有现代化的教育，才能叫做新的教育。中国人而不要新的教育，也算罢了，要是要了，那么只有赶紧认真的澈底的现代化，然而要达到这个地步，首先就要放弃和推翻这种最易迎合一般中国人心理而有开倒车危险的言论。

（附记）这篇文字是去年写的，但是一直搁置到今，没有发表。近来《独立评论》陆续登载徐旭生先生的教育罪言，及蒋廷黻先生译陶因的《中国的政治》诸文，很觉得高兴和同情。然而最近读到第三十八期所载旭生先生的教育罪言的结论，和蒋译陶因的教育的见解，却发生了很大的失望，因而决意把这篇文章发表。我的意想，就是假使中国教育而像旭生先生所说的要农村化，则这个农村化，还是要现代的农村化，决不是而且决不应该要中国固有的农村化。其实近来国人所提倡的农村运动，本来还是近代西洋人对于城市"畸形"发展的一种反响，这种农村运动，还是欧美农村中的事情，并非中国农村的事情，假如是了，那么中国教育老早已农村化了数千年，用不着我们来呐喊，来提倡。末了，这篇文既草成于去年，对于徐先生和陶因氏的见解的批评，当然不是她的主旨，但是里面所说的先要中国教育现代化的见解，我以为是中国教育上一个最重要的问题，假使我们对于这个问题有了充分的认识，那么其他的枝节问题，都可迎刃而解。

一九三二，五，十二。

第三编

八、对于现代大学教育方针的商榷

据《广州民国日报》一九三二年五月廿一日教育新闻栏登载：本月十九日本市教育专家曾在中山大学举行一个教育会议，讨论各种重要教育问题。他们讨论的结果，约有数端，惟笔者所欲讨论者，厥为第一条议决案。据报章所载，抄录如下：

> 停办文法科或减少数量，同时多设职业学校，以适应社会生活之需要。

此种议决发表后，岭南大学校长钟荣光先生于五月廿一日同学日的宴会席中，曾提及此事，同时并宣布岭南大学将于最近期内实行这种教育方针。而《民国日报》廿五、廿六日的教育新闻栏内又登载邹海滨先生在中大纪念周的演说词，邹校长的演讲也是报告十九日教育专家会议的结果，而其焦点却是注重职业教育。邹先生说：

> ……所以前星期于本校开个教育会议，想把中国现在的教育从根本上来设法救济，大家的意见都以为欲使亡国的教育变为兴国的教育，制造游氓的教育变为有实用的教育，殖民地的教育变为增加生产的教育，必然要于升学的基本教育之外，再加上一种职业教育。此种教育方针之改变，关系于国家存亡兴废甚大，亟宜群策群力，急起直追，以求实现。……

在邹先生的演讲词里，足以引起我们疑问的地方固然不少，然而邹先生既不明说废除或减少某种教育来迁就职业教育，而大体上所谓"要于升学的基本教育之外，再加上一种职业教育"，是我们所赞同的。不过他们议决停办文法科或减少其数量，而代以职业教育，不无有待商榷之处，因略陈管见，以质高明。

我们以为想对于这个问题得到清楚和正确的答案，应当首先了解什么是大学教育？什么是职业教育？以及这二者的关系如何。我们可以大胆的说，参加十九日教育会议的教育专家，老实是误解了这二种教育，他们简直是把二件东西弄得太不清楚了，所以才有上面所举出第一条的议决案。原来职业教育的目的是在乎应用，而大学教育的目的是在求知，所以研习某种技艺以维持目前生活，与专为学问而研究学问，显有不同的地方。为了前者的需要，职业教育的发展，实不容缓，为了后者的需要，大学教育之建设，尤为迫切。社会上固有不少的人为了生活，应当对于某种职业上有相当的智识而入职业学校，然社会上也有不少的人是为讲求智识，研究学问而要受大学教育。我们承认在现在的中国职业教育，确是缺乏，然而现在的中国小学教育、中等教育、平民教育以及大学教育也同样的缺乏。为了这个原故，所以我们听到有些职业教育专家鼓吹职业教育，小学或中等教育专家提倡小学或中等教育，我们不但不加反对，而且十二分的表同情，就使他们提倡废除高等教育，大学教育，我们有时也愿意含默。因为他们不是办大学教育的人，不了解大学教育的重要。无奈十九日教育会议的专家，大都是主持大学教育的名流，对于大学教育的发展，无所振作也算罢了，还要废除，宁非奇怪！

我们的教育专家，也许会说道：我们的大学教育太过发达，而职业教育则太过缺乏，所以抑彼扬此，然我们试看国内的大学教育的发达程度，究竟如何呢？事实上大学教育的提倡和设立，这是近十余年来的事情，我们放眼一看国内大学的设备能称为完善者，能举出一二否？努力发展大学教育，尚恐不足，今欲废除减少，诚不知是何用意。

我们试想以土地大过广东不多，人口多过广东不多的德国，有了廿余间的大学，以土地人民与海南一岛相差无几的瑞士，也有了七间大学，现在像广东省，所谓基础稳固的大学，也不过二间，相形见拙，宁不痛心？然此犹不过从大学的量来比较，若再进而比较学生的数量，则我们就合了二间大学的学生，恐怕比人家的人数最少的大学，犹恐不及。此外，科目及他的设备，其相去之远，更不可同日而语，在此情况之下而言废除减少，又不知是何用意。

并且拼命去提倡职业教育，而同时忽略或废除大学教育是一件很滑稽的事情。原来职业教育要是增加起来，则职业学校的指导及主持者，不能不于比较职业教育更高一级的大学里找寻，试问一方面提倡职业教育，一方面减少或废除大学教育，不特自相矛盾，而且舍本求末。

我们上面已说过，职业教育的目的在求应用，而大学教育的目的却在求知，求知固未必为了应用，然要有所应用，则不能不求知。要造一部汽车或轮船，第一个条件是要晓得制造的方法，要在文化发达的廿世纪的世界里，设法增加生产以裕民生，而不提倡大学教育，是行不通的。

其实，我们的意见，是假使人人而能够入大学了，那么职业教育是用不着去提倡的。因为大学教育比之职业教育还要专门，还要澈底。不过大学教育太落后了，所以不得不借职业教育来补救一时之急。明白了这个道理，我们更觉得大学教育的提倡，刻不容缓，今欲舍大学教育而取职业教育，混乱颠倒，曷甚于此？

我们试想：世界文化进步较为显著的国家，未有不注重大学教育的。惟有半开化的地方，才不易找出大学来。所以大学教育，简直可以说是文明的产儿，我们不欲与世界各国并驾齐驱则已，否则舍提倡大学教育，增进人民的专门智识莫由！

我们应当承认：上面所说的话会引起了我们教育专家的疑问，因为他们并非绝对的反对整个的大学教育，他们所反对的却是大学教育的一部分，而特别是文科法科二者。他们的理由是学了这二科，是不能于国家的生产上有所贡献，所以学而无用。至于农、工、商、理等科，他们却极力主张保存和发展。我们以为这种观念，完全是错误的。而其最大的错误是他们不懂大学的目的，和人生需要的原则。我们已说过：大学的目的是求知，因为她的目的是求知，所以她是注重于研究。研究的对象，虽然常常于人生的需要上有密切的关系，研究的结果虽然常常影响于人生社会文化甚大，然而研究的目的，却并非以权利为目的。商务印书馆请了不少的学问专家，福特汽车公司也请了不少的机械专家，然我们不叫商务印书馆或福特汽车公司为最高的教育机关或大学，就是因为大家的目的不同。为了我们的目的是求知，所以我们开了一个农科，我们每年化了十多万块金钱，我们的目的并不在农业试验场里出产的东西的价值，而在乎研究农业及关于农业上的各种问题。其实我们并且不希望一个每年花了一千或数百块金钱的大学学生，于毕业以后回家里作一个三五亩田的农夫，要是他们自己这样希望，他们用不着费着这么多的金钱到大学来。农科固是如此，工科，理科也是如此。因此，我们可知大学以上的教育，在现在的社会情况之下，决不是只为着将来解决一日三餐的问题，要是为着这样，他们何苦把数千块钱来入大学，我们又何苦办理那些只有消费而没有收入的工科或农科？

其次，人类生活需要，决不只限于衣食住方面，衣食住以外，像美术、音乐、文学、游戏、宗教等的追求，不能不算做人生需要中的一部分。德国有一位哲学家说过：Mann ist was er-esst，为要增加物质生产而提倡职业教育的专家，若果告诉我们："没有饭食还讲什么学问？"我们也可以回答道："Mann osst swaer ist."所以一个人若信了佛教而做忠实的佛教徒，他决不食肉食；伯夷叔齐因为有了他们的人生观，所以宁愿饿死，不食周粟。食固然重要，然人生于食之外，还有好多的欲望与冀求，所以大学教育的目的，决不能说只在于满足食饭的欲望。

人类文化智识愈进步，则人类对于征服自然愈增加，物质的生产方法也愈进步，同时他于衣食住以外的要求愈多。原始野蛮人，没有所谓文学及各种较高的非物质的生活。我们在提倡大学教育，无非提高我们的智识文化的地位，废除减少之说，岂非以为我们还要向后转，而过原始野蛮的生活吗？

大学的目的，即是求知，人类的文化日进，则人类对于此种求知的兴趣愈浓。大学教育应当依照此种要求而设备，才不失为大学的使命，所以一间称为完备的大学，应当对于各科的设备上应有尽有，因为智识的各方面是互相连带的，而且是互相影响的，所以讲求智识的人，要说这科重要那科不重要，便失去大学教育的真义。

我们以为教育专家的回答也许是："文科法科的学生出校后没有事做，结果是流为高等游民，制造高等游民，不如没有之为妙。"我们试问农、工、商科的学生出校以后，做不做高等游民？正确的证据固不容易找出来，然试以大学农科及农职学校的毕业学生为例，除了做官，执教鞭和高等游民外，有多少是学尽其用的呢？其实在现在中国情况之下，一个农局主任或是科员，用不用着我们的农科学士、硕士、博士？就使是用了，最多也不外是做了官僚政客的装饰品，事实上一般农民所得的实益，又在那里呢？要是教育专家认为文法科学生的出路困难，便要废除或减少它，那么农科、工科、理科学生出校以后也是学而无用，那么农、工、理科，也要同样的废除或减少它了。

教育专家也许这样的告诉我们道："在现在的特别情形之下，无论什么科的学生出校后，虽是学非所用，然而比较来看，理、农、工等总较文法科为有用。"我们要知道文法科是否有用，应当先明白什么是文法科？据中山大学现行制度：法科包含法律，政治，经济；文科分为中国言语文学、历史、哲学、教育、社会学等。岭南大学没有法科，故文科包含较广，法律、政治、经济、哲学、教育、社会、中外文学等。主张废除或减少文科法科的人，当然以为这些科目都是没用的，我们不辞繁琐，略为说明于下。

本来学法律的人，通常目为一种专门的职业的学科，惟有野蛮半开化的社会里，法律的研究才不大注意，所谓法治的国家，没有不注重法律的。我们的传统观念，对于法律太轻视了，官僚武人的非法举动，使民主政治不能实现，这是表示我们对于法律，太不讲求，现在还要废除它，那么今后的情形，更是不堪设想了。

我们试想，在殖民地的领域，像南洋群岛，安南政府的学校里，对于政治科目的设备，是差不多没有的。他们认为假使你们懂了政治，那么殖民政策的设施，必然引起土人的反感。而土人政治权的要求，也是不能避免的。我们试问，主张废除政治学的教育专家，岂不是要以帝国主义的对待殖民地方法来对待我们民众吗？岂不是要实行庶人不议，不在其位，不谋其政的政策吗？须知大学培养政治学者，政治家，和制造官僚政客是绝对不同的一回事呵！

至于经济学有没有用呢？每个国家的国民经济，与国民生活的密切关系，这是无论谁都要承认的。然而国民经济的充裕与否，以及其改良及发展与否，不单只靠着一间商业学校，学过三二科簿记银行的人，还要靠着世界经济的趋势以及经济学上种种的根本原理的智识，其实一个最功利的银行行长，不只是要晓怎样数纸币银元，还要懂得经济学的原理啊。

社会学没们〔有〕用吗？那么社会的组织社会的实况的调查，人民生活的状况及各种情形也不要过问了。这么一来，还要提倡什么职业教育来救济社会呢？中山与岭南二大学的社会学系之创设，还是最近的事，创设的旨趣，岂非使学生明了社会的状况，以便改良社会的基本组织。现在草创伊始，就要停办，然则当其事者，岂不是太没有眼光了吗？

哲学不要吗？原来每一个人都要有哲学头脑的，要是他自己不会想及或问及自己为什么而生活，那么我们只好不客气的像孟子说道："其异于禽兽者几希？"一个人既免不得要有他的哲学，或人生观，则人生观之于人的实际生活和行动的重要，不问可知了。同时那一种的人生观是现代适宜的人生观？那一种是落后的人生观？也应该研究清楚。子夏告诉我们道"学而优则仕"，是子夏的人生观；我们的教育专家告诉我们：学东西须能增加物质生产，我们要跟子夏先生，还是跟我们的教育专家？这个问题，一经发生，则讨论研究，又是刻不容缓了。其实各位专家，要是以为哲学没用，各位专家又何不自己以身作则，找间什么商业或是工艺学校学学技艺，以求物质生产之增加，何劳开会讨论，改变教育方针呢？试问这种讨论，所得的结论是不是一种教育哲学？

外国言语文学是没有用吗？我们若果详细思量，则所得的答案当然不是肯定的了。中国一切的智识都落在人后，这是无可讳言的。参考书籍这样的缺乏，若再不注重外国言语，那么就使诸君而拼命提倡职业教育，试问拿什么东西来教来学呢？

中国语言文学不要吗？那么诸君在十九日会议所议决的第二条所谓"小学之教科书多用语体文，不识文言文便不能阅读古书，行之日久，则中国文化必衰落"一段，简直没有什么意义了。东方的圣人岂不是说过吗？"诗可以兴"，"文以载道"，那么文学也不能不研究了。要说一个爱迪生是值得我们敬慕的，那么一个歌德，至少都是德国人生活需要上的一部分了！

上面不过将文科法科的重要性，略为说明，我们既不主张文科法科要特别的注意，我们没有提倡废止或减少其他的科学，而迁就文科法科，反之我们希望无论什么学科都要努力发展。要是经济力量缺乏了，而无可奈何，那么废除减少应该从各方面着想。其实要是经济力量缺乏，则对于经济用途较大的科目，特别要裁减，文科法科无论在那间大学里所用的经费都不若理工农等科。教育专家苟以为能用此区区者以弥补理工农等科之不足，则属滑稽之至。所谓应付一时的经济困难，而致今后国家社会的法律、经济、政治、文学种种的人才，失了来源，孰是孰非，可以想见。

或以为文科法科学生太多了，苟不废除减少，则与年俱增，岂非供过于求？其实出此言者，何尝对于客观事实，做过公平的观察。比方，岭南大学法科，虽然没有，然学生之习经济、政治、法律、社会学者不够五十人，习其他文科者，亦不过如此，习理科者三十余人，农科者约二十多人，商科者六十余人，工科者四十余人，从此观之，以三百左右的学生，而分为文、法、理、工、商、农六科，文法二科仅占六分之二，人数比较，几乎相等。在一个社会里，因为生活的复杂而有分工，有工必有农，而且要有政治家、法律家、音乐家等。今以一个可分为六科的大学，其人数之比较相等若此，设使废除其一，岂非以为将来的社会只好有农、工、商，不必有政治、法律及其他的专家，抑或以为学工、学理、学农者，皆可为官、为律师、为法官吗？

我们再看中山大学各科人数的比例，据一九三〇年二月出版大学一览的在校学生名籍记载，文科有四百人左右，法科亦有四百三十人左右，理科二百一十人，农科及其附属农业专门部约有百五十人，医科约有一百人，总计一千三百学生左右，文法二科占全校学生之大半，以文科或法科来比各科，于理科约多一倍，于农科多二倍，于医科多三倍，其相差亦不能说是很远。而且此种的差异，也是外国各大学所常见的。我们不能以为中山大学是这样，就要减少或是废除啊！

据 Hoching 教授来粤时说，他所服务的哈佛大学学生人数不过数千，而听讲哲学的人已有六七百之多。一间仅三千人的德国的 Kiel 大学，去年学法科的有六七百人，以土地人民颇像德国的广东，中山大学所有法科学生，再加上岭南大学的文科的学生，也比不上德国最小的大学 Kiel，设使尽我们两大学所有的大学生而学法科，还恐不及德国两间大学像 Kiel 那么多的法科人数。法科固如此，文科又何独不然？合中山岭南两大学的文科学生，尚不及哈佛哲学一系的人数。然而我们还是大声疾呼，文科法科学生太多了，诚不知有何根据。

这样看起来，提倡牺牲文科法科的人，未免太负了大学教育的使命。

设使上面的事实和理论尚不能给读者以充分了解，我们可做进一步的观察。事实上所谓职业教育的成败如何，单就岭南大学来说，岭南农科初办之时，著者记得学生报名者，大不乏人，政府及学校当局的努力也不为不力。然十年的发展，大有江河日下之势。今日学生之在农科的人数，所以最少的原因，恐怕是学没有用罢。蚕丝学院由一九二二年所设的蚕丝学系发展而来，丝厂及各种设备不为不富，而且丝为广东出口的大宗，然现在也因人数太少，不得已而缩小为一系。商科学生较多，然其原故大都因该校学生的父兄，多数在商界，不必学校提倡，也有不少的人出校以后从事经商。工科创办伊始，虽有四十余人，然将来如何，不能预料。理科亦不过三十余人，这些所谓实用的学科，要说当局没有努力提倡，无论是谁都不相信的。蚕丝科除丝厂外有特别办事室及宿舍，农科除了各处设有广大的试验场外，又有巍然的十友堂，工科有五光十色的哲生堂，理科有中国不易找得的科学室，惟有商科没有特别的建筑。反观文科，则瞠乎其后，然文科专以政治组而言，三年前的学生不过十人，今则增至廿九人。我们试思学以致用的问题，既非大学教育的根本问题，而学生对于某科的兴趣的增加，当局不努力去提倡也算罢了，还要废除减少，不禁令人发生疑问。

事实上，我们教育专家所希望职业教育的效果，既不过如此，理论上像黄任之先生的职业教育的呐喊，结果也不过如黄先生那样的提倡职业教育，若是我的记忆不错，他尚未至鼓吹废除什么大学教育，而主持大学教育的专家竟做这种言论，宁不叫人奇怪？

职业教育的不振，大概一半由于职业教育的制度本身不健全，一半由于社会环境的恶劣。我们还可以大胆说一句，主持和提倡此种教育的当局，也不能全辞其咎。职业教育不能发展的原因既明，改造的途径亦可立见。如此之图，而归咎于文科法科，是亦无识之甚。我们以为即使文科法科所得的结果是失败了，像学政治者只知钻营取利，不顾国家人民利益，而违反政治的原理，我们认为其病弊仍是由于社会环境或别种原因而来，与政治学本身决无关系。

其实，急急于只务目前的苟安与生活，而不愿做澈底的研究，是中国人的最大的病弊。我们若不再细心思量，结果恐怕要唱出向后转的论调。曾国藩曾提倡过造船制械的教育，李鸿章也提倡过开矿筑路的教育，然德国的铁血宰相老早说过，中国与日本比较，日本必胜，中国必败。中国既已败了，而且败了不止一次，这是什么原故呢？大概不外是只见得人家的用，不见到人家的体，只求目前的应用，不想澈底的求知，有其体，得乎知，未必一定是要用，然没有其体，没有其知，试问怎能有其用呢？舍知与体而求用，不外是缘木求鱼！

若果我们要其知，要其体，则不当惟知其一，而不管其二，其三，则不当惟得一面之体，而不理其整个之体。曾李的机械器用教育，张之洞的中学为体西学为用，光绪末年的法政，以及近十余年来的文学狂，差不多总是筑在流来就散的沙上啊！难道我们到了现在，还不觉悟吗？

一九三二，五，二六。

九、对于勒克教授莅粤的回忆与感想
——续谈现代大学教育的方针

著者于一九三二年五月廿六日曾草过《对于现代大学教育方针的商榷》一文，刊登于六月一号二号《民国日报》的"现代青年"栏。撰作那篇文的动机，是指出五月十九日在中山大学开讨论教育会议的教育专家的议决案的错误，最近这几天来，据报章所载，勷勤大学和广东省立大学的筹办的声浪又日高一日，省立大学的方案尚在起草中，勷勤大学的计划据《民国日报》五月卅日"教育新闻"栏已拟定了不少的原则，第八条规定："本校分设师范学院、工学院、商学院。"计划该大学的当局，虽拟定了文理科图书仪器的经费，然文科、法科、理科均没有分设于该大学之内。又据五月卅一日的《广东晨报》，主张于升学的基本教育之外再加上一种职业教育的邹海滨先生，也说拟将中山大学的文科法科停办，此种趋向，均和五月十九日的教育专家的议决，互相符合。

这种教育方针的改变，其原因据邹海滨先生所说，是因为受过出国考察的影响。据邹海滨先生转述钟荣光先生的意见，以为一般的读书人，在他自己乡村原有的各种职业，不能去做，致力于人与天争的事业，反而一群一群的跑出都市瞎撞，从事于人与人争的生活，结果是弄到中国的教育变成亡国的教育，制造游民的教育，与殖民地的教育，所以补救之方，惟有极力提倡职业教育，废除大学的文科法科，以及少办大学。

大学教育与职业教育的不同，大学教育的应否减少或废除，著者在《对于现代大学教育方针的商榷》一文中已经说过，无庸赘述。但是我想邹海滨先生回国是在两三年前，钟荣光先生罗冈洞的故事并非最近的事。而中国的职业教育的提倡，数十年前的曾李不必说了，就是像黄任之一般的呐喊，至少都在中山大学之成立及岭南大学的工科、商科、农科未开办以前。黄炎培除了在国内尽力宣传职业教育外，还跑去南洋新嘉坡来劝一般学生去努力从事。职业教育的提倡，既非最近的事，而五月十九日教育专家们之觉到职业教育的需要，也不是最近的事，然而为什么到了最近，我们的教育专家才开会讨论并主张改变方针呢？

据最近的传说，这次教育会议改变教育方针，是受过四月间来粤游历的美国哥林比亚教育学院 Harold Rugg 勒克教授的影响。这一说究竟是否证实，我们暂不必考查，不过提起勒克教授这名字，免不得要引起我一些回忆与感想。

我之认识勒克教授的名字，固然是数年前，然大家的会面，还是本年四月廿一日的晚上，在一位同事家中晚饭的席上。

到了四月廿六日午，勒克先生又在岭南大学文理科学院院长梁敬敦先生府上，领导讨论改造中国的问题，中西人士之参加者不下四十人，我们讨论时间约

有三点余钟之久,该日的讨论,最终归结到:

我们对于接受西洋文化的态度,应该如何?

我们同事之中,主张澈底西化的是从文化的本身上看,我们的理由及其详细的理论,当于别项著述论列,这处可以不必再述。勒克教授和其他数位同事是主张部分的选择西方文化。那一部分要西化,那一部分不要西化,说起来也是很长,只好从略。不过勒克教授这种部分西化的理由,据他自己再三声明,是根据所谓科学方法所研究得到的结论。

然而他的科学方法的研究是怎么样呢?勒克教授这样的告诉我们:"四月以来,我到了北平,上海,现在又来广州,无论到那个地方,我都去找中国一般名流或是智识阶级,探探他们各人的意见,然后将这些意见总合起来,结果是主张部分的选择西方文化的人占大多数,所以我也断定中国目前的需要是部分的西化。"

勒克教授是好像素来欣喜用统计方法研究学问,他的名著《教育上的统计方法》不要说了,就是费了十年工夫来预备的勒克社会研究教科书(1920—1930),也是根据这种方法。统计方法是科学方法上最稳当的方法,所以他于中国目前的文化需要的研究结果,也是从这种方法得来。但是我们试想这种逻辑和科学方法是多么危险!

我当场指摘他这种方法是非科学的方法,他的逻辑是错误的。因为他的前提是筑在一个不稳当的基础上,为什么呢?

假使勒克教授是七十年前来到中国,问问那时候的名流,中国是要部分的西化,还是不要?那些名流必定异口同声的告诉勒克先生道:"中国是不应丝毫的西化的,中国要保存而且要竭力保存祖宗传下的整个的中国文化,同时要极力去排除西方文化的侵入。"若照勒克教授的科学方法所研究所得的结论,必定是中国不应丝毫的西化。然而这种异口同声的结论,现在无论何人都觉到七十年前的名流的大错特错,而中国到了今日,还是弄到这么田地,原因也无非七十年的名流遗下的种子。

就使勒克教授是三十年前到中国,而听了举国若狂的相信张南皮的中学为体,西学为用和西化毋背于经典的论调,照勒克教授的科学方法所研究的结论,也必以为这种论调是救时的金科玉律了。其实现在的我们,已觉到当时这种的论调是错误的,同时我们也觉到张之洞所遗留到中国人的毒是不浅的了。

勒克先生忘记了他所根据以为大多数的意见,与三十年前也许是七十年前的大多数的意见相差还是有限,而且他忘记不但现在的中国,就是三十年前的中国,也许是七十年前的中国,已应该澈底的工业化,遑论到了今日。不了解这一点,无怪乎勒克先生要反驳说:"我是现在来中国,不是三十年前来中国呵!"

勒克先生是美国人,正像我们的同事卢观伟先生所说,用不着长住中国,随便可以做了迎合群众的自己不必去负责的论调。我以为就使勒克教授而长住中国，他恐怕也不会去享受他所赞美的幽静的和谐的简单的生活和文化，就如他此次来到中国，住的是西洋旅馆，除了应酬外，食的是西菜，乘的是头等客位，我们岭南附近的旧凤凰村，古木森林之下的中国房子，多么幽静，这是精神生活呵！然而勒克教授恐怕不愿意到那里尝尝这种生活罢！

其次，卢先生也从了第二方面去说明勒克教授的研究结论，是不合乎科学方法的。卢先生的意见以为科学的方法，固然是人人应用的，然所得的结论，未必是人人相同，而且未必是大多数人的意见是必对的。所以不少的物理学者，都用了科学的方法去研究自然法则，然而比方相对论只有爱恩斯坦发明出来，可知真理未必是由于多数的意见就可以成立。这此议论，本来是很显明的，然而勒克教授竟对卢先生说："你怎能把爱恩斯坦来和现在所讨论的问题相提并论？"

勒克教授这样的科学方法所研究的结论的错误，大概稍有过科学常识的人总能见到。所以怪不得讨论完后，一位做过二十余年的自然科学教授而住在中国二十年左右的外国朋友，禁不住的要对我们说：

> 勒克教授的科学方法所研究得的结论如何，固不必说，单以四个月的调查考察，而得到一种结论，而被人家推倒，也是一件很平常，很自然的事！

我想西洋学者之来中国者很多，然惊动国人比较深刻的要算罗素和杜威。勒克教授老早已告诉过我，他曾读过罗素关于中国问题的著作，杜威先生是他的同事，他对于杜威先生关于中国的言论，必定非常了解。罗素，杜威之来中国，是在十年以前，那个时候，正是欧战方完，因为了战后满目疮痍，欧洲人免不得会起了一种变态心理，以为西洋文化已经破产了，除了留存所谓人生的物质的必需外，于是大来呐喊，向东方跑！罗素和杜威都知道中国的物质方面的文化是太缺乏了，同时也受欧战后的变态心理狂，而且因为中国人对待他们太好了，若说中国没有好处，好像是很对不住东道主的（这是罗素自己的话，至于杜威先生，著者于一九二八年春遇之于欧班那，曾问及对于所谓中国文化的优点是否仍主张保存，先生答以要看时势），于是捧出所谓精神文化，静的文化来代中国作面子。勒克教授不知原委，奉为圭臬，结果是未来中国以前，老早已打定主意，到中国后，照十年前的罗素杜威的说法去说，结果只有错误。

不但这样，勒克先生曾告诉过我们：社会和文化的改造，是基于三种的根本原则。第一，是地理环境的要素，第二，是社会制度的要素，第三，是哲学思想的要素。这三种要素是形成某种社会文化的原动力，而哲学思想尤为重要。所以改造社会文化，对于哲理思想的改造，尤须注意。卢先生本来是留心哲学的人，我想就是勒克先生不说及哲理思想在社会文化改造上的重要，卢先生也免不得会有意或无意的谈及哲理思想，然而很出乎我们意料之外的是，当卢先生提及哲学上的问题及三二哲学家的时候，勒克先生要像怪讶了不得的说："呵呵！你竟谈起哲学来。"这是甚么话？这岂不是自己打自己的嘴吗？

这样不合科学的勒克教授，这样先存偏见的勒克教授，这样自相矛盾的勒克教授，对于中国文化改造的问题上所持的意见，结论的错误，固然是不待说了，就是他们对于我们目前的教育问题上所持的意见和结论，也恐怕免不了只有错误，只有矛盾，只是偏见呵！

也许会有人为勒克教授辩护，而告诉我们勒克教授是一个教育专家，他对于中国文化的问题上也许有错误之处，然对于教育的见解，未必就不对的。

其实文化的改造，是包括教育的改造，他于整个文化的根本看法既是错误，则他对于文化问题中的部分的教育问题，也难免了错误。有了张之洞的中学为体，西学为用，才有了他的教育上的译西书不如译东书，以及其他种种教育上的错误观点。而况就使我们以为教育问题和文化问题，是可以分开来说，而不能以彼之错而连带及此，则我们所要知道的是勒克教授是那一种的教育专家呢？

他是不是一个从事于大学教育的教育专家呢？

他是不是对于大学教育素有研究的人呢？

我可以很自信和大胆的说，他对于大学教育是像没有做过研究的人，而且他对于大学教育，不是他的主要兴趣。

在四月廿一日的晚餐后，勒克教授述及在北平的考查经过，他说："北平的学者真不得了，北平的学校也真不得了！"大意以为因为学者像丁文江们，只会做试验室里的奴隶，图书馆里的书虫，像这样的人，于中国有何用呢？至于北平的大学，也只会竞建生物学馆、化学试验室、物理试验室，这些东西也是没有用的呵！

其实勒克教授连了理科也可以不要了，设使我们再推想下去，恐怕一间农学院里所设的试验室也没有用了。然而十余年来在哥林比亚的林肯学院，费了不少金钱，调了不少的助手，天天在那办事所采集材料，写信到各处询问教育状况，然后写了四五千页的社会研究教科书，又有甚么用处呢？一方面看不起人家的研究工作，一面自己所做的却是研究工作，这样看起来，他自己岂不是打了自己的嘴吗？

勒克教授本来是一个从事于研究大学以下的教育的人，他用了十年的工夫去写了六大本社会研究教科书，其目的是为了一般中学生。第一本的内容是美国的经济生活，第二本说明他的国家社会及经济生活，第三本是讨论土地工业及商业历史以及其对于美国社会的影响，第四本讨论美国政治之趋向于民治政治，第五本是说明文化变迁的团体中的个人的生活，第六本是说明世界各大国的重要的政治及社会问题。这六本书合起来，差不多有了三千五百页左右。其所包括的智识，有政治、经济、工业、商业、地理等等。本来在这么大的题目，在这么广的范围里，随便提出一个小小的问题或是一个科目，要做澈底的研究，就是用了二十年的工夫，恐怕所知者仍是有限，勒克先生用了十年工夫，要说是澈底，谁都不相信。不过澈底研究并非勒克教授的目的，因为他并不是为着澈底研究而研究，他是为着一般的中等学校的青年学生而著作，所以他据以为参考的材料，也是以简单浅白为主。比方说到人类的史略，地质学家，人类学家所为的专门书籍，不待说了，就是 H. G. Wells 的《世界史纲》也在不取之列，而单择 Von Loon 的《人类的故事》。他的全部工作既是为中等学生而著作，所以他对于大学的需要上，不但没有注意，简直是没有作过专门的研究。

  本来教育学是一种应用的学科，他的目的与其说是求知，不如说是应用。他的应用处与其说是为着大学以上的教育，不如说是为大学以下的教育。比方在美国哥林比亚大学的教育学院，专以教师的名字来说占了学院章程二十六页，讲师也有了二百余，学生差不多有了二万。然而像教育哲学专门的科目，授者不过数人，他们的大半时间是消耗于研究像课程的构造，怎么授英文于外国人，此外如学校的会社，班级的跳舞等，也成了一个科目。又如在芝加哥大学的教育学院，虽然对于心理学上的问题加以注意，然大部分的科目仍是注重实习方面，科目像学校职员的职务，中学女生的研究与管理等，简直是没有多大意义，而尤其是对大学教育上没有意义。所以在欧洲像英国的剑桥，牛津大学，教育学系好像没有，同样像我所知德国也没有教育学系，所谓教育学这名词，也是不很流行的。

  教育学的本身，既不是根本为求知的学科，学教育的人又因太看重了大学以下的教育，结果弄到有时只记得推广中学小学以及其他的低级学校，而忘记了大学之所以设立，是首在于求知，而非急于应用。

  这样看起来，勒克教授之对于大学教育的忽略，并非凭空而来。一个注重大学以下教育的人，对于大学以下的教育拼命提倡，并不算做什么希奇的事，然而一个只晓得大学以下教育的人，极力来主张废除大学教育，以扩充大学以下的教育，我们只觉得他的意见是太偏私了。

  而且，因为了他是看轻了大学教育，所以他跑到中国来，并不想考察整个的中国教育，以及中国整个的情况，然后看看那一种教育要提倡，那一种要改革，以适合中国的需要。他未来中国以前，老早想叫中国人只好提倡大学以下的教育，而特别是农工学校，所以他到中国，除了像到中山或岭南二校找点教育统计的报告和找了一点像定县农村教育的报告外，再不想做比较精深一点的考察和调查。其实连了梁漱溟的村治运动是怎么样，定县的试验是什么样，还是弄得不清楚，这样而来谈中国教育的改造，提出教育今后所应采纳的方针，岂非太不自量！

  勒克教授是长于用统计方法的人，而且是自鸣为科学的教育家，然而这样的游了中国，数个月就要著书立说，希望成一部有科学价值的书籍，恐怕是办不到的！

这样不合科学的勒克教授，这样先存偏见的勒克教授，这样自相矛盾的勒克教授，难道我们的教育专家们还要死心贴地去拜门请教吗？难道我们主持大学教育的当局要受他的教训来改造我们的大学教育吗？我们希望我们的教育专家是受过勒克教授的影响而有五月十九日的会议的传说，幸而不中，万一是中了，那么简直是不幸中的最不幸罢！

最后，我们指摘勒克教授的短处，决非有意去抹杀他的长处和好处。他的《教育上的统计方法》（1917），在研究教育学的方法上的确是一本精密的著作，他的社会研究教科书，也有他的好处。然而他究竟是研究大学以下的教育的人，对于大学的教育没有明确的了解，也会是意中的事，设使这次的教育会议的专家，是主持中等教育，职业教育者，而受过勒克先生的影响，来提倡废除及减少大学教育，那是一件无甚足怪的事。可是五月十九日会议的教育专家，大半都是大学教育的当局，要是不愿意去步着约翰斯霍金斯大学的 Gilman，德国的 F. Althoff 的后尘，至少也要先看看关于大学教育的出版物，然后来说话才好！

我们的意见是：我们不办大学则已，要是办大学，则对于大学的目的如何，至少也要知道。中山大学的过去是高等师范，岭南大学的过去是广州基督教学院。我们为什么不另开了一间工学院，农学院……偏偏要把来改做广东大学，岭南大学呢？改名与扩充的目的，岂不是欲办一间名符其实，以及各科完备的大学吗？

我们已经说过，大学的目的在乎求知，而求知的范围是包括了智识的全部。所以一间称为完备的大学，是对于研究全部智识的各方面的设备上，都应有尽有。因为智识范围太广了，我们不得不分科别类，以求专一，而探精深。然智识本身上却是互相关系，互相影响的。所以无论智识的那方面，都和其他的方面有了密切的连带关系。除非我们以为智识的各方面以及其全部是没有研究的价值，我们决不能把她分开来说这是有用，那是没有用。须知他的用处却不必一定要能造什么物质生产来，也未必一定能把来在当铺里当得多少钱，才算有用，他的用处是在乎满足人生的求知方面的需要。所以一个人没有饭食的时候，叫做肚子饥，没有机会来求高深的教育以满足他的求知的欲望，也可以叫做智识饥了。

我们把一本柏林大学的科目来看，里边载有戏院学（Theater wissenschaft），一般不知大学教育为何物的人，恐怕总免不得以为此种科目是教人家做明星或是布置戏院的工匠，却不知道这位戏院学教授及学生所研究的，并非想得戏院老板的常识，而是从事文学和美学方面来研究。

"有什么用呢？"我们也许这样的问问柏林大学的当局。柏林大学的当局必定答道："我们这里是要问问你对于这种戏院的智识所知的到什么程度，并非讲求应用。设使你是为着应用而求学，最好是找间明星学校，请勿进大学之门罢。"

一九三二，六，一。

十、敬答对于拙作《对于现代大学教育方针的商榷》的言论

自从《广州民国日报》登载广州市的教育专家于一九三二年五月十九日在中山大学开会讨论改革教育方针以后，五月三十一日的天津《大公报》，又揭载南京陈果夫先生在中政会提出改革教育的初步方案。他的教育政策的内容，虽未经发表，然根据报章所载，大体上与广州的教育专家们的议决案好像相同。究竟陈果夫先生的改革教育方案是受过我们广州的教育专家的影响，还是出自自己不期而所见者同，我们现在暂不必考究。不过在粤的教育专家们和在宁的陈果夫先生，好像同样的感觉到要使他们的教育计划的实现，总免不得要赖政府的力量来改革和提倡，所以在广州的五月十九日的专家会议的结果，有了下面一种议决：

以上诸端，拟由邹校长呈请西南政务委员会组织委员会办理。

同样陈果夫先生也在中政会里提出其主张，以为这种计划之实施，须由中央执行。我们根据报章的记载，陈果夫先生的方案已由中政会交教育组审查，然教育组审查的结果如何，我们尚未见到。但是广州的人们，会议讨论的结果，已得西南政务委员会第十九次政务会议决议，并派定十二人组织教育改革委员会，以资计划。我们并且知道该会已于六月六日开第一次会议，议决案共有八条，但据第一条明白规定学制不变更，但须改变入学观念。

这种教育方针和政策，于国家的前途影响甚大，实在不容轻议妄动，而一般从事教育事业的人，则更不能轻轻放过。所以著者于五月廿六日曾草了《对于现代大学教育方针的商榷》一文，六月一日继续草成《对于勒克教授莅粤的回忆与感想》一文，前后登载于六月一日、二日及六月十日、十一日的"现代青年"。著者写完这两篇文后，正盼望着教育界及社会人士的指正，乃不幸家遭大故，奔丧回里，直到了最近数天，始返广州。

一个半月以来，得了编者的鼓励和读者的讨论，关于这问题的文章，在本栏发表者不下十余篇。此外不约而同发表于北方的刊物，如清华大学蒋廷黻先生在六月十二日的《独立评论》里所发表的《陈果先生的教育政策》，和燕京大学刘廷芳先生在六月廿五日的《明日之教育》里发表的《陈果夫氏的教育提案八个假说》等文。

蒋刘两位先生和在本栏发表过的好几篇文章，大体上都和著者共鸣，著者固引为快慰，但是著者尤引为荣幸和特别要感谢的，还是好几篇加以指摘与批评的文章，不过这些文章，就大体来看，好像觉得有了两点是对于拙著没有充分的认

识和了解。

第一、他们好像以为著者是一位极端拥护文科法科的人。

第二、他们好像以为著者乃极端提倡大学教育的人。

除了他们这两种没有充分的认识和了解外，他们至少尚有下面两种缺点。

第一、是大学教育究竟是什么东西？他们没有正确和充分的了解。

第二、是把中国和现代世界这两件事情，好像当作风牛马不相及。

著者提出上面四点来再加以说明，其本意并非在于反驳指摘著者的文章，因为每一个人都有他自己的见解与立场，他自己的环境师承以及个性的特点，所以他的意见和主张，未必要强与他人相同。教育的要旨是在发展合理的个性，所以负有教育之责者，应尊重他人的见解和主张，著者所以引为无上荣幸而要感谢几位指摘拙著的读者，就是因为他们能给著者以不同的见解和主张，而使著者有所借镜及反省，以求得较正确的见解。

所以我撰述这篇文章的动机，与其说是要反驳或摘指著者的诸君，不如说是为着再次说明著者的见解和主张。

我现在先从对于拙著没有充分了解的第一点来说。

读者有些以为著者乃极端拥护法科文科的人，这一点的误会，大概是由于对著者《对于现代大学教育方针的商榷》一文没有做过详细的考究，我在该文曾很明白的写过下面一段话：

> 我们既不主张文科法科要特别的注意，我们也没有提倡废除或减少其他的学科，而迁就文科法科，反之我们希望无论什么科都要努力发展，要是经济的力量缺乏了而无可奈何，那么废除减少，应当从各方面着想。其实要是经济力量缺乏，则对于经济用途较大的科目特别要裁减，文科法科无论在那间大学里所用的经费，都不若理工农等科。教育专家苟以为能用此区区者以弥补理工农等科，则滑稽之至。所谓应付一时的经济困难，而致国家社会之法津、政治、文学种种的人才，失了来源，孰是孰非，可以想见。

细心读过这段话的人们，用不着再声明，我并不是极端拥护文科法科的人，我做那篇文章的动机，完全是因为觉得我们的教育专家对于今日中国教育之不长进，实业之不发展，有归咎于大学教育和文科法科的倾向，不能不提出抗议而为这二科来说几句话。

我的意见是：大学教育的目的和职业教育的目的毫不相同，然而他们却非完全没有关系，他们的不同处，就是一在求知，一为应用，而他们间的关系处就是要想应用，应先求知，我在那二篇文里已经详细论及，不必再述。因为他们的目的不同，所以不能混为一谈，又因为他们有了关系，所以不能舍本求末。

主张文法两科应当废除或减少的人，以为文科法科的人数太多，苟不废除，则与日俱增，不知伊于胡底。这点我已详细解释，不过一般拥护那些教育专家的人，又以为要是大学生出来没有事做，而文科法科的人既较多，所以还是文科和法科的学生出来而没有事做的人为多。我以为就使文科法科的人出来没有事做的比较为多是事实，我们还要问问究竟是因为国内的文科法科方面的位置容不住他们，还是他们的位置被理科工科农科等学生以及一般不文不法不理不工不农的人们占去了？若是人数太多，位置太少，则像我们所说，以德国二十余间大学中最小的大学，便有了六七百人学法科，还不嫌多，以土地人民大过德国那么多的中国，而有了两三百学法科的人在一间较大的大学，已说多了，岂非奇迹？若是大多数的位置是被别人抢去，那么问题的性质，又完全不同了。

有些人说：文科法科的科目，可以不必求之于大学，而能自己研究，以臻精深，所以法科文科可以废除。我以为要是这话是真的，那么世界的大学用不着办文科法科，我国政府用不着派人出洋考察政治，用不着派留学生去学法政，而我们现在一般做大学生的，何苦废了一千数百块钱来学政治，法律，文学，难道入了大学，学政治科的不在政治学问上的用功，而在乎练习拍马钻营的秘术，以及博得一纸文凭就算了吗？

我们固承认对于文法科的科目，可以不必在大学里也能修习，世界上也有不少的文学家和法学家没有入过大学而著名的，然而这无异是说也有不少的物理学家，或农学家、工业家同样没有入大学而著名的，循这样的逻辑，则大学之为大学，简直是没有什么意义了，而一般父兄的殷殷希望子弟入大学，一般学生的孜孜想升入大学，一般学者想求一个教席，一般名流想做大学校长，政府国家或私人团体每年糜费不少公帑或金钱，以维持大学，又有什么意义呢？

有些人又以为五月十九日的教育专家主张停办文法科，乃限于广东或西南一隅，这样说法，简直是误解了教育专家的本意。《民国日报》五月廿五廿六日"教育新闻"栏所登载邹校长在中山大学纪念周的演说词，一则曰"想把中国的教育从根本上设法救济"，再则曰"要使亡国的教育变为兴国的教育"，难道这里所说的兴亡，是指广东或西南一隅吗？我们的教育专家在其议决案的第一条里既不加一"暂"字，我们又何必去代他们下注脚？而且所谓暂时的时间性，由谁来定呢？最近来陈果夫先生以为文科法科的停办，"暂"以十年为限，然而二十年或一百年，岂非也可以按照各个人自己的便利而叫做暂时吗？

此外，又有些人主张停办法科文科或减少其数量，而以劳动教育代替智识教育，以生产教育来扩大狭义的职业教育。我们以为这种主张，简直是越弄越糟。我们为了节省篇幅起见，不能再作详细的讨论。我们只好问问什么是智识教育？什么是劳动教育？什么是生产教育？试问所谓劳动教育和所谓生产教育，是不是智识教育？若不是智识教育，又是什么教育呢？

在上海附近的江湾，政府设了一间所谓劳动大学，她的目的，听说是提倡劳动教育，然我们放眼去看，里面的教授既不外是复旦或其他大学的文科法科的教授，它的校长也好像是做过外交界的人物，连了它的学生，也不是我们通常所认识的劳动者，试问提倡劳动教育的诸君，是不是要提倡这种的劳动教育，还是别有所指呢？

一间世界知名的福特汽车公司，我们知道它是汽车的大宗出产处，而且它的制造者是多数受过所谓生产教育的人，然而他们所受过的教育，是不是某种智识，而他们所赖以制造汽车的方法，又是不是靠着专门知识呢？

此外，还有些人主张各大学应少开科系，集中力量来办一两科或三四系，以求完善。这种主张我们是不反对的，但是同时我们也要知道，专科大学与一般的普通大学，显有不同之处。比方工科大学是专为研究工业而设，农科大学是专为研究农事而设，师范大学是专为造就教师人才而设，和一般的普通大学的目的在乎设备各种根本的科目以资学者随意志兴趣所之而选择的不同。

自然，各专科大学若联合起来，也可以成为普通大学，像北平现在的北平大学，是由各专科联络而成，然就常态来说，所谓正常的大学，却是要各科完全设备，而其基本科目却要全部包含文理法以及医科的各方面。

我们试考察世界上所称大学者，除了少数的专科大学外，很少没有文理科的。至于我们所谓法科里的政治、经济、社会及一般普通和根本的法律学科等，在美国各大学却是通通隶属于文科。德国的大学里的文科理科多名为哲学科 Philosoph-ischen fapultat，法科、医科均为一般普通所谓大学的基本科目。法国巴黎大学分为 Faculte de Druit, Faculte de Lattres, Faculte des Scleuces, Faculte de Medicine, et Faculte de Pharmacie，法科、文科、理科、医科及药科。英国的学院制度很复杂，然而牛津、剑桥及伦敦等有名的大学，于这数科的基本科目，也皆有设备。同样，中国大学之比较略为完备的，也有文理科及法科中的政治、经济、社会等科目的。比方，北平有历史的北京大学，是分为文、理、法三院，南京中央大学也以这三科为主科，而加以工科、农科等。最近中央大学的改组，更把工科农科隶属于理科内。广州的中山大学，也以文、理、法为主，农科的历史较短，工科尚未正式成立。至于岭南大学的文理科，也是大学部的基础，农科、商科、工科的历史均比较为短，法科虽是没有，然经济、政治、社会以及普通与根本上的法律学科目，均附设于文科之内。

这样看起来，文、法、理三科简直是大学教育的基础部分了。

总而言之，我们既不是极端拥护文法科的人，也非要废除其他科来迁就文法科。不过，文理法科乃大学基本科目，这是大学史上和目前的事实，我们希望而且诚切的希望负有大学教育之责者，对于文、法科固然要努力发展，同时对于工科、农科、商科等也能够努力和尽量的去谋质的发展，俾无负乎大学的使命。

我们现在可以说明对于我的著作没有充分的认识和了解的第二点：

我并非极端提倡大学教育的人，我曾说过：

我们承认在现在的中国职业教育确是缺乏，然此种现象，正像是说现在的中国的小学教育，中等教育，平民教育，以及大学教育的同样的缺乏。

我更接着说道：

因为了这个原故，所以我听到有些职业教育专家鼓吹职业教育，小学或中等教育专家提倡小学和中等教育，我们不但不加以反对，还且十二分的表同情。就使他们提倡废除高等教育，或大学教育，我们有时也肯愿意的含默不语，因为他们不是办大学教育的人，不晓大学教育的重要，乃意中之事。

社会是一个复杂的组织，在愈进化的社会里，它的组织必愈复杂，同时它的分工也愈细微，因为分工的细微，所以各部分的相互关系愈为深切，所以我们不但不提倡废除职业教育或是别的教育来迁就大学教育，就是提倡职业教育的人提倡废除大学教育来迁就职业教育，我们有时也肯愿意含默不语，所以我们这次的抗议，并不是向着职业教育或是劳动教育家而发，而是向主持大学教育的专家而发。我想设使读者而能够明白了这一点，那么对于我们的理论和主张，是不会发生不充分的了解的。

我们的愿望是：若是大学教育的主持者，忽然感觉到大学教育是破产了，而要提倡职业、生产、劳动等等教育，那么最好是把大学的门关起来，或是舍去社会给与大学教育机关人员所享受的特殊权利，来开间职业或是劳动学校，非然者，还是要用心用力去办好大学教育。使诸君而以为今日的大学教育乃亡国之教育，则诸君非如此身体力行地做去，诚不足以对自己的良心。不过中国今日的病弊，是不是应归罪于大学教育，当然有疑问了。

大学教育，我已说过乃文明民族的特征，而且乃澈底改造和建设文化的机构，因为大学分科别类，兼以学生之入大学者，必须经过一般智识的训练，故对于事物的探求解释，能有精确的判断，以免皮相之弊，这种见解，至少有了历史的证明，我们现在且举一件事来说明：

中国新教育的系统是始于一九〇一年，到了一九〇二年，因为留日学生之学速成科者太多，日本东京高师校长嘉纳治五郎特别设了一个弘文学院来收容这种学生，而且授课时还有人译成中文，结果是弄到留日学生中，不能看日本文者比比皆是，同时所谓尽九牛二虎之力，以使教育日本化的计划，终成画饼，在这种情况之下的中国，就是想办中学，尚不容易，想办大学，更加困难了。

现在无论何人，都必承认今日中国在教育上是远胜于三十年前的中国，然而教育进步的特征在那里？我们以为大学教育的发达，至少可以算做三十年来教育进步的特征之一，那么，提倡废除大学教育诸君，岂不是希望中国的教育要向后转而自负开倒车之责吗？

我们在此还有不能已于言者，在职业教育的格外提倡的当中，所谓职业教育的实施，除了政府今日出布告，明日出布告，和名流今日演说，明日谈话外，事实上职业学校的设立，寥若晨星，反之，大学的筹办之见于报章而形诸实行者，犹如春笋怒发。除了参加五月十九日的教育会议的谢厅长所提倡的广东省立大学外，还有已见端倪的勤勤大学，华侨大学，以及拟在潮州开办的东江大学。这四间大学筹办的消息，两个月来早已传布，而其中有了三间是要设立于广州的，我想一般提倡废除大学教育专家以及提倡职业教育，劳动教育的诸君，对于这种现象，竟无一言提及，而对于我们主张保留一两间稍有基础，稍有设备，历史较为久长的大学，却加以攻击，真是莫名其妙。

上面已将对于我的著作没有充分认识和了解的地方加以解释，现在可以把我所感觉到这次讨论中的两种缺点，略为说明。

我这次发表两篇文章的目的，本是为了大学教育的问题，但是参加讨论的好多文章，好像是离了这个正鹄。同时对于大学教育是什么东西，也没有正确和充分的了解，弄到有些人把她叫做娱乐教育，我以为设使大学教育而是娱乐教育——生产教育的对面——那么，所谓中等教育，小学教育，以及一切的像新闻教育，艺术教育，亦成为娱乐教育了。

我已说过：大学教育的目的，固是求知，职业教育在求应用，然能知得透切和澈底，也可以施诸应用。比方在大学里学理科的，对于制造香枧及各种的家常用品，总能了解，要是他自己离校以后，开开香枧厂来求生产的增加，未尝不可。但学做香枧究竟是一件简单而较容易的事，大学生不叫做为大众生产香枧的学生，而叫做理科学生，是因为大学的目的不只希望他能够做香枧，而且希望他将来发明和制造比较重要的东西。但是大学究竟不是一间制造厂，她是一间求智识的场所，所以大学的责任是要使学生明了某种事物的真相及其原理，就是求知。

美国因为他们的大学教育较为普通，所以职业教育是不大听见的。美国是物产出品最富的国家，然美国人并不大声疾呼来提倡过什么大众的生产的产业教育。同时美国人也不像我们一样的提倡打倒大学教育。就是提倡生产教育，劳动教育的苏联，从来也没有提倡打倒大学教育，她每年还要费了不少的金钱和精神，去请外国的大学教育专家来指导。所以大学教育既不是所谓生产教育的仇敌，她当然也不是什么娱乐教育。大约安分守己，尽力去做大学里的功课的学生，总不会觉得大学是神仙洞，同时认真能办理大学教育的人，亦决不会随随便便给了一张形式的文凭，一般以大学为俱乐部和旅舍的学生，万一他们把自己当做神仙，把学校当做神仙洞，而仍能挂起学士衔头，那是因为主持大学的人和学生们的错过，与大学教育本身上无若何关系。

以大学教育为娱乐教育的诸君，一千块钱的一圈麻雀的娱乐，以及一切要做无谓的耗费的娱乐，诸君何不极力反对，且或甚而好之，又何必专门攻击大学教育？

我们现在可以略谈这次讨论大学教育问题的第二种缺点：

反对大学教育的诸君，以为中国的情形与欧美不同，何必一定跟着欧美跑？这一点，要是详细来说，话就太长了。我们这里可以很简单的答复。原来二十世纪的世界，好多重要的世界的问题，已变成中国的问题了，同时，好多重要的中国问题，也成了世界的问题。我们试想：专从物产货品方面来说，中国既差不多是世界的畅销场，难道中国可以闭关自守来解决中国自己的生产的问题？二十世纪的国家，没有一个可以闭关自守，中国也是不能例外的。

我想出此言的诸君，不但对于欧美和世界的情形没有了解，连中国自己的实情，恐怕也不大清楚罢。试问问题若此复杂的中国，情形若此紊乱的中国，仅仅的提倡废除大学教育，提倡生产教育，就能解决，我们是不敢轻易相信的。比方国家政治上的腐败和紊乱，以及社会经济与文化全部的低下，若不澈底改革，则诸君尽管出九牛二虎之力来提倡生产教育，又有何益？况我国生产教育，职业教育之提倡，还在大学未经设立之前呢。

至说欧美人过重物质，中国缺乏物质，所以前者可以优游于文哲，或研究求知之途，而在中国却要提倡物质生产和实用，这简直是三十年前张南皮的"中学为体，西学为用"和欧战后的"中国文明优在精神，西洋文明优在物质"的老生常谈。我们老早已不相信这些论调，用不着在这里讨论的了。

一九三二，七，廿三。

附　　录

一、欢送参加战时工作的大学学生

自西南联合大学第四年级的学生，决定从下学期起全体参加战时工作的消息传出之后，其他各处的大学学生之有同样的表示的，已有多起。政府当局与社会人士对于这件事情既很为注意，而舆论方面，除了昆明的日报多有鼓励的言论之外，重庆与其他各处的刊物，对于这件事情，也多加重视。

据说在抗战初起的时候，我国的军事当局，在南京曾开会讨论过学生参加战时工作的问题，当时有好多人主张微调学生，而尤其是大学生服役，后来因为有些人而特别是蒋伯里先生的力争，而作罢论。

过去反对学生应征服役的人们的意见，大致是这样：中国受教育的人数并不很多，而大学生的数目尤少，大学生应征去当兵，对于兵士的数量上不见得增加很多，在国家人才的培养上则损失很大，同时必使战时与战后的建设工作上所需要的人才，更感缺乏。我们以为这种意见，直到现在还有其真实性，不过这次西南联合大学的学生之参加战时工作的既是四年级的，而其服役的时期，照目前的规定又不过两年，这种办法，一方面使大学生能够服役，一方面在国家培养人才上又没有什么妨碍，这可以说一种两全的办法。所以我们对于这次西南联合大学以及其他各处的大学第四年级的学生之决定参加战时工作，表示十分的敬意。

我国人民一向分为士农工商四阶级，士在社会上的地位，从来被视为最高，农又次之，至于工商是以往的人们所不看重的。其实，除了这几种的人民之外，还有一种是我国人所瞧不起的，可以说是兵士了，"好铁不打钉，好男不当兵"的错误观念，差不多成了我们中国人的"古训"。

最近数十年来，因为西洋各国以发展工商业而富强，于是我们也逐渐觉得我们有提倡工商业的必要，特别自这次抗战以后，我们的重工思想愈为发达。所以工商两种人的地位，也逐渐的因之而提高，我们只看近年来一般大学生在工厂银行工作者，日趋增多，就能明白一般人之重视工业与商业了。

至于兵士在这次抗战的时期中，对于民族国家的贡献虽是很大，然而士人，而尤其大学生之大量当兵以至参加战时工作的，并不多见。这次西南联合大学的第四年级的学生全体参加战时工作，可以说是一种创举，而国人对于这件事情之所以特别加以注意，就是这个原故。从此以后我们不只希望要打破"好铁不打钉，好男不当兵"的错误思想，而且希望有智识的好男儿都能够去当兵，我们知道中国的文人从来就有很多的病弊，然而文人不够武，可以说是病弊的一种，所谓"秀才造反，三年不成"也无非就是这个意思。数年以前，我在广西到处见有"好铁才打钉，好男才当兵"的标语，我觉得这是新中国所应有的观念。现在，我们既称为四强之一，我们希望我们今后不只是好男儿才当兵，而且当兵的好男儿是要有智识的，特别是要受过高等教育的好男儿。

我们知道这次参加战时工作的大学生，虽非完全是过着一般兵士的生活，而主要是作了翻译的工作，然而我们也可以说这是士人过着兵士的生活的先声。我记得前二星期西南联合大学的学生自治会，曾开会欢送一部分志愿参加战时工作的同学，当他们个个都穿起一般兵士所穿的制服，仰头挺胸，扬扬得意而跑进欢送会的会场的时候，一般在场的人们都觉得他们既然能这样的自然而然的穿起兵士服装，他们没有问题的可以过着士兵的生活。

其实我国的大学生参加战时工作，不只是对于国家尽了国民的天职，就是对于个人也有很多的益处。

我国士人从来是被视为"文弱书生"，所谓"东方病夫"，也何尝不是因此而来。自新式教育发展以后，学校提倡体育，已逐渐打破"文弱书生"的恶习。然而一般学生从小学到中学的时期，对于体育虽很为注重，可是到了大学之后，则往往视体育为畏途，因而在中学时身体很好的青年，读了大学二三年后反而身体日趋衰弱，从一方面看起来，这是由于没有注重体育，从别方面看起来，也是由于日常生活没有规则，工作休息没有定时，同时也许染了一些不良的习惯。结果，是身体日弱，读书固有问题，生命也有危险，这不只是个人的不幸，而也是国家的损失。这次参加战时工作的大学生，虽未必是像一般兵士之操练身体，可是受了两三个月的军事训练，再加以今后的有规则的军人的生活，在身体上是有了很大的益处，是没有问题的。个人身体弄得很好，将来在求学问上无疑的必有较大的成就。

此外，这次参加战时工作的大学生，主要的任务是翻译，可是要为人家翻译，自己得先懂西洋的语言，翻译的工作中时时有了机会去与外国人士谈话，时时有机会去学习英文，使他们的英语的学习上必定有了很大的进步。所以一方面固是为国家服务，一方面也是为自己学习。我们知道近年以来，而尤其是抗战之后，我们的中学生以至大学生的英文程度，是日趋日下，而英文师资的缺乏，尤为目前的教育上一个大问题。又据说近年来之留学英美的学生确有不少完全不能直接听讲，美国有了一二间大学的当局，还有函给与在我国的美国领事，以为凡学生之须到他们的大学的，须先经过英文考试始能签准赴美，这又可见我们对于英文方面，应该特别的加以注重。其实从我们目前的智识的水平线上看来，自然科学的智识，固是远比不上西方各国，就是社会学科的智识，又何尝比得上人家。近来政府决议派送大批学生到欧美留学，以及预备自费而参加留学考试的人数之多，均足以证明我们学术之不如人。而况国人自著或翻译的各种科学的书籍，又贫乏得很，所以我们要想寻求新鲜与高深的智识，我们不得不努力去学习西方的语言，"工欲善其事，必先利其器"，这是中外不易的真理。这次参加战时工作的大学生，主要既是担任翻译的工作，那么这是一个很好的学习英文的机会呵。

　　总而言之，这次参加战时工作的大学生，除了为抗战服务之外，在身体的训练上，在英文的学习上，都有了很好的机会，我们希望他们能够好好的利用这个机会，以强壮其身体，以促进其英文，则将来在事业上学问上所得的成就，必定很大。这样一来，不只对于抗战上有了不少的贡献，就是对于建国上也必有了很大的贡献。

一九四三，七，八。

二、国立西南联合大学六周年纪念感言
——谈联大的精神

今年十一月一日是国立西南联合大学的六周年纪念日，我回忆六年来的经过，免不了有多少感想，因而草成此篇，以志不忘。

联大的当局虽因一九三七年的这一天是联大开始上课的日子而定为校庆，然而联大的诞生，却在这个日子之先。一九三七年八月十九日教育部在南京召集北京清华与南开三个大学的负责人开会决定，这三个大学合并为国立长沙临时大学，我们可以说这一天就是联大诞生的日子。

我们知道自七七事件发生以后，国立大学，私立大学，以至教会大学之合并，或计划合并为联合大学的，并不只是北京清华与南开这三个大学，然而有的合并以后而分开，有的始终没有合并，只有国立西南联合大学至今还是一个联合大学，所以"联大"这个名字，现在已变为国立西南联合大学的特有的名字。

其实，联大不只在名义上是一个联合大学，而且在事实上是等于一个大学，然而联大之所以能够这样，不外是因为这三个大学的当局同事以至同学有了真正合作的精神。

我记得自教育部与三校负责人决定三校合并为国立长沙临时大学的次日，我就离开南京而到长沙，我到长沙的时候，因为筹备"临大"的负责人还尚未到长沙，我因为在旅馆住得不便，乃到湖南教育厅问朱经农先生，我能否搬入长沙圣经学校居住。朱先生告诉我道：圣经学校已商定为"临大"校址，可是"临大"能否成立，还是一个问题。我得到这个回答之后，只好先迁到青年会居住。

我要指出在那个时候不只朱先生不能预料"临大"能否成立，就是一般的教育界的人士，以至北京清华与南开这三个大学的同人，也很怀疑"临大"的能否成立，因为这三个大学，不只因为历史环境学风都有不同之处，而且因为经费上的支配，课程上的分配以及其他的好多问题，并不容易解决。然而经过两月余的筹备，国立长沙临时大学终于十一月一日上课。

南京失守以后，长沙人心恐惶，这时候教育部的主管当局也有更动，外间传说"临大"就要解散。然而事实上所谓临时大学的"临时"性质，反而改为比较永久的学府，我们从湖南迁到云南，我们的长沙临时大学遂改为西南联合大学。

而且在长沙的时候，因为是临时性质，我们只分为二十余系，到了云南之后把各系归入四个学院，这就是文、理、法商、工四院，后来又加了一个师范学院，而成为五个学院，现在从行政的系统来看，联大可以说是一个大学，而这三个大学之所以能够联合而成为一个大学，正如我在上面所说，不外是因为这三个大学的当局同事以至同学们有了真正的合作的精神。

我们有三个校长，现在是叫作常务委员会委员，这就是蒋孟邻、梅月涵与张伯苓三位先生，张伯苓先生年来因要调养身体，少到昆明，他常常告诉蒋孟邻与梅月涵两位先生道：我请你们两位"代我的表"，蒋孟邻先生却很客气的叫张伯苓先生为"老大哥"，至于梅月涵先生是南开的第一班毕业生，他与张伯苓先生的关系的密切是用不着说的。

张伯苓先生既很少来昆主持联大的事务，在实际上是得力于蒋孟邻与梅月涵两位先生。同时在他们两位之间，前者是偏重于对外的事务，而后者是偏重于对内的事务，他们真可以说是尽了分工合作的能事。而且他们三位曾一再声明在抗战未得最后胜利之前，这三个大学是决不会分开的。我们回想六年以来，每当联大遇着困难较多，环境较劣的时候，如从长沙迁来昆明，如前数年的轰炸，如去年缅甸失陷后，外间每每传说联大的三校就要分家，然而事实却恰恰相反，因为在困难愈多，环境愈劣的时候，我们的合作精神愈能表现出来。

我们三位校长的合作精神，固是随处可以看出来，我们的同事之间以至师生之间的合作精神，也是随处可以看出来。我们在最初合并的时候，在同事之间比较困难的问题，是功课上的分配，因为有些同样的科目为数校数位同事所专长，而同时又有些必修科目，未必为三校同人皆愿意教授，然而这些问题，经过同人接洽之后，都很容易的解决了。同事之间在这数年来过从之密，是超了所谓校与校间的界限。在同学之间在最初三四年间虽尚有北大清华与南开之分，然而上课食宿并没有这种区别，近二年来我们差不多完全只有"联字号"的同学，而没有三校之分，至于师生之间六年以来，可以说是很为融洽，记得二年前同学对于总考声言反对，但是经过教授分头劝告之后，总考也终于总考了。

联大之所以成为联大，除了有了真正合作精神之外，又有其真能吃苦的精神。我们知道这三个大学在北平天津的时候，不只学校环境较好，而且教职员以至同学的生活也较为优裕，离开平津以后，而特别是到了昆明之后，因为物价的增涨，薪俸的低薄，不只比之以往的生活有了天渊之别，就是比之昆明一般的车夫工人的收入，尚且不如，其困苦的情况，可想而知。不久以前一位同人因为有了小孩，太太不能工作，不得已而请老妈，可是加了老妈一个人吃饭，米不够吃了，他自己只好吃稀饭，有一天老妈问他为什么老不吃饭，他不好意思说出实在的苦处，只好告诉她因为胃病不能吃饭，然而因为这样他的身体日弱一日，结果是害了一场大病。其实假使他愿意另找职业，他必不致若此之苦。这不过是一个例子，就是我们的校长的太太，也不得不到外边找事情做，以资弥补。至于同学方面的经济的困难，也较甚于别的大学的学生，又如他们从前从长沙步行几千里而到云南，也是这种吃苦的精神的表现。

联大的师生虽然很困苦，然而联大的教授尤其是三校的同人很少离开了联大。又自缅甸失守，越南被占之后，交通虽很为不便，可是学生之负笈到联大求学的勇气，并不因之而消沉，比方去年我们招了六百余位新生，本来预备二分之一至三分之一是因生活太贵与交通不便而不能来的，然而他们差不多通通都来了，结果是使宿舍课堂都成了很大的问题。

联大本来是国难的产儿，而在国难的时期里，学校方面既又有了很多的校难，同人方面又多受不少的困苦，可是联大之所以成为联大，也就是我们能以真正的合作的精神去克服我们的困难，去忍受我们的困苦。

一九四三，一一，一。

三、廿年来的南开经济研究所

南开经济研究所创立于一九二七年九月十日，到了今年的这一天，有了廿年的历史，我们追念过去，展望将来，愿意借本报（天津《大公报》）的篇幅，作一个简短的叙述。

南开经济研究所之所以能够创立与发展，主要的是得力于参加本所工作的同人，与诸位主管的人物，而尤其是张伯苓、何廉、方显庭诸位位先生。张伯苓先生，用苦干、硬干、蛮干的精神，从办小学而中学，由办中学而大学，以至研究所，五十年如一日，直到现在，还继续不断的努力去提倡教育，所以南开经济研究所也像大学、中学、小学一样的能够慢慢的发展起来。

然而直接负责去推动这个研究所的是何廉先生。他有苦干的毅力，有牺牲的精神，有发展事业的热情，有努力求知的兴趣。在研究所成立的初期，除了大学方面给予一些经费之外，他不只把他个人的图书、计算机、打字机给与研究所，而且把他在美国辛辛苦苦的工作所剩的一些美金，聘请助手来帮忙他作研究的工作。

研究所成立一年之后，方显庭先生从美国回来，参加本所的工作。方先生是一位对于研究工作最有兴趣而最有恒心的人物。一架打字机终日不断的打，这是他的主要工作。假使没有他，也许南开经济研究所的工作，不会发展那么快。

此外又有丁佶、林同济、李卓敏、林维英、吴大业、陈振汉、袁贤能、鲍觉民、丁洪范、杨学通，以及好多位先生，在研究所的发展史上，没有一位不占了重要的地位。丁佶先生与方显庭先生一样的，对于研究工作，有兴趣有恒心。他不只是白天整天的工作，就是深夜、假期，也在他办公室工作。尤其是在抗战的初期，研究所在昆明的时候，一切的研究工作以及有关的事务，都得他的帮忙而不致停顿。可是，最不幸的是他竟在昆明大普吉的平静无浪的人字湖里游泳溺毙。这是研究所廿年来的最大而不可弥补的损失，我们今日遥忆昆明湖池，西望歌乐山（他暂葬重庆歌乐山），真是无限的慨叹，无限惋惜。

自研究所迁回天津以后，旧日同人之已有他就或暂留他处的虽不少，然而逐渐回来的也很多，而尤其是自鲍觉民、袁贤能、杨学通诸位先生回来之后，本所工作已逐渐恢复。今夏又得数位新来同人参加工作，而在国外之已被约聘的为数更多。所以本所今后除了逐渐恢复已往的工作之外，还望继长增高，使不负创办者的苦心，与社会人士的期望。

南开大学本来是私立的。大学的经费，固是靠着热心教育的国外内的人士与团体的捐助，经济研究所也是这样。大致的说，研究所在初期发展的时候，太平洋国际学会的帮助不少，民国廿年以后，又得洛氏基金会的不断帮忙，以至于今。这是本所十余年来的主要经费的来源。抗战时期，在重庆的时候以及迁回天津之后，国内的工商业界对于本所的经费上的帮忙尤大，所以在东迁西移与经济恐慌的时境之下，我们还能继续工作，不能不感谢这些在经济上给予支持的人士与团体。

南开经济研究所的发祥地是南开大学的百树西村的一个小房里，后来始移到本校的图书馆。七七事件发生以后，始而迁到长沙，继而移至昆明。后来又在贵阳设办事处，最后乃以重庆沙坪坝为所址，同时在昆明仍设办事处。一九四六年秋起，重庆昆明的研究所相继结束，迁回天津的本校校园之六里台。现在所址是两座雅观的洋楼，位于本校和平湖之南，前面湖后有农场，这可以说是研究所有独立房舍的开始，这个幽静雅致的环境是研究工作的适宜的地点。此外，最近来学校当局，又指定迪化道东院为本校政治经济学院的院址，这个学院之于研究所既是分不开的机构，那么今后本所的房舍的问题可以说是大致已解决了。其实，在抗战时期，在后方的一般的教育学术机关正感房舍最困难的时候，经济研究所在这一方面始终占于比较便宜的地位，昆明的登华街廿号是昆明学术界的经常集会的地方，在重庆我们在南开学校里的芝琹楼办公之外，百树新村的新式平房，以至南友村的宿舍，可以说是重庆的最幽美最舒适的地方。

在图书方面，直到现在，在国内关于经济方面的图书之最多的，恐怕还是要算本所的图书馆。所可惜的，是在日人破坏南开的时候，已经损失不少。后来迁到海防，又因敌人的侵略而来不及运输，这又是一次的大损失。有了好多套的定期刊物，像海关报告的遗失，是最不易弥补的。抗战时期，我们除在国内添置中文书籍期刊之外，又利用洛氏基金会的美金购买不少西文图书。此外美国国会图书馆的交换部与得易 Cliver Day 教授，又赠送了几十箱书籍给研究所，今后我们仍要努力扩充，使研究所的图书馆，在国内不只是在经济方面的藏书，最为丰富，就在社会科学方面的书籍也一样丰富。

图书的搜集与保存不只是有钱就可以办得到的，因此我们又不得不联想到以往同人对于本所图书馆的爱护的热忱。记得有一次，在敌人威胁天津很利害的时候，方显庭先生与数位同人，为了避免敌人的注意与师生的恐慌起见，每天早晨在冷过冰点与雪高数尺的时候，自己包装，自己运送到安全地点。后来这些图书之能够运出天津，又得力于工商学院的沈诚斋神父与开滦矿务的王崇植经理。运到海防之后，正是敌人要占据越南的时候，同人于是又到海防抢运，同时得了滇越铁路公司副经理克来日 Clerget 先生的帮助，使大部分存在海防的图书，能由越运滇，然后再由滇运渝，今日能在天津本校得见这一批图书，虽可以说珠还合浦，喜出望外，然而回忆二十年来的苦心搜集，万里路程的迁运，又增无限感慨。

上面是将本所的创办人物、经费、所址与图书稍为说明，我们现在且来略谈研究的工作。顾名思义，本所的研究的范围，是偏于经济方面。然而我们也可以指出廿年来我们的研究的范围是很广，包括了所谓社会学的全部，这也可以说是我们所期望中的研究所，我们以往曾名本所为社会经济研究委员会，而近来又考虑改本所名称为政治经济研究所，就是为了这个原故。

专就经济方面来说，我们最初所研究的对象，是偏于各种指数的编制与城市工业的调查，这些工作，一直继续到现在。后来又放大了范围，研究乡村工业，以及农业经济合作，地方财政，经济地理各种问题。在地域上这种研究与调查的工作，所包括的范围也是很广，北及于东北三省宝坻，高阳与天津等处，南及于广东的顺德，西至四川，西南达云南。

到了十五年前，本所对于政治的研究，而尤其是地方行政的研究更加注意。静海及定县的县政的研究，就是一些例子。同时对于社会与文化各种问题，也逐渐的注意，因为我们相信，经济的生活是与政治的环境有了密切的关系，而这两者之于整个社会与文化的问题，又是分不开的。所以在研究经济的问题的时候，我们并不忘记与经济有关的其他的各种问题。

然而若就廿年来的研究的历史来说，我们研究重心可以说是偏于工业化方面。何淬廉与方显庭两先生所合著的《中国工业化之程度及其影响》可以说是这种研究重心的端倪，此外天津的地毯、织布、针织、鞋业等等工业的研究，可以说是这种研究重心的继长。后来在宝坻的手织工业的研究，顺德的丝业的研究，成都的工业的研究，而尤其是高阳的织布工业的研究，可以说是这种研究重心的最明显的表现。在高阳我们化了好多年的工夫，其目的不只是研究工业本身的问题，而且研究工业的发展对于社会与文化的各方面的影响，这种研究是一个把经济政治社会与文化各种有关的问题，来作一个综合的研究，所可惜的，是这笔工作还没有完成，而七七事件却已发生，不只工作不得不停顿，就是已经搜集的材料，也因之而遗失殆尽。

在抗战时期里，实地调查工作，虽因环境的关系而几至完全停顿，然而本所同人对于战时经济各种问题而尤其是与物价有关的问题特别加以注意，方显庭先生在战时所编的中国经济的问题研究，吴大业先生物价问题的论文，可以说是这种研究的代表作，同时从近年来的研究生的论文中，也可以看出这种趋向。

本所同人研究的结果，发表于外间刊物或出版于书店的固不少，而登载于本所所刊行的期刊的尤多。在抗战以前，本所共有四个刊物，一为《南开指数年刊》，一为《经济周刊》，一为《政治经济学报》（中文季刊），一为《南开社会经济季刊》（英文），最后者在抗战时期还出版了两期，后以印刷困难，不得已停办，我们希望今后能把这些刊物，逐渐恢复起来。

本所初创的时候，目的是推进研究工作，但同时同人也在大学的商学院教授学生。到了后来，因为参加本所研究工作的同人既日多，而图书的收藏又日增，因而自民国廿五年起，乃开始收研究生，十余年来，研究生毕业的已有数十位。年来本校商学院的学生，而尤其是本所的研究生之参加留学考试而被取录的，为数很多。他们无论在学术界，在事业界，都占了相当重要的地位。种瓜得瓜，种豆得豆，这是我［是］所引为荣幸的事，这也是本所今后的生力军。我们相信"青出于蓝"，我们相信"后生可畏"，而且惟有这样，本所今后的工作，才有进步，惟有这样，本所今后的发展，才无限量。

一九四七，九，十。

四、悼丁佶先生

丁佶先生死的时候，我正染着重病，家人同事与朋友们，都不愿给我知道，直到好几天后，袁守和先生来我家探病时，无意中说出这个消息来。袁先生与我谈话的时候，我虽力持镇静，可是他走了后，我心中觉得有说不出的悲哀，忍不住的流眼泪。

我相信自七七事件发生以后，与丁佶先生见面最多的人，要算我了。在南京，在长沙，与在蒙自的时候，我们就好像形影不相离。到了昆明，而特别是自他住在登华街南开经济研究所昆明办事处以后，除了我个人或他自己离开昆明以外，我们可以说是天天都见面，而且每天往往见了好多次。他的卧室，正在我的办公室的隔壁，每天早上或午后，我从家里或联大到经济研究所时，他一听到我的鞋声，就会说道：Hollo, 你来了吗？有时早上我到得太早，他就在床上说同样的词句。有时他更会说道：你来得太早，把我从梦里叫醒了！假使因为他夜间睡得太晚，而早上还没有起来，我必定问道：Leonard（这是他的英文名），你起了吗？那么他必定被我叫醒，而且同样的说了他所常说的词句。直到现在，他的房子里的物件，还是照样的保留，可是这种声音，却已没有听见，而且是永远的不会再听到的。可是因惯于听了这些声音，有好多次，当我到经济研究的办公室时，因为从隔壁的房子里，听不到这种声音，我无意中口里差不多就要说出 Leonard！你起了吗？

丁佶先生自从美国回国以后，已有九年之久，在这九年里，除了七七事件发生以后三个月，他在军事委员会农产调整委员会作过三个月事以外，他始终是在南开大学与南开经济研究所服务。九年来，据我所知道的，外间机关以很高的薪金与很好的位置去聘请他的，不胜枚举，然而丁佶先生始终不愿离开南开，专心致志于学术的研究。他在经济学上的贡献都是大家所共知的，用不着我在这里为他宣扬。他在南开经济研究所兼管图书委员会主席，对于书籍杂志的搜集，尤为努力，南开经济研究所对于中外各种关于经济方面的出版物的搜集，比较的能够稍为完备的，要以他的功劳很大。两年半前，南开经济研究所在昆明设办事处时，他又开始搜集战后的各种出版物。他对于这些东西，真当作宝贝来看待。他每星期都必检查一次，假使发现了某期杂志尚未寄到，或已经遗失，他必立刻告诉主管人去设法补充。他最担忧的是这些东西被炸，所以他常常说："我们两年来，因为种种的困难以致搜集的出版物，虽是不多，然而就以这点小小的成绩来说，若被炸了，那么我真是要哭起来。"此外，他对于南开经济研究所的英文季刊的编辑事宜，最感兴趣。记得在天津时，在英文季刊未出版的前一月，他往往在他的办公室工作至夜间十时以后，然而同时他对于所中所刊行的中文季刊与经济周刊，并不忽略，在这些的刊物中也常常有他的文章。

南开大学的商学院，对于会计一门功课，从来特别注重，而丁佶先生是教授这门功课的主脑。南开商学院的毕业生之在商业界与政府机关服务的很多，这多是由丁佶先生培育出来。后来西南联大成立，他又是法商学院的商学系主任，他对学生除了在学问上极力倡导外，对学生的职业问题，尤为关心，记得去年农本局何廉先生从重庆来函，要我介绍数十位联大同学到农本局作事，我把这个消息告诉了丁佶先生，他第二天就印了学生调查表格，给与同学们填写，并约定时间与同学们谈话。今年中国银行林旭如先生来昆明，要找好多位联大同学到中国银行作事，我又把旭如先生介绍给他之后，他亦拿出同样的热情去办这件事。此外他又为同学们写信到各种机关寻找同学们兴趣所趋的职业，有些同学已被介绍到某处而不满意的，丁佶先生也照样的再为介绍到别处。

九年来，他除了服务于南开经济研究所，南开大学，与联合大学之外，对于外间也作了不少的工作。专以两年余来在昆明的时间来说，他是昆明经济问题讨论会的主持人。这个会每三周在南开经济研究所聚餐与讨论一次，讨论的是各种经济问题，每次请一人主讲其专长，然后加以讨论。丁佶先生除了请主讲人与预备便餐以至办理各种杂务外，自己还把每次主讲人所讲的大意记录下来。他对于这个讨论会最为关心，记得今年正月间，我和他因事到重庆，他未离开昆明之前，就电渝友人先定回滇飞机票。我问他为什么不在渝多住几天，他的回答是"我要赶回来主持三周一次的讨论会"。此外每月出版一次的《云南实业通讯》，完全是由他个人主编的，连了里面的大部分的材料，都是由他自己找来。《今日评论》的编辑事宜与杂务，得他的帮忙也很多。同时，他又是西南经济建设研究所的昆明代表人。

丁佶先生对于他的工作是最能有恒，最负责任，与最热情的，但是星期日，他必尽量的去作有益的游戏，游泳，打网球，徒步到郊外野餐，都是他所最喜欢的。他虽然没有结婚，然他最爱小孩，他对于用钱虽很节省，然遇着公益事与朋友同学之有困难者，他很乐意的帮忙。

七七事件发生以后，丁佶先生无论是在公的方面，或在私的方面，都是帮忙我最多的一个朋友，想不到他溺死时，我不知道，火葬他时，我又不能参加典礼。现在所能见的只是他的遗像与他的骨灰，此刻我虽然感到人生的渺茫，但丁佶先生是不死的，他的精神永远存在我们的心里。

一九四〇，十一，二十。

顺德缫丝工业的调查报告

目　　录

序 …………………………………………………………………………… 249

广东省顺德县社会经济政治调查大纲 ………………………………… 250

第一章　顺德缫丝工业之背景——地理环境及蚕桑事业状况 ……… 264

第二章　顺德缫丝工业之沿革——缫丝工业之起源及发展 ………… 274

第三章　顺德缫丝工业之组织及经营（Ⅰ）　关于原料之购买——茧市与茧栈
　　　　………………………………………………………………… 280

第四章　顺德缫丝工业之组织及经营（Ⅱ）　关于生丝之缫制——手缫、踩缫
　　　　及丝偈 ……………………………………………………… 285

第五章　顺德缫丝工业之组织及经营（Ⅲ）　关于出品之脱销——丝市与丝庄
　　　　………………………………………………………………… 296

顺德蚕丝诗歌什编 ……………………………………………………… 299

序

　　一九三五年夏天，我从天津到广州，与岭南大学钟荣光先生商谈关于南开大学的经济研究所，与岭南大学的西南社会调查所的研究合作问题。我们决议首先从事于三种调查工作：一为华侨而尤其是暹罗华侨的调查，二为海南黎族的调查，三为顺德丝业的调查。这三种工作都于这一年开始，我先到暹罗布置工作，伍锐麟先生与一些人到海南岛调查，我往暹罗回后，次年又与吕学海及其夫人李遂意到顺德安排工作。第一与第二种找了不少材料，抗战时期大部分损失，第三种得吕学海先生保留一部分的材料（另一部分也损失了），整理出来而成为下面的报告，虽然这个报告并不完毕，而且是一个草稿，但我们在逃难时期还能够保留这一点稿件，也是不幸中之幸也。

一九三九年冬于昆明。

广东省顺德县社会经济政治调查大纲

第一部　县势普查

一、地理环境与农村面积：位置，河流，土壤，气候，地势，雨水；全县面积：农地面积，桑基，蔗园，稻田及鱼塘等面积；山地森林面积。

二、人口：全县人口，男女人口，户口，人口之数目及密度在地理上之分布，人口移动。

三、交通与运输：水上交通，陆上交通，交通与运输情形；邮电事业。

四、农业：田亩面积，农事人口：地主、自耕农、半自耕农及佃农人口；农产物：桑、鱼、蔗及谷年产量及价值；平均每户蚕农土地分配及租项担负；农民生计；平均每户收支状况；农村社会病态。

五、工业：工业人口，工业种类：制丝，丝织，米机，刺绣，锡箔，草纸，毛巾，梳篦，炮竹及镂刻书板；各种工业之数量，情形，及其在地理上之分布。

六、商业：商业中心区：蚕茧交易中心，谷米交易中心，商业状况。

七、教育：质的方面，量的方面，初等教育之统计。

八、风俗：祠堂，科举及功名观念，祈祷，金兰契，不落家及梳起，食猫狗蛇等肉。

第二部A　县经济——专注意蚕农生活

一、本县蚕农之沿革：蚕农之来源，蚕农之发展，蛋家蚕农与本籍蚕农。

二、蚕农之居处状况：蚕农在地理上之分布，砖屋与草寮，蚕室与寝室，蚕农对于祠堂庙宇之利用。

三、蚕农之家庭生活：农忙时期之生活，农暇时期之生活。

四、蚕农之生计状况：耕桑基鱼塘及看蚕之连带关系，耕桑基之情况及收益，耕鱼塘之情形及收益，看蚕之情形及收益，副业之种类及收入，桑之利用，蚕之利用，蚕农之财政收入与开支。

五、蚕农所受之压迫：潦水，风灾，地主，"水斗"。

六、蚕农生活所受外界之影响：蚕桑事业对蚕农生活之影响，缫丝工业对蚕农生活之影响，丝织工业对蚕农生活之影响，都市文化对蚕农生活之影响。

七、近年来蚕农生活形态之演变：思想方面，信仰方面，风俗习惯方面，教育方面，衣方面，食方面，住方面，行方面，乐方面，其他方面。

八、蚕农之希望与要求。

第二部 B 县经济——专注意蚕丝事业

一、本县蚕丝事业之沿革：蚕丝业之起源；蚕丝业之发展：萌芽时期，全盛时期，衰落时期，复兴时期。

二、蚕桑区域之分布：桑基，桑市，制种家，制种场，蚕纸市，茧市，蚕栈，丝厂，土丝市，丝织区，纱绸市。

三、栽桑事业：育苗及桑苗贩卖；桑之种类及其培植法；桑产量及其成本；桑之病虫害。

四、育蚕事业：蚕种及其来源；饲育情形；茧之产量及其成本；蚕室及蚕具；蚕病及病害之损失。

五、制种事业：制种业之组织；制种次数，产种量，及其散布地域；制种方法，成本，及原种之来源；贩卖及批发。

六、制丝事业：丝厂之种类，家数，釜数，产量，及其散布地域；制丝事业之组织（包括丝偈，炉仔等）；产品之种类，数量，及其成本；原料之来源及产品之销售；女工之待遇，工资及生活。

七、蚕村副业：蚕村副业之种类，产品，成本，及其收入；畜鱼事业之调查；小手工业之调查；蚕桑之利用。

八、丝织事业：丝织业之种类，家数，织机数，产量，及其散布地域；丝织业之组织；产品之种类，数量，及其成本；原料之来源及产品之销售；机织工之待遇，工资，及其生活。

九、蚕桑贸易事业：桑之贸易：桑市之组织及贸易方法；茧之贸易：茧市组织及贸易方法，茧栈组织及贸易方法；土丝贸易：土丝市组织及贸易方法；蚕种贸易：蚕纸市组织及贸易方法；生丝贸易：丝庄业之组织及贸易方法。

十、蚕丝事业兴替之原因。

十一、历年广东蚕丝事业之改良及其成效。

十二、本县蚕丝事业之组织，发展，兴替，对其社会之影响。

第三部 县政治——特别注意其经济与县政治之关系，及互相之影响。并注意农村经济政治与都市经济政治之关系，及互相之影响

第四部 结束

──昔日之顺德──

"夫广东实业,首推蚕丝,尤以顺德为最盛、最大之茧市,最多之茧栈在焉。其丝业之兴盛,诚足以为广东金融之中枢,故广州市之银业,多操诸顺德人之手,握全省经济之权。换而言之,顺德即广东银行者也。"

——美人考活教授

"我邑(顺德)从前获得富庶的嘉名,大约靠着蚕和桑两种动植物的生产力变换出来。远的且不说,只十年前(民国十三年)蚕桑的价值,在最高度时,一担桑随便卖到十块八块洋钱,一担茧就得数百元。生丝呢,说起来就喜观极了!民十一二年间,每担曾卖到两千四百元……在当时本省生丝出口,年约四万五千担,本邑约值三分二为三万担,总价值为四千八百万元。还有纺织纱绸的土丝,和缫丝剩下的水结,也值数百万元。大概计算起来,全县蚕桑所换来的金钱,每年总在五千万元以上。这时节,家给户足,除了衣、食、住的问题没有操心外,还要藉名酬神赛艇,建醮演戏,来消耗他们囊里多余的金钱。"

——邑人谭喻昆

第一部 县势普查(暂将此部材料略为报告)

一、地理环境与农村面积

顺德县位于广东省之南,三角洲之中,东南界中山,东北界番禺,西南界新会,西北界南海,因处于西北两江之下游,河流综错,四面可达;土壤为粘土(六成泥质、四成沙质混合)冲积层,甚为肥沃;气候温和,最高95℉,最低34℉;地势低陷,除属内之大良、容奇、桂洲、陈村、龙江、龙山、㐂溪、江尾等地有小山蜷伏外,余均属平原;每当夏季潦水高涨,田地常受淹浸,农事因遭损失不少,故农人多筑基堡,以御潦水冲入,惟有时雨多,围内积水,无从排泄,酿成困龙水,为害亦大。

全县面积,依县府最近之记载,为约二三〇〇.〇〇方里(依县府民国十九年之调查统计,全县面积为二八一二.五〇方里,见民国二十年县府出版之《顺德县行政汇刊》),就中耕地面积,共六八〇六二二.〇〇华亩,农地面积相同;山地森林面积(连荒地在内),共五〇〇〇〇.〇〇华亩;又耕地面积中,约有二八〇〇〇〇.〇〇华亩为桑基,一六〇〇〇〇.〇〇华亩为蔗园,一六〇〇〇〇.〇〇华亩为稻田,余为鱼塘及其他作物之地。(据民国十三年广州岭南农科大学教授美人考活氏之调查,谓顺德桑基面积,占全县七成,约六六五〇〇〇.〇〇华亩,其余三成,为禾稻菜蔬鱼塘之用。见氏著《南中国丝业调查报告书》。按当年桑基面积之广，及近几年桑基面积之减少，其确实亩数虽不易知，惟此种趋势则为事实；因为近年蚕丝业之衰落，桑价之暴跌，有不少桑基已改为蔗园矣。）

二、人口

人口方面，依县府最近之记载，全县人口总数为八五一〇八七人：男四六六二一三人，女三八四八七四人；户口总数为二二七三二七户。至人口在县属各区分布之数目及密度，依县府民国十九年之调查统计，有如下列两表（见同上《顺德县行政汇刊》）：

I　顺德县各区人口密度比较表

项别 区域	人口总数	方里面积	每方里所占人口
全县	873994	2812.5	310
第一区	95292	188	509
第二区	50938	239	213
第三区	104672	326	321
第四区	35229	163	216
第五区	120465	391	308
第六区	87833	284	309
第七区	103382	270	382
第八区	120516	416	290
第九区	56092	284	197
第十区	99581	250	398

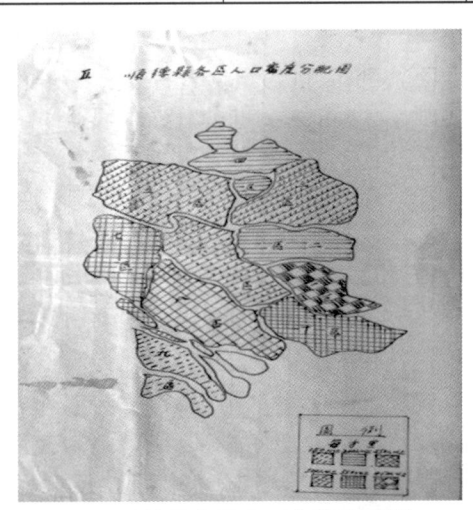

II　顺德县各区人口密度分配图

近年因土匪之猖獗，及农村经济之破产，尤其是因为蚕丝业之衰落，县民无论贫富，无论男女，多相率跑往广州、香港等处，别寻职业或安居地址，以致离村之倾向，已成为普遍之现象。往广州等处谋生之人，以县属八区及九区为最多；远赴外洋谋生之人，则以县属之五区为最多。至其余多数乡民，仍多株守乡里，鲜有积极注意于向外发展者。

三、交通与运输

县属交通，以农村环境言之，堪称便利。全县大小河流如织，其大者可通航火轮船，轮渡，电船，及各种运输船艇；其小者则可通行小艇；农间工作，多半利用小艇运输；此种交通，速率虽低，惟甚经济；只以河潮之不时暴涨暴落，影响于水上交通之效率与准确性亦不少耳。

陆上交通，除到处均有小径或石板路可通行外，由容奇至大良，伦教，陈村，碧江间，及由海口至龙江，水藤，乐从，平步间，均有公路通行长途汽车；前者公路为顺中公路（即顺德至中山）已完成并通车之一段，后者公路为江佛公路（即江门至佛山）中之一部分。此外繁盛市镇如陈村，大良，及容奇等处，均辟有几千马路，并有手车，自行车等行走。

县属各地与广州及各邻县邻阜之交通，虽每多转接，然亦称便利。由大良县城往广州，则以一小时之长途汽车及接驳二小时之电船，或以全程四五小时之直通电船，便可到达；陈村与广州间之交通，则至为简便，二小时之电船或轮渡即可到达，每日均有许多次电船与轮渡之来往。

综观全县水陆交通状况：可通轮渡者有四十九乡镇，不通轮渡者有一百四十五乡镇；可通汽车者有三十七乡镇，不通汽车者者有一百五十七乡镇（按：自廿六年秋后，全县原有之一九四乡镇，即一八八乡，六镇，大良县城在内，已归并为一一四乡镇）。是县属之交通，实尚未臻至完善之境域也。

至于邮电事业，则邮递到处均通，县属较繁盛之市镇，多半有邮政局及电话局之设置，陈村且有电报局，可与广州通电；此外尚有顺德县长途电话局，其总局设于大良，其总机联络通话的机关，在一区为顺德长途电话总局及大良市电话处，在二区为伦教电话分局，在三区为陈镇电话处，在四区为区公所电话处，在五区为乐从电话处（可转佛山再转广州）及水藤电话处，在六区为勒流电话处及黄连电话处，在七区为龙山电话分局（可转九江）及龙江电话处，在八区为区公所电话处，在九区为电话分局，在十区为容桂电话处。最近全县长途电话用户，约六百余户，以陈镇（陈村）为最多，约二百六十户，容桂（即容奇及桂洲合称）次之，约一百三十户，大良则约一百二十户。据该总局负责人称，约在十年前，当世界经济景气及本邑（顺德）蚕丝极盛时期，县属丝厂多，银号多，生意好，故长途电话用户，几达一千户以上，今者情况反是，以是用户反不如从前之多云。

四、农业

根据县府最近之记载，全县之农地面积，及农事人口，有如下列：

农地面积　　　六八〇六二二华亩
地主　　　　　二二七三三户，一一三六六五人
自耕农　　　　一二二〇四户，六一〇二〇人
半自耕农　　　二〇三四一户，一〇一七〇五人
佃农　　　　　四八八一九户，二四四〇九五人

农人中以从事于栽桑饲蚕畜鱼者为最多，种蔗园及种稻田者则次之，种果木、蔬菜、及番薯等杂粮者又次之，惟农人每多从事于多种作物之耕种，因时因地而转移，原无绝对一定也。例如同是一幅农人的田亩，在三月至十一月间可种桑树，在冬则可改种菜蔬；或有时看到桑价太无起色，即将原有之桑基拔去桑头而改为蔗园；或有时耕几亩桑基，同时耕几亩蔗田，或更兼种果木，均有可能，亦均有此种现象也。惟顺德究竟系个蚕丝区域，蚕农人口实较多，又因桑、蚕、鱼塘三者，在经济利用上有最密切之关系，故在地理上桑基鱼塘及蚕户必聚诸一地，而农人之耕桑基者又必兼耕鱼塘与育蚕也。

农产物以桑、鱼、蔗、及谷为最著，据县府最近之记载，上述四项农产物每年之产量及价值如下：

桑年产三四三〇三三二担，值八五七五八三〇元（粤币计算）
鱼年产二四七六四三五担，值七一四六五二一元
蔗年产二〇四一八六担，值一八三七六七四元
谷年产二七二二四八担，值一九〇五七三六元

故顺德农产实以桑为最大宗，因县属桑基面积既广，而每年又有七、八造之收获也。

依广东建设厅顺德蚕丝改良实施区廿四年之调查：平均每户蚕农土地之分配，及租项之负担，有如下表（见该区廿四年出版之《一岁之广东蚕业改良实施区》）：

平均每户土地分配（以一家为单位计算）

项目	桑田	鱼塘	其他	合共
亩（面积）	9.43	1.935	0.534	11.89
百分率	79.31%	16.20%	4.49%	100%
租项（元）	121.103	24.555	6.023	151.68
百分率	77.847%	16.189%	3.964%	100%

完全桑基平均每亩每年产桑 22.12 担，田水六基之桑基平均每亩每年产桑

13.82担；此就普通情形言之耳，若桑基受潦水之淹浸或其他灾害，则当造桑量之收获，必大受影响。桑价之高低，系就生丝价格及供销等情形决定，去年（廿六年）桑价颇佳，普通每担可值三元（粤省毫券）以上，蚕农多能获利。

但以去年八月底曾遇一场飓风，八、九月间常有潦水之患，兼以近月来时局之不良影响，对于桑及鱼蔗等农事之收获与销路及价格，亦影响不少耳。尤以种蔗之农人，损失最大，往日每担蔗可售八九毫至一元之谱，今只能售得四五毛或六七毛；甚至无人收买者，此种天灾人祸，殊非农人在下种时所能逆料也。

关于农民生计，近年亦颇维艰，盖自丝价低跌，蚕桑失利以来，农村经济，濒于破产，依县府最近之记载，农民负债者约百分之九十，不负债者约百分之六，稍有积蓄者百分之四；农民家庭，平均每家五人，全家每月消费约二十五元云。又依广东建设厅顺德蚕丝改良实施区廿四年之调查所得，平均每户收支状况如后（见同上）：

平均每户收支情况（以一家为单位一年计算）

项目	育蚕	栽桑	副业	租项	合计
收入	416.767	305.518	223.227		945.512
百分率	100%	100%	100%		
支出	525.532	68.859	120.841	151.681	866.913
百分率（收入对）	126.09%	22.53%	54.13%		

上表所示每户平均收入945.512元，每户平均支出866.913元，比对实得工值78.599元。照调查所得每户每年平均家用464.602元，除实得工值78.599元外，每户每年家用实不敷386.003元。

又当笔者每至农间访问及与农民接谈时，彼等鲜不摇头叹惜，似有无限今非昔比之感者，农村之衰落，可见一斑；兼之近年离村风气之盛，市镇乞丐游民之多，农村教育之难于推行（依县府最近之记载，全县小学生人数，农民子弟约占75%，计有24193人，而中途退学者约占60%），亦正反映农村破产之象征也。

五、工业

顺德工业，遍布各乡，而以容桂，大良，陈村，乐从，伦教等处为较多，男女从事其间工作者，估计在全县人口总数百分之十五至二十。工业种类，计有制丝，织造纱绸茧绸，米机，刺绣，制锡箔，制茧纸，织造毛巾，制梳篦，制炮竹，镂刻书板等。就中可称为较机械化及较具规模之工厂者，省营之一所糖厂除外，只有蒸汽缫丝厂（俗称丝偈或鬼絤[1]）一种而已，其余悉为普通工业及特种手工业。而制

---

[1] 校按：原抄稿"絤""絤"均有，经考证，实为"絤"，故统一为"絤"。

丝及丝织等工业，实与县属之农业——蚕桑事业，有不可分离之关系者也。

去年全县开工之丝厂（即专指缫制洋庄丝之丝偈，旧式之手车缫丝、手緪及足踏车缫丝——踩緪，自不计在内）共二十七门，并将各厂之厂名，厂址，缫丝釜位，括丝位数，及经理行号等为表如下：

厂名	厂址	商标	缫丝釜数	括丝位数	司理人	登记号数	经理行号	地址
宽成	小涌	金瓶神女	456	80	曾衍杰	丝字17号	裕成	广州十八甫南路西后街
新丰隆	同上	红棉	480	84	陈海东	丝字26号	天生昌	广州沙基新兴大街
广昌生记	容奇	广昌	486	80	杨福生	丝字2号	裕成	广州十八甫南路后街
新兴	同上	红荔明昌银鼎	610	105	陈海东	丝字25号	天生昌	广州沙基新兴大街
发记	同上	金镜及唛	485	102	崔仲余	丝字21号	鸿发祥	广州十八甫南路西后街
宝昌	同上	双马	875	180	刘仲权	丝字11号	驻省办事处	广州光复南路信昌银号内
谦隆	桂洲	忠信恒	520	90	杨日升	丝字1号	裕诚	广州十八甫南路西后街
新兴分厂	同上	忠信和	650	120	陈海东		天生昌	广州沙基新兴大街
广恒昌	腾冲	红玫瑰	465	85	刘卓如	丝字4号	裕诚	广州十八甫南路西后街
兴记	新隆	兴记	507	90	陈湘南		天生昌	广州沙基新兴大街
恒记	良数	红钻侠女	508	106	萧拔伯	丝字23号	鸿发祥	广州十八甫南路西后街
辉记	潭村	继成昌金检	451	80	何品三	丝字22号	同上	同上
公记	同上	金雉鸡美女	512	96	同上	丝字24号	同上	同上

续表

厂名	厂址	商标	缫丝釜数	括丝位数	司理人	登记号数	经理行号	地址
广恒兴	平步	金鹿	445	64	何善庭	丝字18号	鸿发祥	广州十八甫南路西后街
公兴纶	大鳌	双麟	444	80	何绍棠	丝字7号	公兴纶	广州沙面英界33号
合利	同上	双龙	501	90	同上	丝字10号	同上	同上
公益纶	岳步	飞马	477	84	同上	丝字9号	同上	同上
公德纶	莘村	红花	500	80	同上	丝字8号	同上	同上
公昌纶	沙寮	双龙	575	100	同上		同上	同上
大有成	沙滘	松月双蝶	516	96	陈颂薇	丝字15号	德纶	广州光复中路
合记	水藤	西成	504	90	吴穆丹	丝字13号	顺安	河南大基头海鸣街
锦纶兴	同上	单蝶五蝠	520	96	廖钊		广泰隆	广州光复中路
合栈	鹭州	桑叶	480	100	吴穆丹		顺安	广州河南大基头海鸣街
励成	小劳村	金叶	460	92	何慎之	丝字12号	协成	广州十八甫南路西兴街
利华	大良	英雄	470	100	谭宝君	丝字29号	驻省办事处	广州西荣巷义记银号内
兴华	同上	鸿福	540	120	同上	丝字30号	同上	同上
合兴纶	勒流	醒狮	248	80	李学良	丝字28号	邝裔卿	广州沙面英租界腾昌洋行内

（据县府之记载，当粤省丝业最盛时期，全县共有丝偈一七〇间。）

丝偈资本，由一万元至五万元不等，而流动金甚大，确实资本则无一定者。普通一间丝厂，可容女工五六百名，视该厂所开釜位及括丝位数多少而定。去年之缫丝女工，普通每日可得工资三毫左右，而工作时间，则系每日由上午七时至下午六时之谱，总共不下十一小时，而当中只有半小时之用膳时间，就厂内环境与工作性质而言，实太不合卫生矣。

约在十多年前，当粤省蚕丝业极盛时代，丝最好价者竟至每担二千余元港纸，全县丝厂共一百七十间，缫丝女工每日竟可得工资八毛至一元之多；今最优丝只得价六百元上下，全县丝厂只得二十七间，缫丝女每日只可得三毛左右；其情形虽比前三数年蚕丝极衰落时期略好，然亦今非昔比远矣。

丝织亦为顺德最著之一种手工业，依二十五年广东全省蚕丝调查委员会之调查报告，全县有织户三三一八家，共织机九二〇一架，分布于伦教，羊额，陈村，沙滘，黄连，逢简等处，雇佣织匠总数二七六九人，女工占一二〇八人；主要出品为纱绸茧纱；丝织品之晒染场，集中于陈村，伦教，黄连等处亦有之；多数之织户，只有织机一两架或三四架，大工场则甚少见；原料的买卖，多在土丝布，所有出品，本邑货占百分之九十九以上；一般织户只经营准备及织制工程；主加工晒染，则为商人或织品庄之事。近年为丝织业不景，"偷工减料"等弊，积习成风；而商人及织品庄之压制与剥削织户，更为向有之事。兹将全县之丝织概况表附录如次①：

此外，县属之工业，如陈村，大良，容奇等处之米机；林头，北滘之刺绣，陈村之锡箔，碧江之制草纸；大良之织造毛巾，制标篷，及制炮竹；及马岗之镂刻书板；均有各者。

六、商　业

属内容桂为蚕茧交易之中心，陈镇为谷米麋聚之场所，大良为各机关团体之所在地，全县精华之所荟萃之处，故顺德商业，首推此三市镇为盛，其余如二区之伦教，羊额，三区之碧江，五区之平步，乐从，水藤，岳步，六区之黄连，勒流，七区之龙江，八区之马齐，杏坛，龙潭各地，亦为乡中有名商业之处。

此间商业之兴衰，除受匪患，水患及时局可影响外，恒随蚕丝业之兴衰而转移；当丝价好时，则茧价桑价亦随之而高，各人收入丰富，购买力较强，因之，各行商业亦随之而繁荣矣。反之，市面之情形亦正相反也。

七、教　育

顺德教育，在昔旧学颇盛，功名亦多，大良之龙罗诸姓，两龙之周温诸姓，陈村之欧姓，碧江之苏姓，是其较著者。因乡人头脑之顽固，故对新学之推行，颇多阻碍。去年县府鉴于本邑教育之落后与不普及，而属内祠堂产业收入亦颇丰，当建议乡人将祠堂产业收入百分之四十捐出，由县府统筹统支，以为普通办

---

① 校按：原抄稿中表格已遗失。

理各处短期学校之用，亦遭乡绅之顽拒，而只愿自由设办。今全县之私立学校，虽称学校，然多半系私塾之变相，师资既差，设备亦陋。

因县近广州，中等学校教育亦难发达，全县今日竟无一所高中者。兹中等学校，计有省立顺德农业职业学校一所，县立顺德初级中学一所，县立乡村师范一所；社会教育，则有县立图书馆一所，及各处之民众教育馆；特种教育则有前几年蚕业改良实施区总及其各分区所办之蚕农子弟学校；此外则悉为初等教育矣！兹将各种初级教育状况，列表如后：

学区			第一区	第二区	第三区	第四区	第五区	第六区	第七区	第八区	第九区	第十区	总计	总计
校数	完全小学	公立	7	4	5		2	6	4	6	1	6	41	494
		私立	8	3	10	4	22	6	5	1	5	13	77	
	初级小学	公立	19	3	7	4		3	9	6	1	3	55	
		私立	39	5	27	10	39	16	32	9	15	29	221	
	短期小学	公立	16	4	8	4	4	5	4	5	5	4	57	
		私立	3	2	6		7	12		2		21	43	
班数	高级		22	7	15	5	24	13	12	5	6	19	128	494①
	初级		106	22	77	30	96	41	72	27	26	62	559	
	短期		22	6	15	4	12	17	4	7	5	15	107	
学生数	高级班	男	375	84	178	91	219	154	179	62	84	236	1662	26434
		女	62	18	35	22	54	30	54	12	6	78	371	
	初级班	男	3307	668	1996	256	2467	1073	1927	840	765	1912	15711	
		女	657	234	785	287	185	556	742	315	195	733	4689	
	短期班	男	628	237	369	135	413	164	115	212	164	449	2886	
		女	338	57	184	58	134	54	37	73	32	148	1115	

---

① 校按：应为794。

续表

学区		第一区	第二区	第三区	第四区	第五区	第六区	第七区	第八区	第九区	第十区	总计	总计
教职员数	高级	34	8	21	8	38	20	19	8	10	30	196	1342
	初级	224	34	134	56	164	72	127	82	34	128	1015	
	短期	28	7	17	5	16	18	6	8	6	20	131	
经常费数	年收	89893	18627	61273	19473	66374	35876	46374	21235	16854	55247	431226	国币287483
	年支	889893	18627	61273	19473	66374	35876	46374	21235	16854	55247	431226	国币287483

八、风俗

1. 祠堂

顺德祠堂甚多，到处可见。《顺德县志》新志有载："顺德最重祠堂（语云：顺德祠堂南海庙），大族壮丽者，动费数万金，其大小宗祠，代为堂构，千人之族祠十数所，少姓单家祠亦数所。曰大宗祠者始祖之庙也，庶人而有始祖之庙，追远也，收族也。又为增置祭田，名曰丞〔蒸〕尝，以供春秋二祭及清明墓祭冬至庙祭之用，有余并给族贤膏火与生童应试卷金举人会试路费。"相沿至今，祠堂设立之意义与功用，性质未改，惟以近年农村破产，经济衰落，祠堂之折毁变卖者亦不少耳。

2. 科举观念

乡人科举之观念颇深，《顺德县志》新志有载："乡族最重科举，凡入泮登科者，旋乡之日，族中耆老以彩仗鼓乐迎接，妇孺皆空巷往观，足征稽古之荣，亦寓鼓舞人才之意。"现科举制度虽成过去之事，然科举观念犹未澈底铲除；今大学或其他较高级之学校毕业或有功名者亦同样铺张，夸耀乡里，回乡拜祠堂，摆酒席，未回乡前则捷报满贴于各祠堂及街坊。兹举最近在伦教之二例于后：

捷　报

贵祠先生郑印超然，由广东省广州法学院法律本科修业期满，蒙国民政府教育部部长王、广州法学院院长吴，会同考试取录。最优等毕业一名，授予法学士学位，呈请国民政府注册准予□等文官法官任用，指日荣升。

（黄纸红字，长约二尺半，阔约一尺半）

捷 报

贵祠女公子郑名赤痕,由国立中山大学理科修业期满,蒙国民政府教育特派员许、国立中山大学校长邹,会同考试取录。最优等毕业生一名,发给证书,呈请教育部注册给予理学士学位,指日荣膺博硕。

理学院报人

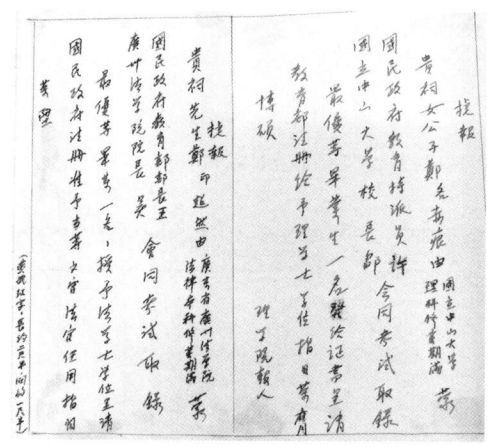

3. 祈祷

邑中妇人最重祈祷,每乡必有神庙,谓之乡至庙,邑中香火之最盛者有县城西山之关帝庙,仕版之城隍庙,西淋陈村之主师庙,龙潭之龙母庙。但近年以神权衰落,农村不景,祈祷之风,已不如昔日之盛矣。

4. 金兰契

金兰契俗名结拜姊妹,其俗不知始于何时,或谓始于丝厂之女工,因顺德为粤省丝业最发达之区,其丝厂内缫丝工作,皆全用女工,其数常至数百,女工之感情遂日融洽,故有择其年日最相得之一人,结为金兰之契,其数仅为二,情同伉俪,后佣妇多效之,浸假而大家闺秀,亦相率效尤,遂成风气,惟近年此种风气已渐见衰替矣。

5. 不落家

不落家之风,据说与金兰契实有连带之关系,彼女子既结有金兰契,遂共约不适人,后迫于父母之命,强为结婚,乃演成不落家之怪现象。不落家者,即云女子已嫁,不愿归男家也。金兰契之风以顺德为最盛,故不落家之风亦以顺德为独多。又考不落家之风所以特盛于顺德者,亦因顺德之为家姑家翁者对待媳妇太过严厉与苛刻,不易奉侍,致令女子嫁而不落家,或甚至梳起不嫁;顺德歌谣有此一首:"鸡公仔,尾湾湾,做人新妇甚艰难,早早起身都话晏,眼泪唔干入下间(厨房也),下间有个冬瓜仔,问过老爷安人煮定蒸?老爷又话煮,安人又话蒸,蒸蒸煮煮唔中安人意。大揸下盐又话淡,手甲挑盐又话咸。三朝打烂三条大木棍，四朝跪烂四条裙，爹娘接女返家去，解开怀带血淋淋。"

观此亦可知为媳妇痛苦之一斑矣。又从前当蚕丝兴盛时期，邑中女子普普通通，亦可赚一元或八毛一日，经济既可独立有余，甚或比男子过之，如此故又安用嫁人，反受人家之气？且相习成风，女子彼此都认为不落家，梳起为光荣，而以嫁人为可耻笑。凡此诸因，均足以促成不落家风气之盛也。惟近年来，邑中风气渐开，兼之农村破产，蚕丝衰落，生计艰难，以是不落家之陋习，亦因之而渐次消灭矣。

6. 食猫狗蛇等肉

邑人亦有嗜猫，狗，蛇等肉之风，每当秋冬之间，狗肉，猫肉，蛇肉等炖品，即先后上市，闻食之最能补身体云。近月在大良及伦教之狗肉店或狗肉摊，总计不下二十处，售猫肉之处所，及售蛇肉之处所，亦有多处。

第一章　顺德缫丝工业之背景——地理环境及蚕桑事业状况

顺德县是广东省乃至南中国制丝工业的中心区域，《顺德县志》（新志）载：

> 土丝为吾邑出口之大宗，缫丝之法，咸同间用手机，俗称手絁，亦曰大絁；光绪初用足机，俗称踩絁；及光绪中叶用汽机缫丝者日盛，俗称鬼絁，又曰丝偶。手机成本轻，起丝亦少；足机起丝稍多，而沽价亦贱；惟汽机则费用虽繁，然丝条柔而价值高，其法尤良，其利尤巨，计土丝一项，全省每年所出约值四千万，吾邑占四分之三，此就光绪间言之。（《顺德县志》卷一"舆地丝"部）

又前广州岭南大学蚕桑科主任教授考活氏（Professor Howard）于民国十三年之调查统计，顺德县属共有丝厂一三五间，年产生丝量为四八四一二担，均占全省丝厂及生丝产量总数之最大多数。考活氏有言曰：

> 夫广东实业，首推蚕丝，犹以顺德为最盛，最大之茧市，最多之茧栈在焉，其丝业之兴盛，诚足以为广东金融之中枢，故广州市之银业，多操诸顺德人之手，握全省经济之权，换而言之，顺德即广东银行者也。（考活等著，黄泽普译：《南中国丝业调查报告书》，页一一）

上面所引述的情形和数字，虽未敢谓为绝对准确，尤未能尽然与近年来顺德乃至全省丝业衰落后的实情相符，惟就全省制丝工业发展之过程中，及就县属各种乡村工业发展之演变中，顺德之制丝工业，始终占着重要的地位。其发展之过程，及兴衰之变化，影响于县属之经济及人民之生活程度与习惯，亦至深且巨。

顾乡村工业之发展，与所在地的地理环境，及原料的运输与供给等问题，有最密切的关系。顺德的制丝工业，亦不能例外，故欲明了顺德制丝工业发展之情形及因由，不得不先探讨其地理形势，及蚕桑事业情形，藉以明了其背景之一斑也。

第一节 地理环境

一、位置

顺德县位于广州西南百余里,约在东经线一一三．二度,北纬线二二．八度。东北界番禺,东南界中山,西界新会,北界南海,东西广七十余里,南北长八十里。全县原分为十区,第一区即附城,第二区在城北二十里,第三区在城北三十八里,第四区在城北六十四里,第五区在城西北三十四里,第六区在城西二十四里,第七区在城西六十七里,第八区在城西南四十里,第九区在城西南四十六里,第十区在城南三十二里。区以下则为乡镇。去年上列之十个自治区则改并为三个区署;以原有之第一,第二,第三及第四区为第一区;第五,第六及第七区为第二区;第八,第九及第十区为第三区。

二、地势,土质与气候

县系位于三角洲之中部,地势平坦而低陷,除属内一区之大良,三区之陈村,七区之两龙(龙江龙山),及九区之江尾等地有小山蜷伏外,余均属平原。因处于两江下游,故河流综错,四面可连。土质为冲积土,即六成泥质四成沙质混合之粘土;土色灰黑,表土深厚,甚为肥沃。气候温煦,夏天间有飓风,雨水亦以夏月为多。温度最高 95℉,最低 34℉。因地势关系,每当夏季西潦高涨,田地常受淹浸,农事因遭损失不少,故农人多筑基围,以御潦水冲入,此种基围,多甚巩固,倘非水势太过急激,殊少崩倒也。惟有时雨水过多,围内积水,无从排泄,为害农事亦大耳。

三、交通与运输

县属之交通与运输,就农村环境言之,堪称便利。全县大小河流如织,其大者可通航小火轮船,轮渡,电船,及各种运输船艇;其小者亦多能通行小艇;农间工作,多半利用小艇运输;此种交通与运输,速率虽低,惟自农村视之,却甚经济与方便也。陆上交通,除到处均有小径或石板路可以通行外,第一、二、三、十区,及第五、七区各重要乡镇,均有公路可达,并有公共汽车行驶。据去年县政府之统计:全县十区一九四乡镇中(去年秋后改并为三区一一四乡镇),可通轮渡者有四九乡镇,不通轮渡者有一四五乡镇;可通汽车者有三七乡镇,不通汽车者有一五七乡镇。

至邮电事业，现下各区亦有相当设备，邮政各区可连，电话各区可通，电报之收发，则惟三区之陈村镇有之。

四、人口与耕地

顺德县是个蚕桑中心区域，其地势之低陷及湿度之太高，与夏季雨量之过多，天气之太热，及西潦之为患，虽为发展优良的蚕桑事业之障碍，但其土质之肥沃，交通与运输之便利等，却为引发及维持蚕桑事业使不致于全都崩溃之有利条件。故县属从事于蚕桑事业之人口，及桑基之面积，实占最大多数。据考活氏之调查报告载（民十三）：

> 桑基面积，占全县七成，约六千六百五十余顷，其余三成，为禾稻菜蔬鱼塘之用。据县署之调查，人口约有一百八十余万人。或不只此，操蚕丝业者，准有一百四十四万人之多。（考活等著，同上书，页一〇——一一）

但依县府最近之记载，全县人口为八五一〇八七人，男四六六二一三人，女三八四八七四人；户口共二二七三二七户。上引数字，前后不过十余年而人口却减去一百万之多，或未必尽然与事实相符，惟是前若干年间，因政治之紊乱，地方土匪之猖獗，加以近年蚕桑事业之衰落，农村经济之破产，故县属人士有能力他往者，多相率近往广州，香港，或外洋谋生，以致离村之倾向，成为普遍之现象。此或有助于说明近年县属人口锐减之趋势也。但自最近中日战争爆发后，县属人口复有激增之顷向。至于县属人口在各区之分布与密度，县府于民国十九年曾做过一番调查，其结果约如下列两图表①（民国二十年县府出版之《顺德县行政汇刊》）：

此种数字固亦未必绝对确实，然亦未尝不可以表示县属人口实况之一部。一区，十区，七区，三区，六区及五区之人口最密，亦即蚕桑事业，蚕茧交易或茧丝制造最密集之区也。

至于全县面积，依县府最近之记载，约为二三〇〇.〇〇方里，耕地面积占六八〇六二二.〇〇华亩，山地森林面积（连荒地在内）占五〇〇〇〇.〇〇华亩。又耕地面积中，桑基面积占二八〇〇〇〇.〇〇华亩，蔗围面积占一六〇〇〇〇.〇〇华亩，稻田面积占一六〇〇〇〇.〇〇华亩，余为鱼塘及其他作物之地。此种数字固难求其能完全代表事实，惟就近年事实之显示，县属耕地状况，比之民国十三年考活氏调查之前后若干年间，确有一种重要之演变，即桑基面积之锐减，而蔗围面积之激增也。考其演变之迹，殆皆由于蚕丝事业之兴衰，有以致之。查民国十一年左右，为县属蚕丝业极盛时代，当此时期，从事于蚕丝

---

① 校按：图表在原抄稿中已遗失。

事业之人口激增，而稻田之改为桑基及荒地之辟为桑基者日多，因之桑基面积亦激增，此种演变，主要者殆为经济的原因使然也；至民国廿三年前后，又为县属蚕丝极衰落时代，际此时期，蚕农经济，陷于极度之破产，而农民又鉴于当时种蔗比栽桑养蚕较能获利，且有政府为之倡导，于是有不少桑基复为蔗园，而从事于甘蔗之种植；而向从事于蚕丝事业之人口，则亦因桑基复为面积之锐减，及与蚕丝事业有关之各种职业及组织之崩溃，亦大为减少，此种演变，主要者亦为经济的原因使然也。

最近自中日战争爆发后，县属及全省之新式制糖工业，悉被敌人摧残，土榨糖业亦因战争销路收缩而蒙不利之影响，以致蔗农饱受痛苦；制丝工业，亦同样遭受敌机之威胁，以致蚕农亦鲜显著的复苏之景象；将来县属从事于蚕丝事业之人口，及桑基面积之如何演变，尚在不知之数也。乡村工业与其原料有关之农业，实不可分离，相依为命，存亡与共，兴衰与共，其关系之密切，有如是者！

至于耕地所有情形，则"耕者无其田"之情形，至为普遍。依县府最近之记载，全县之地主，自耕农，半自耕农，及佃农之分配如下：

地主：二二七三三户，一一三六六五人

自耕农：一二二〇四户；六一〇二〇人

半自耕农：二〇三四一户；一〇一七〇五人

佃农：四八八一九户；二四四〇九五人

农人以从事于栽桑饲蚕畜鱼者为最多（虽其人数远比不上从前蚕丝事业兴盛时期），种蔗及耕稻田者次之，种果木、蔬菜及番薯等什粮者又次之；惟农人从事于多种农作物之耕种，亦为常有之事；或因市情及其他原因而改变其原有之农作，亦为常有之事。

田地租价，视其位置，肥瘠，供求及时年等情形而定。普通稻田价每亩值五十元至一百五十元（俱以省币计算），年租约由五元至十五元；桑基价每亩值一百至二百五十元，年租约由十元至二十五元；蔗园价每亩值二百五十至三百五十元，年租约由二十五至三十五元。

县属既以桑基鱼塘，蔗园，及稻田为最多，其农产品亦以桑，鱼，蔗及谷为最大宗，据县府最近（民国廿五年）之记载，上述四种农产物之年产量及价值如下：

桑：三四三〇三三二担，值八五七五八三〇元

鱼：二四七六四三五，值七一四六五二一元

蔗：二〇四一八六担，值一八三七六七四元

谷：二七二二四八担，值一九〇五七三六元

因调查之困难，其上引之各项数字，固未必尽然准确，惟其比例，却与事实相差无几，是显而易见者，顺德始终为一个粮食不能自给之县分，而靠蚕桑事业为活者也。

第二节 蚕桑事业概况

顺德制丝工业之发展，不特与其地理环境有连带之关系，而与县属蚕桑事业之关系，尤为密切。因为，诚如《顺德县志》（新志）所云："丝从茧出，必好茧乃得好丝"（同上），而茧之成本，亦直接影响丝之成本；而茧从蚕来，蚕由食桑而长大；故全部栽桑育蚕之方法及情况，在在影响于制丝工业也，故欲明了制丝工业发展之背景，不可不论及之。

一、栽桑

栽桑，育蚕，及畜鱼，三者有密切之关系；桑叶用以饲蚕，鱼塘之泥用以壅于桑基，鱼食则取自蚕砂，极合经济原理；故县属蚕农，普通都兼营三者。县内桑园多取"塘四基六"制，锹低培高，使成基畦，即将四成之土，掘起覆于六成之地，其四为鱼塘，其六作桑基，用以栽桑。涌滘支流，随地可见，每当夏季雨量过多，流汇水涨，辄遭淹侵之患，但于低陷之桑园，高筑有基围，及在围间设有水闸以防水患，当潦水高涨，则闭闸以防水势之内侵，潦水既退，则启闸使疏其流；若不幸连日大雨滂沱，上流湍急，下流潦涨，水势纵不能冲崩建筑兼巩固之基围，然围内积水，因不能外放，成为死水，复受夏日蒸曝，至围水之温度过热，桑性虽能耐热，惟烈日蒸曝其上，热水浸淹其下，此影响于桑叶之质及收获量至大。桑之受温高湿重者，纵不全至于死落，然已不适宜于饲蚕矣。其水患小者，则浸没桑畦三数日，为害较小；其水患大者，则滥泛桑基鱼塘，横流蚕舍，危害颇大也。

但桑造独多，桑叶产量亦富，发芽期早而落叶期迟，每年除深冬气温太寒，桑芽潜伏外，余可按造采摘桑叶六七次（约由三月至十月，每月一造），以供蚕造之需求。

关于县属蚕种之特质，考活氏于其调查报告书中（页四〇—四一）曾有下面之叙述：

> ……南中国（包括顺德）所植之桑，与中国中部及日本欧洲等处所植之正白桑（Morus Alba）尚有数不同之点，其对于本土之酷热气候，非常适合，生长极易，而又可出多量之桑叶，至于其生长沿革，无从而知，实际上能适应本土蚕业情形，使蚕户能作业不辍者，此为仅有之蚕种（考活氏以 Morus latifolia 名之）。白桑每年只可采叶二次，仅足供养春蚕一次，及初夏间小造蚕一次而已。此种白桑只宜于养一化性及二化性蚕区。南中国所养之蚕，属多化性，每年由阴历正月下旬至九月，共可连养七造，倘植白桑，断

断不应需求，惟本土桑种之 Morus latifolia 有抽发水蓬之特殊能力，似特为多化性蚕而生者，此发蓬能力，决非白桑所能及其一二。桑枝于每年冬季刈枝后，至冬间即开始发蓬，及次年二月即采叶，于是作极速度之生长，时时发出新叶，其生长既如是之速，故每月将每枝长成之叶，采摘六片至十片，于其本身生长，仍无伤碍，至十二月时，育蚕收造即将桑枝刈至贴泥，不久即由旧头抽出水蓬数条，以供来春之用，以其能适应本土蚕业情形，是以南中国除此种桑外，鲜有栽植其他桑种……

栽植 Morus latifolia 尚有其他优点：（一）其生长势低，鲜有高过五六尺，故采桑容易；（二）其生长势成丛状，于一定面积内，比他种可多植株数；（三）每造所采桑叶，俱摘自嫩枝，其叶之品质，在理想上，比树形桑种之叶质，较为划一；（四）此种桑生长易而迅速，苟遇灾害，补种较他种为速。

惟因此种桑发育迅速关系，若天时亢旱，不事灌溉与施肥，每易硬化，且叶细薄，如雨水盛降，土壤卑湿，产量虽丰，惟桑叶吸收水份过多，则营养分稀薄，用以饲蚕，每易致病，结茧轻薄而失诸优美，此为其缺点者。

依民国廿三年广东蚕业改良实施区之调查统计，县属蚕农，平均每户耕桑基九.四三亩；每亩桑基年租一二.八四元，每亩年产桑二二一一.七三斤（广东建设厂顺德县蚕业改良实施区总区刊行之《岁之广东蚕叶改良实施区》页四二—四三）。但据广东建设厂蚕丝改良局廿二年之调查统计，则谓，"根据此次调查所得，每蚕户约耕桑田七.三亩，除二九.五三%为鱼塘外，每年每亩桑产量为一七〇〇斤"，而生产费"就蚕农现行习惯及方法（除自用之肥料及工值不计）而言，每担桑叶之生产费，平均为一.四五元，今估计其自用之肥料及工值为上述生产费三五%，则每担桑之生产费当为一.九八元也"。此种数字，固无强求其绝对的准确，且静态之调查统计，更无从随时随地与动态之事实相符，但□与近几年全县一般之情形，相差不远也。（谭自昌编述：《广东蚕丝业核心——顺德蚕农经济及组织概况》，载民国二十二年广东建设厂蚕丝改良局刊行之《广东蚕丝复兴运动专刊》）

近年来因蚕丝事业之衰落，所予栽桑事业之影响，除全县桑基面积减少外，每亩桑基之收获量亦多半比往年减少，寺关近年丝格低跌，蚕茧，桑叶亦因之降价，于是蚕农对其桑基，已大不如从前之肯于施肥，而只图减轻其成本矣。（据广东丝业研究所报告，"每一亩桑株如肥料充足，每造可得桑叶七百余斤，近年因丝价贱，茧价与桑价同受影响，农家连年缺本，典质俱尽，朝不保夕，尚有何力以施肥，故近年桑肥因缺乏营养料，每一亩桑地只得桑叶四百斤左右耳"。——见该所改良丝业委员会所拟"改良蚕丝业协议"，民十七年。）

蚕农收得之桑叶，多留作自己育蚕之用，间亦有直接售诸其他蚕农，或挑往桑市求售。其价值系视丝价，茧价，当时桑之供求，及其他市情而定。蚕农对于桑叶之买卖，通常系视其所育蚕儿之佳否为转移，设若饲育之蚕不佳，同时桑价昂贵，每将稚蚕弃去，不再俟其长大成熟，而将桑叶出售，希图厚利，或谋补救损失。反之，若桑价低贱，则多购蚕种，多量饲育，希望以低微之桑费，而能收获多量之蚕茧也。是以桑价起跌无常，一日之内，其价值有由数元至数角者（担计算）。去年全年桑价，徘徊于三元左右，已为良好现象矣。因桑价之起跌无常，其有连带关系之蚕种营业，亦随之变更，盖桑贱则蚕种价贵（因成本轻而养蚕者多，蚕纸有求过于供之势），价贵则制种者滥制而种劣，种劣则蚕农受其害，而制丝工业方面，亦因之无从获得优美之蚕茧以为原料，此皆蚕桑事业复什之情形，远年积弊，非旦夕所能改善者也。

二、育蚕

县属蚕农育蚕，均在砖屋或茅寮举行。是砖屋与茅寮，即县属之两种蚕室也。前者乃普通乡间之住屋，而兼作育蚕之用者，颇为坚固耐用，惟因其墙壁系用青砖建造，易于藏湿，屋顶用瓦砌盖，气难流通，地面用阶砖砌成，吸收湿气，且窗门太少而且细小，蚕室狭窄，卫生欠佳，空气与光线均不充足，且一屋居育兼用，甚不宜也。后者茅寮，系较贫蚕农所用之蚕室，蚕农因系采桑育蚕与管理桑田及经济关系，分三数家或百数十家一堆不等，散建于桑基或河流边各地，与砖屋蚕室之附属于乡镇内不同，以便工作，其构造材料，乃利用冬刈桑枝，或秋收稻秆，合竹杉以编成墙壁，面敷泥糊，再用稻秆编叠而为寮盖，其容积与乡间普遍住屋相差无几，此类蚕室，泥墙茅盖，可以隔热保温，惟亦以房间建设太密，窗牖少，光线暗，室内均为泥地，屋顶无天花板，致室内每有高温过湿之虞；且蚕农因经济及习惯关系，亦多行居育两用，不讲卫生。但考蚕儿生理，所需气温，不宜过高，天气不宜过湿，气流必须充足，地方必须洁净，方合其生长，故顺属之所谓蚕室者，不论砖屋或茅寮，远非理想者也。

蚕农之蚕种多系按造从墟市之蚕纸市购买，而鲜有自制蚕种者。此种蚕纸由乃县属之制种家所制。此等制种家，多半集中于两龙。两龙制种事业，向称密集，为全省之冠，当隆盛之际，多达二百余家，嗣因蚕丝衰落，制种事业即蒙不利之影响，迭遭亏折，近年来相继歇业者，达总额八成以上，现仅存者只三数十家耳（其详可参考张高佳《顺德两龙制种事业之检索》，《广东蚕声》一卷十二期）。从前此等制种对于制种方法，虽无绝对的科学方法检定，然多能本诸祖传的技术与经验，小心监制，而维持固有蚕种之性质，乃近年蚕丝事业，每况愈下，茧平种贱，影响于制种家营业前途，至为严重，蚕种价格，平均多在省币一元左右（每张八两蛾记），选种监制，成本必多，最易陷于亏折；故制种为维持血本及谋利起见，多半投机，往往乘茧贱之时，不拘蚕种之优劣，多量购买，滥制蚕种，贱价发售，农民利其价贱，或只认字号，争相购买，是以育蚕之事，每每失败。制种为维持生意起见，亦往往同流合污，以劣种制种，藉为营业之竞争，是以近年来蚕种日形退化，已成为一种不可隐讳之事实。据多年从事制丝事业者称，近年蚕茧日劣，丝从茧出，劣茧不能制好丝，犹之劣米不能弄好饭，故近年之生丝质地亦日不如前，从前蚕茧通常可有三分几壳（每十个干茧壳计），今只有二分左右壳云。是近年蚕丝市之衰落，不只影响于制种育蚕事业，而又再影响于制丝工业，使之更衰落也。

顺邑蚕种，大别可分两类，一名大造，又称大蚕，一名轮月，又称连蚕；大造为纯二化性蚕，蚕农于头造育之，其较轮月之优点为茧大丝多，但头造以后，因气候关系，大造不能抵受高温度与高湿度，故其余各造蚕农多育轮月；轮月之茧较小而丝亦较小，惟其属多化性蚕，每造皆可饲育，且比较最能适合本地之气候环境也。但以上述原因制种家近年来往往粗制滥造，遂致品种日形庞什，欲求优良原蚕种于今日，殆实难矣。

顺属蚕造，计每年依次有桑花造，头造，二造，三造，四造，五造，六造，寒造，冬青造等；桑花造，寒造，及冬青造，因斯时天气寒□，加温育蚕，温度及湿度颇易调节，故历来收效颇佳，惟其时天气寒燥，桑产量少，而育蚕成本虚耗较重，盈利较微，故饲育之者甚少；其余各造，则桑产量丰富，气候虽不甚佳，而育蚕则甚众也。故顺属育蚕，以正造言，只有六造。每户每造育蚕，多为二张纸（每张八两蛾计），蚕茧收货量，每因造数及其他有关之情形而异，普通每张纸可收获蚕茧约四十箔左右，即每两种之收获量约为五箔。就每年普通情形观之，收获量以桑花造，头造，五造，六造，及七，八造为佳；二，三造最劣；而桑花造及七，八造则甚少人饲育者。于此民国廿三年间蚕丝改良实施区曾做过一些调查统计，其下列二表①，可供参考，特抄于后：

蚕茧成本，视其蚕种，蚕纸价格，食桑多少及桑价，木炭，人工，房屋及蚕具租金，及什用等费多少而定。近年普通每万颗干茧约成本九元至十元左右。而其售出价值，则视丝价，供求情形，及其茧质之优劣等情而定。若售出之价系超过其成本则有利可盈，否则便为亏本矣。近年普通每箔茧值五角至七角不等，每箔约有蚕茧千五个，每担干茧约值一百余元，视当丝业兴盛时期，每担干茧可值二百余至三百多元，实不可同日而语矣。普通每八两纸养至成熟，需桑二十余担，均有蚕二十至三十□，得三十至七十余箔，约有七万至八万颗茧不等。

蚕农售茧之法，或俟贩家上门议价脱售；或运往容奇桂洲茧栈集中之处售与茧栈；或携茧到茧市，与买家议价脱售；均无一定，惟以最后之一种脱售方法为

---

① 校按：原抄稿中表格已遗失。

最普遍，亦最大宗也。

附录最近顺属之桑市，蚕纸市，茧市，茧栈，及丝市，丝厂之数目，及其分布情形于后（如下表）：

项目\地点	桑市	蚕纸市	茧市	茧栈	丝市	丝厂
大良	1	1	1			2
容奇		2	1		1	4
桂洲		2	2	29	2	2
勒流	1	2	2		1	1
水藤		1			1	2
伦教	1	1	2		1	
黄连		1				
乐从		1	2		1	
陈村		1	1			
龙江	2	1	3			
龙山	7	1			1	
江尾		3				
麦村		1				
高赞		1				
冲鹤		1				
东马宁		1				
南沙		1				
马齐		1			1	
桑麻		1				
龙潭		1				
安滘		1				
逢简		1				
马岗		1			1	
沙滘						1
杏坛					1	
沙寮						1

续表

项目 地点	桑市	蚕纸市	茧市	茧栈	丝市	丝厂
良㲼						1
小涌						2
莘村						1
新隆						1
鹭洲						1
平步						1
藤涌						1
大墩						2
小牢村						1
潭村						2
岳步						1
羊额	1		1			
大州	1	1				
乌州	1					
鸡州	1					
霞州	1					
荔村	1					

第二章 顺德缫丝工业之沿革——缫丝工业之起源及发展

顺德之缫丝工业，已有悠久之历史，其家庭式或小工场式之手緪缫制内销丝（土丝，或称使门丝）之小手工业，历史至久，其起源于何时，现无从稽考；其工厂式经营之丝厂（俗称丝偈，或鬼緪）缫制洋庄丝之半新式机械工业，及其家庭式或工场式踩緪或炉仔缫制土丝之小工业，亦已有七十多年之历史。惟史籍所载，均语焉不详，或未必尽然正确，兹特酌量参加调查所得之材料，缕述顺德缫丝之工业之沿革及其分布情形组织如后。

第一节 沿革

关于顺德缫丝工业之沿革，据《顺德县志》（新志）载：

> 土丝为吾邑出口之大宗，缫丝之法，咸同间用手机，俗称手緪，亦曰大緪；光绪初又用足机，俗称踩緪；及光绪中叶用汽机缫丝者日盛，俗称鬼緪，又曰丝偈。（《龙山乡志》云：乡之有汽机缫丝厂，自同治甲戌始。又采访册云：光绪初大良北关创建怡和昌汽机缫丝厂，有女工五六百人，由九江大同招女工教习，特其时未盛耳。）手机成本轻起丝亦少，足机起丝稍多而沽价亦贱，惟汽机则费用虽繁，然丝条柔而价值高，其法尤良，其利尤巨，计土丝一项，全省每年所出约值四千万，吾邑占四之三，此就光宣间言之。
> 粤丝自咸丰初销流外国，其最先输出者为七里丝，又称手緪丝，复有所谓括丝（与今日之日本式括丝不同），计每年出口，约仅万包，迨咸丰中叶，有南海陈启元者，具新思想，游历欧美，考察粤丝销流状况，归国后本其所得，于光绪初年创办机器缫丝厂，用蒸汽等动机制作（《龙山乡志》谓乡之有机器缫丝厂始自同治甲戌，与此略异）。其时风气未开，咸加诽谤，陈遂设厂澳门试办，制出之丝，别为两种：一曰四角丝，运销美国，一曰六角丝，运销欧洲，成效渐著，继复设厂于南海西樵，为内地倡，于是各处闻风兴起，纷向南海顺德产茧地方竞相设立，蚕桑区域，亦逐渐扩充；至光绪末，全粤丝厂已有百一二十间，时又有孖结丝一类与车丝并行欧美，其制法用脚踩机（即踩緪），虽规模略小，女工多则百十人，少则六七人。然年中

输出额亦占粤丝三分之一，惜其工作不能划一，劣点极多，较之机器车丝，大相悬绝，故近来脚踏机丝绝迹于欧美矣。美国丝业团尝来粤考察丝业，殷殷以改良相勖勉，谓宜效法日本，用复缫丝以期适应彼国织造家之需求，丝业中人，深韪其说，有岑某者，顺德五区人，首先仿效，增设复缫工厂，一时同业靡然风从，自是昔日之四角车丝，一变而为复缫式之六角车丝，此广东丝业沿革之大概情形也。（《顺德县志》，卷一，舆地，丝部）

但依曾同春氏著之《中国丝业》（商务，一九二九）一书所载，则谓：

溯自吾国机器丝厂之设，原始于一八七〇年，最初则为法人设立于广州，旋即关闭。其次则为侨商陈鉴初，在南海官山地方，购机建厂，为华人机制丝厂之鼻祖。当时所出厂丝，较旧式丝品质极佳，卖价倍贵于旧式生丝。且在厂中一女工缫丝工作，助以机器，可当普通六人之力，是以劳动大为节省。工人受机器之竞争，顿生失业状况。因此乃激动劳动届愤怒。且是时舆论闭塞，亦不赞成机场之设立，经地方官厅之决议，遂令其停止营业。迨后复有继起者，但在一八八一年，工人因事聚众攻击丝厂，互有损失，该地当局，乃出谕将所有丝厂机器封闭。……自一八八一年，丝厂被其攻击后，皆相继迁往澳门。再经数年，在南海县又有重新设丝厂。此次反对之势，比前稍弱。在顺德亦有数厂相继成立。自是以后，国人渐惯于机器之为用。（曾同春：《中国丝业》，页五八—五九）

又陈启元氏之子蒲轩，于其在庚午（民国十九年）所著之《蚕业指南》之自序中称：

先父芷馨（启元号）公，善继先志，半儒半农，小有余蓄，经商海外，然未尝忘农桑之业也。以同治癸酉年归家，仿效西法，创缫丝厂教诸乡人，三年有成，继起者遍及数县，业此者获利亦厚，妇女藉此者觅食者以数万计，但资本较重，仿之者甚艰，蒲遂变通办法，创制单简缫丝器一具（按，料即今日之踏𦈠），本少功同，其效尤著，不数年各府县仿效者何止万户。

又据最近广东蚕丝改良实施区官山分区之调查报告称：

清代同治五年时，有南海西樵简村乡人陈启沅者，尝经商于安南，目睹法人蒸汽发动机械而缫丝，则出品优良，产量丰富，始知祖国沿用手车缫丝之非计，遂归国仿法创设蒸汽缫丝之法，而教诸乡人，所产之品，果质美价昂，成效大著。不及三年，则效仿其法制丝者甚众，当时为股东者获利虽微，但男女藉而为佣者数实良多，旋因设立此种蒸汽缫丝机需资较重，深恐后者维艰，乃与次子锦篇于光绪中叶，将蒸汽缫丝机之制法变通，而制造足踏车，以足力而发动机车，用火炉以供热力而应煮茧与缫丝，为广东足踏缫丝之始，粤之向有制丝机器亦为之一变，由是由手车时期而达足踏车时期矣。

又据久居于南海两樵简村百豫坊陈启元之子少轩（啸孙）对笔者称：

> 关于丝厂之沿革是如此：陈启元氏系最初创办丝偈于家乡简村，名继昌隆，初时全厂不过数十缫位而已，只有单缫而无复缫（俗名括），其厂址即今日简村百豫坊本宅是已。该等缫丝女工均系本村者，乃由陈氏教之，其缫丝方法，乃全用机械大车，与今日之丝偈无异。其后该厂逐渐扩大，约有八百多位。数年后，西樵及其附近之机房，因生意不佳，生活艰难，乃联合威胁及攻击该厂，彼等认为丝偈之兴，足以影响机房之原料及女工，盖丝偈需用茧料多，女工多，前者足使制土丝者缺乏茧料或茧料贵昂以致土丝成本过重，因之机房织造之成本亦加重；后者足使女工多趋往丝偈工作，以致制土丝之工人缺乏或工价加贵，此在在足以于织机房以打击也。但其实当时机房反对丝厂之理由，并不能成立，因为女工与茧料等，随地皆有，并可因需求之增加而增加其供给，初不因丝厂之设立而予机房以影响也。惟此纠纷不久即平息。继昌隆在简村开办不久，即更名为利厚生，旋又拆去而另建利贞及世昌纶，但以营经不佳，今已先后拆去矣。今简村已无一丝厂存焉。又当继昌隆开办若干年后，陈氏为避免出口税及厘金起见，并在澳门添设丝偈一所，名和昌，后亦拆去。自丝偈经陈氏创设后，顺德及其他各县均陆逐仿行，其沿革大抵如是。

又据民国一十年间刘伯渊氏之《广东省蚕业调查报告书》称（民国十一年，广东省地方农林试验场刊刻，页五九）：

> 广东缫丝，当五十年前，本系用土法之手车缫之，所缫之丝，异常粗劣，其价亦贱，于同治五年间，始创设蒸汽缫丝，为南海陈启沅所倡建于官山者，名曰继昌隆。自用机器缫丝，其价遂增加一倍，随因该地方有人仇恨，纠党滋事，遂被查禁，于光绪七年，迁往澳门，改号曰复和隆，嗣经费了几多手续，始得政府准予恢复仍旧开设，复在官山简村续创单车缫丝，一人一架者（即今之踩互〔緪〕车），号曰利厚生，以后各县继续开设。

又沈文纬氏于其所著《中国蚕丝业与社会化经营》一书中（民国廿六年，生活书店出版，页一一—一二）则称：

> 广东机械制丝之创设，约如上海。在六十余年前，陈启元氏赴西□摩参考外人经营之法国式缫丝工场，见其生产品质之精良，深为感动，才于一八六八年在陈氏故乡南海县西樵简村地方，创设继昌隆汽机缫丝厂，为广东机械缫丝之萌芽。因受当时手工缫丝同业之歧视及当地农民以汽笛声为不详而

起纠纷，遂为政府命令停业，乃迁往澳门经营，改成复隆和丝厂。继在鹭洲地方开始仿效。据一八八〇年海关生丝报告，当时该地机械制丝工场数约十二所，缫丝机械二千余台，以南海顺德两县为中心，而积极的发展。

又据国民政府西南政务委员会国外贸易委员会丛刊《广东工商业（丝）》页一——二则载称（民廿三年）：

> 广东实业，首推丝业，广东对外贸易最巨者，亦惟丝业。广东丝业之起源，实难稽考，但销流国外则自清咸同以前，其最先输出者厥为七里丝，又称手缅丝（全恃人工缫成），当时输出数目甚少，盖业此者尚未盛也。同治五年，南海陈启元经商暹罗，美法人蒸汽缫丝厂法，乃在粤之南海西樵创办缫丝厂，遂开现代缫丝厂之先河。惨淡经营，成效颇著，缫出之丝，时人称为车丝。车丝分两种，一曰四角丝，运销美国；一曰六角丝，运销欧洲。嗣后，丝厂渐多，各处均有设立。当时与车丝并行于欧美者有孖结丝，用脚踏车缫成，年中输出约占生丝出口额三分之一，惟劣质颇多，自民元以来，几绝迹于欧美布坊矣。世界销用生丝最多者向称美国，当光绪二十八年有丝业团之组织，往产丝各国考察丝业状况，并劝导各丝厂更改木篗（俗称缅花，为缫丝时卷丝之用）之尺寸，以适合彼国丝厂织机之度以减轻其生产费。日本丝厂首先仿行，复用复缫丝法（俗名括丝），使丝之组度划一，大受美丝商之欢迎，惟粤丝仍固步自封。至宣统元年，美丝业团重至广州，复劝粤丝商采行其光绪二十年之献议，并缅各宜用圆角及仿行日本括丝法，以改良生丝，但粤丝商仍未实行。民国六年，美丝业商会代表陶迪君来粤，再劝导粤丝厂改良工作。越二年，丝商岑国华于顺德葛岸首先仿造，迨至括丝价昂，各厂遂相继采用括丝法矣。

又依丝业界前辈何贞伯氏口述（何氏为顺德五区水藤人，曾经营丝厂凡三四十年）则谓：

> 粤省丝厂系由南海西樵简村陈启元氏首先创办于其故乡者，但以其时风气未开，且当地土丝织造家甚多，以丝厂侵夺其原料，故群起反对，陈氏甚愤，乃上禀当地政府，岂知当地政府亦袒护乡人，批驳"民间不能使用机器"等语，陈氏乃将厂迁往澳门经营。后以风气渐开，又将厂迁回简村，复又将丝偶变通为踩缅，以便小规模之经营。顺德之丝厂亦系由南海发展过来者，而以五区之良漖，为得风气之先，该处最早之丝厂，一名广信昌，一名妙经纶，故有广妙两家之称，后乃发展至县属之鹭洲，大良，容奇，桂洲及其他县属各地。

以上所引各节，不无出入，且多语焉不详，大抵顺属缫丝工业之沿革，可分为三个时期：

1. 在清同治癸酉年（一八六六〔一八七三〕）或光绪中叶以前，为应用手缫缫丝时期。至手缫之起源则已无从稽考。在此时期所缫之丝为土丝，多半系供内地及本县织造头匹之用者。此时之经营，纯为小规模之家庭手工业。每家只设一两位工作耳。

2. 同治癸酉年或光绪中叶以后为应用机器缫丝时期。县志谓"及光绪中叶用汽机缫丝者日盛"（《龙山乡志》云：乡之有汽机缫丝厂，自同治甲戌始。又采访册云：光绪初大良北关创建怡和昌汽机缫丝厂，有女工五六百人，由九江大同招女工教习，特其时未盛耳。），至此种缫丝方法则系于同治甲戌（一说光绪初）由南海介绍过来者，而南海之丝偈制度，则系由该县西樵简村人侨商陈启元氏于同治癸酉年间由安南等法人丝偈模仿过来者。此种缫丝工业，为较大规模之工厂式工业。所制之丝为洋庄丝，即系为销售于外国之丝织厂而制者也。当此种较外洋化之缫丝工业（故俗名之为鬼缫）发展之初时，阻碍殊多，乡人或以为丝偈之建设系有碍于风水，或以为女工混集于一厂工作系有伤风化，或以为丝偈汽笛之声为不祥之兆，或以为丝偈排出之水为有碍灌溉，或认为侵夺机房之女工供给，或认为侵夺机房之原料供给，种种原因，不一而足；故或包围攻击丝厂者有之，拆毁丝厂者有之，与丝厂兴讼者有之，阻碍丝厂之运输者有之，向丝厂滋事者有之，向丝厂勒索袍金及其他街坊使用者亦有之，种种为难，亦不一而足。嗣后风气渐开，乡人对西洋工业之介绍过来已不大惊小怪，且后来更以丝偈之兴不独与农村及各种旧工业并无冲突，而且更足以繁荣农村——尤其与其原料有关之蚕村，及各行各业，故后期丝偈之发展，已是顺利矣。

3. 同时亦为以踩缫缫丝时期。踩缫之介绍入顺属约与丝偈同时，而亦系来自南海者。而在南海，则踩缫系由丝偈变通而来。盖所以减轻经营之资本及设备，使普通农家，均能自置一两位而在家庭缫丝也。踩缫之经营，约有三种，一为家庭式者，一为工场式者，一为炉仔，亦即采取丝偈之蒸汽方法煮茧缫丝，而同时又照用踩缫之踩式以旋转木筴也。亦工场式工业之一种，特规模较大耳。〔每丝偈约有四五百位（初期较少），每炉仔约有五十至一百位，每踩缫工场约有十至四十位不等。〕踩缫所缫者多半为土丝，系售与内地及本县以为土丝织造之用者，间或缫制洋庄丝者亦有之。

现时顺属之手缫，因工作迟钝及因丝偈与踩缫之盛几已绝迹，而丝偈与踩缫则并行也。通常土丝价昂，茧价贱，则经营踩缫者多；洋庄丝价昂，则经营丝偈者多，均为利是视耳。

兹将最近九年来顺属丝厂数目之增减，缫丝工业之兴衰及各种有关现象之演变，及缫丝工业兴衰之发生原□与现象，分别为表如后①：

---

① 校按：原抄稿中表格已遗失。

第二节 分布情形

顺德之制丝工业，就其制丝方法言之，约可分为三类，一为手缅，一为踩缅，此二者多半系缫制较粗劣之土丝者也；及一为丝偈，此乃缫制较幼细之洋庄丝者也。手缅从前系散布于县属各地各农家中，惟近年几已全都绝迹，亦不赘述。踩缅则以其经营方式而异其分布情形。在家庭经营之踩缅，多散布于县属各农家，为数至多。至踩缅工场则以五区及十区，尤其是十区至容桂为最密集；而炉仔则具集中于桂洲，全盛时有数十家，今只有数家系开工者。此等工场之所以集建于容桂一带者，因该地水陆交通便利，为蚕茧贸易之中心地点，故设场于此地经营，颇便于燃料及茧料之购置及运输也。

丝偈之分布，则亦以五区，一区，及十区为最多。《顺德县志》（新志）亦载称：

> 吾邑出丝之多，第五区为最，第一第十区次之，其余各地均有业此者，其丝悉售与洋商，供其织造。

顾丝偈之设办，以其经营之规模较大，故须考虑之条件亦较多。当经营之初，必须注意审查其位置之适否，如女工之有无，原料之足否，用水□燃料，及运输便否，且于经济之筹划，各项均得配置适宜，并要熟谙商情，而谋金融之活动，资本接济之灵通，然后方可从事建筑工厂而经营之。如五区之水藤，葛岸，沙滘，乐从，及鹭洲等地，一区之大良。及十区之容奇桂洲，均与上述设立丝厂条件相符者，故向来顺属丝偈，均多集中于五，一，十诸区。兹将顺属丝厂之分布情形，为表如后①。

---

① 校按：原抄稿中表格已遗失。

第三章　顺德缫丝工业之组织及经营（Ⅰ）
关于原料之购买——茧市与茧栈

顺德缫丝工业之组织及经营，约可分为三个主要部份，一为关于原料（蚕茧）之购买或交易者，此即茧市与茧栈；一为关于缫制生丝者，此即手缫、踩缫、及丝偈；及一为关于出品（丝）之脱售者，此即丝市与丝庄是已。

经营家庭式踩缫者，其茧料或系由自己看蚕得来，或向蚕农或贩家收买，或到茧市采购；经营小工场式及炉仔之踩缫者，其茧料购买之办法与上相同，但间亦有联合数家，设茧栈开秤收买茧者；其脱售出品之办法，或直接售与织户，或持往丝市求售，其间有出品洋庄丝者，则托丝庄售与外商；至经营丝偈者，其茧料多半系由其所设之茧栈开秤向蚕农及贩家（俗称水斗）收买而来，间亦有到茧市收买或在丝厂门口向蚕农及贩家直接收买者。至其出品之脱售，则系由其代理丝庄办理，售与外商。兹将缫丝工业中之各部组织及其经营情形，分节述之于后（先附缫丝工业组织系统图于后）①：

第一节　茧市

顺属茧市之起源，据说是晚于丝偈而略早于茧栈，大约有四十年之历史。当民国十年丝业兴盛时，依刘伯渊氏之调查：全县共有茧市十八间（同前书页四二—四三），民十二年，依考活氏之调查报告则共有二十一间，近年以丝业衰落，最近只有十四间而已（二茧市均不计在内）：容桂三间，勒流二间，伦教二间，羊额一间，乐从二间，陈村一间，及龙江三间。最大之茧市则在容桂。盖该地为水陆交通之重地，顺德及邻县各丝厂之茧栈，及容桂踩缫之茧栈，十九集中于此，同时亦为制丝事业聚集之区域，故当蚕茧交易之中心也。

茧市多由商人投股合办，为蚕茧交易之场所，故皆位于舟楫便利之地。茧市之构造，或为一广阔之砖屋，或为一庞大之棚厂。市内约有三种人，一为市本身之人事组织，即司理人、内外掌柜、秤手、及若干栏口人是也；一为卖方，即蚕农是也；及一为买方，即贩家（水斗）及或少数丝偈及踩缫之收茧者是也。市之资本，由数万元至十余万元不等，视营业之大小与淡旺而异，近年因丝业衰

---

① 校按：原抄稿中未见图。

落，蚕茧生意因受影响，通常每间茧市只约有二三万资本而已。

茧市之营业时间，多在日间上午，每月只开秤十五至二十日左右，每年只开市七八个月，即由三月至十月左右，盖与蚕茧造衔援也。

当蚕茧登造时，其较大之茧市（如容奇之盛丰年）特设有轮船派往沿江各乡，输运农民蚕茧，到市贩卖，以广招徕。茧市同时必有许多水斗及少数他种买，在市购茧，水斗购得茧后，则转售于丝厂所设之茧栈，水斗之经营方法，系不外力求贱买贵卖，至茧市则系只靠抽收交易两方或单卖方佣金百分之二至四（各家不同）。在买方人少，卖方人多，蚕茧供过于求之地方（如龙江一带），茧市之政策，则较为优待买方。反之，在买方人多，卖方人少，蚕茧求过于供之地方（容桂），茧市之政策，则较优待卖方。凡在茧市交易之蚕茧，均由茧市代秤，又凡茧市信任之各买方，其每市购茧所应付与卖方之款项，均由茧市先代为包交包结也。

凡操水斗之业者，必先到茧市挂号，得其承认，立一字号，始能到市购茧，代行交给。在昔丝业兴盛时，茧市资本充足，及水斗信用昭著，茧市多不须水斗任何按揭，即必乐为包交包结，今则除与茧市极端亲近及信任之水斗外，普通均须向茧市按揭者。每茧市有水斗若干不等，通常都有数十以上，每一水斗字号，往往有数人者。在市巡行，而每号水斗，均排列在茧市之一隅或两旁，每间长十余尺，阔亦十余尺，各以竹篱鱼薄围之，遇购得茧后，即携茧到此，倒于地上。

凡遇茧到市，各贩家即上前争先看茧议价，其看茧之法，系以手反复探茧，藉手之知觉以鉴定茧之干湿，及以眼之观察力，以辨其品质，复取茧一颗，入口用牙嚼之，使丝胶溶化，用牙紧咬茧之一端，以手坚持一端，用力抽之，如能伸长至手尽而丝不中断者，是为够口（即解丝银），即茧质坚韧，舒解容易也。鉴定后，始行议价，于订价时，无论给价多少，倘其人未行开，则别家不得从旁给高价争夺，往往外来之蚕农（卖茧者），不知其中弊端者，常受□□操纵，贱价而沽，盖初议价者，必嫌该茧不良，或加以烂口、轻身、黑囊，二茧多，有□等，不满意之评语，而断其价值如此如此之价值而耳。及初与议价者不成，必使第二者向前，仍给低价；第二者再不成，仍使第三者向前，或加些少价，如是继续来议价者，至多人均无高价加给，则卖茧者，以为自己之茧，果不能值高价，故低价亦愿早沽去，不知来议价者虽经多人，实均不离该号之人也。

议妥价后，由茧市代秤，司秤者报明茧之重量，并发初出红绿单据各一，交与茧市收支处，绿色单据，收支处检存，红色单据，给与贩家，以备异日清结数目之用，茧价则由茧市代行支结与卖茧者。贩家则俟将茧售与茧栈后（多数当日搬往茧栈求售，其贮之以居奇者，间亦有之），然后将款归还茧市。至缫丝者之到茧市购茧而茧市之代为支结者，多半亦俟将缫得之丝售出后，然后将款归还。

当昔日丝业兴盛时，茧市在旺造时每市之营业可达十余万元，今日每市能得二三万亦罕有矣。

水斗往往于茧市购得茧后，即由雇定之女工检出恶劣之茧，选好茧复入包，待售于茧栈。其劣茧则售与二茧市或专收二茧者，或直接售与乡人以供缫制低劣之土〈丝〉或其事业之用。

蚕茧之在茧市交易者，茧市必抽买卖两方若干佣金，前已言之。近者，一般水斗，为避免茧市之抽佣及迎合蚕农起见，每在蚕农赴茧市必经之地，集设自街市者，此对于茧市之茧业，颇有影响也。

第二节　茧栈

茧栈系丝厂所设之购茧所也。因丝厂需用茧料甚多，自非设一栈关，专司其事，与蚕茧销场最丰富之地，以从事购茧不可。通常每一丝厂设一茧栈，但因丝厂特大，用茧甚多，一茧栈尚收茧不够用，而设两间茧栈者，亦间有之。炉仔亦有茧栈之设置，惟规模较小，踩缫工场则往往联合数家设一茧栈，以其用茧较少也。

顺属茧栈，几尽位于桂洲，以其地舟楫便利，为蚕茧之聚处也。就邻县丝厂之茧栈，亦设于此。桂洲以外各处，虽亦间有几间茧栈，惟规模较小，只为丝厂所添设，藉以辅助桂洲茧栈有时收茧不足耳。

茧栈之人事组织，通常有买手一人，副买手一人，分茧二人，内外柜各一人，试验丝口女工二三人，焙茧搬茧数人，及其他工作人员若干名。买手之责任最大，彼系负责检验茧质，司秤，及厘订茧价也，偶一错误，其影响于丝厂之原料及其成本者，诚非浅鲜。故当买手者必须诚实可靠及富于经验者。

茧栈之构造，系一广大之屋舍，内分捞茧，秤茧，分茧，试口，账房等各部，另一隅设有焙炉，其楼上有茧库，两层。捞茧处之地下盖以大幅竹席，茧库房亦以竹片织成，以资通气及干爽也。

茧栈开秤之时间，大约与茧市相同。在开秤时期，各茧栈门前贴有"开秤"字样。当茧农及贩家由乡间及茧市将茧运到茧栈求售时，第一步工作，系由卖方将自己各包茧悉数打开，倒在捞茧处之地上，用木桨将茧捞混，然后入回原来之各大席袋茧包内。第二步则由卖方向茧栈挂号，说明来货多少包，茧栈之买手即视察一周该卖方之货色，并于每包画一号数，而柜面之人即将卖方之姓名或字号及货色多少，登记于簿上。第三步由买手将卖方之茧采办一小笠，然后用天秤兑四两，得四两茧之颗数，即可推算每斤茧之颗数，如遇由薄茧次茧，则以四五颗作一颗计，每斤茧颗数之多寡，视茧身之厚薄及干湿而定。惟各茧栈用以兑四两之天秤，必不准确，永无足四两者，以三两半作四两者有之，以三两七作四两者有之，以三两九作四两者有之，各家不同，各守秘密，不但卖方不知之，即同行亦彼此不相知，个中流弊，不问可知。第四步即从上所谓四两茧中，由分茧者分为数堆，每堆一百颗，余则不要，例如四两茧有三百五十颗，即可分为三堆，其余五十颗则不算之，由卖方自选一堆，交由栈中之试口女工以踩缫缫之，以验其丝口如何。其试验之法，将茧浸透，第一次每茧缫过，记录断绪之颗数多少，如是者再试第二次，第三次，每次试验结果，均记录之，其不适于缫丝之茧数，亦登记之，如此之试验法，各茧栈均以为可定茧之优劣，不知凡到茧栈求售之茧样，多系由贩家购买各处各色之蚕茧，集合而成，极其复杂，虽经此法试验，然茧之优良与否之程度如何，未尽可见也。第五步，以另一堆之茧一百颗，由分茧者分匀为五堆，每堆二十颗，由卖方自选一堆，交由买手割开之，除去蚕蛹，然后烘之极干，秤之，以观其茧壳重量若干，通常平均每茧重量有三四厘以上者，即算好茧肉。普通计算，以去蛹之干茧廿五两，可缫生丝十六两（视茧质之优劣及缫丝之粗幼而异），其余九两为水结；此即五与三之比例，即五两茧壳可得三两生丝，若照干茧连蛹计，其比例为五与一，即五两干茧连蛹在内可得一两生丝，若茧质劣及缫粗丝则用茧较多，反之则否。上列试验茧质优劣之法，依考活氏之见解，认为"颇合科学的原理，依其结果，以定茧价，亦甚公平"。惟各茧栈用以量茧壳之天秤，均不准确，每以一分几作一分者，即茧壳实重一分几者，在茧栈衡之，只是一分而已。此天秤各家不相同，同行不相知，卖方更不知之也。纵然知之，惟通行如是，亦无可如何也。第六步，乃由买手根据以上试验之结果及观察全部货色如何，即与卖方议价。其定价标准，系以该茧可得生丝几何，丝价市场若何，及一切费用（如缫丝女工，运输，税项，燃料，利息等）合计以定之。第七步，如议价既成，即由买手将该卖方之茧以大天秤衡之，视茧量之多少，然后付款，此项交易，即算完结；如因价钱不合，不能成交，卖方即将茧搬往别栈求售，亦须经过同样的手续。惟无论成交与否，茧栈每次验茧所用去及剥下之茧，均归该栈所有，为茧栈中人分沾之。故卖方每次到茧栈售茧，不论成交与否，必先损失好几两蚕茧也，所以卖方每以此种损失之可观，及搬运之麻烦，与夫验茧之费时，每次约需一至三句钟不等，即栈方给予之价钱不甚满意，亦甚少左搬右运，迁往别栈求售也。通常卖方去惯某一栈交茧，即常去某一栈，以资熟识。最后，茧栈虽为直接之买主，而非交易之中间人，但亦向卖方抽相当手续费者，普通系九八□，即每购得每百元之茧，栈方只付九十八元耳。

茧栈购入之茧，全非干洁，须再烘焙，故茧栈必设焙炉，以备焙茧之用。头一二三造购入之茧，因茧身关系，不易保存，故必随运往丝厂，即刻缫之，四造以后之茧，都可大量购入，将一时用不完之茧，用茧铁夹实，里以布袋，以免湿气侵入，贮于干处，以备异日之用。在昔丝业兴盛时期，丝厂差不多全年开工，四造以后，各丝厂之茧栈，必大量购入茧料，使冬季蚕茧收造后，亦够原料，直至来年蚕茧出造为止。惟近年以丝业衰落，丝厂多年在蚕茧出造后然后开工，至收造不久即行停闭，甚至有开工不到几个月即行停闭者，故茧栈购入茧料，多半随购随缫,绝无顾虑到深冬开工及来年开工之问题者,而只计较到茧料相宜时则多购一些,贵时则少买一点而已,并无全年之计划也。普通一个丝厂,平均约有五百余缫丝位,若余现下之粗丝,日出丝二担,需用茧料约十担,值约二千元;每月即需用茧料六万多元,是其茧栈每造平均需购入茧料约六万元,始够缫用也,是茧栈之营业额如何,概可想见矣。

第四章　顺德缫丝工业之组织及经营（Ⅱ）关于生丝之缫制——手绲、踩绲及丝偈

顺属缫丝工业，就其出品销售之区域言之，可分为土丝（即驶门丝或内销丝）缫制工业，及洋庄丝缫制工业；若就其组织与经营方面言之，则可分为（1）手绲，（2）踩绲，及（3）丝偈。手绲历史最长，其起源已不易稽考；丝偈次之，约有六十年之历史；踩绲则发明在丝偈之后，惟其历史却比丝偈相差不远。今丝偈与踩绲仍然盛行，但手绲则已因效率不著，及踩绲兴盛，已为时代所摒弃矣。兹为明了手绲，踩绲，及丝偈之异同起见，特分述如后。

第一节　手绲

手绲为顺属最原始之缫丝法，其组织与经营，均甚简陋。在昔手绲行于县属之水藤，碧江，及两龙等处。操手绲之业者，多属年老妇人，在家庭自备此种缫丝器具一副，其所用茧料之来源，或为自己看蚕所得者，或由别家蚕农购来者，或由茧市或二茧市买得者；每位手绲，每日可出丝二两左右，效率甚微。此种土丝多半系将往墟市求售，或直接售与织户，或为别人定缫者，至留为自己织造之用，间亦有之。故此种手绲，为纯粹之家庭式手工业也。

此种缫丝器具及其运用方法，大概如此：此种缫丝器具，极为简单，每座包括一大木籰（俗称绲花），径长三尺二寸，圆长九尺二寸，木籰置架上，离地约八寸，旁置小泥炉一座，上有瓦盎，满载热水，边设一竹辘（俗称卷辘），阔二寸四分，径长三寸二分。缫丝时将茧在瓦盎煮软，觅得其丝口，在椰壳制成之小钱眼穿过，卷于竹辘之上，继系之于木籰，以手旋转而缫之，木籰缫丝之络交，纯以手法为之。此种手绲，曾有改良络交，木籰前设横衡，横衡之前端，有数铁枝，接于小铲辘，铲辘系有绳一条，与木籰之轴相连，当木籰转运之时，横衡亦随之左右往来，以定丝绪之络交。操手绲者坐于小竹椅上，右手执竹箸一对以缫茧，左手运用木籰以缫丝。

凡属手绲者，多半购用劣茧，煮茧之水，污浊不堪，缫成之丝，亦污浊异常，丝条之粗幼度数，绝无衡则，丝径约在廿五至三十嗹吧。多销流于内地为织造纱绸之用，每束重约五两，每两约银六毛至一元，仍以市情及丝质优劣为定。

第二节 踩緪

踩緪之缫丝法比手緪较为进步，其组织与经营亦较为复什。顺属各地（四区除外，因四区不是蚕村，农人多种果木）均有踩緪分布，各时踩緪开工之多少，常视茧价之贵贱及土丝价之高低而异，若茧价贱及土丝价昂则经营踩緪者必多，否则则反是。

踩緪之组织和经营约有三种方式，一为家庭式手工业，一为工场式手工业，及一为炉仔，亦为工场式手工业之一类。

经营家庭式之踩緪者，系自备踩緪一座，或数座，视工作之人多少而定；或自己缫，或雇人缫，被雇亦有同时将自己备之踩緪带来者。工作地点，多半系在家庭中，间亦有利用祠堂庙宇或市建小棚厂者亦有之。缫丝所用之茧料，或由自己看蚕得来者，或向别家蚕农或茧市，或贩家购来者，均无一定。所缫出之丝，其脱售方法，与上述手緪相同。

踩緪工场每家约有十至三四十位不等，场内一切资本及设备，均由场主筹措，緪丝女工，均为雇佣而已。其所用茧料，或聚合数家开设一茧栈收买，或在门口向蚕农或贩家收买，或到茧市收买。其出品则多半在土丝市求售，售与织户织造纱绸之用。

炉仔规模又较大，普通每家有三四十至一百位不等，均集中于县属之桂洲。其组织与营业性质，与踩緪工场相仿佛。踩緪工场与炉仔间亦有缫制洋庄丝脱销于外洋者。

家庭及工场踩緪器具之构造，包括木桌一具，高约二尺，丁方约一尺六寸，上开一圆孔，以安置白铁盘一面，其径长九寸，深约三寸，白铁盘之下，有泥炉一座，木桌之前，设有玛瑙钱眼孔一对，高距白铁盘可三寸，铁盘之上，置一木架，高可一尺八寸，架顶之横木，安设丝钟一具，并下垂铜条一对，彼此距离约三寸半，铜条之下端，镶以玻璃钩，如新月形，与白铁盘高低距离约一尺六尺〔寸〕，木桌之后，相隔约一尺二寸处，复有木架一具，丁方约一尺二寸，架之前面，高可五尺七寸，架之后面，高可五尺，设一木箎，用一尺六寸长之方木，交叉加十字形，该木箎周围四尺八寸，其右设一湾轴，有粗棉绳一条垂下，系一长方板下端贴地，木桌与木架之间，为缫丝者坐位，业踩緪者皆为妇人，以右足踏地之板，用力踏之，则木箎转运自如以缫丝矣。木箎之前，横设竹片，俗名丝摆，长四寸半，阔三寸，竹片之前，有玻璃管二枝下垂，以铁线紧系之，横竹片之左端，有小铲辘，配以绳带一条，与缫丝木箎之左轴相接，当木箎转运，横木片亦随之转运，以定缫丝之络交。木桌白铁盘之下，设有燃炭泥炉，以蒸铁盘之水，蚕茧放入盘中，频频以棕扫扫之，约数分钟之久，随用竹箸夹起浮丝，频频抽之，俟得正绪乃挂之木架，盘内常储蚕茧，以便随时添绪，然后集茧成丝二缕，约合十颗至二十颗成一丝缕（视缫丝之粗幼而定），穿过盘上之玛瑙孔，复将两条丝绪，对卷挂于丝钟垂下之转钩，以手摇其转括，每转一次为一百卷，俟钟打响之后取出，伸长其丝，分挂于前面左右如新月形之玻璃钩，以手按定下造之丝，再将丝缕如法挂于丝钟钩上，摇至钟打一响，取出丝缕，经过丝摆，挂于玻璃管两旁，系于背后之木篓，任其旋转而缫之，每卷长约五六寸，任缫丝之人定之。

炉仔所用之踩缫器，如上相同，所异者只炉仔系全蒸汽水管代替小泥炉煮茧而已。踩缫工场之炉仔之踩位，系排列成行，如丝偈焉。

踩缫所用之茧料，多非最上等之货色，故白铁盘之水，如手缫者焉，常污浊不堪，缫出之丝亦粗而不齐，色又不深，故多半只可销流于内地，以供织造纱绸之用而已。

第三节　丝偈

顺属丝偈，散布于五，一，及十各区；初期则以五区为最盛，俟后则以一区之大良为最盛，近年则以十区之容桂为最盛，以其地交通便利，为蚕茧交易之中心区也。然五区则因传统关系，现下丝偈之数目，如各处焉，虽远非昔比，惟亦有可观焉。丝偈因为工业经营之一类，其所在地必为女工，原料，用水及燃料，供给之丰富，及运输便利者也。

丝偈之构造，大都为一数座相连之工厂。包括铺面一座，内有厂房及账房等部，及工场数座，内分缫丝工场，括丝工场，汽炉及发动机部，贮茧，焙丝，及包装，女工宿舍等部。工场中用砖柱作□，范围以板墙或砖墙，上盖金字瓦顶，设明瓦天窗及通气烟楼，两旁安置窗门，以流通空气并透入光线。缫丝工场中之缫丝釜位，按行排列，分为若干"船"，每船即有两行对立之釜位，船与船间中隔一巷，其宽约可通过一人至两人。缫丝工场之末部则侧边，即为汽炉及机房之所在。每丝偈之缫丝釜数，由三百余至八九百位不等，而以五百左右为最普通。括丝工场亦与缫丝工场相毗连，括丝位亦系按行排列，括丝位数之多少，则视缫丝釜数而定，大约每十六个括丝位，可应括四十个缫丝位所出之丝。

顺属丝偈，或为太公之物业，或为私人团体之物业，丝商只往业主批来经营耳。其批期或为十年八年，或为三年五年，均无一定，在昔丝业兴盛时期，必为十年八年之长期批租，其租值每年一万数千元不等，今则多为短期租赁，每年租值仅数百元至二三千元而已。厂内包括一切缫丝机器及用具，此均为县属之乐从或广州制造者。

通常每一丝偈，用蒸汽大炉一个，间有用两个者，约二十四匹马力，蒸汽发动机一副，约八匹马力，括丝蒸汽发动机一副，平均计算，每一工厂女工缫丝坐位五百个，每位内安设冷热水喉，并配置"瓦釜""木缫花""铜盆板""钱眼"

"松枝帚""铁罩篱"等各一具,"玛瑙钩""竹箸"各一对;括丝机位九十个,括丝木𦈌花亦如数配足,焙丝用土制炭炉数个;扎丝部分,用卷丝机二具,木丝夹数个,铜丝钩及应用等物;至焙茧则用砖炉炽炭,惟因工作上之便利,俱建于收茧栈内。以上亦仅为制丝之重要机械而已,至其余各种次要之工具,则不能备举也。

丝偈之人事组织,原包括三个部分,一为正铺(即丝偈本身)之人事组织,茧栈之人事组织,及丝庄之人事组织。在丝偈最重要之职员为司理,在茧栈则为买手,在丝庄则为招呼银口者。司理综理丝偈之制丝及行政事宜,买手负收买茧料之责任,招呼银口者则常驻广州,负筹措资本及周转金融,与夫生丝贸易之责任,故特别重要。此三人为丝偈人事组织中之主干部分,则必最富经验,而同时又多为股东之一份也。又此三人必须有密切之合作与联系,然后丝偈之事务,始能顺利进行也。兹将丝偈全部之人事组织,及其规则,胪列如下两表①。

丝偈为合股经营者,在昔丝业兴盛时期,每丝偈之资本,恒在十余万元以上,惟近年丝偈,大都只合得资本二三万,即行开厂经营矣。丝偈需款最多者,系在原料之购置,从前丝偈采办原料,系藉银业揭备以购置,故于每年蚕造开始,丝偈多问银号揭借一笔巨款,以购茧料,至制丝后沽出得值,复馈银号,而银号之银根转流,亦每赖生丝对外贸易所得巨值而周转。银号与丝业两业之往还,向来如是,故关系非常密切。惟近年以蚕丝失利,银号因丝偈倒闭而受累者不少,因而银号对丝偈之信用已减,而现下丝偈对于金融上之周转,只有赖招呼银口者向戚友或只有密切关系之银号筹措耳。

普通在每年三月至六月间,因茧造未甚旺,丝偈购入之茧料不多,只随购随缫,不必从事贮藏,故此时所需资本不巨,约有五六万元,即足每造之转动矣;但在七月至九月间,则蚕茧正属旺造,丝偈不但大量制丝,还须多购茧料以备冬寒蚕茧收造后之用,故此时丝偈需款至多亦至急,须有资金十数万乃至二三十万元始够转动也。

缫丝工场内部,其建筑多用木料,取其经济以减轻制丝之成本也。场内分为若干段(俗称船),每段设一长桌,排列成行,每桌有两列釜位,每列有三十至五十位不等,桌边略高,前有冷水管,面开圆孔,以安置瓦制缫丝釜,旁有汽管,透入釜内,每釜相距华尺八寸,离地二尺四寸,木桌之下,有木漏槽,以便排泄釜内之水之用。缫丝之釜,其径长八寸半,深约二寸余,有平底者,有圆底者,离釜边三寸余,有铜叉下垂,叉之两尖,各钳玛瑙钱眼孔一个,彼此相距二寸半;釜之上,置一木架高可一尺八寸,又高距釜边十八寸处,垂玛瑙钩一对,釜之后,距离玛瑙钩约廿五寸,为缫丝木箴,置于另一木架之上;而木箴之上,

---

① 校按:原抄稿中未见表格。

又有汽管二条，架旁有一木筬，用以转动木筬，如欲停止木筬转动时，缫丝者须转身向后，提起其机括，以击止之。木筬之前，横设竹片（俗称丝摆），丝摆之上，有玻璃管二枝下垂，以定丝之络交，木筬每旋转一次，即络交四次，凡制美国丝者，则用径长六寸，周圆十六寸之小木筬以缫丝，然后以美国规定之括丝木筬□□，再缫之（俗称括丝）；制造法国丝者，其缫丝皆用周圆约五尺六寸之大木筬。一般丝偈缫丝场内之工作环境，非常欠佳，光线空气既不充足，缫丝釜位又非常紧逼，其制丝工程系煮茧与缫茧不分，釜内因用水较热，故蒸汽非常厉害，密布场内，其气味使人难耐，而以炎夏为尤甚。

惟括丝场内，则地方较为洁净与宽敞，光线较为充足，空气亦较流通，无蒸汽滞塞不散之弊。其构造设备，较属新款，括丝器具，亦系按排行列。木筬之丝经在缫丝场内缫成后，即携至括丝场，置于括丝机之下，将其丝绪穿过丝摆之孔，系于括丝之木筬，而重缫之，丝摆用木制成，穿以铁钩，左右往来，以定丝之错〔络〕交。通常每括丝女工，可司括丝机四五具，每日约能出丝六十束。

缫丝及括丝俱用女工，因此种工作，非常精细，而操此种工作者，又须有耐性，故非用女工不行。各丝厂之女工，多来自丝厂所在地，而来自附近乡村及南海西樵九江大同等地者为数亦不少，故各丝厂均有女工宿舍之设备，以为远地女工寄宿之用。缫丝女工之培养，并无经过特殊之教育或训练，多半只系随其姊妹或戚友之在丝厂工作者到丝厂学习缫丝，故为一种"学徒制"，缫丝工系易识难精，学习缫丝，数日即行，但要烂熟，工夫精细，则须数年，尚且须看其人之聪明能力如何也。通常每人每日可缫丝六两至十两不等，视个人之工夫则缫丝之粗幼而定。

制丝工程，约可分为下述各步骤：

第一，润茧。缫丝之先，须行润茧。舒解之难易，视其润茧之得法与否，故润茧甚属重要。润茧之旨，在溶软丝胶合度，以便纾解，避免水结过多，丝绪频断之虞，若润茧不足，丝胶不溶，茧常随丝扯起，高至玛瑙钱眼孔，润茧过度，则令茧身太重，致下沉盘底，二者均非所宜，皆有增加虚耗之量，及丝绪频断之弊。惟润茧无定例，全视茧之情形而定也。茧经久贮者，可无施行润茧之必要，即需之亦为时不久，便可用以缫丝；蚕茧由箔钳下，其未经用火焙过者，亦可无须施行润茧，即可缫丝，其丝质视焙过之茧为佳，惟丝偈向不用来焙过之茧，以作缫丝。茧经□焙者，可盛以席包，贮于冷涩之处，约数日，缫丝时，亦无须施行润茧，润茧者尤须注意茧之造别及气候，以定润茧需时之久暂。润茧之法，如逢头二三造之茧，斯时气候温湿，可用热水洒于地上□砖（若天气极湿者可毋须施满热水），丝热水蒸发极速，湿润蚕茧甚快，然后倒茧于该湿地之上，积约高一尺厚，用木桨反复搅转，每日二次，如是者约两日之后，即将茧堆起，使茧内之蛹，自行蒸熟，十二小时后，转盛之以席包，复经十二小时之后，即可以缫丝矣。若天气渐旱，则润茧之法略异，需时较久，铺茧于地上，而搅转之，约三四日，堆起使之蒸熟约二日，然后盛之以席包，又再二日，斯时蚕茧，须覆以草席。及至缫第五六七造之茧时，天气尤旱，润茧又有一法，离塘二尺，高建一竹棚，铺以竹篮，倒茧于其上，塘水湿气上升，蚕茧收吸之，遂变□为较润可缫矣。

第二，煮茧。大约每晨五时，丝厂必须燃火煮炉，预备蒸汽，所有缫丝瓦釜，满注热水，每缫丝釜，分派蚕茧一小箩，约十两左右，每箩茧可缫得丝一扎，约二两左右，平均每缫丝者，每日可缫干茧三箩至五箩，得丝六两至十两不等。缫丝者每日须将所有自己之湿茧缫完，方可辍工，其余干茧，可俟诸翌日。所谓湿茧者，即缫丝前所煮过之茧也。盖一般丝偈缫丝之法，系由每个缫丝女工，从其小箩茧中，取一撮（约二两）放于缫丝釜内煮之，煮茧湿度，虽认华氏一百六十度为合，然常有高至一百八十五乃至一百九十八度者。茧煮约数分钟，频扫之以帚，俟茧变软，丝胶溶化，乃夹起一半，挂于架上，其余一半，留于釜中，随作缫丝之用。俟煮过之茧将近用完，又再煮第二次，第三次，继续下去。

第三，缫丝。缫丝者随将留在釜中经已煮透之茧，以其右手所持之筷箸，将之拌转数次，挑起浮丝，以左手握之，频行抽动，乃得正绪，随将蚕茧之浮丝（俗称水结）去净，置之釜边。用手取得各茧绪头后，缫丝者就其所缫丝之粗幼，以定用茧之数（每丝条□茧若干个，例由厂方定之），配定丝绪两条穿过釜上玛瑙二钱眼孔，挂于架上缴钟之钩，转其机括，至钟打一响，为一百缴，然后取出，分挂于木架下垂之玛瑙钩，再系于缴钟之钩，转其机括，至钟打一响或一百缴，取出穿过丝摆，系于木筶。丝缴之设，原以缫丝之时，两条丝绪，彼此揉挪，使其牢结，成一强韧丝缕，兼可令丝径作圆形，故丝缴之长短，其关系于丝质者亦甚大也。惟丝厂往往忽略之，当丝价高昂，定货繁多，厂方为迅速起货计，每将丝缴打短，丝质之优劣，非其所计较耳。

顺属（乃至粤省）丝厂，俱用双撚式缫丝法，惟江浙及日本之丝厂，近年均已改用单撚式缫丝法，此法每缫丝者，能多缫丝头数条，可省工，产丝多，成本较轻，且其丝微异长，丝缕坚韧，政府曾提倡之，惟丝厂方面，多谓此法不适于用，因粤省茧质，与他处茧质不同，并作单撚货色，甚难脱售，且亦不能使得若何高价，故数年前若干厂号虽曾经试用单撚法，但今又已全改回用双撚法矣。

丝厂之蚕茧，因在缫丝釜内举行，并不分开，其弊端甚多：（一）软化病茧，营结薄茧，常半途毙死茧中，蚕变腐烂，此项污劣之茧，易致釜内之水，转为污黑之色；（二）蚕茧浮丝，常有蚕粪黏附，极易溶化水中而致污；（三）薄茧极多断绪，当缫丝时各种污物断绪，满布水中，是以粤丝种种不良之缺点，多由此所致也。

第四，纤度检查。缫出之丝，须经过纤度之检，即由厂方之噴吔检查工人，利用检查器具，试验缫丝女工所缫出之丝，是否与规定须制之丝条之粗幼相符也。其检验之法，将缫丝者缫出之丝束，挂于机房而干之，然后以检噴器及丝秤秤之。但普通每厂只有噴吔检查一副，而缫丝工人辄达四五百以上，若□同时一一检查，势所不能，故每日只随便抽出检查，或察见某女工所缫之丝似不合噴吔时，然后检查之。

噴吔之多少，与搅茧之多少至有关系，通常缫制二十，廿二噴吔之丝，须搅茧十至十三个为合，即以十至十三个茧之丝绪，搅合而成一条二十至廿二噴吔之丝条也。搅茧过少则丝条过幼，起丝亦少；搅茧过多则丝条过粗，起丝亦多，过粗过幼均非所宜，必须依规定之噴吔造出，始合买方之用也。惟缫丝者间或搅茧不小心每致丝条粗幼不齐，间或因欲起丝较多，表示工作迅速，图得较高之工资，而多搅茧，使丝条过粗，厂方为求缫丝工人工作之标准化起，不得不从事于噴吔之检查也。

大约缫丝之粗幼与配茧之数目，其比例如下：

（噴吔）十一——十三　一三——一五　一四——一六　二〇—廿二　廿二—廿四
（茧数）六—七　　　　七—八　　　　八—九　　　　一〇——三　一三——四

惟茧丝纤度，并无从头至尾粗幼如一者，故配茧数目，续次增加，须酌量定之，其数目大概如下：

（噴吔）　　　一三——一五　一四——一六　二十—廿二
（初缫之茧）　六颗　　　　　七颗　　　　　十一颗
（半缫之茧）　七颗　　　　　八颗　　　　　十二颗

以上不过大概言之耳，配茧数目，尚视其茧之造数而别，盖其纤度粗幼不同，兹列如下：

（造次）	头造	二造	三造	四造	五造	六造	七造	八造
（每径丝径）（以噴吔计）	二．二	一．八	一．九	一．九	一．九五	二．〇	一．八五	一．八

粤茧纤度，最高为二．四噴吔，最幼为一．七五噴吔。是故缫丝须先行检验其纤度之粗幼，方可定配茧之数目，兹将试验纤度粗幼之程序，述之如下：

检验纤度之法，将茧煮之，去其浮丝，譬如每条丝若用茧六颗，则该丝自始至终，不离此数，不可增减，茧煮透后，用茧十二颗，分别二堆，每堆六颗，将其已绪穿过钱眼孔，经玛瑙钩，系于检尺器（俗称检噴器），转动而缫其丝，如缫茧丝将□尽现透明时，宜即行添茧，继续转动至四百次，取出再用茧如法重复缫丝二条，合前共有四条，置近火炉干之，用检衡（俗称噴吔秤）秤之。查丝四条，用茧之数为二十四颗，如四丝重量，为四十八噸咃，则平均每茧丝缕为二噸咃。若用缫十四十六噸咃者，则缫丝用茧之数为七颗半，惟半缫之茧，其纤度比初缫之茧略小○四噸咃，故用茧颗数推算如下：十四至十六噸咃，用初缫之茧四颗，每茧有二噸咃，计有八噸咃；半缫之茧四颗，每茧有一．六噸咃，计有六．四噸咃。合计有十四．四噸咃。如全用初缫之茧，七颗便足，缘其纤度稍粗，其重量虽微有不及，然犹较过重为愈也，纤度经检后，各缫丝者，均须依此规定之数行也。

配茧颗数，虽经规定之例而行，但常有数茧同时断绪，而须迅速增添者，有茧丝劣弱，骤然中断者，有润茧不合而致丝绪常断者，以上种种，皆由疏忽，而致丝之纤度，粗幼不齐，彼乃粤丝最大之缺点，为外国丝商所深恶者也。

考活氏以为：粤丝纤度，如是不齐，因有他因存焉。缘粤蚕多为微软子病，软化病，□病所侵，所结之蚕，质劣而薄，纤度不齐，丝绪弱而易断，且稀薄之茧，极易受水渗入，而堕于釜底，丝胶大溶，缫丝时丝绪重复而上，成节而断，是故改茧质，为改良生丝之根本办法也。

（氏著同上书页一二四）

第五，括丝。木筬之丝緪在缫丝场内缫成后，即携至括丝场，置于括丝机之下，将其丝绪穿过丝摆之孔，系于括丝之木筬，而重缫之，使各丝束大小齐一，并除去其黏附之丝绪之碎屑，以利织造家之用，且可检工。查每括丝木筬，可括丝四条，每括丝者，可司木筬四具，计有丝绪十六条。

第六，包装。丝緪括后，即有缝工就□以线缝之，每束丝约缝四度，此举可免丝之络交零乱，庶将来易于舒解，缝后烘之于火炉。此炉之构造，以宽约四尺余长八尺之高木架，置炭炉于其下烘之，其温度高达华氏百度；前垂帆布幕，以防热汽外散，烘约半时许，取出冷之，约十分钟之久，然后解其木筬，将丝束秤之，逐一书其重量，随缴亦叠齐，缚之白带，装包成捆，每捆重量，以八斤为限。每捆丝束之数，原无一定，视其丝束大小轻重而异。普通每捆丝有五十子丝束，即每子丝束，重约二两余。每捆均有商标为记，捆毕，裹以软白布运之广州各该厂之代理丝庄，以便与沙面之华行洋行交易，售诸外商，以为织造厂之用。

至丝偈之管理，各丝偈均有成交之规则，或不成文之习惯，以资遵守，此种规则与习惯，各厂不外大同小异，惟以格于情面及实际上之困难，各丝偈鲜能澈底执行者。兹选择几份比较完备之规则，分录于后，以供参考。计开

一、全厂规则（以容奇宝昌丝厂为例）
二、缫丝场规则（以大良利华丝厂为例）
三、括丝场规则（以大良兴华丝厂为例）

丝场规则1（緪丝场）

本号所定规则例在必行，各女工务要遵守，不得论及前时与及较别家做作，

如有不遵规则者，请往别处做工，先此声明，以免后论。

议　女工到来缫丝，必要依照规则，受管工指挥，方可埋位做工。

议　埋位之时不得交头接耳，企立喧哗，打较照管工指挥，开足热水汽方可打茧，埋棍后执棍挂起，分清双单口，较匀水色，要摇匀厚薄茧，乃可上缫，如违扣银。

议　如有水结随时挂起，不得埋在船面，如违扣银。

议　嗊吔务要做合，如日中开丝，或开隔日丝，倘若开出过粗或过幼者定必照章扣罚。

议　日中缫丝，如有擘较车钱眼落玻璃筒乱杭搭角，过河丝等，定要自己车看出来，如违照章扣银。

议　丝茧水结蚕虫及各样物件，乃东家之物，各女工不得偷窃，如敢故犯，一经查出，定将上下季工银扣清，并扣由丝巷逐出，永不复用。

丝场规则 2

议　如有女工间或形迹可疑者，立命派茧婆搜身，倘搜赃不获则封回利是银一毫，以昭公平，不得藉端勒索。

议　女工工夫优劣，各有不同，论工奖赏，人工季季或加或减，不得以上季为论。

议　满季关工，如遇伙伴稀少，阻迟三几日亦有，不得藉口嘈吵。

议　女工缫丝，一概不设半工亦不准先出。

议　女工做工，如有联群挟制，一经查出，定将工银扣清，永不复用。

议　日中早晚放工，必要□起茧口，□清盆底，执清沉底茧，洗位三轮钟，乃可开位，如违扣银。

议　如有欠色丝水冻水浊□擘较，单钱眼搭伯拧口丝身花烂梗泡多扣坏茧等，如违扣银。

议　女工到来本厂做工，遇有意外之事，各安天命。

丝场规则 3

以上规则，大概略列，未尽善者，随时加增。

中华民国二十六年三月吉日利华丝厂主

注：此厂系在大良北关，乃于去年由容奇迁来者，车位共五百余，开全工，日用茧二千多元。

又此规则乃系该场之缫丝场部分者，其括丝场部分系另有规则一份，与大良兴华丝厂者相同，不赘于此。

括丝场规则 1（括丝场）

兹将本厂规则列下：

议　各女工到本号括丝及勒线人等必要遵守规则，勤慎做工，倘有不遵照规则者议罚。

议　括场内各女工如工夫懒慢，不遵约束者，立即开除，决不徇情。

议　执口女工虽管位各有号数，倘有续口不暇，仍要互相帮理，不得坚执而分畛域。

议　各女工括丝，必要记真各号竹筹仔，分办清楚，不得将甲作乙，苟且了事，如违每次罚银一毛。

议　括丝勒线不得自由行动，如有紧事暂行片时，必要报知括场管工认可方准行开，如未报知管工或未认可者私自行开，每次罚银二毛。

议　括丝及勒线女工不得交头接耳，喧哗异常及唱歌叹曲，不论细声大声，实有名誉攸关，于括场工程有碍，如违每次罚银二毛。

议　括丝各女工不得擅自起丝，遇有迷口，或阻碍寻口不着必要向管工声明，擅自起丝每次罚银二毛。

括丝场规则 2

议　括丝未脱大緪者不得预早润湿，緪仔之丝及湿淰过底或湿过角防有霎坏丝色之弊，如违罚银一毛。

议　各女工括丝及勒线人等如有偷取丝仔及大小物件者，一经查觉将该工银多少尽行扣清。

议　如有丝条粗幼不匀以致断续多，隐而不报者罚银二毛。

议　各女工括丝或有不觉括擘较上大緪者，必要声明，如不声明，一经查觉，每次罚银五毛。

议　括丝不得用师仔替手，自行开位闲谈，如违每次罚银二毛。

议　括丝各女工必要留心顾务，如有整断丝口，每条罚银一毛。

议　括丝必要寻正丝口，不得不过河丝条，如有断弊每条罚银一毛。

议　括丝续口必要咬齐，如有咬长，罚银一毛。

议　各括丝女工不得将大小緪花及大小物件任意糟挞至有毁烂等弊，如违罚银五毛。

议　緪丝不得拧口搭角，如违一经查觉，每条罚银二毛。

括丝场规则 3

议　括丝后脱大緪有落角丝者每条罚银一毛。

议　勒线女工所过杬机结等，必须细心而做，切勿大概〔概〕草率，以免勾断丝条，如或无意中整断要即报知，按轻重罚，倘由管工查出，有断口每度罚银三分六厘。

议　勒线女工各有字码分别，倘有不做丝口，每次罚银三分六厘，或□勒线仔，每次罚银三分六厘，如得暇时帮理括丝。

议　勒线见有大纩必要报知管工分办，如隐瞒而不报者，罚银一毛。

议　勒线见有断口不报明作勒线论，每条罚银一毛。

议　括丝场地沙婆管理各位换緪打扫地方等件，出入必须提防撞断丝条并于早晚开闭四便窗门兼理茶水等件。

以上各条件例在执行，幸毋尝试，各宜自重，倘有未尽事件，随时附录。

（注：该厂綑丝场规则乃用口述，并无□出；又该厂原名公和祥，今年租出，名兴华，□□丝五百。）本丝厂披露。

第五章　顺德缫丝工业之组织及经营（Ⅲ）
关于出品之脱销——丝市与丝庄

第一节　丝市

现下顺德丝市，计有十三四间，分布于水藤、沙滘、乐从、龙江、勒流、杏坛、马齐、容奇、桂洲、伦教、羊额，及桑麻各地。

丝市之组织，多由各该地方因土丝之出产繁盛而设，以为土丝交易之中心场所，并多以团体公款，与太公祖尝以为建设之资。亦有将旧有社学书院，略加改建充当者，招商批投，以一二年为一期，或三四年为一期不等。

丝市十天三集，是在产地织品市停市之后，然后集市，无非为便利织户卖于织品，再来买丝起见。盖土丝多作为本地织造纱绸等之用，故在丝市之买方，多半为织户，至卖方则当然多半为经营土丝制造家。丝市实际交易之时间，每市只有两句多钟而已。

丝市之人事组织，普通设司账，秤手（俗名丝中），什工，巡行四职，职工四人，但因贸易之大小盛衰而有增减。丝的买卖，都经过"丝中"（中人）的手，"丝中"负衡重，收数，或其他之责任，每百元抽回佣金若干作酬报，佣金由买卖两方负担。

卖买者均依圩期到市，自由依货之良否而议价交易，议价既妥，即交该市之丝中代秤其重量，计算其值，然后由卖家将丝交市存放，由市发回价单，待至散市，卖家则携价单向买丝人取值，买家给值后，持单向司账处给佣取丝，交易遂告完竣。

兹将民廿五年广东全省蚕丝业调查委员会所整理之各丝市概况表，介绍如后，以供参考。（见罗英才《广东丝织手工业概况调查报告》，《广东蚕声》三卷，三四期合刊，页二十）

第二节　丝庄及其他洋庄丝贸易机关

至生丝对外贸易机关，其主要者有（1）丝庄，（2）华行，（3）洋行；其辅助者有（1）生丝检查所（现改称经济部广州商品检验局蚕丝检查组），丝业研究所，出口洋庄丝商同业公会，及中西丝商会等，均在广州。

丝庄为代理性质，故亦名曰代装，与丝厂表里相关，其组织法先由丝厂驻省之司理人（入银者），联合数厂，集资约二三万元，代理各丝厂银口之往来，及缴纳税饷，料理各厂生丝之交收，复雇一卖手专代各丝厂卖丝与各洋行，在丝价内每千元收回佣银八元，惟近年此种扣拥制度多已取消，卖手只领薪俸而已。每一丝庄，既皆与数丝厂有连带关系，是以丝厂倒闭，有关之丝庄亦受其累者。况且丝庄亦多数有附股于丝厂者，故二者之盛衰增减，往往同一命运也。查民26年全省共有丝厂三十八间（顺德占二十七间），丝庄十一间，兹将丝庄之字号列后（均集中于广州市之西后街，西兴街，及新兴街各处）：

邝裔卿、道生、广泰隆、协成、顺安、德纶、公兴纶、鸿发祥、天生昌、裕诚。

丝庄贩卖生丝之方法，系（1）先由其卖手（俗称孖毡）送样本交洋行看货，（2）洋行看货后，按照其品质之优劣议价，（3）如双方合意，即订成交，（4）成交后，定期交货，同时须受初步之检验，如有不合格之处，洋行可以割价取偿，或取销合约，如洋行一时未能检验清楚，运达外洋买家，须再经最后一度之检验，如最后检验不合格，卖主仍须负责割价赔偿，方算交易清楚。

综上所述，丝庄吃亏甚多，但因缺乏直接对外输出之力，迫得委曲求全，其中间有不肖之孖毡，串同外商操纵丝价以自肥，致令生丝贸易，无法上进，故有急待改进之必要也。

关于贸易机关之组织，丝庄以外，尚有出口商者。出口商内有洋行，华行之分别，依廿六年之调查，洋行计有十所：

宝昌，时昌，信孚，三井，秉石，泰和，同和，滑心，的近，及德和洋行。

华行计有廿九所：

协成，兴利，鸿发祥，公兴纶，广丰公司，广泰隆，利昌，利和祥，南纶，兆经纶，信昌，顺安，慎泰和记，新华，大兴，德纶，德华兴，邝裔卿，天祥，天生昌，道生，同生泰，黄友记，仁盛，英纶，裕隆，兴记，裕盛及裕泰祥。

查华行间数虽多，惟输出量甚少，仅得洋行三分之一耳，故广东生丝出口，尚为外人所操纵也。

各洋行向来掌握粤丝输出事业之权威，其贸易方法，研究有素，自必十分周密，惟各行所抱宗旨，各有差异，如日籍之三井洋行，购买粤丝，则富有政治作用，平时专贵买贱卖，以捣乱本省丝业为目的，年中亏损，自有其政府补助，只以近年因抗日风潮，已停止交易矣。其余如英美籍之时昌洋行，泰和洋行，的近洋行等，法籍之信孚洋行，瑞士籍之同和洋行等，或本国丝织厂，及国家委托买货，或代本国生丝输入商采办，或自己办买，寄往欧美推销，或附带办买，作为副业，各家性质不同，策略互异，彼等营业方针，虽各走一端，惟大都有本国领事为之输通消息，航业公司为之料理转运，保险公司为之担保损失，驻外代理为之招徕主顾，本国银行为之通融资金，彼等既有完备之贸易方法，复有无数本国辅助机关，襄理其事，无怪乎洋行之能永远操纵本省生丝对外贸易之权也。至本省外国银行为辅助各洋行贸易上资金之通融者，有英商上海汇丰银行、揸打银行，美商万国宝通银行，法商东方汇理银行，德商德华银行，以上之外国银行，亦有办理丝庄生丝按押业务，惟其利率颇高，至迩来广东省银行举办茧丝借贷，各外国银行则为招徕生意，故已纷纷将利率减为六七厘矣。

各洋行办买生丝贸易手续，大约如下列：

甲　买入手续

（1）看货，（2）议价，（3）成交，（4）交易，（5）检验（现在我国已有生丝检查所之设立，检验工作已归还该所办理矣）。

乙　输出手续

（1）保险，（2）签证，（3）付船，（4）银行据单取款。

上述手续办妥后，生丝到达买家所在地，如何起货，及检验，则由买家自理，此洋行贸易法之普通情形也。

至于华行之贸易方法，生丝之直接由华行输出者，以永泰隆为破题兑第一遭，其对于贸易方法，虽不及洋行之周密完备，但能深谋远虑，刻苦耐劳，派员欧美接洽生意，开辟粤丝直接对外贸易之门路，打破洋行垄断粤丝之政策，丰功伟绩，洵不可没，此后继起者有民生、协和、兴祥等行，彼等虽能达到直接贸易之目的，惟大都未明国际商业手续，轻信驻外代理，贪多务得，肆意滥做，兼之本国对外贸易之补助机关，如外航公司，保险公司，汇兑银行等，均付阙如，处处不得不借外人代办，无形中迭受剥削侵蚀之损失，率至纷纷崩溃，能存在者寥寥无几。近年欧美丝销呆滞，华行益觉无力支持耳。至华行贸易手续，与洋行相差不远，兹不赘述，不过华行在国外市场，势孤力寡，难与洋行互相争雄也。

顺德蚕丝诗歌什编

顺德蚕丝诗歌集

目　次

国历二十四气节蚕事歌	周子泉	一——一
蚕桑竹枝词	胡淑宜	二—四
顺德蚕桑歌	李辑兴	五—七
蚕妇	周子防	八—八
顺邑农村竹枝词	蔡逸庄	九—一〇
顺德杂诗二十四首之一		十一—十二
凤城缫丝女竹枝词四首（凤城即大良）	罗豫潼	十二—十二
凤城缫丝女竹枝词	龙式文	十三—十三
缫丝（右调忆江南）	龙式文	十三—十三
顺德蚕丝感言	张柏坚	十四—十四
蚕桑即事五首	江孔殷	十五—十七
奉和江太史霞公蚕桑即事诗五首	叶颖林	十八—二〇
奉和江史霞公蚕桑事五首	周明德	二一—二二
耕田佬	竹束	二三—二五
歌谣九则		二六—二八
缫丝女自叹		二九—三四

国历二十四气节蚕事歌
周子泉

一月小寒兼大寒，干塘壅桑要提早。
二月立春雨水节，转眼又到桑花造。
三月惊蛰又春分，头造蚕蚁纷纷扫。
四月清明谷雨间，卖丝换米意兴豪。
五月立夏望小满，二造要防寒湿多。
六月芒种夏至临，三造肥施随除草。
七月小暑迎大暑，四造留种同割稻。
八月立秋处暑到，五造最怕西风燥。

九月白露又秋分，六造天凉养蚕好。
十月寒露霜降后，寒造家家收成高。
立冬小雪冬青造，桑田间作免荒芜。
转眼大雪冬至过，刈完桑株醉屠苏。

录自《广东蚕声》二卷五期

蚕桑竹枝词

胡淑宜

正月先看地母经。耕农信守作模型。
桑兮蚕育征时候。村老谈来验且灵。
二月春和初发育。蛾交蛹化一般同。
侈谈恋爱君须记。笑煞双双可怜虫。
三月头造遗传种。篱内蠕蠕出世时。
一起一眠浑不定。清明时节卖新丝。
四月二造更速成。二眠二起望天晴。
生灵百万环求哺。静听篱边食叶声。
五月三造正堪期。三起三眠箔上黐。
亏汝经纶生满腹。一朝缠缚为情痴。
六月四造总相同。茧摘纷纷煮镬中。
若使吾民身化蛹。重抽重剥岂云公。
七月五造是平分。茧市开收客似云。
万缕千条新试口。杼机纺织锦回纹。
八月六造入秋天。征逐忘看月色娟。
侬去采桑郎扫箔。做工男女要半权。
九月之中寒造尾。名称同唤望冬青。
不须密室勤看护。廖〔寥〕落零丁若晓星。
十月十号双十日。人民庆祝四海一。
蚕丝失败应改良。政府宏开陈列室。
十一月内采桑花。采得桑花便返家。
密室储藏勤保护。好留美种待春华。
十二月令工皆罢。一年六造叹劳辛。
正欣岁稔多娱乐。酾酒烹羊祀社神。
劝农寄意附诗筒。拟仿豳风并采风。
俚语俗讴齐谱入。谩嗤我学自鸣虫。
看罢提灯有所思。归来学写竹枝词。

恨无一管江郎笔。描尽农情付有司。
录自《顺德县第一次蚕丝展览会纪念刊》

顺德蚕桑歌
李辑兴

凤城郊外遍桑麻。农夫蚕妇溯家家。
西家农夫荡朝雾。东家蚕妇冒烟露。
东家人与西家连。朝雾烟露年复年。
青筐绿笡共一肩。时而披星兼戴月。
时而越陌又蹊田。戴月蹊田风露冷。
采桑饲蚕造造忙。蓬飘日日悲萍梗。
缫丝卖茧养爷娘。儿童牵袄乞羔饼。
得失丰荒望大造。血本亏耗心烦恼。
时时望岁眼欲穿。不觉尘中双鬓皓。
双鬓皓时人又老。请君听我蚕桑歌。

歌　　一
头造蚕桑桑叶鲜。春蚕多病可人怜。
春情不耐春风冷。吹尽桑丝断复连。

歌　　二
二造蚕桑桑叶齐。蚕丝积市价钱低。
嗷嗷八口资蓄事。血本无归泪暗啼。

歌　　三
三造蚕桑桑叶香。黄蚕丝盛成登场。
囊中丰裕娱妻子。弟妹欢腾兴倍长。

歌　　四
四造蚕桑桑叶浓。蚕夫蚕妇各匆匆。
墟期昨日丝商到。闻道新丝价最丰。

歌　　五
五造蚕桑桑叶华。蚕檿留种自邻家。
桑林一树连根底。拗断横枝易发芽。

歌　　六
六造蚕桑桑叶稀。青丝价不及银丝。
卖钱刚足输租税。积久将来恐不资。

歌　　七
寒造蚕桑桑叶凉。嫩蚕不惯耐风霜。

采桑农去郎沾茧。携手同归趁夕阳。

歌　八

蚕桑八造已收完。情种留存过大寒。
明岁练成佳卵子。全家靠此得安餐。

录自《顺德县第一次蚕丝展览会纪念刊》

蚕　妇
周子防

月落参横欲曙天。提篮荷笠过前阡。
阿侬不惯风霜苦。无奈筐中起四眠。
分枝擘叶不辞劳。莫遣秋风入剪刀。
六造攀成新市价。可能挣得细丝缫。
绿阴深处映清波。十故闲闲缓踏歌。
四起四眠争一叶。纵今不敢贱丝罗。
织织玉指自轻移。知否筐中已作丝。
薄拶却嫌郎太懒。休教叶短误蚕儿。

录自《顺德县第一次蚕丝展览会纪念刊》

顺邑农村竹枝词
蔡逸庄

乍觉疏棂曙色光。揽衣推枕起彷徨。
携筐结侣匆匆去。各道采桑心事忙。
为爱蚕花仔细看（蚕始孵化者曰蚕花）。敢从忙里学偷闲。
待他三起三眠后（蚕经三眠后便成熟）。茧结同功满箔间。
机声轧轧共抽丝。织手缫来意自痴。
一缕情丝绾不住。阿侬心事有谁知。
羞见交蛾对影双。由来痴念总难偿。
一朝分却浑无赖（蚕蛾交一夕后便要分脱使其产卵）。不待春残命已伤。
天然物产擅蚕丝。制出绫罗颇合时。
莫道纱绸无艳色。淡妆浓抹亦相宜。
年来丝业总成空。工厂凋零处处同。
为救农民生计苦。也应改善裕金融。
冷淡生涯苦素餐。那堪丝市日摧残。
自从改业梳佣后。无复金兰送暖寒。
国民经济系农村。消长荣枯孰探源。

解决结症惟一策。蚕丝改良不须论。

录自《顺德县第一次蚕丝展览会纪念刊》

顺德杂诗二十四首之一
缫丝新制出西洋，万轴齐飞眩电光。
门外桑田青不断，大家争拜马头孃。

凤城缫丝女竹枝词四首
罗豫潼
汽笛呜呜破晓吹，联翩入厂共缫丝。
经纶均出柔荑手，彼女堪为辛者师。
苍生衣被在蚕缫，乙乙丝抽气自豪。
谩笑阿侬疏择术，宅心远大胜时髦。
花似芳容柳似腰，朝朝直上伏波桥。
缫丝念切倥偬去，伴约东邻慰寂寥。
侬今家住小松溪，工厂归来日照西。
缫出素丝丝入扣，灵台一点彻灵犀。

录自《顺德县第一次蚕丝展览会纪念刊》

凤城缫丝女竹枝词
龙式文
自梳还异自由雌，教入迷夫意念奇。
三五成群声粥粥，论交手帕结相知。
浪蝶寻芳邂逅逢，秋波偶送寄情浓。
生涯岂是操神女，枉梦巫山十二峰。

缫丝（右调忆江南）
红日上，返厂共缫丝，机杼成家同剥茧，绿窗贫女好生涯，努力正当时。

录自《顺德县第一次蚕丝展览会纪念刊》

顺德蚕丝感言
张柏坚
柔青一片满筐春。蚕事方忙倍苦辛。
瞥眼功成称锦绣。千般利薄在丝纶。
只绿泥守宫缫旧。不同改良科学新。

衰落自知今已矣。那时贸易胜东邻。

录自《顺德县第一次蚕丝展览会纪念刊》

蚕桑即事五首
江孔殷

其　　一

故事男耕逮妇蚕。桑田肥叶碧于蓝。

凤山缫与樵山织。不定湖丝胜岭南。

容桂丝偈与西樵机房，向称繁盛，故吾粤蚕桑亦以南顺为最，今则一落千丈，大有岌岌不可终日之势，复兴计划，当道所不能视为缓图者。

其　　二

养蚕天气视风晴。茧质中还判重轻。

制造碧交良种子。争销不怕岛夷倾。

以前养蚕全视天气，茧量辉重绝不讲求，自广东蚕丝改良局发明以粤土种，与北方碧连蚕种混合交配，名为碧交，自是茧量可匹倭蚕。

其　　三

缫茧宜师简驭繁。机工无害手工存。

参透循环新理化。神仙续命不须幡。

近世科学缫丝，人机并用，可绾多头，至于人造丝，纯乎入于化矣，神仙传用五色丝作续命幡，不值识者则一哂。

其　　四

人师难得童能说。机械今宜变化勤。

嫘者有灵能论智。冰丝为赠沈休文。

《汉书》童子魏照求郭泰用，曰，经师易获，人师难遇，欲以素丝求染，尚已。宋诸葛阐上书论蚕桑，则谓机械当居不变之勤。与今日学说正反。

其　　五

平生衣被苍生志。卧箔怜他作茧忙。

等是春蚕丝未尽。华严弹指又成桑。

甲戌河鼓在天，蚕丝局二次纪念嫘祖开蚕丝展览会于净慧公园民泉教育馆中，暑病未瘳，勉成截句五首，应征，不复计写作之工拙事。兰齐七十老人江孔殷。

录自《广东蚕声》一卷四期

奉和江太史霞公蚕桑即事诗五首

叶颖林

其　　一

凤城处处尽看蚕。桑叶飘青水漾蓝。

简箔横斜桥上下。草寮溪北又溪南。

顺邑蚕农称养蚕曰看蚕，蚕桑地域多四水六基，寮舍毗连如栉。

其　　二

五日吹风十月晴。除砂换叶力非轻。

纵然三醒三眠后。卧箔犹妨病易倾。

其　　三

茧成箝选趁墟繁。卖得榆钱换酒存。

□来又是新蚕造。忙为人间续命幡。

神仙传用五色丝作续命幡，蚕农以茧丝为续命幡，造造勤劳，辍作则数口之家，难以无饥矣。

其　　四

可怜丝价无端落。却苦鸡鸣缫纺勤。

当户不应长叹息。盛衰原定世经文。

其　　五

改良岂让东邻霸。质好何妨作茧忙。

况有实施区化导。不难沧海复成桑。

粤丝外销不畅，品质不良，日丝挽夺，实其主因，现蚕丝局有蚕丝复兴运动之举，并在顺属遍设蚕叶改良实施区，造福农民，将来定有一番建树，诚粤人之幸也。

录自《广东蚕声》一卷四期

奉和江史霞公蚕桑事五首

周明德

其　　一

到处丝罗孰养蚕。技传青慨胜于蓝。

东邻素质今挽夺。空忆系华说岭南。

其　　二

一造多方虑雨晴。全家衣食系非轻。

迩来丝价低丈千。茧市归来泪欲倾。

其　　三

五色斑斓异种繁。岭南佳品幸犹存。

碧交缫得柔丝美。赖作蚕农续命幡。
　　　其　　四
上簇出筐原不易。分枝擘叶费殷勤。
功成万国衣冠被。谁念西陵诵史文。
　　　其　　五
休将夺门悲观化。勖尔雄心竞进忙。
蚕叶何难衰复盛。一般人事等沧桑。
　　　　　　　　录自《广东蚕声》一卷四期

耕田佬

　　　竹　　束

"耕田佬！"
"耕田佬！"
也许是名贵的衔头！？
也许是轻蔑的绰号！？
农村的朋友，就领受这个礼物吧！
　＊　＊　＊
不错，他们穿的：——
鹑衣百结，前穿后补；
他们吃的：——
菜根稀粥，饥肠饿肚；
他们住的：——
穷乡僻壤，草结茅庐；
这样牛马的人生，
怪不得要受人间的欺侮！？
　＊　＊　＊
然而，他们不畏雪冷风暴，
也不畏烈日当空
胼手胝足，
终岁勤劳，
把一勺一勺的心血，
造成满田成熟的禾稻，
牵出千条万缕的丝罗，
给人类饱暖高歌！
　＊　＊　＊

消费者笑声嬉呵！
生产者泪下滂沱！
天公安排何颠倒！？

录自《广东蚕声》一卷四期

歌　谣①

一

鸡公仔，毛乌乌，大家须要做工夫，工夫真好做——女人勤织布，男人把田锄，锄田织布收成好，大家快乐笑呵呵！

二

龙眼树，晒红裙，翻翻覆覆晒不均，爷爹爱男不爱女，手拉男儿拨开女，大早知道压贱我，手拿花树我唔来，来到桥头想紧唔遇海，唔好造化阿婆送我来。

三

赌钱真下贱，无日得光鲜；卖儿兼卖女，拆屋又卖田。良亲和戚友，遇之生讨厌；改遇归正事，那怕赌鬼缠。

四

淫人妻女笑呵呵，妻女人淫意若何？若怕淫妻女报，急把淫念立消磨。

五

鸡公仔，尾湾湾，做人新妇甚艰难，早早起身都话晏，眼泪唔干入下间（厨房也），下间有个冬瓜仔，问遇老爷安人煮定蒸？老爷又话煮，安人又话蒸，蒸蒸煮煮都中安人意；大揸下盐又话淡，手甲挑盐又话咸。三朝打烂三条大木棍，四朝跪烂四条裙，爹娘接女返家去，解开怀带血淋淋。

六

唧唧复唧唧，终岁无一息。一年五六造，工夫真忙迫。把丝一缫完，织织复织织。

八

织织复织织，终年无一息。二月买新丝，一年的入息。把钱来储蓄，与哥来娶媳。

九

娶得一新媳，今日始停织。聚集我乡邻，并请各亲戚。大家一齐来，聚餐一同食。

---

① 校按：原抄稿中缺少第七则歌谣。

缫丝女自叹——鬼缀自叹
人实做恶世界又咁奸顽
男儿尚有发达（光生）
做着我地女人真正系惨
一生受困冇日风繁
梳起在家人又道啖
出嫁郎门好似入网关
至怕男人性情硬
又怕翁姑恶共蛮
生儿产女多磨难
重怕家贫不足两餐
多少拖男带女随街喊
见景生情令我闷烦
在家做女逍遥惯
况且我聪明伶俐识俭知悭
是以我从朝思想到晚
欲图清静乐安闲
拘束无人由我四散
等我学们手艺度平生
做鬼缀个宗银易赚
钱多银一日爱剩何难
后至工夫学哙人称赞
手段超群算我第一班
个阵鬼缀咁多同随得我拣
总要路近银多出入易行
出入要在行时样打扮
爱着时兴二尺几衫
茧绸揽㩦布我都嫌佢硬
第一云纱软熟更重波澜
新出㽞篮方正好挽
薄底皮鞋起步要挞跤
头发要侵多辫要大板
行友行埋算我冇弹
来回出入真正惊人眼
个的死佬在街头早晚企班

双眼不停冤鬼咁喊
多般言语口阑残
又话边个高时边一个硬枨
边个肥时边个冇肉生
边个好风情边个好俏眼
边个细手白踭边个好似画坏去□
冷耳听闻心火泛
斯时唔忿气就共佢相争
况且我地鬼綑里头口角练惯
再冇由他哙反蛮
闹佢乌龟王八全家铲
用到佢九代游刑十代坐监
用得佢眼核光光唔哙落板
汲低头脑满面羞惭
况且鬼綑肆头担得咁硬
用起事番来有佢扳
绝早去开工唔怕撞板
周围街上设晒巡栏
记得有日收工把网路扮
个的死佬群埋企满山
个的青头鬼仔随山反
把石头敲打我地有路难行
惊动人家唔过得眼
大棍担条打佢一烂餐
有个□得满身粪屎兼泥涊
同你看乜来由口舌得咁残
个阵我地同群姊妹正得登桯趔
大众回家笑一番
俟后就无人敢胆
纵然爱佛粉都系静静言啖
我地做鬼綑行情真正硬
唔使求人早晚个两餐
嫁郎好极都系心头谈
在家由得我任性纵横
逼奴番去拼正将银办

礼事白银把佢补番
我地搂髻越发欢心散
父母开亲比当系□
在家梳起唔在把年庚拣
唔怕落错人家个样紧关
一生清静随时叹
剩埋私己日后风繁
立实个样心肠无乜变反
就将此事共父母详参
爹娘爱女时常惯
任奴梳起服事亲颜
就睇过通嬴将日子去拣
择定清明三月三
到了日期将酒办
各人恭贺到门阑
个的同行姊妹真班赞
丝翅鲍鱼大担担
酒席满堂人把盏
请人歌唱共吹弹
惊动隔邻唔瞓得着眼
几日群埋高庆到五更
谢礼饮完人各散
女客回家各转还
父母系咁喜欢将女赞
话我相处朋情重遇山
自此我欢心无乜忌惮
勤工去缫茧冇日偷闲
几年日子剩得银无限
交过爹娘共我放生
他日买埋基屋兼田产
定要做个女人财主学吓山蛮
点想过得几年时运变幻
爹娘染病医极唔啱
个阵我服事双亲唔敢意慢
工夫唔做百事丢闲

真正天地得生奴咁命烂
全无兄妹独我孤单
后至爹娘病死归泉涧
个阵事事监奴要着力行
冇个亲人来睇探
感得隔离契嫣为我肩担
土工请定又买棺材板
葬埋父母更重担烦
守满七旬声都喊烂
个阵心事叠埋鬼缢做番
钱银使晒我亦唔嗟叹
指望工夫勤力赚回还
日夕火毒受埋攻到上眼
染成眼疾痛得好交关
医理半年方得顶慢
好得几成不至哙目盲
积造个的钱银使剩有限
生放遇人家总挍唔番
挞得挞时散的又散
衣裳当尽共得首饰钗环
只话缲丝又把工银赚
日用餐头要俭悭
赎番衣服兼簪棒
免得天寒捱冷难
眼目此时谁料带慢
丢淡年零手脚又生
个的鬼缢工人将我意慢
终朝无日把奴弹
话我手脚咁摩人又咁懒
丝粗续口又唔啱
做少工夫又唔好眼
唔同往日咁非凡
人工渐渐随时减
只话勉力支持捱住两餐
到步正天光佢重话晏

佢重话奴偷茧真正十分蛮
个的同行朋友真正人情淡
将奴□字眼系咁语四言三
受人恶气我实系唔经惯
点能忿得百口岩巉
做鬼䋣个样行情须要斩缆
你地女子千祈不可话贪
舍得咁勤工做边样无钱赚
何须早夜两头行
我亦不怨爹娘唔哙办
总系自家算错恨唔番
今日好似孤客在半途唔得到站
半点凄凉委实系难
不若调转心肠犹未晚
想我三十芳年亦算后生
等我托契娘共我把人家拣
何愁怕冇好儿男
礼物聘金都要有限
总要合奴心性就相啱
况且我地鲜花未有游蜂探
正系黄花细女未有荡检踰闲
浆洗衣裳兼煮饭
家头世务哙肩担
或者天该我洪福正有光威猛
散叶开枝也未难
个阵妇随夫唱同相挽
好事后来望过一番
想到此情愁略散
天已晚
月上毫光灿
点学得光明月色咁就解尽愁颜